INTELLECTUELEN IN NEDERLAND

D1731202

INTELLECTUELEN IN NEDERLAND

Publieke controversen over kernenergie, armoede en Rushdie

René Gabriëls

BOOM
AMSTERDAM

Verzorging omslag Marry van Baar
Omslagillustratie : *Out of the Wood* (1993) van Fred van Eldijk

ISBN 90 5352 581 5
NUGI 651

INHOUD

Voor Anna Gabriëls-Houben en Regina Kreide

VOORWOORD

In Nederland zijn intellectuelen doorgaans óf moralisten óf ironici. Ze verdelen de wereld in goed en kwaad of drijven overal de spot mee. Ik heb niet veel moeite met moralisten, en ironici hebben zelfs mijn sympathie. Maar waar ik wel moeite mee heb is de *double bind* tussen moralisten en ironici. Hoewel ze zich tegen elkaar afzetten, kunnen ze niet zonder elkaar. Moralisten verwijten ironici dat ze immoreel en kwetsend zijn, en hun kritiek vrijblijvend en niet constructief is. Op hun beurt verwijten ironici moralisten dat ze aanmatigend en belerend zijn, en hun kijk op de samenleving wereldvreemd is. Ironici beweren dat moralisten niet met beide benen op de grond staan, maar hopen tegelijkertijd dat ze aan hun hooggestemde idealen blijven vasthouden. Immers, zonder dominees zouden ironici geen object van spot hebben. Dezelfde afhankelijkheid kenmerkt moralisten. Ze hebben ironici nodig om aan hun morele principes cachet te geven. Wie zouden ze anders van immoralisme moeten betichten?

De dubbele binding tussen moralisten en ironici is mijns inziens verstikkend voor het intellectuele klimaat in Nederland. Het is alsof ze steeds dezelfde schaakpartij spelen. De dubbele binding tussen hen verklaart deels het veelbesproken verschil tussen het intellectuele klimaat in Nederland en dat in Duitsland, Frankrijk en de Verenigde Staten. Natuurlijk, in deze landen stuit men ook op moralisten en ironici. Maar daar bezetten ze niet in dezelfde mate het intellecutele veld als in Nederland. In Duitsland, Frankrijk en de Verenigde Staten zitten intellectuelen veel minder gevangen in een alles verstikkende omarming. Bovendien is er meer ruimte voor stukken met een iets langere adem dan de column, zeker als het over de grote vragen van deze tijd gaat.

De nieuwerwetse regenten hebben nauwelijks iets te duchten van Nederlandse intellectuelen. Wederom is het de dubbele binding tussen moralisten en ironici die hiervoor een verklaring biedt. In plaats van hun pijlen te richten op de machtspolitiek van de als managers opererende regenten, richten ze ze liever op elkaar. Zo kon de premier zonder noemenswaardig intellectueel verzet sociaal-democratische principes over boord zetten en kon een eurocommissaris hetzelfde doen met liberale principes. De *folie à deux* waarin moralisten en ironici zich verstrikt hebben, is er mede verantwoordelijk voor dat deze en andere regenten zo gemakkelijk hun gang kunnen gaan. Symptomatisch voor de regenteske stijl waarmee de regeerders de geregeerden bejegenen is hun achterkamertjespolitiek en pacificatiestrategie. Ingrijpende politieke besluiten worden achter gesloten deuren genomen en publieke strijd wordt in de kiem gesmoord of omwille van de lieve vrede in 'goede' banen geleid.

Het spreekt vanzelf dat deze korte karakteristiek van het intellectuele klimaat in Nederland enigszins overdreven is. Zo is er een handjevol intellectuelen dat zich weet te onttrekken aan de dubbele binding tussen moralisten en ironici. Bovendien heb ik de intuïtie dat het intellectuele klimaat momenteel verandert en zich reeds voor een deel veranderd heeft. Als ik het goed zie, maakt de generatie van moralisten en ironici plaats voor een nieuwe generatie intellectuelen. Er is dus geen reden om pessimistisch te zijn. De traditionele intellectueel uit de twintigste eeuw ruimt het veld voor wat ik de nieuwe kosmopoliet zal noemen. De nieuwe kosmopoliet distantieert zich van het context-ongevoelige universalisme van de traditionele intellectueel c.q. de oude kosmopoliet. Zonder tot een postmodern cultuurrelativisme te vervallen, slaat hij meer acht op de verschillen tussen en binnen contexten.[1] Bovendien keert hij zich tegen het verlicht nationalisme van intellectuelen die momenteel de culturele identiteit van Nederland in een conservenblikje willen stoppen. De nieuwe kosmopoliet acht het krampachtig construeren van zo'n identiteit een zinloze en in menig opzicht gevaarlijke onderneming.

Of voornoemde intuïtie klopt, het intellectuele klimaat daadwerkelijk verandert, onderzoek ik in dit boek. En om een wat genuanceerder beeld van Nederlandse intellectuelen te schetsen ga ik na hoe ze intervenieerden in publieke controversen over kernenergie, armoede en Rushdie. Dit boek is niet zomaar een beschrijving van hun interventies, maar intervenieert tevens zelf. De analyse van de drie controversen biedt mij de mogelijkheid om gevestigde denkbeelden over de gevaren van moderne technologieën, de relatie tussen feiten en waarden, en de vermeende tegenstelling tussen het Oosten en het Westen te herzien. Dit is nodig omdat degenen die over intellectuelen schrijven doorgaans gebruik maken van oude kaarten, terwijl het intellectuele landschap sterk gewijzigd is.

In het najaar van 1999 heb ik dit boek als proefschrift verdedigd. Op deze plaats past een woord van dank aan de mensen die mij bij het schrijven ervan geholpen hebben. Mijn grootste dank gaat uit naar Lolle Nauta, mijn eerste promotor. Deze studie was er zeker niet gekomen zonder zijn hoogstpersoonlijke inzet. Wanneer de moed mij weer eens in de schoenen was gezonken, bezat hij de gave mij te motiveren om verder te gaan. Bovendien ben ik hem uiterst dankbaar voor wat hij me door de jaren heen heeft geleerd en afgeleerd. Ik heb het als een groot voorrecht beschouwd om bij hem te mogen promoveren. Lolle is mijns inziens een unicum. Ik ken geen tweede filosoof die zo'n rijtje eigenzinnige promovendi onder zijn hoede heeft gehad als hij. Zonder zijn persoonlijke visie te verloochenen, hielp hij ze om een eigen visie te ontwikkelen. Wars van filosofologen, filosofen die louter schrijven over wat anderen hebben geschreven, stimuleerde hij promovendi een eigen weg te bewandelen. Lolle was daarom niet alleen voor mij de ideale promotor.

Mijn dank gaat ook uit naar Kees Schuyt, die als tweede promotor verschillende versies van het boek zorgvuldig becommentarieerde. Hij deed veel waardevolle suggesties voor het inhoudelijk verbeteren van het manuscript. De manier waarop hij in zijn sociologie een brug probeert te slaan tussen theorie en empirie beschouw ik als voorbeeldig. Verder ben ik Arie de Ruijter, mijn derde promotor, erkentelijk voor zijn aanmoediging en ondersteuning. Op het einde van de rit ruimde hij nog enkele bureaucratische hindernissen uit de weg, zodat ik met een gerust hart in Utrecht kon promoveren.

Tijdens het schrijven van dit boek wist ik mij omringd door vrienden die door hun hulp, of eenvoudigweg door er te zijn, voor mij van onschatbare waarde waren. Frans Franssen en Fred van Eldijk hielpen mij niet alleen door de rol van paranimf op zich te nemen, maar ook door hun ironische opmerkingen over de aftandse rituelen waarmee een promotie nog steeds wordt omkleed. Mede daardoor kon ik deze rituelen glimlachend en gelaten ondergaan. René Boomkens deed mij voor hoe ik de schotten tussen twee liefdes – filosofie en popmuziek – kon weghalen. Het enthousiasme waarmee hij dat deed, was aanstekelijk. Mikael Carleheden en Wil Raymakers hebben me op een subtiele wijze geleerd dat je zo weinig mogelijk over het goede leven moet praten. Hun levensstijl vormde een aangename dissonant bij de manier van leven die ik voor het schrijven van dit boek nodig achtte. Erik Aal en Wil Pansters vormen sinds de middelbare school een kritisch klankbord voor mijn wilde ideeën. Dit boek is deels het resultaat van hun kritiek op mijn laveren tussen idealisme en realisme.

Hier wil ik ook organisaties en instellingen bedanken die aan het tot stand komen van dit boek hebben bijgedragen. Voor mijn onderzoek heb ik dankbaar gebruik gemaakt van de archieven van kranten, opinieweekbladen, het LAKA. Documentatie- en Onderzoekscentrum Kernenergie, de Stichting Natuur en Milieu, de Stichting Kleine Aarde, de Raad van Kerken in Nederland, de Dienst in de Industriële Samenleving vanwege de Kerken (DISK), het Rushdie Defence Committee Nederland en het Documentatiecentrum Nederlandse Politieke Partijen. Op deze plaats past tevens een woord van dank aan het adres van de Deutsche Akademische Austauschdienst (DAAD), die mij de mogelijkheid gaf aan de filosofische faculteit van de Johann Wolfgang Goethe-Universität in Frankfurt am Main de eerste stappen te zetten voor dit onderzoek.

Als assistent in opleiding was ik verbonden aan het ISOR en de vakgroep Algemene Sociale Wetenschappen van de Universiteit Utrecht. Van degenen die ervoor zorgden dat mijn verblijf aldaar in cognitief en sociaal opzicht prettig was, wil ik hier Ruud Abma, Jack Burgers, Godfried Engbersen, Mariëtte de Haan, Robert Kloosterman, Aafke Komter, Agniet Cools, Joanne van der Leun, Erik Snel en Lolita van Toledo noemen. Dankzij hen kon ik een vrolijk wetenschapper blijven. De vakgroep Sociale Filosofie, Sociale Kennistheorie en Ethiek van de Faculteit der Wijsbegeerte van de Rijksuniversiteit Groningen, bood me de mogelijkheid om als Utrechtse gast deel te nemen aan haar maandelijkse onderzoeksbesprekingen. Ik ben Jos de Beus, René Boomkens, Wim Dubbink, Carla van El, Kor Grit, Hans Harbers, Geert Munnichs, Lolle Nauta, Dick Pels en Tsjalling Swierstra zeer erkentelijk voor het commentaar dat zij tijdens deze bijeenkomsten gaven op eerdere versies van hoofdstukken uit dit boek.

Een aparte vermelding verdienen Annemarie Mol, Dick Pels en Gerard de Vries. Hoewel zij niet direct betrokken waren bij mijn onderzoek, hebben zij tijdens mijn studententijd een grote stempel gedrukt op mijn intellectuele ontwikkeling. Tijdens onze Groningse *randonnées* wekte Annemarie Mol bij mij de liefde voor onder andere Salman Rushdie en Michel Serres. Dick Pels wees mij op een intrigerende manier op de schaduwzijden van intellectuelen. En Gerard de Vries ontsloot voor mij op een heldere wijze de wondere wereld van Wittgenstein. Bij het schrijven van dit boek heb ik geprofiteerd van wat ik destijds van hen leerde.

Voor mijn onderzoek waren de bijeenkomsten van de Hedonauten uitermate inspirerend. In een tijdperk waar universiteiten de markt opgaan en kennis steeds meer een waar wordt, hebben zij een niche gecreëerd waarin met veel genot fel wordt gediscussieerd over filosofie, politiek en cultuur. De Hedonauten trotseren het warenfetisjisme van de kenniseconomie met een goed glas wijn en een schaterlach. Dit verklaart waarom ik in dit gezelschap zoveel ideeën heb opgedaan die in dit boek een plaats hebben gekregen.

Twee vrienden die mij tijdens het werken aan dit boek met hun belangstelling hebben aangemoedigd zijn helaas overleden. Johan Gubbels sloot zelf de laatste deur en Tó Figueiras stierf in korte tijd aan een ernstige ziekte. Mijn vader is reeds lang voordat ik aan dit boek begon overleden. Hij is mijn *working-class hero*, omdat hij onder meer in 1954 geen gehoor gaf aan het bisschoppelijk mandement en ooit weigerde het loonzakje op te rapen dat zijn werkgever respectloos voor zijn voeten had geworden. Ik houd de nagedachtenis aan Johan, Tó en mijn vader in ere.

Arjan Aelmans en Barry Driessen dank ik voor al die keren dat zij me hielpen wanneer ik weer eens in onmin met mijn computer leefde. Ella van Dommelen, Frans Franssen, Susan Mellor, Wil Pansters, Errit Petersma en Thijs Wilms ben ik zeer erkentelijk, omdat zij in een laat stadium delen van het manuscript nog eens nauwgezet lazen en me zo behoed hebben voor een aantal vervelende taal- en tikfouten. Uiteraard komen fouten en tekortkomingen die zijn achtergebleven volledig voor mijn rekening. Mijn dank gaat ook uit naar Laurens ten Kate en Marja van Nieuwkerk van uitgeverij Boom. Het enthousiasme waarmee zij mij stimuleerden en hielpen om van mijn proefschrift een handelseditie te maken, was voor mij van grote waarde.

Deze gelegenheid wil ik benutten om mijn moeder de dank te betonen die haar reeds zo lang toekomt. Zij heeft mijn broers en mij de vrijheid gegeven om ons te ontplooien. Daarvoor moest zij dikwijls het moralisme van allerlei fatsoensrakkers uit de omgeving weerstaan. Hoe gek de paden ook waren die ik in mijn leven bewandelde, zij heeft me altijd ondersteund.

Regina Kreide heeft mij zeer geholpen door kritische kanttekeningen te plaatsen bij mijn ideeën over intellectuelen en door het redactionele werk dat zij uit mijn handen nam. Maar ik ben haar vooral dankbaar voor wat *I Have Told Her Lately*.

Ik draag dit boek op aan mijn moeder en Regina. Niet omdat zij zoveel voor het maken van dit boek betekenden, want dat geldt ook voor de eerder genoemde personen, maar omdat zij mijn allergrootste liefdes zijn.

I INLEIDING

Intellectuelen leven voor en van ideeën. Van een leven *voor* ideeën is sprake wanneer ze in de openbaarheid strijden voor bijvoorbeeld een schoner milieu, een rechtvaardige samenleving of voor vrede. Ze trachten anderen ervan te overtuigen dat hun ideeën over duurzaamheid, een eerlijke verdeling van schaarse goederen of verkeersregels voor het vreedzaam samenleven van mensen met diverse levensstijlen, de beste zijn. Intellectuelen leven tevens *van* hun ideeën. Ze ontlenen status en macht aan datgene wat ze uitspreken of op papier zetten. Er zijn echter ook intellectuelen die vanwege het feit dat ze voor bepaalde ideeën strijden, niet in staat zijn om een fatsoenlijk leven te leiden. Denk maar aan al degenen die in de gevangenis zitten of die ondergedoken zijn omdat ze met de dood worden bedreigd. Bovendien hebben sommige intellectuelen hun leven voor ideeën met de dood moeten bekopen.

Om voor en van ideeën te kunnen leven, moeten intellectuelen in staat zijn mensen en dingen te mobiliseren. Ideeën blijven in het luchtledige hangen, wanneer ze er niet in slagen mensen te vinden die ze doorgeven. Wanneer Karl Marx niet de beschikking had gehad over een wijdvertakt netwerk van mensen die zijn ideeën verspreidden, dan zou er in de vorige eeuw niet zoveel met zijn naam in verband zijn gebracht. Terwijl hij enkel over pen en papier beschikte om zijn ideeën wereldkundig te maken, gebruikt de hedendaagse intellectueel steeds vaker e-mail en internet. Een intellectueel die niet gebruik weet te maken van moderne media vindt niet of nauwelijks gehoor.

In dit boek wil ik verhelderen hoe vooral Nederlandse intellectuelen voor en van ideeën leven. Om te beginnen stel ik in dit hoofdstuk problemen aan de orde die in vrijwel alle discussies over intellectuelen besproken worden. Zo breng ik eerst drie kwesties onder de aandacht die in deze discussies een centrale rol spelen. Vervolgens bespreek ik de moderne en postmoderne benadering van deze kwesties. Ten slotte zal ik uit de doeken doen hoe de tekorten van beide benaderingen kunnen worden ondervangen.

I   DE INTELLECTUEEL DE INTELLECTUEEL EEN ZORG

Waarschijnlijk is er geen groep in de samenleving die zichzelf zo vaak ter discussie stelt als intellectuelen. Ik geef hiervan drie voorbeelden: de Dreyfus-affaire, het veel geciteerde boek *La trahison des clercs* van Julien Benda en de discussie over het einde van de intellectueel. Aan de hand van deze voorbeelden bespreek ik drie kwesties die in discussies over intellectuelen steeds weer terugkeren. De voorbeelden maken duidelijk in welk opzicht de intellectueel de intellectueel een zorg is. Tevens bieden ze de mogelijkheid om een drietal vragen te beantwoorden. Wanneer duikt het begrip 'intellectueel' voor het eerst op? Welke twee perspectieven dient men bij een onderzoek naar de intellectueel te onderscheiden? En wat is een mogelijke verklaring voor diens veranderde positie?

Scheldwoord en geuzennaam

In 1870 verloor Frankrijk de oorlog tegen Pruisen. Hierdoor werd keizer Louis Napoleon van zijn troon gezet en de Derde Republiek (1870-1940) in het leven geroepen. De grootste crisis waar de Derde Republiek onder te lijden had was ongetwijfeld de Dreyfus-affaire.[1] Deze begon met een anonieme brief die in september 1894 bij de generale staf van het Franse leger opdook. Daarin werd aangekondigd dat er informatie over het Franse leger, vooral over zijn wapenuitrusting, zou worden doorgespeeld. Opmerkelijk was dat degene aan wie de brief gericht was niet genoemd werd. De brief veroorzaakte veel deining. Zo zag de legerstaf hem als een bewijs voor spionage. Daarom vormde de brief in korte tijd het onderwerp van een publiek debat. Het gros van de mensen had al spoedig een mening over de identiteit van de anonieme schrijver en de onbekende adressaat.

De schrijver van de brief moest een jood zijn. Een Fransman zou zijn land nooit verraden, een jood daarentegen wel. Omdat in Frankrijk een sterke antisemitische stemming heerste, werd deze conclusie snel getrokken. Voor deze stemming was onder meer het antisemitische boek *La France juive* (1886) van Edouard Drumont verantwoordelijk. Dit boek werd goed verkocht. Het leidde zelfs tot de oprichting van de *Antisemitische Liga*. Ook een serie artikelen over

Joden in het leger, die in 1892 in het antisemitische blad *La Libre Parole* verscheen, droeg ertoe bij dat de verdenking op een jood viel. De brief kon volgens de meeste Fransen alleen maar bestemd zijn voor de erfvijand. Alleen Pruisen kon geïnteresseerd zijn in informatie over het Franse leger. Degene aan wie de brief gericht was, werd daarom in de Duitse ambassade gezocht.

Zo kwam het dat Alfred Dreyfus ervan werd verdacht de brief te hebben verzonden. Hij was kapitein van de generale staf en een jood die uit Duitsland – de geannexeerde Elzas – kwam. In december 1894 veroordeelde de krijgsraad Dreyfus eenstemmig tot levenslange verbanning. De veroordeling vond plaats op basis van onjuiste getuigenverklaringen en vervalste documenten waarvan de verdedigers, noch de aangeklaagde, kennis hadden genomen. In werkelijkheid had een zekere majoor Esterhazy de brief geschreven. Het bleef onduidelijk of de generale staf hem daartoe had aangespoord. Door toeval werd twee jaar na de veroordeling van Dreyfus de ware afzender van de brief bekend. De bankier van Estherhazy had het handschrift van de afzender herkend. Vanwege het heersende nationalisme belemmerde de militaire leiding van Frankrijk echter een verdere opheldering van deze zaak.

Op 13 januari 1898 publiceerde de krant *L'aurore* onder de titel *J'accuse...!* een open brief van Emile Zola aan president Félix Faure.[2] In deze brief zette Zola nog eens de feiten en achtergronden op een rijtje, en kapittelde hij de 'ware schuldige'. De brief sloeg in als een bom. Velen voelden zich geroepen erop te reageren. Degenen die reageerden werden in twee kampen ingedeeld. Aan de ene kant kwamen er reacties van de zogenaamde Dreyfusards. Zij waren degenen die het voor de kapitein opnamen. Om dit te bekrachtigen publiceerden de Dreyfusards een manifest waarin zij de revisie van het juridisch proces uit 1894 eisten.[3] Aan de andere kant kwamen er reacties van de zogenaamde anti-Dreyfusards. Deze groep bestond uit nationalisten en antisemieten. Zij probeerden door middel van grote demonstraties en gewelddadige acties een revisie van het proces te verhinderen. De publieke strijd die naar aanleiding van Zola's brief tussen de Dreyfusards en anti-Dreyfusards ontbrandde, bracht de Derde Republiek aan het wankelen.

Het was tijdens de Dreyfus-affaire dat het begrip 'intellectueel' werd gemunt. De anti-Dreyfusards probeerden met dit begrip degenen die met petities hun sympathie voor Dreyfus tot uitdrukking brachten, in een kwaad daglicht te stellen. Voor de nationalistische en antisemitische anti-Dreyfusards was het begrip 'intellectueel' een scheldwoord. Zij verbonden met het begrip de volgende voorstellingen: abstract, instinctloos, anti-nationaal, joods, decadent en incompetent. De Dreyfusards gebruikten het begrip 'intellectueel' daarentegen als een geuzennaam, een soort adelbrief waarop men trots was. Zij verbonden met het begrip andere voorstellingen: democratisch, gewetensvol, gepolitiseerd, wetenschappelijk en jeugdig.[4]

Hieruit volgt dat de Dreyfusards en anti-Dreyfusards degenen die zij als intellectueel aanduidden een andere identiteit toeschreven. Daarmee is de Dreyfus-affaire illustratief voor *het vraagstuk van de identiteit van de intellectueel*. Welke identiteit wordt hem toegeschreven? Verder leert deze affaire dat het moeilijk is om bij dit identiteitsvraagstuk descriptieve en prescriptieve aspecten van elkaar te scheiden. Wie beschrijft wat in zijn ogen een intellectueel is, geeft daarmee bijna altijd te kennen hoe deze behoort te zijn.

Verraad

In de ogen van de nationalistische anti-Dreyfusards hadden de Dreyfusards het land verraden. Door openlijk voor Dreyfus in de bres te springen zouden zij de belangen van de Franse staat hebben geschaad. Julien Benda brengt in *La trahison des clercs* (1927) het woord 'verraad' ook met intellectuelen in verband. Hij heeft echter een ander soort verraad op het oog. Terwijl intellectuelen volgens de anti-Dreyfusards het land verraden hadden, verraadden ze in de ogen van Benda heel iets anders: universele waarden als Waarheid en Gerechtigheid. Hieruit blijkt dat de anti-Dreyfusards een andere voorstelling hadden van wat een goede intellectueel is dan Benda.

De reden dat intellectuelen door Benda van verraad worden beschuldigd, is dat ze zich sinds het einde van de negentiende eeuw in toenemende mate hebben ingezet voor irrationele politieke krachten: nationalisme, racisme en klassenstrijd. Benda's kritiek op dit engagement hangt met zijn normatieve visie op intellectuelen samen. Een intellectueel is iemand die zich in dienst stelt van de kunst, de wetenschap en de metafysica.[5] Daarom staat hij diametraal tegenover de massamens. Een intellectueel die door de massa op handen wordt gedragen is volgens Benda per definitie verdacht. In tegenstelling tot de massamens heeft de intellectueel altijd oog voor het Ware, het Goede en het Schone.

Volgens Benda is de positie van de intellectueel sinds het einde van de negentiende eeuw veranderd. De oorzaak van deze verandering is de opkomst van de massamens. Hierdoor moeten intellectuelen zich bezighouden met de vraag hoe ze zich ten opzichte van de massa dienen te verhouden. Handhaven ze hun onafhankelijkheid of geven ze die op door zich voor het karretje te laten spannen van ideologieën als het nationalisme, het racisme en de klassenstrijd? In de ogen van Benda hebben intellectuelen de taak deze ideologieën publiekelijk te kritiseren.

Hieruit mag niet de conclusie worden getrokken dat Benda elke vorm van engagement afwijst. Integendeel. Op het moment dat een maatschappelijke toestand uit moreel oogpunt verwerpelijk is, hebben intellectuelen juist de taak onbaatzuchtig te interveniëren in het publiek debat. Zo had Zola's interventie tijdens de Dreyfus-affaire zijn goedkeuring. Zelf ondertekende Benda in de jaren dertig van de vorige eeuw een antifascistisch manifest. Het fascisme beschouwde hij als een massabeweging die de intellectueel kritisch in de gaten moest houden. De intellectueel heeft de verantwoordelijkheid om op grond van universele waarden het reilen en zeilen in de samenleving onafhankelijk en kritisch te volgen.[6]

Benda heeft met zijn boek een enorme stempel gedrukt op de wijze waarop over de verantwoordelijkheid van de intellectueel wordt gedacht. Zo neemt de tegenstelling tussen verantwoordelijkheid en verraad niet alleen in Benda's vocabulaire een centrale plaats in, maar ook in dat van veel andere intellectuelen.[7] De volgelingen van Benda zien het nog steeds als de taak van de intellectueel om compromisloos en onbaatzuchtig vast te houden aan universele waarden. Laat hij dat na, dan verraadt hij het ethos van intellectuelen.

Het boek van Benda is illustratief voor *het vraagstuk van de verantwoordelijkheid van de intellectueel*. Wat is diens verantwoordelijkheid? Dit normatieve vraagstuk hangt uiteraard nauw samen met het vraagstuk van de identiteit van de intellectueel.[8] Hoewel het identiteitsvraagstuk en het vraagstuk van de verantwoordelijkheid nauwelijks van elkaar te scheiden zijn, zal ik ze toch van elkaar onderscheiden. In het vervolg van mijn betoog onderscheid ik dus de vraag 'Wat is een intellectueel?' van de vraag 'Wat behoort een intellectueel te doen?'. Door de feitelijke van de normatieve kwestie te onderscheiden krijgt men beter zicht op de verschillende manieren waarop ze met elkaar verbonden zijn.

Het ligt voor de hand om bij het behandelen van het vraagstuk van de identiteit en dat van de verantwoordelijkheid een onderscheid te maken tussen een binnen- en buitenperspectief. Het *binnenperspectief* is het perspectief van de *eerste persoon*, de identiteit en verantwoordelijkheid die de intellectueel zichzelf toeschrijft. Het *buitenperspectief* is het perspectief van de *derde persoon*, de identiteit en verantwoordelijkheid die derden wordt toegeschreven. Uiteraard stemmen het binnen- en buitenperspectief vaak niet met elkaar overeen.

Grafredes

In de tweede helft van de jaren tachtig zag een aantal boeken het licht waarin het einde van de intellectueel werd geproclameerd.[9] Alain Finkielkraut, Bernard-Henri Lévy en Russel Jacoby waren om verschillende redenen van mening dat er in de huidige samenleving voor intellectuelen nauwelijks of geen plaats meer is. Finkielkraut beweerde dat universele waarden als het Ware, het Goede en het Schone door toedoen van de consumptiemaatschappij en het cultuurrelativisme zodanig in diskrediet zijn gebracht dat de intellectueel op sterven na dood is.[10] Lévy laakte het tekort aan publieke debatten, die niet alleen voor intellectuelen, maar ook voor de democratie van levensbelang zijn.[11] Van alle grafredes had *The Last Intellectuals. American Culture in the Age of Academe* (1987) van Jacoby de grootste weerklank.

Jacoby stelt dat er geen jonge intellectuelen zijn die de oude intellectuelen kunnen aflossen. Het aantal publieke intellectuelen neemt in zijn ogen in aantal af. De oorzaak moet gezocht worden in het hoger onderwijs. Jacoby onderbouwt deze visie aan de hand van een generatiemodel. Volgens hem kunnen in deze eeuw in de Verenigde Staten drie generaties intellectuelen worden onderscheiden.

De eerste generatie zag het levenslicht rond 1900. Hiertoe hoorden onder anderen Lewis Mumford, Edmund Wilson en Dwight Macdonald. Zij waren bohémiens die elkaar in kroegen ontmoetten en de kost verdienden met het schrijven van boeken, reviews en journalistieke reportages. De eerste generatie Amerikaanse intellectuelen bestond uit iconoclasten, polemisten en critici die voor een groot publiek schreven. Zelden waren ze verbonden aan een universiteit.

De tweede generatie intellectuelen is omstreeks 1920 geboren. De bekendsten onder hen zijn Alfred Kazin, Daniel Bell en Irving Howe. Aanvankelijk schreven zij voor kleine tijdschriften, maar allengs vonden zij de weg naar een groter publiek. In de jaren vijftig en zestig kregen zij een functie aan een universiteit. Dit betekende echter niet dat zij hun verleden verloochenden. Zij bleven in een helder en duidelijk proza schrijven dat algemeen toegankelijk was.

De derde generatie intellectuelen kwam om en nabij 1940 op de wereld. Deze intellectuelen groeiden eind jaren vijftig, begin jaren zestig op, dat wil zeggen in een tijd waarin de bohémien verdwenen was en kroegen niet langer centra van intellectuele activiteiten vormden. In schril contrast met de eerste en tweede generatie kent deze generatie nauwelijks een intellectueel leven buiten de deuren van de universiteit.

Met de opkomst van de derde generatie verdwijnt volgens Jacoby de intellectueel die in een leesbare stijl voor een groot publiek over zeer uiteenlopende onderwerpen schrijft. De intellectueel van de derde generatie is met zijn intrede in de universiteit gedwongen zich te specialiseren. Dit betekent dat hij slechts voor een klein publiek van collega's schrijft.

Het boek van Jacoby is illustratief voor *het vraagstuk van de veranderde positie van de intellectueel*. In hoeverre is de positie die hij in de samenleving inneemt veranderd? De opkomst van het hoger onderwijs verklaart volgens Jacoby diens veranderde positie.[12]

Aan de hand van de Dreyfus-affaire en de boeken van Benda en Jacoby heb ik drie met elkaar samenhangende kwesties aan de orde gesteld. Welke identiteit wordt de intellectueel toegeschreven? Wat is zijn verantwoordelijkheid? In hoeverre is zijn positie in de samenleving veranderd? Op deze vragen zijn door de tijd heen uiteenlopende antwoorden gegeven. Enkele van deze antwoorden zal ik kritisch onder de loep nemen. Het doel van dit boek is deze drie klassieke kwesties op een nieuwe en hopelijk interessante wijze onder de aandacht te brengen.

2   MODERNEN VERSUS POSTMODERNEN

Vanaf het begin van de jaren tachtig worden bovenvermelde drie kwesties in verschillende contexten en naar aanleiding van diverse gebeurtenissen opnieuw aan de orde gesteld. Let men op de wijze waarop dit gebeurt, dan kunnen een moderne en een postmoderne benadering worden onderscheiden. Vanuit een moderne benadering zijn intellectuelen mensen die in het openbaar strijden *voor* ideeën. Ze zouden zich laten leiden door universeel geachte ideeën uit de Verlichting. Vanuit een postmoderne benadering zijn ze echter mensen die *van* hun ideeën leven. Ze ontlenen aan de specifieke kennis die ze in publieke debatten inzetten status en macht. Ik zal het onderscheid tussen beide benaderingen nu nader bespreken. Daarvoor maak ik gebruik van zogenaamde ideaaltypen, dat wil zeggen constructies die van de grote verscheidenheid aan ideeën van modernen en postmodernen abstraheren.[13] Het doel van de constructie van ideaaltypen is om enkele problemen te verhelderen die inherent zijn aan de dominante opvattingen over intellectuelen. Ik abstraheer daarbij bewust van alle posities die tussen en binnen de moderne en postmoderne benadering kunnen worden ingenomen.[14] Geen enkele denker die de revue passeert, stemt geheel en al overeen met één van de ideaaltypen. Wat behelst nu de moderne benadering? En wat houdt de postmoderne benadering in? Waarin schieten beide benaderingen tekort?

De moderne benadering

Het woord 'intellectueel' mag dan nog maar een eeuw oud zijn, degenen die ermee worden aangeduid bestaan reeds langer. Zo wordt er dikwijls op gewezen dat de intellectueel al in de achttiende eeuw op het toneel verscheen.[15] De geboorte van de intellectueel houdt verband met het toegenomen vertrouwen in de maakbaarheid van de samenleving. Naarmate de natuur en de samenleving steeds minder als van God gegeven werden beschouwd, werden ze steeds meer maakbaar geacht. De opkomst van de experimentele wetenschap in de zeventiende eeuw was een belangrijke voorbode voor het geloof in de maakbaarheid.[16] Deze ontwikkeling versterkte het geloof dat mensen door middel van wetenschappelijke kennis de samenleving en de natuur naar hun hand zouden kunnen zetten. Nieuw verworven kennis vormde de basis voor meer macht over mensen en dingen. De dragers van deze kennis waren de eerste intellectuelen.

De kennis die intellectuelen c.q. filosofen en wetenschappers verwierven, moest het mogelijk maken de natuur efficiënter de wil op te leggen en de samenleving beter in te richten. De steeds meer op de voorgrond tredende centralistische staat was aangewezen op hun kennis. Intellectuelen vormden een eigen wereld – een 'republique des lettres' – die licht in de duisternis moest brengen door ideeën te ontwikkelen over de wijze waarop de samenleving en de natuur de wil konden worden opgelegd. Binnen deze wereld werd vastgesteld welke kennis waar is en welke morele en esthetische oordelen juist zijn. Intellectuelen claimden dat hun ideeën over het Ware, het Goede en het Schone universeel geldig zijn. Bovendien achtten ze het van groot belang dat degenen die nog geen notie hadden genomen van hun ideeën, daarvan via opvoeding en scholing op de hoogte werden gesteld. Derhalve kregen intellectuelen door de staat een belangrijke rol toebedeeld bij het ontwikkelen van de cultuur. Tot de cultuur werden die aspecten van het menselijke leven gerekend waarvan men dacht dat ze op een bewuste wijze geregeld konden worden.[17]

In de achttiende eeuw had cultuur betrekking op datgene wat een bepaalde groep mensen voor een andere groep mensen kon en moest doen. Hierbij ging het onder meer om het bijbrengen van kennis, normen en waarden.[18] Voor een centralistische staat was het immers van belang dat alle burgers werden opgevoed aan de hand van standaards die voor iedereen gelden. Dit impliceerde dat lokale afwijkingen zoveel mogelijk werden teruggedrongen. Allerlei regionale bijzonderheden (dialecten, gewoonten, etc.) kwamen daardoor sterk onder druk te staan. Een centralistische staat kon alleen bestaan, wanneer burgers dezelfde taal zouden spreken en ze zich aan voor iedereen geldende gedragsregels hielden. Het was de taak van intellectuelen om vast te stellen wat voor iedereen zou moeten gelden. Ze werden voor deze taak geschikt geacht, omdat hun inzichten over het Ware, het Goede en het Schone het resultaat zouden zijn van een systematisch en onbaatzuchtig gebruik van de rede.

Volgens de moderne visie is een intellectueel de stadhouder van het Ware, het Goede en het Schone. Ideeën waarvan men denkt dat ze universeel geldig zijn, dienen als richtsnoer om onwaarheid, onrechtvaardigheid en lelijkheid publiekelijk aan de kaak te stellen. De moderne intellectueel gaat er uiteraard van uit dat hij zich kan vergissen. Uiteindelijk kan blijken dat zijn ideeën niet universeel geldig zijn. Maar hij veronderstelt tevens dat hij door middel van kritische reflectie of wetenschappelijke methoden tot nieuwe en betere ideeën kan komen die dat wel zijn. De nieuw verworven ideeën kunnen dan weer worden ingezet voor het verbeteren van de samenleving.

Sinds de Verlichting is de moderne benadering nagenoeg gelijk gebleven. De identiteit die deze benadering sindsdien aan de intellectuelen toeschrijft is nauwelijks veranderd. Intellectuelen zetten zich onbaatzuchtig in voor universeel geachte waarden. Modernen verschillen onderling alleen van mening als het gaat om de vraag hoe ze dat het beste kunnen doen. Zo vindt Benda dat men de universele waarden alleen kan dienen door zich zoveel mogelijk terug te trekken in de ivoren toren. Een intellectueel die zich inzet voor de een of andere massabeweging geeft zijn onafhankelijkheid op. Hendrik de Man is daarentegen van mening dat een intellectueel zijn ivoren toren juist behoort te verlaten. Dit sluit zijns inziens trouw aan de universele waarden niet uit. De intellectueel moet er wel steeds voor waken dat zijn engagement voor de massa nooit ten koste gaat van deze waarden.[18] Het criterium voor verraad is bij modernen als Benda en De Man in feite gelijk. Een intellectueel die de universele waarden te grabbel gooit, verraadt zijn stand.

De moderne benadering van de verantwoordelijkheid van de intellectueel ligt in het verlengde van het voorafgaande. Diens verantwoordelijkheid is het om op grond van universele waarden een oordeel te vellen over allerlei toestanden en gebeurtenissen in de wereld. Modernen verschillen echter onderling van mening over de vraag hoe ze daaraan het beste recht kunnen doen. Bij het beantwoorden van deze vraag vormen het zich opsluiten in de ivoren toren en het lidmaatschap van een politieke organisatie de uiteinden van een continuüm. Het verwijt van onverantwoordelijk gedrag wordt meestal in verband gebracht met deze uiteinden. Degene die in de ivoren toren de universele waarden koestert en geen water bij de wijn wil doen, treft dikwijls het verwijt een idealist te zijn. En degene die zich inzet voor een politieke organisatie wordt vaak verweten 'vuile handen' te maken.[20]

Modernen maken zich voortdurend druk over de veranderde positie die de intellectueel in de samenleving inneemt. Meestal hebben ze een negatieve kijk op de maatschappelijke processen die de positie van de intellectueel hebben veranderd. Ik recapituleer hier de processen die het meest genoemd worden.

Eén daarvan heb ik reeds ter sprake gebracht. Het betreft de *hoge vlucht* die het *hoger onderwijs* heeft genomen. De positie van de intellectueel zou zijn veranderd omdat het aantal academici in veel landen sterk is toegenomen. Jacoby meent dat de intellectueel hierdoor gedoemd is te verdwijnen. Velen hebben deze these bestreden. Zo is erop gewezen dat de massale toevloed van studenten naar het hoger onderwijs de kans heeft vergroot dat mensen uit lagere klassen een intellectuele rol vervullen.[21]

Ondanks de grafredes uit de jaren tachtig is de intellectueel niet verdwenen. De publieke discussie over de vraag hoe *het einde van de Koude Oorlog* moest worden geïnterpreteerd is daarvoor het beste bewijs.[22] Francis Fukuyama was bijvoorbeeld van mening dat het Westen de Koude Oorlog gewonnen had, en proclameerde terstond het einde van de geschiedenis. Ruim twintig jaar na het verschijnen van David Cautes *Le communisme et les intellectuels français 1914-1966* vormde het verdwijnen van het IJzeren Gordijn voor menig modernist de aanleiding om de fellow-travellers nog eens te kritiseren. Volgens J.A.A. van Doorn zijn intellectuelen die publiekelijk met de Sovjet-Unie sympathiseerden door deze historische gebeurtenis met terugwerkende kracht in het ongelijk gesteld.[23] Hij onderstreepte nog eens het verschil tussen de 'foute' en 'echte' intellectueel.[24] De 'echte' intellectueel is in zijn ogen iemand die zich niet ontwikkelt tot een ideoloog, maar zijn denkbeelden altijd bloot stelt aan kritiek, en die een open oor heeft voor de *common sense*. Zo'n intellectueel commiteert zich aan de democratie en de mensenrechten.

Naast het einde van de Koude Oorlog waren er nog twee andere gebeurtenissen waar moderne intellectuelen zich mee bemoeiden: de burgeroorlog in het voormalige Joegoslavië en de Golfoorlog. Het was opvallend hoe vaak zij daarbij naar Benda verwezen. In diens geest stelde H.J.A. Hofland dat het niet de taak van de intellectueel is om zich in te zetten voor een politicus of partijprogramma, maar wel voor de waarheid. Hij opperde dat de literaire klasse – bestaande uit filosofen, historici, dichters, schrijvers en journalisten – tegelijkertijd een spiegel en een roer behoort te zijn. Als spiegel geeft de literaire klasse een waarheidsgetrouw beeld van de werkelijkheid, en als roer formuleert ze de normen voor een beschaafde samenleving. Het is de verantwoordelijkheid van de intellectueel de waarheid aan het licht te brengen en morele regels te articuleren waaraan mensen zich in de omgang met elkaar dienen te houden.[25] Volgens Hofland hebben intellectuelen met hun onverschillige houding ten opzichte van het voormalige Joegoslavië hun verantwoordelijkheid verzaakt.[26] Ze koesterden zich in het vermeende einde van de geschiedenis en zagen niet in dat er met de val van de Berlijnse Muur geen einde was gekomen aan de verplichting om de universele waarden van het Westen te verdedigen.

Edward W. Said keerde zich ook tegen de these van het einde van de geschiedenis en de zelfgenoegzame onverschilligheid die veel intellectuelen aan de dag leggen. Volgens hem is het de verantwoordelijkheid van de intellectueel om op te komen voor de zwakken in de samenleving, en dat zijn meestal degenen die geen stem hebben. Verder mag van een intellectueel worden verwacht dat hij tekort schietend of tiranniek gezag het hoofd biedt en kwesties die vergeten of verzwegen worden aan de orde stelt. Tijdens de Golfoorlog kwamen intellectuelen deze verantwoordelijkheid niet na. Ze hadden de doelbewuste vernietiging van mensen kunnen helpen voorkomen door voor deze oorlog alternatieven aan te dragen. Na de invasies in Vietnam en Panama hadden ze erop kunnen attenderen dat de Verenigde Staten niet onschuldig en geenszins neutraal waren.[27] Said vindt dat Amerikaanse intellectuelen er terecht op wezen dat het ontoelaatbaar was dat Irak Koeweit met geweld inlijfde. Maar ze maakten zich nauwelijks druk over het feit dat de Verenigde Staten de soevereiniteit van Panama aan de laars lapten.[28]

De positie van de intellectueel verandert door het alsmaar toenemende *soevereiniteitsverlies van nationale staten*, die het gevolg is van de Europese integratie en de globalisering. Het speelterrein van intellectuelen en de thema's waarover ze delibereren, krijgen steeds meer een transnationaal karakter. Zo stuit de Europese integratie bij veel moderne intellectuelen op scepsis. Ze vinden de manier waarop de integratie zich voltrekt niet democratisch. Bovendien wijzen ze op het gevaar dat de specifieke culturele identiteit van de nationale staten langzaam verdwijnt. Volgens Wolf Lepenies is het de taak van de intellectueel om tegen de achtergrond van de politieke en economische integratie van Europa de culturele verschillen tussen nationale staten in stand te houden.[29] Daarentegen stelt Ton Lemaire dat intellectuelen juist een kritische bijdrage moeten leveren aan de constructie van een Europese cultuur.[30] Door het voortschrijdende globaliseringsproces is de klassieke tegenstelling tussen kosmopolieten en patriotten weer actueel geworden.[31] Zo houdt Martha Nussbaum een pleidooi voor een kosmopolitische kijk op de wereld.[32] Waar de wereldwijde afhankelijkheid tussen burgers toeneemt zou een patriottische kijk op de wereld obsoleet zijn. De toenemende kloof tussen arm en rijk en de verdere vernietiging van het milieu eisen dat men globaal denkt en lokaal handelt.

De groeiende invloed van de *massacultuur* is een ontwikkeling die volgens modernen de positie van intellectueel ook sterk veranderd heeft. Door de opkomst van de beeldcultuur en het afnemend belang van de schriftcultuur zou de speelruimte van de intellectueel drastisch zijn veranderd. In de jaren tachtig waarschuwden moderne intellectuelen als Niel Postman en Gerrit Komrij reeds voor de geestdodende werking van de televisie.[33] Regis Debray zag destijds de televisie als de grote zondebok voor de teloorgang van de intellectueel.[34] Volgens Pierre Bourdieu onderwerpen media-intellectuelen als Alain Finkielkraut en Bernard-Henri Lévy zich aan de mechanismen die inherent zijn aan dit medium. Eén zo'n mechanisme is de zachte dwang om geestelijk *fast food* te produceren, hapklare geestelijke brokjes die voor iedereen te versmaden zijn.[35] Weerzin tegenover de massa in het algemeen en de massacultuur in het bijzonder is een fenomeen dat bij moderne intellectuelen van oudsher te bespeuren valt.[36]

Moderne intellectuelen thematiseren nog andere maatschappelijke processen die hun positie in de samenleving voortdurend verandert, namelijk de steeds maar voortschrijdende *arbeidsverdeling* en de daarmee gepaard gaande *professionalisering*.[37] In de negentiende eeuw en in het begin van de twintigste eeuw had de arbeidsverdeling vooral betrekking op de scheiding tussen hoofd- en handarbeid. Intellectuelen wierpen zich zelf vaak op als hoofdarbeiders die de handarbeiders in hun strijd tegen het kapitaal op sleeptouw moesten nemen. Sindsdien is het werkveld van de hoofd- en handarbeiders steeds verder opgesplitst. Hierdoor zijn er meer relatief autonome werkvelden ontstaan waarbinnen men zich dient te houden aan de regels van de professie en speciale competenties zijn vereist. Dit leidt tot een steeds complexere samenleving. Terwijl moderne intellectuelen vroeger nog de pretentie hadden dat ze de samenleving konden overzien en ze alomvattende ideologieën voortbrachten, zijn ze wat bescheidener geworden. De hedendaagse intellectueel ziet zichzelf niet meer als ideoloog, maar als iemand die ideeën die binnen relatief autonome werkvelden worden geproduceerd, uitlegt aan leken. En andersom: de ideeën en verlangens van leken doorsluist aan experts. Maar de moderne intellectueel laat het hier niet bij. Uiteindelijk zal hij op grond van universele waarden een oordeel vellen over de relatie tussen leken en experts. Zijn vraag is of deze relatie democratisch is. Hoe kunnen leken de gang en wandel van wetenschappers en technici op een democratische manier controleren en beïnvloeden? Dreigt hier niet het gevaar van expertocratie? De moderne intellectueel acht democratische controle van de ontwikkeling van wetenschap en techniek van groot belang.

De postmoderne benadering

Terwijl moderne intellectuelen erfgenamen zijn van het verlichtingsdenken, zijn postmoderne intellectuelen daarvan de critici. Het postmodernisme berust immers op een kritiek op de zogenaamde Grote Verhalen over het Ware, het Goede en het Schone.[38] Grote Verhalen zijn alomvattende betogen over wat waar, goed en mooi is. Hierbij kan worden gedacht aan ideologieën waarin uitgesproken standpunten over de meest uiteenlopende aspecten van het leven worden ingenomen. Volgens het postmodernisme zijn de Grote Verhalen van de modernen verwerpelijk, omdat daarin het bijzondere onder het algemene wordt gesubsumeerd. Zo zouden ze geen recht doen aan de bijzonderheden van andere culturen. In Grote Verhalen worden immers alle bijzonderheden gespiegeld aan de universeel geachte en uit Europa afkomstige waarden. Doordat modernen gefixeerd zijn op universele waarden, besteden ze nauwelijks aandacht aan de specifieke contexten waarbinnen ideeën worden voortgebracht en gebruikt. Postmodernen willen wel rekenschap geven van die contexten. Daarom hebben ze een andere kijk op de identiteit, verantwoordelijkheid en veranderde positie van de intellectueel.

De postmoderne benadering van intellectuelen benadrukt dat het handelen van intellectuelen alleen te begrijpen valt, wanneer het wordt geplaatst tegen de achtergrond van de sociaal-culturele en politieke verhoudingen. Door acht te slaan op de context waarbinnen intellectuelen opereren, wordt duidelijk dat ze *van* ideeën leven. Aan die ideeën ontlenen ze immers macht en aanzien. Onder macht versta ik het vermogen van een individu of collectief om binnen een bepaald netwerk de eigen wil ook tegen de weerstand van anderen door te drukken.[39] Dit vermogen is uiteraard afhankelijk van de aard van de relaties binnen dit netwerk. Zo ontleent een intellectueel die als woordvoerder van de milieubeweging optreedt zijn macht en aanzien niet alleen aan het gegeven dat hij *namens* derden spreekt, maar ook *in plaats van* hen. Intellectuelen die zich inzetten voor deze of gene dienen daarmee ook hun eigenbelang. De betekenis van hun handelingen moet niet gezocht worden in de bijdrage die ze aan het Ware, het Goede en het Schone leveren, maar in hun bijdrage aan lokale vraagstukken. De waarden waarvoor postmoderne intellectuelen zich inzetten zijn relatief, slechts geldig binnen een bepaalde context. Ze keren zich dan ook tegen het universalisme.

Michel Foucault noemt de moderne intellectueel een universele intellectueel.[40] De universele intellectueel ziet zichzelf als woordvoerder van de universaliteit, iemand die spreekt in naam van de waarheid en de gerechtigheid. Zo belichaamt de universele intellectueel binnen het marxisme de bewuste en individuele universaliteit, en het proletariaat de onbewuste en collectieve universaliteit. Marxistische intellectuelen zetten hun universalistische ideeën in voor een kritiek op de bourgeoisie, die alleen haar particuliere belangen zou behartigen. De universele intellectueel is een product van de achttiende eeuw. Rechten die men universeel geldig achtte, vormden toen de inzet van een politieke strijd. Foucault plaatst tegenover de universele intellectueel de specifieke intellectueel. Dit is iemand die op een afgebakend terrein werkt aan problemen die niet universeel, maar specifiek zijn. Hierbij moet vooral worden gedacht aan wetenschappers en andere experts. Wanneer een wetenschapper zich mengt in een publieke controverse doet hij dat op grond van zijn expertise. Hij ontleent zijn macht voor een groot deel aan het gezag dat hij binnen een specifiek terrein geniet. Volgens Foucault verdwijnt de universele intellectueel steeds meer naar de achtergrond. De prominente positie die de specifieke intellectueel in de samenleving heeft verworven, dankt hij vooral aan het toegenomen belang van wetenschap en techniek.

Postmodernen beschouwen moderne intellectuelen al gauw als moralisten. Modernen zouden op grond van universeel geachte waarden te snel met de opgeheven vinger komen. Postmodernen zijn daarentegen eerder agnosten die zich niet snel laten verleiden tot een moreel oordeel.[41] Ze beperken zich liever tot het beschrijven van een bepaalde stand van zaken in de werkelijkheid, en laten het oordeel daarover graag aan anderen over. De meer agnostische houding van postmodernen is bepalend voor hun idee over verantwoordelijkheid. Volgens de postmoderne benadering hebben intellectuelen eerder de verantwoordelijkheid om te interpreteren dan om te oordelen. Zo karakteriseert Zygmunt Bauman de verantwoordelijkheid van de intellectueel met de metafoor van de 'interpreet'.[42] De intellectueel behoort het gedachtegoed dat in een bepaalde cultuur is ontwikkeld zo te vertalen, dat het ook in een andere cultuur begrepen wordt. Volgens Bauman is een intellectueel de gangmaker van de communicatie tussen gemeenschappen die er een eigen levensvorm op na houden. Daarvoor moet hij de verschillende levensvormen goed kennen.[43] Bauman karakteriseert de verantwoordelijkheid van de moderne intellectueel met de metafoor van de 'wetgever'.[44] De moderne intellectueel is iemand die de autoriteit heeft om in het geval van meningsverschillen een beslissend oordeel te vellen. De bevoegdheid om dit te doen is gebaseerd op het bezit van kennis die superieur wordt bevonden aan die van niet-intellectuelen. De superieure kennis hebben intellectuelen te danken aan procedures die gericht zijn op het verkrijgen van ware uitspraken over de werkelijkheid en juiste oordelen over wat goed en mooi is.

Hoe zien postmodernen de veranderde positie van intellectuelen? Het antwoord op deze vraag kan kort zijn. Postmodernen spreken over dezelfde maatschappelijke ontwikkelingen die hebben geleid tot de veranderde positie van de intellectueel als modernen. De beoordeling van deze ontwikkeling valt echter anders uit. Waar het oordeel van modernen doorgaans negatief is, is dat van postmodernen meestal positief. Ik geef drie voorbeelden. In tegenstelling tot de modernen beoordelen postmodernen de hoge vlucht die het hoger onderwijs heeft genomen positief. Door deze ontwikkeling hebben vrouwen en zwarten een plek in de academische wereld veroverd die ze vroeger niet hadden. Deze emancipatie heeft ertoe geleid dat er meer vrouwelijke en zwarte intellectuelen zijn.[45] Waar modernen doorgaans een negatieve kijk op de massacultuur hebben, hebben postmodernen een positieve kijk. Volgens hen openen massamedia nieuwe mogelijkheden voor intellectuelen. Net als modernen hebben postmodernen het over het einde van de intellectueel. Hun toonzetting verschilt echter. Jean-François Lyotard oppert dat de intellectueel een figuur uit vervlogen dagen is, omdat hij nog vasthoudt aan de Grote Verhalen. Nu de Grote Verhalen hun langste tijd hebben gehad, hetgeen Lyotard begroet, kan de intellectueel worden bijgezet in het museum.[46]

Generalist versus specialist

Hiervoor heb ik de moderne en postmoderne benadering van intellectuelen besproken. De twee benaderingen lijken moeilijk met elkaar te verenigen. Terwijl de modernist de intellectueel beschouwt als een generalist die zich voor de belangen van de hele mensheid inzet, ziet de postmodernist hem als een specialist die zich sterk maakt voor deelbelangen. Hier staat de kosmopoliet die het algemene belang dient tegenover de patriot die de belangen van een beperkte gemeenschap behartigt.[47] Waar de modernist het tot de verantwoordelijkheid van de intellectueel rekent om zaken die niet stroken met universeel geachte waarden te veroordelen, beschouwt de postmodernist het als de taak van de intellectueel inzicht te verschaffen in de grote verscheidenheid aan levensvormen. Zo komt het universalisme van de modernen tegenover het relativisme van de postmodernen te staan.[48] Waar de modernist zoekt naar waarden die iedereen onderschrijft, acht de postmodernist zo'n zoektocht vanwege de grote verscheidenheid aan levensvormen zinloos. En terwijl de modernist de ontwikkelingen die de positie van de intellectueel veranderd hebben doorgaans negatief beoordeelt, schat de postmodernist deze eerder positief in.

De verschillen tussen de moderne en postmoderne benadering van intellectuelen worden in het volgende schema vereenvoudigd weergegeven.

De moderne en postmoderne benadering van intellectuelen

	MODERNE BENADERING	POSTMODERNE BENADERING
VRAAGSTUK VAN DE IDENTITEIT	Leeft *voor* ideeën Generalist Dient het algemene belang Kosmopoliet	Leeft *van* ideeën Specialist Dient uitsluitend deelbelangen Patriot
VRAAGSTUK VAN DE VERANTWOORDELIJKHEID	Universalisme Oordelen vellen op grond van universele waarden	Relativisme Interpreteren en vertolken van diverse levensvormen
VRAAGSTUK VAN DE VERANDERDE POSITIE	Negatief oordeel over allerlei maatschappelijke ontwikkelingen die de positie van de intellectueel hebben veranderd, zoals de opkomst van het hoger onderwijs en de toegenomen invloed van de massamedia	Positief oordeel over dezelfde maatschappelijke ontwikkelingen die door de moderne benadering worden genoemd

Ondanks de weergegeven verschillen tussen de moderne en postmoderne benadering van intellectuelen, hebben ze ook iets gemeen. Modernen en postmodernen schetsen een veel te algemeen beeld van intellectuelen. Ze hangen hun beschouwingen over intellectuelen op aan te algemene kapstokken: ideeën óf contexten.

Het beeld dat modernen van intellectuelen schetsen is te algemeen, omdat ze het accent eenzijdig leggen op de ideeën die ze koesteren. De contexten waar deze ideeën uit voortspruiten of een plek krijgen, worden sterk veronachtzaamd. Daardoor laten modernen zich makkelijk verleiden tot algemene oordelen over intellectuelen en vergeten ze nuances aan te brengen. Neem het debat over de *fellow-travellers* dat zich naar aanleiding van de val van de Berlijnse Muur ontspon. Tijdens dit debat scheerde Van Doorn al degenen die sympathiseerden met het marxisme over één kam en beschuldigde hen ervan 'fout' te zijn geweest. Afgezien van het feit dat Van Doorn voorbij ging aan al die marxisten die de totalitaire regimes in Oost-Europa kritiseerden vanwege hun democratisch tekort, was zijn kritiek oninteressant, omdat er in 1989 nog maar weinig intellectuelen waren die met het communisme heulden. Het zou pas interessant zijn geweest wanneer hij had onderzocht wat de overwegingen van de *fellow-travellers* waren, of hun ideeën onderling erg verschilden en wat ze wel en niet goed vonden aan het zogenaamde reëel existerende socialisme.[49] Maar daarvoor had hij meer aandacht moeten besteden aan de context waarbinnen ze handelden, had hij hun ideeën moeten situeren. Dit laatste is nu datgene wat postmodernen doen.

Postmodernen besteden veel aandacht aan de context. Maar het beeld dat postmodernen van intellectuelen schetsen is te algemeen, omdat ze het accent eenzijdig leggen op de contexten waarbinnen hun ideeën geboren en gebruikt worden. De ideeën van intellectuelen lijken soms samen te smelten met de een of andere context. De weg die postmodernen bewandelen leidt daarom al ras tot contextualisme: het reduceren van ideeën tot een context.[50] Indien de ideeën van intellectuelen direct worden teruggebracht tot de contexten waar ze worden gebruikt, wordt niet gauw duidelijk waarom het ene idee bijzonder is en het andere niet. De door Foucault ontwikkelde typologie van intellectuelen is illustratief voor het te algemene beeld dat postmodernen over intellectuelen koesteren. Met een paar grove pennenstreken onderscheidt hij twee historische contexten die corresponderen met twee typen intellectuelen. Tot het vervlogen tijdperk behoren de intellectuelen die vasthouden aan universele waarden, en tot de huidige tijd rekent hij experts die zich hebben toegelegd op een terrein dat alleen wordt afgegraasd door specialisten. Het onderscheid dat Foucault tussen de universele en specifieke intellectueel maakt is zo algemeen, dat enkele interessante vragen niet worden gesteld. Zijn er verschillen in de manier waarop universele intellectuelen zich in publieke controversen storten? Hoe geven specifieke intellectuelen uitdrukking aan hun specialisme? De typologie van Foucault is in feite net zo algemeen als de door postmodernen vermaledijde moderne benadering van intellectuelen. Vanwege haar algemene karakteristiek komt Foucault tot een ongenuanceerde diagnose van de veranderde positie van de intellectueel: de universele intellectueel verdwijnt steeds meer op de achtergrond. Dit is echter de vraag. Veel spraakmakende intellectuelen zijn wat Foucault universele intellectuelen noemt. Een willekeurige opsomming maakt dit duidelijk: Noam Chomsky, Alain Finkielkraut, Hans Magnus Enzensberger, Györgi Konrád, Gabriel García Márquez en Susan Sontag. Hoewel zij op militair terrein geen specialisten zijn, hebben zij zich toch bemoeid met de oorlog in Kosovo.[51] In Nederland zijn de meeste columnisten ook universele intellectuelen. Nadat ze het grote wereldgebeuren hebben teruggebracht tot de sfeer van de huiskamer, beoordelen ze het op grond van universele normen en waarden.

Doordat modernen en postmodernen eenzijdig het accent leggen op respectievelijk ideeën en contexten, komen ze niet of nauwelijks toe aan een onderzoek naar de relatie tussen beide. Hoe hangen ideeën en contexten met elkaar samen? Zijn ze onlosmakelijk met elkaar verbonden? Of kunnen ze tot op zekere hoogte worden ontkoppeld? Modernen en postmodernen besteden weinig aandacht aan de relatie tussen ideeën en contexten. Dit bezwaar kan alleen worden ondervangen door empirisch onderzoek te doen naar de wijze waarop intellectuelen hun ideeën in bepaalde contexten inzetten. Alleen zo kunnen de eenzijdigheden van het modernisme en postmodernisme worden vermeden.

3   PUBLIEKE CONTROVERSEN

Modernen en postmodernen houden er een eigen vocabulaire op na. Hun vocabulaires bestaan uit begrippen waarmee ze vat proberen te krijgen op de werkelijkheid.[52] Omdat modernen en postmodernen verschillende vocabulaires hanteren, hebben ze een andere kijk op intellectuelen. De vocabulaires van de modernen en postmodernen leveren, zoals gezegd, een te algemeen beeld op van hen. Het is nu de vraag hoe dit tekort kan worden ondervangen.

Het is onmogelijk om een geheel nieuw vocabulaire te ontwikkelen. Iemand die een andere kijk op intellectuelen wil presenteren, kan er niet omheen van reeds gehanteerde begrippen gebruik te maken. Wanneer hij opeens een volkomen andere taal spreekt, zouden anderen hem niet begrijpen of hem zelfs voor een warhoofd aanzien.[53] Om een andere zicht op intellectuelen te verkrijgen, zal hij de 'ars combinatora' moeten beheersen: de betekenis van reeds bekende begrippen veranderen door ze in een andere combinatie te gebruiken.[54] Hij zal de gereedschapskist moeten vullen met begrippen die weliswaar bekend zijn, maar nog niet eerder in die samenstelling gebruikt werden.

Mijns inziens krijgt men alleen een andere kijk op intellectuelen wanneer men nagaat wat de heuristische mogelijkheden en beperkingen zijn van vocabulaires. De positieve en negatieve heuristiek van vocabulaires kan het beste worden achterhaald door een reconstructie van wat ik, in navolging van Lolle Nauta, exemplarische situaties noem.[55] Dit zijn situaties die intellectuelen bij het uitwerken van hun ideeën als voorbeeld dienen. De reconstructie van exemplarische situaties moet mijns inziens verbonden worden met empirisch onderzoek naar de publieke interventies van intellectuelen.[56] Welke exemplarische situaties liggen ten grondslag aan de moderne en postmoderne benadering van intellectuelen? Op welke manier kunnen hun publieke interventies het beste worden geanalyseerd? Hoe ziet de verdere opbouw van dit onderzoek eruit?

Exemplarische situaties

De meeste studies over intellectuelen behoren tot de categorieën biografie[57], ideeëngeschiedenis[58] of contemporaine geschiedenis[59]. Daarin is men óf gefixeerd op de contexten waarbinnen intellectuelen hun stem verheffen óf op de ideeën die ze erop nahouden. De vraag hoe deze ideeën en contexten samenhangen is zelden op een systematische manier onderzocht.[60] De auteurs van de bestaande studies over intellectuelen stellen zich meestal op als agnost of moralist. De agnost beschrijft nauwgezet de ideeën van intellectuelen uit het verleden, maar vraagt zich zelden af of ze op dit moment nog interessant zijn. De moralist blikt terug om vervolgens 'foute' intellectuelen met de vinger na te wijzen.[61] Voorbij het agnosticisme en moralisme wil ik in deze studie wel op een systematische wijze de relatie tussen ideeën en contexten onderzoeken. Het reconstrueren van exemplarische situaties is een vruchtbaar middel om deze relatie scherp in het vizier te krijgen. Daarom sta ik eerst stil bij de exemplarische situaties van de modernen en postmodernen.

De exemplarische situatie waardoor de moderne benadering van intellectuelen zich laat leiden is de *rechtbank*.[62] Het rolmodel van de intellectueel is de rechter.[63] Evenals de rechter toetst de intellectueel allerlei zaken aan principes. Daarbij volgt hij zorgvuldig bepaalde procedures. Zoals de rechter, de aanklager en de verdediger tezamen een tribunaal van de rede vormen, zo doet een intellectueel dat met andere intellectuelen. Ze passen allemaal het principe van hoor en wederhoor toe om uiteindelijk een oordeel te kunnen vellen. De exemplarische situatie van de rechtbank is het product van de Verlichting. In die tijd werd het op algemene principes berustende rede- of natuurrecht tegenover het conventionele of artificiële recht geplaatst.[64] Het conventionele of artificiële recht had in de ogen van veel verlichtingsdenkers een willekeurig karakter, omdat het te zeer gebonden was aan de een of andere traditie. Om die reden moest de traditie zich volgens Immanuel Kant verantwoorden tegenover het tribunaal van de rede. Zowel het rederecht als het natuurrecht leverde de principes en procedures waarmee aan alle meningsverschillen en conflicten een eind zou kunnen worden gemaakt.[65] Wie het rede- of natuurrecht aan zijn zijde had, kon zich onafhankelijk opstellen tegenover de willekeur van traditities. Zo kon Zola het onrecht van het over Dreyfus uitgesproken oordeel kritiseren, omdat hij het 'ware' recht aan zijn zijde dacht te hebben. In zijn ogen hadden de anti-Dreyfusards niet het 'ware' recht aan hun zijde, omdat zij gekozen hadden voor de willekeur van een nationalistische rechtspraak. Het vocabulaire van moderne intellectuelen is doorspekt met juridische metaforen, zoals aanklagen, procedures en tribunalen. De intellectuele stijl die hierbij past is de aanklacht (*J'accuse..!*) en de polemiek. Petities, manifesten en tribunalen zijn daarbij de meest gebruikte middelen. Van het laatstgenoemde middel is het Russell-tribunaal een goed voorbeeld.[66] De methode van de moderne intellectueel stemt grotendeels overeen met die van de rechter: het toetsen van bijzondere gevallen aan een algemene norm. De universeel geldende norm oftewel het principe is het cruciale symbool van de moderne benadering van intellectuelen. Hoe verschillend de bijzondere gevallen ook zijn, ze worden door modernen altijd gemeten aan dezelfde principes en door hen behandeld volgens dezelfde procedures.

De exemplarische situatie van de postmoderne benadering van intellectuelen is *de grens tussen levensvormen*. In navolging van Wittgenstein versta ik onder een levensvorm het geheel van praktijken van een gemeenschap. Elke praktijk is een verzameling van door regels geleide handelingen. De leden van een gemeenschap volgen deze regels doorgaans blindelings op, denken er zelden of nooit over na. Gemeenschappen onderscheiden zich van elkaar door de manier waarop mensen vorm geven aan hun leven. En dat komt onder andere tot uitdrukking in hun vocabulaire, de taal die ze spreken.[67] De grens tussen levensvormen wordt gemarkeerd door wat mensen 'vertrouwd' en 'vreemd' vinden. Volgens postmodernen is het de taak van de intellectueel diverse levensvormen zo goed mogelijk te begrijpen. Wanneer een intellectueel een levensvorm begrijpt, oog heeft voor haar bijzonderheden, kan hij mensen die aan weerszijden van de grens wonen de 'andere' levensvorm uitleggen. Daarom is zijn methode in eerste instantie erop gericht na te gaan wat bijzonder is aan een bepaalde levensvorm, te bepalen waarin deze verschilt van alle andere levensvormen. Heeft hij dit eenmaal gedaan, dan kan hij mensen vertrouwd maken met wat door hen als vreemd ervaren wordt. Het rolmodel van de postmoderne intellectueel is dan ook de tolk. Een tolk is immers in staat zich te verplaatsen in verschillende levensvormen. Hierdoor kan hij ideeën van de ene levensvorm vertalen in termen van die van een andere. Vandaar dat de metaforen die de postmoderne benadering gebruikt van hermeneutische snit zijn, zoals begrijpen, vertalen en dialoog. Het oogmerk van de postmoderne intellectueel is een dialoog tot stand te brengen tussen levensvormen.[68] De intellectuele stijl die de voorkeur heeft is het vertellen van verhalen. Goed vertelde verhalen maken het mogelijk dat mensen zich kunnen verplaatsen in de levensvorm van anderen. De beste bijdrage die intellectuelen aan de morele vooruitgang kunnen leveren is volgens Richard Rorty het gedetailleerd beschrijven van allerlei vormen van lief en leed.[69] De postmoderne intellectueel laat zich niet snel verleiden tot directe kritiek. Dat zou hem ook de mogelijkheid ontnemen een bemiddelende rol te spelen tussen mensen die aan weerszijden van de grens wonen. Teneinde zo goed mogelijk recht te doen aan zijn taak als tolk staat de postmoderne intellectueel bij wijze van spreken *op* de grens tussen levensvormen. Vandaar dat de grens het cruciale symbool is van de postmoderne benadering van de intellectueel.

De heuristische beperkingen van de moderne en postmoderne benadering van intellectuelen zijn inherent aan de exemplarische situaties waardoor ze zich laten leiden.

De moderne benadering van intellectuelen is relatief blind voor de grote verscheidenheid aan levensvormen, of gaat er snel aan voorbij. Aan de context waarbinnen intellectuelen met hun ideeën woekeren laat de moderne benadering weinig gelegen. Waarom dit zo is kan duidelijk worden gemaakt aan de hand van haar exemplarische situatie. Zoals de rechter in het ideale geval alleen kijkt of en in hoeverre een geval voldoet aan bepaalde rechtsnormen, zo gaat de moderne intellectueel na of een toestand in de wereld strookt met bepaalde universele waarden. In de rechtszaal en de openbaarheid mag weliswaar nog gedebatteerd worden over de juiste interpretatie van een geval of een toestand in de wereld, maar uiteindelijk telt alleen de confrontatie met de algemeen geldende rechtsnormen of de universele waarden. Over de interpretatie van een geval of een gebeurtenis in de wereld kan men van mening verschillen, maar over de juistheid van rechtsnormen of universele waarden is dat niet of nauwelijks mogelijk. Daarmee is de alledaagse werkelijkheid secundair geworden. Net als hogepriesters hoeven rechters en intellectuelen alleen maar te achterhalen of datgene wat daar gebeurt, strookt met hun rechtsnormen en universele waarden. Rechtsnormen en universele waarden leiden volgens modernen een bestaan 'boven' de alledaagse werkelijkheid. Ze staan daar als het ware los van. Dit verklaart ook waarom de moderne benadering van intellectuelen dikwijls *idealisme* wordt verweten. Wie al te zeer gefixeerd is op hooggestemde normen en waarden kan nooit het realisme opbrengen dat nodig is om te begrijpen in hoeverre ze het product zijn van een context en daaraan gebonden zijn. Onderzoek naar de wijze waarop de ideeën van intellectuelen verbonden worden met en gebonden zijn aan bepaalde contexten wordt daardoor bij voorbaat de pas afgesneden. Zolang normen en waarden ergens 'boven' de werkelijkheid zweven, ze niet gerelateerd worden aan bepaalde contexten, zullen ze ook niet gauw ter discussie worden gesteld. De rechter en de moderne intellectueel beschouwen zich immers als hun stadhouders. Daarmee creëren ze een asymmetrische relatie tussen henzelf en degenen over wie recht wordt gesproken en over datgene waarover geoordeeld wordt. De rechter en de moderne intellectueel zitten altijd aan de andere kant van de tafel. Vanuit die positie denken ze onafhankelijke oordelen te kunnen vellen die zijn gebaseerd op universeel geldige normen en waarden. Ze hoeven alleen te oordelen en blijven zelf meestal buiten schot. Dit verklaart waarom de moderne intellectueel *moralisme* wordt verweten. Ze schrijven anderen voor wat goed en fout is.

In tegenstelling tot de moderne benadering is de postmoderne benadering van intellectuelen niet blind voor de context waarin ze hun ideeën uitbroeden en ze deze gestalte geven. De ideeën van intellectuelen zijn volgens postmodernen alleen te vatten wanneer men ze in de context plaatst waarin ze worden gebruikt. Maar plaatst men de ideeën enkel en alleen in een specifieke context, dan worden ze al snel gehypostaseerd. Hoe dat gebeurt wordt vooral duidelijk wanneer men let op de exemplarische situatie waardoor de postmoderne intellectueel zich laat sturen. De intellectueel die als tolk op de grens tussen twee levensvormen gaat zitten, zal eerst nagaan wat mensen aan weerszijden ervan met hun ideeën bedoelen. Om precies te weten wat met bepaalde ideeën wordt bedoeld, zal hij inspecteren hoe de ideeën in de specifieke levensvormen worden gebruikt. Voordat hij daadwerkelijk kan tolken, moet hij beide taalspelen onder de knie krijgen. Naarmate hij de taalspelen beter beheerst, preciezer weet welke betekenis de ideeën binnen een context hebben, des te beter ziet de intellectueel de verschillen tussen levensvormen. Het nadeel van de postmoderne benadering is dat hierbij de ideeën dikwijls vastgeklonken worden aan één context. Net als de tolk is de postmoderne intellectueel bezig met het zo goed mogelijk begrijpen van ideeën. Daarom moeten ze in een context worden geplaatst. De postmoderne intellectueel laat daarbij echter ideeën vaak geheel en al opgaan in die context. Hij heeft weinig oog voor het feit dat ideeën van tijd tot tijd uit een context worden losgeweekt en in een andere context worden toegepast. Zo kan een idee over democratie dat voorspruit uit een specifieke context in weer een heel andere context vruchtbaar worden aangewend. Idee en context vallen dus nooit helemaal samen. Volgens de postmoderne benadering bevindt de intellectueel zich op de grens tussen levensvormen. Zoals gezegd is het zijn taak een levensvorm zo goed mogelijk te begrijpen. Hierdoor kan hij een dialoog tussen mensen uit beide levensvormen initiëren en gaande houden. Als tolk is de postmoderne intellectueel een soort doorgeefluik tussen levensvormen. En net als een tolk voorziet de postmoderne intellectueel hetgeen hij doorgeeft niet van commentaar. Bang om voor moralist te worden uitgemaakt, houdt de postmoderne intellectueel zijn oordeel in de zak. Wanneer hij zijn oordeel al prijsgeeft, dan steekt hij het meestal in een ironisch of cynisch jasje. Of hij prijst spottend de ideeën van anderen terwijl hij ze in feite afkeurt, of hij laat op een sarcastische wijze blijken dat hij niet gelooft in de idealen die achter die ideeën schuilgaan. De postmoderne intellectueel wordt vooral verweten dat zijn *cynisme* vrijblijvend en destructief is.[70]

Postmodernen benadrukken, zoals vermeld, dat de bijzonderheden van een levensvorm het best vertolkt kunnen worden in verhaalvorm. Het vertellen van verhalen biedt een intellectueel de mogelijkheid om allerlei details van een levensvorm te beschrijven en aandacht te besteden aan de beweegredenen van mensen. Wie recht wil doen aan de verschillen tussen levensvormen zal die niet alleen vanuit een buitenperspectief moeten beschrijven, maar ook het binnenperspectief van mensen tot zijn recht moeten laten komen. Een roman leent zich daartoe vaak beter dan een wetenschappelijke verhandeling.[71] In de literatuur bestaat immers meer ruimte voor het perspectief van de eerste persoon dan in de wetenschap. Wetenschappers hanteren doorgaans het perspectief van de derde persoon. Maar in de literatuur gaat het niet alleen om het zo goed mogelijk ontsluiten van een deel van de werkelijkheid. Net als bij andere kunstuitingen dient de literatuur primair esthetische ervaringen voort te brengen.[72] Een esthetische ervaring kenmerkt zich door een belangeloos genoegen. Het plezier dat men in het lezen van een roman kan vinden, staat tot op zekere hoogte los van het nut dat de lectuur kan hebben voor het ontsluiten van een deel van de werkelijkheid.[73] Plezier is een doel op zichzelf waaraan elke nutsfactor van ondergeschikt belang is. Het postmodernisme doet onvoldoende recht aan dit gegeven, omdat het literatuur te zeer beschouwt als nuttig middel voor het ontsluiten van een levensvorm. Wanneer bijna alleen door de bril van de literatuur naar de werkelijkheid wordt gekeken, kan dit tot een te gestileerd beeld van een levensvorm leiden.[74] Wanneer een postmodern intellectueel voor het ontsluiten van een levensvorm te veel leunt op de literatuur, kan hij van *estheticisme* worden beticht. Voor het zo adequaat mogelijk beschrijven van een levensvorm kan literatuur weliswaar een belangrijk hulpmiddel zijn, maar is ze niet alleenzaligmakend.

Het volgende schema geeft de twee exemplarische situaties die ten grondslag liggen aan de moderne en postmoderne benadering van intellectuelen eenvoudig weer.

	DE RECHTSZAAL	DE GRENS TUSSEN LEVENSVORMEN
De intellectueel als de personificatie van de	Rechter	Tolk
Cruciale symbool	Norm	Grens
Metaforen	Aanklagen Requisitie Tribunaal	Begrijpen Dialoog Vertaling
Methode	Het toetsen van bijzondere gevallen aan algemene normen	Het achterhalen van wat bijzonder is aan een levensvorm
Stijl	Aandacht Polemiek	Verhaal Ironie
Heuristische beperkingen	Veronachtzamen van verschillen tussen contexten Idealisme Moralisme	Hypostaseren van ideeën Cynisme Estheticisme

Door de exemplarische situaties te reconstrueren van de moderne en postmoderne benadering van intellectuelen kon ik hun heuristische mogelijkheden en beperkingen scherper in het vizier krijgen. Hiermee beschik ik over een zoeklicht om de handelingen van intellectuelen kritisch te volgen. Deze vinden plaats in de openbaarheid.

De openbaarheid

De openbaarheid is het speelveld van de intellectuelen. Voor hen is deelname aan de openbare meningsvorming een conditio sine qua non. Maar wat wordt hier onder de openbaarheid verstaan? Zonder uitvoerig in te gaan op allerlei discussies over de openbaarheid, wil ik in het kort weergeven wat ik er onder versta.[75] De openbaarheid wordt gevormd door al die netwerken waarbinnen actoren publiekelijk communiceren over zaken die min of meer van algemeen belang zijn. Omdat het hier om verschillende vaak los van elkaar bestaande netwerken gaat, zou ik voortdurend over openbaarheden moeten spreken. Maar voor het gemak laat ik de meervoudsvorm achterwege.

De jure is de openbaarheid een open netwerk, is iedere burger vrij om eraan deel te nemen. Dit is in veel landen ook juridisch vastgelegd in bijvoorbeeld het recht op vrijheid van meningsuiting. Maar de facto zijn er allerlei uitsluitingsmechanismen die het voor sommige mensen moeilijk maken om zich via de openbaarheid te richten tot een groot publiek. Netwerken zijn dan bolwerken.

Hieruit kan worden opgemaakt dat er een spanningsveld bestaat tussen een ideaalbeeld van de openbaarheid en de werkelijkheid.[76] Dikwijls vormen de beperkingen die mensen worden opgelegd om deel te nemen aan de openbaarheid het onderwerp van discussie.[77] Volgens een ideale voorstelling is de openbaarheid de plek waar de meningsvorming plaatsvindt die voorafgaat aan de besluitvorming. De openbaarheid zou de meest geëigende plaats zijn om over zaken van algemeen belang te delibereren, omdat daar de handelingsdwang ontbreekt. In een democratie zou het *delibereren* binnen de openbaarheid *vooraf* moeten gaan aan het *aggregeren* van de wil van het volk c.q. de besluitvorming. Maar volgens sommigen zijn de besluiten al gevallen voordat ze in het parlement ter discussie worden gesteld.

Vaak duidt men de openbaarheid aan met metaforen die, zoals arena, forum en theater, uit een tijd stammen waar degenen die met elkaar delibereerden concreet aanwezig waren. In het tijdperk van de moderne informatie- en communicatietechnologie is dat niet meer het geval. De sfeer die transparantie moet bieden is daardoor voor veel burgers ondoorzichtig. Dit wordt ook nog in de hand gewerkt door de differentiatie van de openbaarheid. Vandaag de dag is er een veel grotere verscheidenheid aan media dan ten tijde van de Dreyfus-affaire. Tegenwoordig richten intellectuelen zich niet alleen via het boek of de krant tot een groot publiek, maar ook via de televisie of internet. Vandaar de opkomst van de zogenaamde media-intellectuelen.[78]

Zeggen dát de openbaarheid het speelveld van intellectuelen is, is zonder meer triviaal. Toch heeft deze constatering er zelden of nooit toe geleid om te onderzoeken hoe ze daar hun spel spelen. Dit is nu juist datgene wat ik wil doen. Om te achterhalen hoe intellectuelen in de openbaarheid interveniëren, zal ik publieke controversen analyseren.[79] Publieke controversen bieden een interessant venster op de handelingen van intellectuelen. Doorgaans bestudeert men alleen de kant-en-klare ideeën van intellectuelen, en niet de wijze waarop ze in een publieke strijd met andere intellectuelen worden ingezet. Door dat wel te bestuderen hoop ik nieuwe inzichten te winnen over de identiteit, de verantwoordelijkheid en de positie van intellectuelen. Het volgen van controversen geeft ook de mogelijkheid om een preciezer beeld te krijgen hoe intellectuelen hun ideeën verknopen met bepaalde contexten. Op deze manier verwacht ik ook de eenzijdigheden van de moderne en postmoderne benadering van intellectuelen te omzeilen. Het verloop van controversen wordt natuurlijk niet alleen bepaald door de handelingen van intellectuelen. Hierbij is ook de structuur van de openbaarheid van belang, dat wil zeggen de mogelijkheden en beperkingen die de intellectueel heeft om deel te nemen aan de publieke meningsvorming. Bovendien moet in deze ook acht worden geslagen op de organisaties namens wie intellectuelen zich in een publieke strijd werpen. Deze organisaties bepalen tot op zekere hoogte wat intellectuelen tijdens publieke controversen te berde brengen.

In dit boek wordt een drietal publieke controversen geanalyseerd. Ten eerste de zogenaamde Brede Maatschappelijke Discussie. Dit is de in het begin van de jaren tachtig gevoerde discussie over kernenergie. Ten tweede het armoededebat. Daarvan belicht ik twee hoogtepunten, te weten de controversen die in 1989 en 1996 plaatsvonden. Ten derde de Rushdie-affaire. Deze ook elders in de wereld gevoerde controverse vond hier te lande begin 1989 plaats. Ik heb om verschillende redenen voor deze drie controversen gekozen. Door niet één maar drie publieke controversen te analyseren, hoop ik een gedifferentieerder beeld van intellectuelen te krijgen. Immers, binnen deze drie controversen spelen mensen uit zeer verschillende domeinen een intellectuele rol. Bovendien krijgt men door het analyseren van verscheidene controversen een completer beeld van de couleur locale van de Nederlandse intellectueel. Het karakteristieke van het intellectuele klimaat in Nederland probeer ik voor het voetlicht te krijgen door de vraag te stellen wat deze controversen gemeen hebben. Nog een andere reden om de keuze op deze drie controversen te laten vallen, is dat ze gaan over drie grote vraagstukken van deze tijd: de milieuproblematiek, het verdelingsvraagstuk en de vraag hoe mensen met verschillende levensvormen vreedzaam met elkaar kunnen samenleven.

Het doel van mijn onderzoek is het inzicht te vergroten in de identiteit, verantwoordelijkheid en veranderde positie van de intellectueel. Om dit doel te bereiken kan ik niet volstaan met een analyse van publieke controversen. Daarvoor moet ik de microscopische analyse van deze controversen aanvullen met een macroscopische beschouwing over de samenleving waarbinnen ze hebben plaatsgevonden. Het type samenleving dat het decor vormt van de intellectuele controversen die ik analyseer, is volgens mij de kennismaatschappij. Elke controverse die ik analyseer moet als microkosmos geplaatst worden tegen de achtergrond van deze macrokosmos.

Opbouw van het onderzoek

Voordat ik uit de doeken doe hoe ik dit onderzoek heb opgebouwd en waar ik het daarvoor gebruikte materiaal heb weggehaald, moet ik nog een kwestie oplossen die ik tot nu toe bewust heb laten liggen, namelijk de definitie van het begrip 'intellectueel'. Zoals alle interessante begrippen (macht, ongelijkheid, vrijheid, et cetera) is ook dit begrip omstreden. Uit pragmatische overwegingen kies ik voor een *tentatieve* definitie waarin zich zowel modernen als postmodernen kunnen vinden. Een intellectueel is iemand die in het openbaar kritiek uitoefent op iets wat naar zijn mening veel mensen aangaat en bovendien controversieel is. Wanneer iemand deze rol op zich neemt, dan verbindt hij daarmee zijn eigen naam, ook al spreekt of schrijft hij namens een bepaalde organisatie. Een intellectueel is een *individu* dat zijn eigen werkkring verlaat en zich met zijn kritiek tot een groot publiek richt. Het spreekt vanzelf dat de inhoud van de kritiek en de wijze waarop die wordt geuit zeer verschillend kan zijn. In principe kan iedereen een intellectuele rol vervullen.[80] Maar in de praktijk worden degenen die dat doen meestal uit een bepaalde laag van de bevolking gerekruteerd.

Soms worden intellectuelen met het aan het Russisch ontleende begrip *intel-*

ligentsia aangeduid. Rond 1860 had dit begrip betrekking op universitair geschoolde jongeren die van mening waren dat het bestaan niet is zoals het zou moeten zijn.[81] Ze stelden zich kritisch op tegenover het autocratische regime van het toenmalige Rusland. Vanwege hun revolutionaire ideeën werden ze gebrandmerkt als nihilisten: betweters die niets op hebben met traditionele waarden, die God noch gebod respecteren.[82] De schrijver I.S. Toergenjew maakte in *Vaders en Zonen* van het scheldwoord nihilist een geuzennaam door de held van de roman de volgende woorden in de mond te leggen: "Een nihilist dat is iemand die zich voor geen enkele autoriteit buigt, die geen enkel principe zomaar aanvaardt, hoeveel eerbied dat principe ook geniet".[83] Sindsdien heeft het begrip 'intelligentsia' niet alleen een negatieve, maar ook een positieve connotatie. Wat dat betreft is er een overeenkomst tussen de geboorte van de intelligentsia en die van de intellectuelen. Beide begrippen worden dikwijls als synoniemen gebruikt. Desalniettemin maken sommigen een onderscheid tussen de intelligentsia en intellectuelen. Ik zal daarom in het vervolg van mijn betoog steeds erop wijzen wanneer deze of gene zo'n onderscheid maakt.

Voor het verzamelen van het materiaal dat ik voor dit onderzoek naar intellectuelen in Nederland heb gebruikt, ben ik de archieven ingedoken van kranten, opinieweekbladen en organisaties (LAKA. Documentatie- en Onderzoekscentrum Kernenergie; Stichting Natuur en Milieu; Stichting De Kleine Aarde; Raad van Kerken in Nederland; Dienst in de Industriële Samenleving vanwege de Kerken; Rushdie Defence Committee Nederland en Documentatiecentrum Nederlandse Politieke Partijen). Verder heb ik een uitvoerige literatuurstudie verricht naar de opkomst van de kennismaatschappij. Daarnaast heb ik ook de reeds bestaande literatuur over intellectuelen aan een kritische analyse onderworpen. Bovendien heb ik af en toe relevante informatie van internet gehaald.

Wat volgt er na dit eerste hoofdstuk? Hoofdstuk II is gewijd aan de kennismaatschappij. De opkomst van de kennismaatschappij vormt het decor van de publieke controversen die ik in de daarop volgende drie hoofdstukken voor het voetlicht breng. Hoofdstuk III gaat over de Brede Maatschappelijke Discussie. Aan de hand van deze breed opgezette publieke controverse over kernenergie laat ik onder andere laten zien hoe intellectuelen zich verhouden tot een moderne technologie waaraan grote gevaren kleven. Hoofdstuk IV handelt over het armoededebat. De analyse van deze controverse biedt mij de mogelijkheid om te laten zien hoe intellectuelen omgaan met het spanningsveld tussen 'wat is' en 'wat hoort'. Hoofdstuk V is gewijd aan de Rushdie-affaire. Deze controverse stelt mij in staat te laten zien hoe intellectuelen zich verhouden tot een steeds kleiner wordende wereld waar mensen met verschillende levensstijlen op de een of andere manier met elkaar moeten samenleven. In slothoofdstuk VI komen de verschillende lijnen van het boek bij elkaar. Daarin recapituleer ik niet alleen wat de analysen leren over de identiteit, verantwoordelijkheid en veranderde positie van de intellectueel, maar wil ik ook de weg wijzen tussen de Scylla van het agnosticisme en de Charybdis van het moralisme.

II DE KENNISMAATSCHAPPIJ

De intellectueel is een toeschouwer en een acteur. Hij slaat niet alleen met een kritisch oog gade wat anderen op de planken brengen, maar betreedt deze ook zelf. In dit boek staan de handelingen van de intellectueel centraal. Toch is het zinvol stil te staan bij het decor dat de achtergrond vormt van zijn handelingen, te meer daar het bepalend is voor de speelruimte van de intellectueel. Voor een afdoend antwoord op de vraag naar de veranderde positie van de intellectueel kan men niet volstaan met een schets van hetgeen hij op de planken brengt. Men zal tevens aandacht moeten besteden aan de maatschappelijke achtergrond van zijn handelingen.

Indien het decor van de handelingen van de intellectueel wordt gevormd door het type maatschappij waarin hij leeft, dan ligt het voor de hand om bij de sociologie te rade te gaan. Sociologen achten het immers tot hun taak diverse typen maatschappijen te onderscheiden. Bovendien hebben ze zich uitvoerig gebogen over de vraag in welk opzicht de positie van de intellectueel veranderd is. Sociologen laten zich tevens uit over de identiteit en verantwoordelijkheid van de intellectueel. In de sociologie van de intellectuelen heeft men het niet alleen over het decor, maar ook over wat op de planken wordt gebracht. Beter gezegd, sociologen relateren beide aan elkaar.

In dit hoofdstuk onderzoek ik wat vooral de sociologie kan bijdragen aan het verhelderen van de drie kwesties die in dit boek centraal staan. Zo ga ik eerst na welke conceptuele middelen ze voor het analyseren van de identiteit, de verantwoordelijkheid en de veranderde positie van de intellectueel biedt. Vervolgens schets ik het decor van de huidige intellectueel. Daarvoor maak ik niet alleen gebruik van conceptuele middelen uit de sociologie, maar ook van die uit andere disciplines. Tot slot bespreek ik de politieke consequenties die mijns inziens getrokken moeten worden uit het gegeven dat de positie van de intellecuteel sterk veranderd is.

I   GEEST EN MACHT

In Frankrijk heeft de sociologie haar erkenning als wetenschappelijke discipline mede te danken aan de Dreyfus-affaire.[1] Voordien leed ze een pover bestaan. Er was maar een handjevol studenten dat zich voor het vak interesseerde. Bovendien werden de eerste publicaties van Emile Durkheim door vooraanstaande socialistische intellectuelen vernietigend besproken. Maar tijdens de Dreyfus-affaire keerde het tij. Sociologen en hun voormalige tegenstanders vochten voor de rehabilitatie van de gewraakte kapitein. In de ogen van socialistische intellectuelen konden sociologen niet zo slecht zijn, wanneer ze voor de goede zaak vochten. Het *dreyfusisme des sociologues* bezorgde de sociologie uiteindelijk een machtige positie binnen de zogenaamde Nieuwe Sorbonne. In 1902 werd onder auspiciën van een Dreyfusard het curriculum van de Franse universiteit radicaal gewijzigd, waardoor de Oude Sorbonne plaats maakte voor de Nieuwe Sorbonne. Dit hield onder meer in dat de religie het veld moest ruimen voor de wetenschap. De sociologie moest voorzien in een op wetenschappelijke leest geschoeide moraalleer.

Tijdens de Dreyfus-affaire manifesteerden sociologen zich dus als intellectuelen. Dit leidde echter nog niet tot een sociologie van de intellectuelen. Ook al traden sociologen als intellectuelen voor het voetlicht, ze maakten zichzelf of anderen nog niet in die hoedanigheid tot object van onderzoek. Eerder waren het de anti-Dreyfusards die een protosociologie van de intellectuelen ontwikkelden. Zij waren het die de intellectuelen kritisch objectiveerden. Zo wezen zij erop dat het engagement van de sociologie tijdens de Dreyfus-affaire terug te voeren was op politiek opportunisme. Vanwege hun engagement kregen sociologen immers een voet tussen de deur van de Franse universiteit.[2]

De sociologie van de intellectuelen komt pas in de jaren twintig van de vorige eeuw tot bloei. Via een kritische reconstructie van deze tak van de sociologie wil ik de gereedschapskist vullen met conceptuele middelen die het me mogelijk maken hun handelingen tijdens publieke controversen te analyseren. Wat is de heuristische kracht van de conceptuele middelen die door de klassieke sociologie van de intellectuelen wordt aangedragen? Waaruit bestaat de positieve en negatieve heuristiek van de moderne sociologie van de intellectuelen? En hoe kunnen de heuristische beperkingen van de klassieke en moderne sociologie van de intellectuelen worden ondervangen?

Een klassieke dichotomie

De sociologie van de intellectuelen vindt haar oorsprong in de Weimarrepubliek, een periode waarin de democratie in Duitsland slecht functioneerde. Tijdens de Weimarrepubliek verschijnt *Ideologie und Utopie* (1929) van Karl Mannheim. Dit is een van de eerste studies waarin intellectuelen expliciet vanuit een sociologisch perspectief worden belicht.[3] Het boek van Mannheim kan worden gelezen als een diagnose en therapie van de crisis van de Weimarrepubliek. Een ander klassiek werk, *Aufgaben und Stellung der Intelligenz in der Gesellschaft* van Theodor Geiger, is geschreven op het moment dat er helemaal geen sprake meer was van een democratie, namelijk tijdens de Tweede Wereldoorlog. Ik zal de klassieke sociologie van de intellectuelen reconstrueren aan de hand van het werk van Mannheim en Geiger.[4]

De Weimarrepubliek kenmerkte zich door sociale onzekerheid en politieke onrust. Het was eerder het verlangen naar zekerheid en rust dat de burger deed instemmen met de republiek dan de overtuiging dat de democratie het beste politieke stelsel is. Een groot deel van de burgers stemde in met de parlementaire democratie om een conservatieve of communistische revolutie af te wenden. Destijds waren diverse klassen en standen constant verwikkeld in een strijd om de macht. Deze strijd kwam ook tot uitdrukking in het denken. De Weimarrepubliek kende een wirwar aan denkbeelden die niet of nauwelijks met elkaar te verenigen waren. Mannheim beschouwde deze situatie als een crisis van het denken. Want hoe viel nu nog uit te maken wat ware kennis is? Hoe kon het relativisme buiten de deur worden gehouden?

Volgens Mannheim biedt de kennissociologie een uitkomst.[5] De kennissociologie onderzoekt de relatie tussen kennis en samenleving. Daarmee distantieert ze zich van de filosofie die vrijwel uitsluitend gefixeerd is op kennis en deze vrijwel nooit in verband brengt met de maatschappelijke omstandigheden waarvan ze het product is. Terwijl de filosoof kennis over kennis voortbrengt, relateert de kennissocioloog kennis aan de samenleving waaruit ze voortspruit. In de kennissociologie wordt ervan uitgegaan dat het denken van mensen niet los kan worden gezien van de positie die ze in de samenleving innemen. Mannheim spreekt in deze van de zijnsgebondenheid (*Seinsgebundenheit)* en zijnsverbondenheid (*Seinsverbundenheit)* van het denken.[6] De zijnsgebondenheid heeft betrekking op de relatie tussen de aard van het denken en de maatschappelijke context. De veronderstelling is hier dat een bepaald soort denken, bijvoorbeeld het conservatisme, alleen onder specifieke maatschappelijke omstandigheden tot stand kan komen. De ideeën die mensen hebben zijn *ge*bonden aan bepaalde sociale condities. De zijns*ver*bondenheid van het denken betreft het denken waaraan de leden van een bepaalde groep zich commiteren. Hierbij is de veronderstelling dat mensen zich tot op zekere hoogte bewust identificeren met een bepaalde manier van denken. Mensen *ver*binden zich dikwijls met een bepaalde groep omdat ze de daarbinnen gekoesterde ideeën onderschrijven.

De manier waarop binnen een groep wordt gedacht legt de leden ervan beperkingen op. De aard waarmee de werkelijkheid wordt waargenomen wordt er deels door vastgelegd. De kennissociologie stelt zich ten doel het inzicht te vergroten in de wijze waarop mensen hun denken verbinden met dat van anderen en na te gaan hoe ze daardoor aan elkaar gebonden zijn. Dit inzicht is volgens Mannheim een noodzakelijke voorwaarde om een einde te maken aan de crisis van het denken en allerlei maatschappelijke ontwikkelingen in betere banen te leiden.

De link die de kennissociologie tussen kennis en samenleving legt, is niet vreemd aan het marxisme. Ook Marx voerde de verschillen tussen de denkbeelden van mensen terug op hun sociale positie. Maar terwijl Mannheim het vooral heeft over de denkbeelden van bepaalde groepen, heeft Marx het in de eerste plaats over die van de een of andere klasse. De aandacht van laatstgenoemde ging uit naar ideologieën, dat wil zeggen denkbeelden die een vertekend en veelal vergoelijkend beeld van de werkelijkheid geven. In de ogen van Marx had de heersende klasse, de bourgeoisie, er belang bij de werkelijkheid te vertekenen. De bourgeoisie stelde haar eigen belang voor als het algemene belang.[7] Marx stelde zich tot doel de onware verhalen over de werkelijkheid te ontmaskeren, vooral die van de bourgeoisie. In zijn ogen was het proletariaat bevoorrecht, omdat het in principe wel in staat was een waar verhaal over de werkelijkheid te produceren.

Mannheim radicaliseerde Marx. Volgens Mannheim zijn alle denkbeelden een vertekening van de werkelijkheid, ook die van het marxisme. Hij onderscheidt twee soorten denkbeelden: ideologieën en utopieën.[8] Ideologieën zijn de denkbeelden van heersende groepen. Omdat deze denkbeelden gebonden zijn aan bepaalde belangen, leiden ze ertoe dat degenen die ze koesteren bepaalde feiten niet onder ogen zien. Het zijn denkbeelden die in dienst staan van het handhaven van de status-quo. Utopieën zijn daarentegen de denkbeelden van onderdrukte groepen die er belang bij hebben de maatschappij te veranderen. Deze denkbeelden bieden evenmin een correct beeld van de werkelijkheid. Ze brengen alleen die aspecten van de samenleving voor het voetlicht die duiden op wat nog komen gaat.

De Weimarrepubliek kenmerkte zich door een strijd van allerlei ideologieën en utopieën. Hierdoor zag de doorsnee mens zich geconfronteerd met een veelheid van elkaar tegensprekende wereldbeschouwingen. Volgens Mannheim was het grote verschil met vroeger dat mensen zich steeds meer bewust werden van dit pluralisme aan denkbeelden. Hun toegenomen inzicht in deze pluraliteit vloeide voort uit het democratiseringsproces en de grotere sociale mobiliteit tussen klassen en standen. Het pluralisme aan denkbeelden hoeft volgens Mannheim niet tot relativisme te leiden indien ervan wordt uitgegaan dat de absolute waarheid niet bestaat en elk denkbeeld een deel van de waarheid belicht. Indien elk denkbeeld een kern van waarheid bezit, dan is het zaak deze niet verloren te laten gaan. Dit kan door te streven naar een synthese van de deelwaarheden die de diverse ideologieën en utopieën bevatten.

Maar wie moet zo'n synthese tot stand brengen? Het antwoord van Mannheim luidt: de 'relatief vrijzwevende intelligentsia' (*die relativ freischwebende Intelligenz*).[9] Het gaat om een elite die niet eenduidig in te delen valt bij een bepaalde klasse of stand. Ze zweeft als het ware 'boven' de klassen en standen. Volgens Mannheim is deze groep te heterogeen om van een aparte klasse of stand te spreken. Toch is er iets wat haar leden met elkaar delen, namelijk een specifieke intellectuele vorming (*Bildung*). De relatief vrijzwevende intelligentsia ontleent haar identiteit niet zozeer aan het verschil in geboorte, beroep of bezit, maar aan het beschikken over intellectuele vorming. Daardoor kan de intelligentsia zich verplaatsen in het standpunt van anderen en op een geciviliseerde wijze strijden over de juiste interpretatie van de werkelijkheid. Hiermee is ze ook in staat om een synthese tot stand te brengen van alle deelwaarheden. Juist vanwege hun relatief ongebonden positie kunnen intellectuelen de weg wijzen uit de geestelijke crisis die voortvloeit uit het pluralisme van elkaar tegensprekende denkbeelden.

Op grond van hun relatief vrijzwevende positie zijn intellectuelen bij uitstek geschikt om plaatsgebonden belangen te overstijgen, aldus Mannheim. De intelligentsia kan een bemiddelende rol spelen tussen strijdende partijen op basis van de door haar geformuleerde synthese. Wanneer ze in de lijn van haar synthese een algemeen maatschappelijk belang kan formuleren, behoort ze volgens Mannheim de macht te bezitten om daaraan handen en voeten te geven.[10] De intelligentsia kan juist een bijzondere dienst bewijzen aan de macht omdat ze krachtens haar vrijzwevende positie specifieke inzichten heeft verworven. Daarom is ze bij uitstek in staat om (met anderen) de politieke leiding van de samenleving op zich te nemen. Het is haar verantwoordelijkheid dat daadwerkelijk te doen.

Geiger legt in zijn sociologie van de intellectuelen andere accenten dan Mannheim. Terwijl Mannheim met de ogen van de kennissocioloog naar intellectuelen kijkt, doet Geiger dit met die van de cultuursocioloog. Voor een goed begrip van intellectuelen moet volgens laatstgenoemde allereerst de vraag worden gesteld welke bijdrage ze leveren aan de cultuur. De kennissociologische vraag naar de relatie tussen kennis en samenleving is volgens Geiger van secundair belang.

Geiger schreef, zoals gezegd, zijn in 1949 verschenen *Aufgaben und Stellung der Intelligenz in der Gesellschaft* tijdens de Tweede Wereldoorlog. In het voorwoord merkte hij op dat de culturele waarden waaraan de intelligentsia haar bestaansrecht had ontleend door de laarzen van soldaten onder de voet waren gelopen.[11] Hij voegde eraan toe dat thema's als de taak en positie van intellectuelen na de oorlog alleen nog maar aan actualiteit hadden gewonnen, omdat het geestelijke leven in veel landen, vooral Duitsland, was ontwricht. Dergelijke thema's bieden namelijk aanknopingspunten voor een herbezinning op de cultuur.

De stratificatiesociologie wordt door Geiger bekritiseerd, omdat ze zich te weinig rekenschap geeft van het eigen gewicht van de cultuur. De maatschappelijke gelaagdheid wordt meestal gezien als een kwestie van beroep, inkomen of de toegang tot de productiemiddelen. Het belang van de cultuur wordt door de stratificatiesociologie sterk veronachtzaamd. Hetzelfde geldt voor het marxisme dat de cultuur als bovenbouwverschijnsel beschouwt, dat wil zeggen een epifenomeen van de economische onderbouw van de samenleving. Wie greep wil krijgen op de taak en positie van de intelligentsia, zal volgens Geiger echter meer aandacht moeten besteden aan de eigen aard van de cultuur.

Geiger wijst erop dat het begrip 'cultuur' twee betekenissen heeft.[12] In de eerste plaats heeft cultuur betrekking op al hetgeen dat als product van het geestelijke leven overgeleverd is, zoals boeken, kunstwerken, waarden en gebruiken. In de tweede plaats verwijst cultuur naar het geestelijke leven zelf, dat wil zeggen naar activiteiten die dergelijke cultuurproducten voortbrengen of die naar aanleiding daarvan plaatsvinden. Verder onderscheidt Geiger een representatieve van een anonieme cultuur. Tot de *representatieve cultuur* horen geestelijke producten die kenmerkend worden geacht voor een bepaald tijdperk en waarvan de makers bekend zijn. Daarentegen hoort de volkscultuur tot de *anonieme cultuur*. Het culturele erfgoed van de volkscultuur kan niet toegeschreven worden aan een individu, maar maakt deel uit van het geestelijke leven van een gemeenschap, dat wil zeggen de massa.

De intelligentsia is een elite die de producten van de representatieve cultuur creëert. Volgens Geiger is ze geen klasse of stand, maar een laag in de bevolking die deze specifieke rol op zich neemt. Academici en andere hoogopgeleide mensen (*Gebildeten*) dragen belangrijke stenen bij aan de vernieuwing van de representatieve cultuur. Geiger onderscheidt ze van de intelligentsia, maar merkt op dat de overgangen tussen hen vloeiend zijn.[13]

Welk beroep of loopbaan het predikaat 'academisch' krijgt, verschilt naar tijd en plaats. Geiger denkt bij academici vooral aan academisch geschoolde praktijkmensen. Het zijn mensen die theoretische kennis in de praktijk brengen, zoals artsen, ingenieurs en rechters. Dankzij de werkzaamheden van academici kan een breed publiek genieten van de verworvenheden van wetenschap en techniek.

De hoogopgeleiden nemen actief deel aan de representatieve cultuur. Het is een elite die een onderscheid tussen de cultuur met de grote en kleine c in stand houdt. Volgens deze mandarijnen kan men zich de canon van de representatieve cultuur alleen eigen maken door intensieve studie en vorming.[14] Geiger wijst erop dat het steeds minder zin heeft om ze als een aparte laag in de bevolking te beschouwen. De oorzaak daarvan is de democratisering van het onderwijs, waardoor in alle lagen van de bevolking meer of minder ontwikkelden te vinden zijn.[15]

De intelligentsia wordt, zoals gezegd, gevormd door een kleine groep die bezig is met het creëren van de representatieve cultuur. Daartoe rekent Geiger onder andere beeldend kunstenaars, componisten, wetenschappers en schrijvers. Ze vervullen in het geestelijke leven allemaal een creatieve rol. Geiger is van mening dat de intelligentsia in toenemende mate wordt gevormd door academici. De meeste beeldende kunstenaars en componisten hebben een academische opleiding en in de wetenschap zijn nog maar weinig autodidacten te vinden. Dit betekent echter niet dat alle academici tot de intelligentsia kunnen worden gerekend. De academisch geschoolde praktijkmensen hebben een andere maatschappelijke functie dan de intelligentsia. Ze zijn weliswaar niet of nauwelijks creatief, maar wel van grote waarde voor het voortbestaan van de samenleving.

Volgens Geiger behoort het tot de verantwoordelijkheid van de intelligentsia om zorg te dragen voor drie zaken: de vergeestelijking van het menselijk bestaan, de rationalisering van het leven en kritiek op de macht.

De vergeestelijking van het menselijk bestaan heeft betrekking op het gegeven dat kunst, religie en wetenschap het geestelijke leven van een individu verrijken.[16] Zo kan een schilderij of compositie het oog en oor behagen. Een wetenschappelijke ontdekking kan niet alleen van belang zijn voor de strijd om het bestaan, maar ook weetgierigheid bevredigen. Door de vruchten van de kunst, de religie en de wetenschap voor een breed publiek toegankelijk te maken kan de intelligentsia bijdragen aan de vergeestelijking van het bestaan.

Met de rationalisering van het leven doelt Geiger op het vruchtbaar maken van wetenschap en kunst voor de alledaagse praktijk.[17] Zo worden de innovaties van de wetenschappelijke en technische intelligentsia ingezet voor het efficiënter maken van de staat en het creëren en consolideren van winstgevende bedrijfstakken. De intelligentsia is als het ware de hofleverancier van middelen waarmee het leven in de sfeer van de staat en de sfeer van de economie in steeds betere banen kan worden geleid. Voor de materiële reproductie van de moderne samenleving is de innovatieve rol van de wetenschappelijke en technische intelligentsia onontbeerlijk, aldus Geiger.

De intelligentsia opereert echter niet alleen binnen de staat en de economie, maar ook daarbuiten. Daardoor kan en behoort ze kritisch te staan tegenover degenen die binnen deze twee sferen te veel macht bezitten. Volgens Geiger is de belangrijkste taak van de intelligentsia de macht voortdurend te kritiseren en te verhinderen dat haar bomen tot in de hemel groeien.[18] Zijns inziens gaapt er een diepe kloof tussen geest en macht. Als vertegenwoordiger van het rijk van de geest moet de intelligentsia de macht, van welke signatuur die ook is, altijd kritiseren.

Geiger is van mening dat de intelligentsia haar levenslicht ziet op het moment dat de feodale samenleving plaats maakt voor de moderne samenleving. De moderne samenleving kenmerkt zich immers door voortdurende innovaties. Bovendien heerst er een groot vertrouwen dat de samenleving met behulp van wetenschap en techniek maakbaar is. Voor de maakbaarheid van de samenleving zijn vernieuwingen op het terrein van de kunst, de wetenschap en de techniek onontbeerlijk. Deze vernieuwingen zijn ondenkbaar zonder de voortdurende kritiek van de intelligentsia. Om haar innovatieve en kritische rol naar behoren te kunnen vervullen moet de intelligentsia een relatief onafhankelijk positie in de samenleving bekleden. Ze vormt daarom geen klasse of stand. De leden van de intelligentsia worden immers uit alle klassen gerekruteerd. In het geval van de intelligentsia kan niet worden gesproken van een stand, omdat haar leden geen eenheid vormen. Diverse leden van de intelligentsia behoren tot de stand van de academici. Maar niet alle academici behoren tot de intelligentsia, zijn innovatief en kritisch ten opzichte van de macht. De positie van de intelligentsia kan het beste worden gekarakteriseerd met het woord 'elite'.[19] Iemand kan pas deel uitmaken van een elite wanneer hij een bepaalde selectie heeft doorstaan. Dit verklaart volgens Geiger waarom bij de intelligentsia nauwelijks sprake is van een gevoel van saamhorigheid.

De positieve heuristiek van de klassieke sociologie van de intellectuelen bestaat erin dat ze op een scherpe wijze vragen over intellectuelen heeft gesteld die nog steeds actueel zijn, ook al zijn haar antwoorden veelal onbevredigend. Daarbij zijn met name twee vragen nog steeds uitermate relevant. De eerste vraag is door Mannheim op een scherpe wijze geformuleerd: hoe om te gaan met een veelheid van met elkaar botsende denkbeelden? Hoewel diens antwoord op deze vraag (een synthese van deelwaarheden) tegenwoordig nog maar door weinig mensen zal worden onderschreven, gaat het hier om een serieus probleem. In de discussie over de multiculturele samenleving staat deze vraag centraal.[20] Zo vraagt men zich af hoe mensen uit zeer uiteenlopende culturen op een vreedzame wijze met elkaar samen kunnen leven.[21] De tweede vraag is vooral door Geiger aan de orde gesteld: wie draagt zorg voor de vernieuwing van de cultuur? Tegenwoordig zal niet gauw meer iemand denken dat dit enkel een zaak van een elite is. Dit neemt niet weg dat de vraagt relevant blijft. Zo zijn sommigen van mening dat de politieke cultuur vanwege de globalisering op een nieuwe leest moet worden geschoeid. Daarbij wordt hardop nagedacht over *global governance* en *global democracy.*[22]

De negatieve heuristiek van de klassieke sociologie van de intellectuelen heeft te maken met het gegeven dat in haar vocabulaire bij voorbaat wordt uitgegaan van de dichotomie van geest en macht.[23] Zowel Mannheim als Geiger hypostaseren deze tegenstelling.[24] Ze vereenzelvigen de geest met de intelligentsia en de macht met de politiek. Hierdoor wordt de intelligentsia gewild of ongewild geïdealiseerd. Of de geest nu in dienst staat van het uitoefenen van macht of het kritiseren ervan, in beide gevallen heeft ze een positieve connotatie. De aandacht wordt daardoor afgeleid van de 'schaduwzijden' van de intelligentsia, zoals haar eigenbelang en streven naar macht.

Sociologen die sociale fenomenen willen verklaren aan de hand van hun structurele inbedding in de samenleving worden door Mannheim en Gieger op een verkeerd spoor gezet. Bij beiden is de plaats die de intelligentsia in de samenleving inneemt min of meer ongestructureerd.[25] Volgens Mannheim heeft de intelligentsia geen vaste plek in de samenleving, maar is ze 'vrijzwevend'. En volgens Geiger kenmerkt ze zich primair door een geestelijke houding die haar in staat stelt kritiek uit te oefenen op de macht.[26] Op grond van deze visie komt het onderzoek naar intellectuelen eerder neer op een reconstructie van hun geestelijke houding dan het achterhalen van hun structurele inbedding in de samenleving.

Vanwege de idealisering van de intelligentsia hebben Mannheim en Geiger de verdere ontwikkeling van de sociologie van de intellectuelen in de weg gestaan. Met het vocabulaire van de klassieke sociologie van de intellectuelen kan onvoldoende recht worden gedaan aan de structurele inbedding van de intelligentsia in de samenleving. De klassieke sociologie van de intellectuelen is daardoor niet in staat de vinger te leggen op factoren die het handelen van intellectuelen achter hun rug om bepalen.

Het kapitaliseren van kennis

In de jaren zestig keert het tij voor de sociologie van de intellectuelen. De oorzaak is dat de dichotomie van geest en macht onder vuur komt te liggen. De geest verliest zijn 'onschuld' doordat ze in direct verband wordt gebracht met de macht. Hier zijn vooral discussies over waardevrijheid en de relatie tussen kennis en macht debet aan. Ten eerste worden er vraagtekens geplaatst bij de waardevrijheid en objectiviteit van de wetenschap.[27] Indien kan worden aangetoond dat wetenschap niet waardevrij en objectief is, dan rijst de vraag hoe dit bolwerk van de geest gevrijwaard kan blijven van het spel der macht. Zijn het niet steeds de waarden van de machtigen die een leidraad vormen bij het wetenschappelijk onderzoek? Ten tweede wordt in de jaren zestig de relatie tussen kennis en macht weer hoog op de agenda gezet. Uit eliteonderzoek blijkt dat de macht van veel maatschappelijke elites niet zozeer is gebaseerd op het bezit van eigendom, maar op het beschikken over bepaalde kennis.[28] Zo is de macht van managers niet gebaseerd op eigendom, maar op specialistische kennis die hen in staat stelt bedrijven en overheidsinstellingen te besturen en te controleren.[29]

Mede op grond van de discussies over waardevrijheid en de relatie tussen kennis en macht trekken Alvin Gouldner en Pierre Bourdieu de conclusie dat de sociologie niet alleen anderen moet objectiveren, maar ook zichzelf. Beiden staan een reflexieve sociologie voor die met dezelfde blik waarmee ze naar derden kijkt, naar zichzelf kijkt.[30] Een reflexieve sociologie onderzoekt de sociale infrastructuur van het sociologisch onderzoek.[31] Welk belang gaat schuil achter de interesse van wetenschappers voor een bepaald onderzoeksobject? Wat bindt wetenschappers aan hun onderzoeksobject? Door dit soort vragen te stellen komen de macht en de belangen van de dragers van de geest in het vizier. De reflexieve sociologie die Gouldner en Bourdieu voorstaan breekt dan ook radicaal met de dichotomie van geest en macht. Voor haar vormen degenen die het rijk van de geest vertegenwoordigen een gewillig object van sociologische analyses. Dus ook intellectuelen. De sociologie van de intellectuelen vormt daarom een integraal onderdeel van het werk van Gouldner en Bourdieu.

Gouldner maakt een onderscheid tussen intelligentsia en intellectuelen. De belangen van beide zijn verschillend.[32] Zo heeft de intelligentsia vooral een technisch belang: het zo efficiënt mogelijk afstemmen van middelen en doelen. Daarentegen zijn de belangen van intellectuelen meer hermeneutisch, kritisch en emancipatoir van aard. Hun oogmerk is iets zo goed mogelijk proberen te begrijpen, beoogde doelen te kritiseren of mensen te bevrijden die op de een of andere manier geknecht zijn. Gouldner verheldert de activiteiten van de intelligentsia aan de hand van Thomas Kuhns theorie over de ontwikkeling van wetenschap. De intelligentsia is voornamelijk bezig met normale wetenschap, dat wil zeggen het oplossen van de 'puzzels' die zich *binnen* een paradigma voordoen. Het werkveld van intellectuelen is het spanningsveld *tussen* paradigma's. Omdat intellectuelen zich niets aantrekken van de arbeidsdeling, worden ze dikwijls geconfronteerd met de incommensurabiliteit van paradigma's. Incommensurabiliteit duidt op het fenomeen dat mensen die zich aan verschillende paradigma's oriënteren de wereld om hen heen anders waarnemen. Ze gebruiken deels verschillende begrippen en verwijzen niet op dezelfde wijze naar de werkelijkheid. Begrippen die binnen verschillende paradigma's oppervlakkig gezien betrekking hebben op dezelfde fenomenen, blijken bij nadere beschouwing naar heel iets anders te verwijzen. Waar de een bijvoorbeeld individualisering ziet als een bedreiging voor de sociale cohesie, ziet de ander daarin de opmaat voor nieuwe vormen van sociale integratie[33]. Indien er sprake is van incommensurbaliteit, moeten intellectuelen op grond van hun hermeneutische gaven een brug slaan tussen paradigma's.

Ondanks de verschillen tussen de intelligentsia en intellectuelen, benadrukt

Gouldner de overeenkomsten tussen beide. Zij delen twee dingen met elkaar: het bezit van cultureel kapitaal en een bepaalde vertoogtrant.

De leden van de intelligentsia en intellectuelen zijn hoofdarbeiders die zich kenmerken door het bezit van een specifiek soort kennis. Het gaat om kennis die ze kunnen kapitaliseren, dat wil zeggen zo kunnen inzetten dat ze daaraan macht, eigendom en prestige kunnen ontlenen. In het geval van kennis die zich laat kapitaliseren spreekt Gouldner van *cultureel kapitaal*.[34] Alle groepen in de samenleving bezitten cultureel kapitaal. De intellectuelen en de intelligentsia onderscheiden zich van andere groepen in de samenleving door de hoeveelheid en de aard van het cultureel kapitaal dat ze bezitten. Ze hebben doorgaans meer opleiding genoten. Bovendien is hun kennis in vergelijking met die van andere groepen specialistischer van aard.

De intellectuelen en de intelligentsia kenmerken zich ook door een aparte vertoogtrant: de 'cultuur van het kritische vertoog' (*culture of critical discourse*). Degenen die deze vertoogtrant bezigen committeren zich aan een drietal regels.[35] Allereerst moeten ze hun uitspraken rechtvaardigen, desgevraagd argumenten geven voor hun opvattingen. Verder mogen ze zich bij het argumenteren niet op autoriteiten beroepen. Bovendien schrijft het intellectuele ethos voor dat er een klimaat heerst waar alles besproken en geproblematiseerd kan worden.

De beschrijving van de cultuur van het kritische vertoog is bij Gouldner tevens een voorschrift. Enerzijds claimt hij een adequate beschrijving te geven van de manier waarop de intelligentsia en intellectuelen communiceren. Maar anderzijds schrijft hij met de genoemde drie regels voor hoe ze dat behoren te doen. Volgens Gouldner is het de verantwoordelijkheid van de intelligentsia en intellectuelen de cultuur van het kritische vertoog uit te dragen. Hun verantwoordelijkheid beperkt zich echter niet daartoe. Ze behoren zich ook rekenschap te geven van hun eigenbelang. Het is in hun belang om de mogelijkheid te krijgen en te behouden om deel te nemen aan de cultuur van het kritische vertoog. Opkomen voor het eigenbelang houdt in dat men strijdt tegen elke beperking die mensen wordt opgelegd om eraan deel te nemen. Daarmee dienen ze tevens een algemeen belang.

De positie die de intelligentsia en intellectuelen in de samenleving innemen, is volgens Gouldner veranderd door de opkomst van de nieuwe klasse.[36] Hij spreekt van een nieuwe klasse omdat ze zich meer dan de oude klassen (bourgeoisie en proletariaat) kenmerkt door het bezit van cultureel kapitaal en de deelname aan de cultuur van het kritische vertoog. Daarom heeft hij het ook wel over een 'cultuurbourgeoisie'.[37] Verder kenmerkt de nieuwe klasse zich door universalisme en particularisme. Haar universalisme is gebaseerd op de cultuur van het kritische vertoog. Deze vertoogtrant impliceert dat in principe iedereen eraan kan deelnemen. Het particularisme van de nieuwe klasse gaat terug op het bezit van cultureel kapitaal. Het eigenbelang van ieder lid van deze klasse is om de specifieke kennis die het bezit te kapitaliseren. Daarin vormen anderen concurrenten. Vanwege het universalisme en particularisme heeft de nieuwe klasse een dubbele identiteit, die van haar een 'gemankeerde universele klasse' (*flawed universal class*) maakt.[38]

Net als Gouldner pleit Bourdieu voor een reflexieve sociologie. Maar hij keert zich expliciet tegen de wijze waarop Gouldner daar invulling aan geeft. In de ogen van Bourdieu is Gouldner niet specifiek genoeg.[39] Reflexiviteit beperkt zich bij Gouldner tot het opvoeren van enkele biografische gegevens over een socioloog en deze te plaatsen tegen de achtergrond van de tijdsgeest. In plaats daarvan is het volgens Bourdieu veel zinvoller om na te gaan welke positie die socioloog binnen een wetenschappelijke gemeenschap inneemt en in hoeverre daardoor de uitkomst van zijn onderzoek wordt bepaald.[40]

Intellectuelen zijn volgens Bourdieu paradoxale wezens, omdat ze in twee verschillende werelden leven.[41] Enerzijds maken ze deel uit van de relatief autonome wereld van de kunst, de literatuur en de wetenschap. Anderzijds mobiliseren intellectuelen de in deze wereld verworven kennis, vaardigheden en reputatie om ze daarbuiten in te zetten voor het bereiken van politieke doelen. Tijdens de Dreyfus-affaire hebben bijvoorbeeld Zola en Durkheim de binnen de literatuur en de wetenschap verworven autoriteit in de openbaarheid ingezet om voor de ten onrechte veroordeelde kapitein op te komen.

Deze omschrijving van intellectuelen baseert Bourdieu op zijn veldtheorie. Hij gaat ervan uit dat zich aan het einde van de negentiende eeuw in de meeste samenlevingen relatief autonome velden hebben uitgekristalliseerd, zoals de cultuur, de economie, de politiek, de wetenschap, etc. Deze velden beïnvloeden elkaar, maar zijn tot op zekere hoogte onafhankelijk. Een veld is een sociale ruimte waarbinnen actoren een bepaalde positie innemen en gebonden zijn aan specifieke spelregels. Deze regels leggen de mogelijkheden en beperkingen van actoren vast. In veel gevallen blijven ze impliciet.

De mogelijkheden en beperkingen van actoren worden echter niet alleen bepaald door de regels die binnen een veld gelden. Voor hun speelruimte is het beschikken over hulpbronnen ook van groot belang. Deze hulpbronnen – Bourdieu spreekt van verschillende soorten kapitaal – zijn ongelijk verdeeld.

De vier belangrijkste kapitaalsoorten die hij onderscheidt zijn: economisch, cultureel, sociaal en symbolisch kapitaal.[42] Het *economische kapitaal* heeft betrekking op materiële hulpbronnen als geld, onroerend goed en het bezit van productiemiddelen. Deze vorm van kapitaal is door het eigendomsrecht geïnstitutionaliseerd. Het *culturele kapitaal* komt in drie gedaanten voor. In een belichaamde staat heeft cultureel kapitaal betrekking op de kennis en vaardigheden die iemand zich via onderwijs en ervaring toeëigent. Het vergt tijd om deze lijfsgebonden kennis en vaardigheden te verwerven. In een geobjectiveerde staat bestaat cultureel kapitaal uit cultuurgoederen als boeken, instrumenten, kunstwerken, schilderijen, etc. Om van deze cultuurgoederen te genieten of er gebruik van te kunnen maken moet een actor over specifieke kennis en vaardigheden beschikken. In een geïnstitutionaliseerde staat verwijst cultureel kapitaal naar diploma's en titels. Diploma's en titels maken van de lijfsgebonden kennis en vaardigheden legitiem cultureel kapitaal. Het *sociale kapitaal* heeft betrekking op de deelname aan min of meer geïnstitutionaliseerde netwerken van actoren die elkaar kennen en erkennen. In feite gaat het hier om het al dan niet geformaliseerde lidmaatschap van een groep. Het *symbolische kapitaal* verwijst naar het krediet dat iemand heeft op grond van zijn maatschappelijke erkenning. Hierbij kan worden gedacht aan het prestige die een wetenschapper op grond van zijn cultureel kapitaal heeft verworven of de roem die iemand ontleent aan zijn enorme bezit aan economisch kapitaal.

De mogelijkheden en beperkingen die een intellectueel heeft om zich in publieke controversen te mengen, worden dus bepaald door de mate waarin het veld waar ze werken autonoom is, de positie die ze daarbinnen innemen en het cultureel kapitaal waarover ze beschikken. Bourdieus ideeën over de verantwoordelijkheid van de intellectueel zijn geënt op deze constatering; hij vat ze samen onder de noemer *realpolitik van de rede*.[43] Zijns inziens is het de taak van de intellectueel de maatschappelijke voorwaarden voor redelijk denken te verdedigen. Hieruit volgt dat hij niet, zoals veel filosofen, de rede verankerd ziet in het bewustzijn of de taal, maar deze als het product beschouwt van allerlei maatschappelijke ontwikkelingen.

Redelijk denken kan volgens Bourdieu alleen dijen in een situatie waarbij de strijd van allen tegen allen zo georganiseerd is, dat iemand alleen als winnaar uit de bus kan komen wanneer hij argumenten en bewijzen naar voren brengt die de waarheid aan het licht brengen. Daarom is redelijk denken uitsluitend mogelijk in de vorm van een kritische dialoog, dat wil zeggen een publieke strijd tussen mensen die gelijke kansen hebben om eraan deel te nemen. Bourdieu meent dat in de wetenschap nog de meeste ruimte is voor redelijk denken. Dit neemt niet weg dat het ideaal van redelijk denken in de wetenschap vaak sterk onder druk staat.[44] Het wetenschappelijke veld moet voor zijn autonomie ten opzichte van de staat en de markt voortdurend vechten. Hieruit volgt dat Bourdieu de autonomie van velden de belangrijkste maatschappelijke voorwaarde voor redelijk denken vindt. Daarnaast is het van belang dat binnen de velden sprake is van een kritische en open discussie. Het is niet voor niets dat de intellectueel aan het eind van de negentiende eeuw voor het eerst op het toneel verschijnt. De intellectueel is immers iemand die zich krachtens de autoriteit die hij binnen een autonoom veld heeft verworven met politiek bemoeit. Door zich te beroepen op de universele waarden die gelden binnen het wetenschappelijke veld, distantieert hij zich uitdrukkelijk van de spelregels die binnen het politieke veld gelden. Bourdieu karakteriseert de politiek van de intellectueel dan ook als anti-politieke politiek, dat wil zeggen een politiek waar universele belangen voorop staan, en niet particuliere.

De realpolitik van de rede komt neer op het verdedigen van de autonomie van die velden waar nog relatief veel plaats is voor een open en kritische dialoog. Dit houdt volgens Bourdieu in dat intellectuelen ten strijde dienen te trekken tegen hedendaagse bedreigingen van deze autonomie. Allereerst moet de autonomie worden verdedigd ten opzichte van de bedreigingen die van *buiten* het veld komen, zoals de staat en de markt, die intellectuelen, kunstenaars en wetenschappers proberen te beïnvloeden door censuur, sponsoring of door voorwaarden te stellen aan het onderzoek. In de tweede plaats dient de autonomie *binnen* het veld te worden verdedigd ten opzichte van uitgevers, bureaucraten en massamedia. De strijd tegen de bedreiging van de autonomie van het veld behoort tot het eigenbelang van intellectuelen.[45]

Ook al is de eerste taak van intellectuelen op te komen voor hun eigenbelang, dit betekent nog niet dat ze uitsluitend voor zichzelf strijden. Sterker nog, door zich voor hun eigenbelang in te zetten, kunnen ze uiteindelijk het beste het belang van de onderdrukten dienen. De autonomie van het veld waarbinnen intellectuelen werkzaam zijn, staat immers garant voor een zo waarheidsgetrouw mogelijk verhaal over de werkelijkheid. Indien intellectuelen hun eigen belang behartigen kunnen ze het beste hun rol als geboortehelper vervullen: 'gewone' mensen helpen tot uitdrukking te brengen hoe ze zelf over hun situatie denken.[46]

De positie die de intellectueel in de samenleving inneemt, verheldert Bourdieu aan de hand van zijn genese. Daarbij gaat hij ervan uit dat filosofen, kunstenaars en wetenschappers van oudsher heen en weer geslingerd worden tussen twee polen: de ivoren toren en de politiek.[47]

Tijdens de Verlichting oefent de *homme de lettres* invloed uit op het politieke toneel. Hij keert zich tegen het scholastisch obscurantisme van de clerus en de decadentie van academici die alleen maar halve waarheden verkopen. Voltaire (1694-1778) is exemplarisch voor de *homme de lettres*. In het begin van het post-revolutionaire tijdperk wordt de *homme de lettres* verantwoordelijk geacht voor de excessen van de Franse Revolutie. Gedurende de eerste fase van de Romantiek, rond 1826, wordt hij door heel wat dichters en filosofen veracht, omdat hij op grond van een rationalistische kijk op de geschiedenis denkt dat hij in de politiek moet ingrijpen. De romantici zetten zich af tegen de rede en onderstrepen hun verlangen naar autonomie door een rehabilitatie van sensibiliteit en religieuze gevoelens. Op het moment dat hun autonomie door toedoen van de reactionaire politiek van de restauratie wordt bedreigd, eisen mensen als Jules Michelet en Claude-Henri de Saint-Simon opnieuw de vrijheid van de schrijvers en wetenschappers op. En met Victor Hugo wordt tevens de profetische functie van de denkers herontdekt. De politieke euforie van filosofen, kunstenaars, schrijvers en wetenschappers, die tijdens de revolutie van 1848 haar hoogtepunt kent, maakt tijdens het Tweede Keizerrijk plaats voor een grote desillusie. Deze desillusie leidt opnieuw tot een sterk streven naar autonomie. Zo pleiten onder anderen Gustave Flaubert en Théophile Gautier met hun *l'art pour l'art* voor de autonomie van de kunst en keren ze zich tegen zowel de sociale als de burgerlijke kunst. De sociale kunst offert de kunst aan de politiek en de burgerlijke kunst confirmeert zich aan de normen van haar clientèle.

Op het moment dat kunstenaars, wetenschappers en schrijvers alleen het oordeel van hun collega's erkennen en zich niets gelegen laten aan de politiek of de markt, kan er een autonome wereld van kunst, wetenschap en literatuur ontstaan. Zo hebben kunstenaars, schrijvers en wetenschappers pas aan het einde van de negentiende eeuw een zodanig autonome wereld veroverd, dat ze de daarbinnen verworven inzichten en prestige kunnen mobiliseren voor politieke doeleinden. De moderne intellectueel komt volgens Bourdieu pas op het toneel wanneer enkele schrijvers, kunstenaars en wetenschappers ontdekken dat ze zich politiek kunnen engageren zonder meteen de autonomie van hun wereld op het spel te hoeven zetten. De moderne intellectueel zet de dankzij deze autonomie verworven kennis, vaardigheden en gezag in voor een politiek doel. Zo heeft Zola in zijn politieke strijd voor Dreyfus handig gebruik gemaakt van zijn gezag. Dat was vooral gebaseerd op waarden die binnen de autonome wereld van de literatuur gelden, zoals esthetische competentie en ethische zuiverheid. Deze waarden staan dikwijls op gespannen voet met die welke binnen de politiek gelden, zoals dienstbaarheid aan de staatsraison. Een intellectueel weet dus de klassieke tegenstelling tussen autonomie en engagement, distantie en betrokkenheid, zuivere en geëngageerde kunst te overwinnen.[48]

Voor de bepaling van de positie van de intellectueel hanteert Bourdieu naast dit diachrone perspectief ook nog een synchroon perspectief. Daarvoor koppelt hij zijn veldtheorie aan een klassentheorie. Bourdieu vindt dat de positie die een intellectueel in de samenleving inneemt, bepaald wordt door zijn positie binnen een veld en zijn klassenpositie.

Of een intellectueel binnen een veld succes oogst, hangt mede af van zijn *habitus,* dat wil zeggen een specifieke manier van waarnemen, denken en handelen.[49] Volgens Bourdieu hanteren actoren bij het waarnemen, denken en handelen schema's die ze zich door middel van ervaring en scholing hebben toegeëigend. Deze schema's worden overwegend onbewust gehanteerd. Zo is de habitus als het ware een in het lichaam verankerde automatische piloot die het waarnemen, denken en handelen van actoren tot op zekere hoogte stuurt.

Velden onderscheiden zich door de geldende spelregels, de verdeling van het kapitaal tussen de actoren en de vereiste habitus. De sociale configuratie van een veld is echter niet voor eens en altijd gegeven. Een veld verandert voortdurend omdat actoren daarbinnen strijd leveren over de legitimiteit van de geldende spelregels en de verdeling van het kapitaal. Elk speelveld is dus een strijdveld. In de praktijk wordt de gevolgde strategie bepaald door de habitus van de actor. Zijn manier van waarnemen, denken en handelen is constitutief voor wat hij binnen het strijdveld zal doen.

Binnen elk veld vindt er een strijd plaats tussen heersers en beheersten, gevestigden en buitenstaanders.[50] Uiteindelijk gaat het bij deze strijd om het verwerven van macht en aanzien, dat wil zeggen de accumulatie van specifieke kapitaalsoorten en het verbeteren van de positie binnen het veld. Ondanks het feit dat de strijdende partijen tegengestelde belangen hebben, delen ze ook een aantal belangen. Tussen hen bestaat overeenstemming over de regels en de inzet van de strijd. Beide zijn gebonden aan het kader waarbinnen ze de degens met elkaar kruisen.

Of een actor de habitus heeft die voor een speelveld geschikt is, wordt mede bepaald door zijn klassenpositie. Sociale klassen leggen grotendeels de grenzen van zijn waarnemen, denken en handelen vast. Hoewel tegenwoordig veel sociologen spreken over het verdwijnen van klassen, houdt Bourdieu vast aan een klassentheorie.[51] Hij distantieert zich echter van (marxistische) theorieën die ervan uitgaan dat de positie die iemand binnen het economische systeem inneemt het criterium is voor het vaststellen van iemands klassenpositie. Voor het bepalen van iemands klassenpositie zijn volgens Bourdieu vier zaken van belang.[52] In de eerste plaats het kapitaalvolume, dat wil zeggen de omvang van het economisch, cultureel, sociaal en symbolisch kapitaal waarover iemand beschikt. In de tweede plaats de kapitaalstructuur, dat wil zeggen de relatieve verhouding tussen de kapitaalsoorten. Hierbij gaat het om de vraag of iemand overwegend cultureel of economisch kapitaal bezit. In de derde plaats de wijze waarop het kapitaalvolume en de kapitaalstructuur door de tijd heen veranderen. De focus is in dit geval de loopbaan van iemand en de opkomst en neergang van een klasse. In de vierde plaats is de levensstijl constitutief voor de klasse waartoe iemand behoort. In dit geval gaat het om wat iemand bij voorkeur eet, de muziek, literatuur en sport waarvan hij houdt, en de kleding die hij draagt.

Bourdieu onderscheidt grofweg drie klassen: de heersende klasse, de middenklasse en de volksklasse (*classe populaire*). Deze grove categorieën splitst hij verder op. Hij rekent intellectuelen tot de heersende klasse.[53] In vergelijking tot de leden van de middenklasse en de volksklasse bezitten intellectuelen over veel cultureel kapitaal. Maar binnen de heersende klasse behoren ze tot de beheersten. Dit verklaart hun ambivalente houding ten opzichte van degenen die tot de lagere klassen behoren, zeg de armen, de langdurig werklozen en de dak- en thuislozen. Intellectuelen en leden van de laagste klasse hebben vanwege hun oppositie tegen de bezittende klasse een gemeenschappelijk belang. Maar dit mag er niet toe leiden dat men blind is voor de specifieke belangen van intellectuelen. Hierbij gaat het om belangen die samenhangen met hun posities binnen de velden waarin ze actief zijn, zoals het belang bij de accumulatie van cultureel en symbolisch kapitaal. Daarin komen de belangen van intellectuelen niet overeen met die van de klasse waarvan ze af en toe de woordvoerder zijn.

De heuristische kracht van de sociologie van de intellectuelen die Gouldner en Bourdieu hebben ontwikkeld, berust op het gegeven dat in hun vocabulaire geen plaats is voor de dichotomie van geest en macht. Met het door beiden gehanteerde begrip 'cultureel kapitaal' geven zij aan dat in hun ogen kennis en belang onlosmakelijk met elkaar verweven zijn. Gouldner en Bourdieu wijzen juist op het eigenbelang van intellectuelen. Zij stellen dat intellectuelen door het najagen van hun eigenbelang tegelijkertijd een dienst bewijzen aan het algemeen belang. Wanneer intellectuelen deelnemen aan de cultuur van de kritische rede (Gouldner) of een dialoog (Bourdieu) voeren, dienen zij daarmee tegelijkertijd hun eigenbelang (prestige, inkomen en macht) en het algemeen belang (waarheid en rechtvaardigheid). Hiermee geven zij een minder idealistisch beeld van intellectuelen dan Mannheim en Geiger. Aan de hand van het vocabulaire van Gouldner en Bourdieu kan ook meer recht worden gedaan aan de structurele inbedding van intellectuelen in de samenleving. Intellectuelen kenmerken zich niet door hun vrijzwevende positie of hun geestelijke houding, maar door de plaats die ze innemen binnen een (nieuwe/heersende) klasse, en ook door de positie die ze binnen een veld innemen. Over de sociale inbedding van intellectuelen is Bourdieu al met al specifieker dan Gouldner.

De sociologie van de intellectuelen van Gouldner en Bourdieu kent twee met elkaar samenhangende beperkingen. Ten eerste leidt het door hen gehanteerde vocabulaire tot een relatief statisch beeld van intellectuelen. Zij leveren weinig zicht op hetgeen een intellectueel 'doet' wanneer hij intervenieert in een publiek debat. Net als bij de traditionele sociologie van de intellectuelen ligt bij Bourdieu en Gouldner het accent op de vraag wat intellectuelen zijn. Een beetje gechargeerd luidt hun antwoord: zij die een positie bekleden binnen de (nieuwe/heersende) klasse en hun eigenbelang dienen door hun bijzondere kennis te kapitaliseren. De interessante vraag is nu juist hoe ze dat doen. Voor een antwoord op deze vraag moet in de sociologie van de intellectuelen het accent vooral komen te liggen op de vraag wat intellectuelen *doen*. Zo'n accentverschuiving levert een dynamischer beeld op van intellectuelen. Ten tweede kunnen Gouldner en Bourdieu met hun vocabulaire geen verband leggen tussen de sociale setting waarbinnen intellectuelen opereren, aangeduid met begrippen als 'veld' en 'klasse', en hun interventies in publieke controversen. Hoe is de relatie tussen de handelingen van intellectuelen en de structurele beperkingen die ze krijgen opgelegd door hun positie binnen een veld of klasse?

Lot en wil

In het voorafgaande heb ik een kritische reconstructie gegeven van de sociologie van de intellectuelen. Het ging me er vooral om te achterhalen wat haar heuristische beperkingen en mogelijkheden zijn. Nu wil ik aangeven hoe de negatieve heuristiek van de sociologie van de intellectuelen kan worden ondervangen. Maar voordat ik dat doe, resumeer ik nog in het kort wat de behandelde sociologen over de identiteit, verantwoordelijkheid en positie van de intellectuelen hebben beweerd. Dit geeft me namelijk de mogelijkheid mijn kritiek op de sociologie van de intellectuelen nog eens aan te scherpen.

De intelligentsia is volgens Mannheim een elite die in staat is een synthese te maken van allerlei deelwaarheden. Hij denkt dat de intelligentsia daartoe in staat is omdat ze op grond van haar bijzondere geestelijke vermogens min of meer boven de partijen staat. Vandaar dat Mannheim de identiteit van de intelligentsia karakteriseert met het predikaat 'vrijzwevend'. Bij Geiger is de intelligentsia ook een elite. Ze draagt vooral zorg voor de vernieuwing van de cultuur. Geiger dicht met name schrijvers, kunstenaars en wetenschappers de rol van culturele innovatie toe. De identiteit die Mannheim en Geiger de intelligentsia toeschrijven is niet geheel onproblematisch. In het geval van Mannheim kan de vraag worden gesteld of de intelligentsia in staat is de beoogde synthese tot stand te brengen. Is het niet aanmatigend wanneer ze denkt van deelwaarheden die sommigen onverenigbaar achten een synthese te kunnen smeden? Staat de incommensurabiliteit van sommige denkbeelden de beoogde synthese niet in de weg? En maakt Geiger zich niet schuldig aan intellectuele hovaardij door te stellen dat de intelligentsia zorgt voor de vernieuwing van de cultuur met de grote c? Een groot deel van de culturele innovatie spruit immers voort uit de massacultuur.[54]

Terwijl Mannheim en Geiger de identiteit van de intellectueel voor een deel ophangen aan het feit dat hij tot een elite behoort, hangen Gouldner en Bourdieu die op aan de veronderstelling dat hij tot een bepaalde klasse behoort. Volgens Gouldner is een intellectueel iemand die tot de zogenaamde nieuwe klasse behoort en zich verder kenmerkt door het bezit van cultureel kapitaal en de deelname aan de cultuur van het kritische vertoog. Bourdieu rekent de intellectueel tot de heersende klasse. Binnen de heersende klasse behoort hij echter tot de beheersten. Hoewel hij zich van tijd tot tijd engageert voor de laagste klassen, onderscheidt hij zich van hun leden door het bezit van veel cultureel kapitaal. Het engagement van de intellectueel berust op de autoriteit die hij ontleent aan zijn positie binnen het autonome veld van de wetenschap, kunst en literatuur.

De ideeën die Mannheim en Geiger over de verantwoordelijkheid van de intelligentsia koesteren, zijn nauw verbonden met de identiteit die ze haar toeschrijven. De met een empirische claim verbonden beschrijving van de intelligentsia gaat glijdend over in het toekennen van een bepaalde verantwoordelijkheid. Volgens Mannheim is de verantwoordelijkheid van de intelligentsia tweeledig. In de eerste plaats behoort de intelligentsia een synthese te maken van alle deelwaarheden die vervat zitten in de verschillende denkbeelden. In de tweede plaats is het haar verantwoordelijkheid macht uit te oefenen. Op grond van het algemeen belang dat tot uitdrukking komt in de gecreëerde synthese kan ze de politieke leiding overnemen. De vraag is of Mannheim hiermee niet de filosoof-koning van Plato weer op zijn troon zet.[55] Gaan achter het algemeen belang, dat deze elite op basis van een synthese van deelwaarheden zegt te kunnen formuleren, niet ook particuliere belangen schuil? Volgens Geiger is de verantwoordelijkheid van de intelligentsia drieledig: zorg te dragen voor de vergeestelijking van het menselijk bestaan, de rationalisering van het leven te bevorderen door wetenschap en techniek vruchtbaar te maken voor de alledaagse praktijk en kritiek uit te oefenen op de macht. Deze omschrijving van de verantwoordelijkheid van de intellectueel roept eveneens vragen op. Allereerst is de vraag of deze drie taken niet op gespannen voet met elkaar staan. Zo heeft bijvoorbeeld Foucault laten zien dat de rationalisering van het alledaagse leven – hij spreekt van normalisering – neerkomt op nieuwe vormen van machtsuitoefening.[56] Verder maakt Geiger niet duidelijk op grond van welke normatieve maatstaven de intelligentsia de macht dient te kritiseren. Zijn idee over de verantwoordelijkheid van de intelligentsia is cryptonormatief, omdat hij zijn normatieve vooronderstellingen niet expliciteert.

Volgens Gouldner is het de verantwoordelijkheid van de intelligentsia en intellectuelen om zorg te dragen voor de cultuur van het kritische vertoog. Hun verantwoordelijkheid beperkt zich niet tot het uitdragen van deze vertoogtrant. Ze behoren zich ook rekenschap te geven van het eigenbelang dat bij hun intellectuele interventies in het geding is. Het eigenbelang van de intelligentsia en intellectuelen is de mogelijkheid te krijgen en te behouden om deel te nemen aan de cultuur van het kritische vertoog. Opkomen voor het eigenbelang houdt in dat men strijdt tegen elke beperking die mensen krijgen opgelegd om daaraan deel te nemen. Daarmee dienen ze tevens een algemeen belang. Volgens Bourdieu behoort het tot de verantwoordelijkheid van de intellectueel op te komen voor de maatschappelijke voorwaarden voor redelijk denken. Redelijk denken impliceert volgens hem een dialoog waarbij argumenten en bewijzen naar voren worden gebracht teneinde de waarheid over een bepaalde zaak aan het licht te brengen. Mensen moeten gelijke kansen hebben om aan zo'n dialoog deel te kunnen nemen. Een andere voorwaarde voor het redelijk denken is dat het veld van de wetenschap, kunst en literatuur haar autonomie bewaart.

Het vraagstuk van de positie van de intelligentsia wordt door Mannheim en Geiger zowel vanuit een diachroon als een synchroon perspectief benaderd.

Hoewel ze andere accenten leggen, wijzen beiden erop dat de intelligentsia haar positie te danken heeft aan het moderniseringsproces. Mannheim benadrukt de aan dit proces inherente sociale differentiatie. Als kennissocioloog onderstreept hij dat het ontstaan van relatief autonome domeinen in een samenleving gepaard gaat met een veelheid van onverenigbare denkbeelden. Vandaar dat er een elite op de voorgrond treedt die een synthese probeert te vormen van de deelwaarheden die uit de diverse denkbeelden gedestilleerd kunnen worden. De cultuursocioloog Geiger beschouwt het moderniseringsproces primair als een breuk met het cyclische cultuurpatroon van de feodale samenleving. Zodra dat wordt afgelost door een op permanente innovatie gebaseerd lineair cultuurpatroon, ziet de intelligentsia haar levenslicht. Deze verandering correspondeert met de overgang van een agrarische naar een industriële samenleving.[57] Zowel Mannheim als Geiger wijzen op het belang van de democratisering van het onderwijs voor de positie van de intelligentsia. Daardoor wordt de intelligentsia in toenemende mate ook uit lagere lagen van de bevolking gerekruteerd en neemt het aantal afnemers van haar producten gestaag toe. Vanuit een synchroon perspectief merken Mannheim en Geiger op dat de intelligentsia een klasse, noch een stand is. In hun ogen is ze een elite. Het gaat om een selecte groep mensen die mede op grond van haar bijzondere geestelijke vermogens in de samenleving een relatief onafhankelijke positie bekleedt. Volgens Mannheim stelt dit de intelligentsia in staat om haar geest in dienst te stellen van de macht. Daarentegen is Geiger van mening dat ze op grond daarvan juist de macht kan en moet kritiseren.

Mannheim en Geiger zijn van mening dat intellectuelen zich onttrekken aan elke indeling bij een klasse of stand. Daarentegen positioneren Gouldner en Bourdieu intellectuelen wel binnen een klasse. Volgens Gouldner is de positie van de intellectueel veranderd door de opkomst van de nieuwe klasse van kenniswerkers (hoogopgeleide managers, wetenschappers en technici). De leden van deze klasse onderscheiden zich van die van andere klassen door de hoeveelheid en de aard van hun cultureel kapitaal. Bourdieu spreekt niet van een nieuwe klasse, maar van een heersende klasse. Ondanks de grote hoeveelheid cultureel kapitaal die intellectuelen doorgaans bezitten, zijn ze binnen de heersende klasse de beheersten. Verder positioneert Bourdieu intellectuelen nog binnen het autonome veld van de wetenschap, kunst en literatuur. Daarbinnen behoren ze tot de gevestigden of de buitenstaanders.

De besproken ideeën van Mannheim, Geiger, Gouldner en Bourdieu worden in het volgende schema vereenvoudigd weergegeven.

Sociologen over identiteit, verantwoordelijkheid en positie van de intellectueel

	MANNHEIM	GEIGER	GOULDNER	BOURDIEU
Identiteit	Lid van een vrijzwevende elite die een synthese maakt van de deelwaarden van diverse denkbeelden	Lid van een elite die zorg draagt voor de vernieuwing van de cultuur	Lid van de nieuwe klasse dat zich kenmerkt door het bezit van cultureel kapitaal en dat deelneemt aan de cultuur van het kritische vertoog	Lid van de heersende klasse dat zijn autoriteit ontleent aan zijn positie binnen een autonoom veld en dat zijn kennis kapitaliseert voor politieke doeleinden
Verantwoordelijkheid	Macht uit te oefenen op grond van de gemaakte synthese van alle deelwaarheden	Kritiek uit te oefenen op de macht en zorg te dragen voor de vergeestelijking en rationalisering van het leven	De cultuur van het kritische vertoog uitdragen en opkomen voor het eigenbelang	Het algemeen belang dienen door op te komen voor het eigenbelang
Positie	Positie is veranderd als gevolg van het democratiseringsproces en de toegenomen mobiliteit tussen klassen	Postitie is veranderd door het toegenomen aantal academici	Positie is veranderd door de opkomst van de nieuwe klasse	Positie is sterk afhankelijk van de autonomie van het veld waarbinnen men werkt

Eerder heb ik vooral het verschil benadrukt tussen de klassieke en moderne sociologie van de intellectuelen, tussen Mannheim en Geiger enerzijds en Gouldner en Bourdieu anderzijds. Het schema laat eens te meer zien dat er ook een overeenkomst is tussen de klassieke en moderne sociologie van de intellectuelen. Die overeenkomst is dat ze intellectuelen vrijwel uitsluitend vanuit een macroscopisch perspectief belichten. Zo belichten Mannheim en Gouldner weliswaar uitvoerig de positie die intellectuelen in de samenleving innemen, maar hebben ze geen oog voor de wijze waarop intellectuelen zichzelf met hun handelingen *positioneren*. En zowel Geiger als Bourdieu hebben het over de verantwoordelijkheid van de intellectueel, maar gaan niet na hoe ze hun handelingen in de praktijk *verantwoorden*. In de sociologie van de intellectuelen heeft men weliswaar aandacht voor de maatschappelijke context waarbinnen intellectuelen handelen, maar nauwelijks voor hun handelingen. Hierdoor blijft de schets die van intellectuelen wordt gegeven sterk in algemene bewoordingen steken. Net als de modernen en postmodernen zijn Mannheim, Geiger, Gouldner en Bourdieu te weinig specifiek over intellectuelen.[58] Daarom zouden ze hun *macroscopisch perspectief* op intellectuelen moeten completeren met een *microscopisch perspectief.*

Het macroscopisch perspectief is onontbeerlijk om het decor te kunnen schetsen dat de achtergrond vormt van allerlei intellectuele praktijken. Maar deze praktijken kunnen vrijwel alleen vanuit een microscopisch perspectief bestudeerd worden, dat wil zeggen door het analyseren van publieke controversen. Bij het bestuderen van intellectuele praktijken kunnen drie onlosmakelijk met elkaar verbonden elementen worden onderscheiden: de handelingen van intellectuelen, het door hen gehanteerde vocabulaire en de sociale setting waarbinnen ze werken.[59] Wanneer een intellectueel bijvoorbeeld tijdens het armoededebat een gepeperd krantenartikel schrijft dat gericht is tegen het regeringsbeleid, verricht hij daarmee een *handeling.* Daarbij bedient hij zich van een bepaald *vocabulaire,* gebruikt hij begrippen die zijn ontleend aan de taal van de wetenschap of religie. Bovendien weet hij zich meestal geruggensteund door een specifieke *sociale setting,* zoals de universiteit of de Raad van Kerken. Aan de hand van deze drie elementen moet het mogelijk zijn te analyseren wat intellectuelen 'doen' wanneer ze zich in een publieke controverse storten.

Wie geïnteresseerd is in de relatie tussen de handelingen van intellectuelen en de maatschappelijke structuren die die handelingen mogelijk maken en beperkingen opleggen, zal dus hun handel en wandel vanuit een macro- en microscopisch perspectief moeten onderzoeken. De vraag is niet of de handelingen van intellectuelen bepaald worden door sociale structuren, want dat is een onbetwiste waarheid. Het is ook niet de vraag of die structuren de uitkomst zijn van hun handelingen, want dat zijn ze. Interessant is de vraag hoe het scharnierwerk tussen de sociale structuren en de handelingen van intellectuelen, tussen lot en wil, eruit ziet. De sociologie van de intellectuelen ontbreekt het aan conceptuele middelen om dit scharnierwerk te beschrijven en te analyseren. Dit komt omdat ze te weinig oog heeft voor de handelingen van intellectuelen en te veel voor de sociale structuren. Ik wil aan beide aandacht besteden, en wel vanuit een macroscopisch en een microscopisch perspectief.

2 KENNIS EN KLASSE

Hoe kan de huidige samenleving het beste worden gekarakteriseerd? Al naar gelang hun preoccupatie geven sociologen een ander antwoord op deze vraag. Veel gebruikte karakteriseringen zijn onder andere: postindustriële samenleving, informatiemaatschappij, multiculturele samenleving, risicomaatschappij, netwerkmaatschappij en kennismaatschappij. Karakteriseringen van dit soort zijn uiteraard reductionistisch, omdat het accent op specifieke aspecten van de samenleving wordt gelegd en andere worden veronachtzaamd.[60] Zij die van een postindustriële samenleving spreken, benadrukken de afname van de industriële sector en de toename van de dienstensector.[61] Van een informatiemaatschappij spreken degenen die de enorme toename van de beschikbare informatie het meest kenmerkend achten voor de huidige samenleving.[62] Weer anderen achten de pluraliteit aan culturen die onder het dak van één politieke gemeenschap samenleven het meest kenmerkende element en spreken over een multiculturele samenleving. Degenen die over een risicomaatschappij spreken, benadrukken dat de risico's die verbonden zijn met moderne technologieën cruciaal zijn voor de organisatie en het voortbestaan van de samenleving.[63] En zij die over een netwerkmaatschappij spreken, benadrukken dat wereldwijde netwerken op politiek, cultureel en economisch terrein ervoor hebben gezorgd dat afstanden sneller kunnen worden overbrugd en er steeds minder toe doen.[64]

Zelf opteer ik voor de kennismaatschappij. Aan de hand van dit begrip kan mijns inziens het beste het decor worden geschetst dat de achtergrond vormt van de handelingen van de huidige intellectueel. Wetende dat met het begrip 'kennismaatschappij' ook een eenzijdige schets van de huidige samenleving wordt gegeven, zal ik beargumenteren waarom ik er toch voor gekozen heb.[65] Wat is de motor van de kennismaatschappij? Welk proces is daarmee onlosmakelijk verbonden? En door welke ongelijkheden kenmerkt zich de kennismaatschappij?

Kennis als cruciale factor

Sociologen die over de kennismaatschappij spreken, zijn van mening dat het creëren en exploiteren van nieuwe kennis allengs de motor van de samenleving is geworden.[66] Daarmee zou een industrieel tijdperk waarin de productie en distributie van goederen de cruciale factoren van de economie vormen, plaats hebben gemaakt voor een tijdperk waarin kennis de cruciale factor vormt.[67] De opkomst van de kennismaatschappij kan worden geïllustreerd aan de hand van de veranderde arbeidsmarkt. Verschuivingen in de arbeidsmarkt komen tot uitdrukking in het relatieve gewicht dat diverse sectoren in de schaal van de werkgelegenheid leggen.

In de *voorindustriële samenleving* was het merendeel van de bevolking werkzaam in de primaire sector: landbouw en visserij. Vanwege de lage arbeidsproductiviteit was het surplus aan voedsel gering. Daardoor kon slechts een klein deel van de bevolking buiten de landbouw emplooi vinden. Dat deel was werkzaam in de dienstverlening of verrichtte handwerk. De industriële revolutie leidde tot de afname van de werkgelegenheid in de primaire sector en de groei in de secundaire sector, dat wil zeggen de industrie. Mensen trokken massaal van het platteland naar de stad om in fabrieken te werken. De inzet van machines leidde tot een grotere arbeidsproductiviteit. Zolang de secundaire sector het grootst bleef, was er sprake van een *industriële samenleving*. Dit type samenleving verdwijnt op de achtergrond op het moment dat de dienstensector sterk groeit en zelfs de overhand krijgt. Deze sector wordt doorgaans opgesplitst in een tertiaire en een quartaire sector. Tot de tertiaire sector wordt de handel, het transport en de overige dienstverlening gerekend. Hiertoe behoren bijvoorbeeld het goederenvervoer en de detailhandel. De quartaire sector omvat de diensten waarin de productie en het verwerken van specialistische kennis een centrale plaats innemen. Denk aan het onderwijs, onderzoeksinstellingen en bureaus die het bedrijfsleven en overheidsinstellingen advies geven. Op dit moment groeit vooral de quartaire sector.[68] Vandaar dat men spreekt van de opkomst van de *kennismaatschappij*. Maar ook het toegenomen belang van specialistische kennis in de drie andere sectoren rechtvaardigt het om hiervan te spreken.

De groei van de dienstensector ten opzichte van de primaire en secundaire sector heeft velen ertoe verleid te spreken van een postindustriële samenleving.[69] Toch is deze karakterisering van de huidige samenleving misleidend. Door het prefix 'post' wordt ten onrechte de suggestie gewekt dat de industriesector zou verdwijnen of aan betekenis zou verliezen.[70] De industrie blijft echter van groot belang, maar is sterk van aard veranderd. In feite komen er geen nieuwe sectoren bij naast de landbouw, visserij, industrie en dienstensector. Veeleer is het zo dat de reeds bestaande sectoren kennisintensiever worden. De agrarische, industriële en dienstensector verdwijnen niet, maar veranderen omdat specialistische kennis daarin een veel grotere rol is gaan spelen.[71]

Meestal kijkt men naar de groei van de sectoren uit het oogpunt van de werkgelegenheid. Maar men kan ook naar de sectoren kijken en zich afvragen of daarbinnen de arbeidsproductiviteit is toegenomen. De uitstoot van arbeid gaat dikwijls hand in hand met de toename van de arbeidsproductiviteit. Nieuwe technologieën zorgen ervoor dat steeds meer door steeds minder mensen wordt geproduceerd. Economische groei en meer investeringen leiden niet automatisch tot een toename van de werkgelegenheid. Dit vloekt met het standaardbeeld van economische groei. Volgens dit standaardbeeld worden nieuwe banen gecreëerd door de groei van de productie. Wanneer de groei van de werkgelegenheid stagneert terwijl de productie toeneemt, spreekt men van een *jobless growth*.[72] Er is sprake van een *jobloose growth* wanneer de werkgelegenheid afneemt terwijl de productie toeneemt.[73] In de primaire en secundaire sector heeft zich de *jobloose growth* reeds voltrokken. Volgens sommige economen is hiervan momenteel ook al in de tertiaire sector sprake. Een van de oorzaken is dat gestandaardiseerde handelwijzen door arbeidsbesparende technieken (geldautomaten, kaartjesautomaten en giraal geldverkeer) worden vervangen. De these van de *jobless* en *jobloose growth* is omstreden. Zo gaan het SCP en het CPB van een lichte groei van de werkgelegenheid uit. Daarentegen zeggen critici dat het aantal arbeidsuren in absolute zin niet of nauwelijks toeneemt, naar alle waarschijnlijkheid zelfs afneemt. Tussen 1970 en 1992 nam bijvoorbeeld de gemiddelde arbeidsduur bij een volledige baan af van 2042 tot 1712 uur. De gemiddelde werkweek is in 2020 naar verwachting 31 à 32 uur.[74]

Steeds meer economen en sociologen gaan ervan uit dat de kennismaatschappij zich kenmerkt door een kapitalistische economie zonder volledige werkgelegenheid. Daarbij wijzen ze op twee mogelijkheden. De eerste mogelijkheid is alles over te laten aan de arbeidsmarkt. Dit zou leiden tot massale werkloosheid en een tweedeling tussen mensen met en zonder een betaalde baan. Zo'n tweedeling zou een gevaar voor de democratie betekenen. De tweede mogelijkheid is dat men ingrijpt in de arbeidsmarkt, het resterende werk op een rechtvaardige wijze verdeelt en aan arbeid een nieuwe betekenis geeft.[75]

De opkomst van de kennismaatschappij komt slechts ten dele tot uitdrukking in het veranderde gewicht van bepaalde sectoren. De beroepenstructuur is daarvoor ook een belangrijke indicator. In de industriële sector nam bijvoorbeeld het percentage van degenen met een niet-industrieel beroep tussen 1977 en 1993 toe van 35,5% tot 46,5%.[76] De beroepsgroepen waarin het verwerven, produceren en verspreiden van allerlei vormen van kennis een centrale plaats inneemt, is verhoudingsgewijs toegenomen. Zo worden van de tien nieuwe beroepen er acht bezet door deze kenniswerkers.[77] Volgens Robert Reich bestaat een groot deel van de kenniswerkers uit *symbolic analysts*, dat wil zeggen mensen wier functie het is symbolen (data, woorden en visuele representaties) te manipuleren.[78] Hiertoe rekent hij onder andere accountants, advocaten, architecten, bankiers, belastingadviseurs, journalisten, planologen, verzekeringsmensen en wetenschappers. De beroepenstructuur van Nederland laat een opmerkelijke toename van dit soort kenniswerkers zien. Tezamen vormen de verschillende kenniswerkers wat Kees Schuyt de Zittende Klasse noemt: een elite die vanuit de bureaustoel willens en wetens over het lot van veel mensen beschikt.[79]

De groei van de quartaire sector correspondeert dus met een veranderde beroepenstructuur. En in de meer traditionele sectoren, landbouw en industrie, hebben eveneens steeds meer kenniswerkers emplooi gevonden. Ook daar verdringen de 'witte boorden' de 'blauwe boorden'. De industriesector blijft belangrijk, maar de arbeid die daarbinnen wordt verricht is minder gebaseerd op spierkracht en meer op denkkracht.

De structurele veranderingen in de economie hebben niet alleen betrekking op de werkgelegenheid, maar ook op het arbeidsaanbod. De structuur van het arbeidsaanbod is in minstens zes opzichten veranderd. Ten eerste is er sprake van een *flexibilisering* van het arbeidsaanbod. Steeds meer mensen werken in deeltijd. Nederland neemt in deze in Europa een koppositie in. Ten tweede tekent zich een *feminisering* van het arbeidsaanbod af. Het aantal vrouwen dat niet full-time huisvrouw wil zijn en langdurig een betaalde baan wil is sterk toegenomen. Gezien over de hele levenscyclus toont de vrouw steeds meer hetzelfde patroon van arbeidsparticipatie als de man.[80] Ten derde is er sprake van een *vergrijzing* van het arbeidsaanbod. De gemiddelde leeftijd van degenen die zich op de arbeidsmarkt aanbieden is toegenomen. Daarvan is de demografische ontwikkeling van Nederland de belangrijkste oorzaak. Ten vierde vindt er een *herordening van de levenscyclus* plaats. De gedachte dat de levenscyclus bestaat uit leren, werken en genieten van een pensioen wordt steeds vaker losgelaten. De jeugd leert niet alleen, maar werkt daarnaast. Degenen die de middelbare leeftijd hebben bereikt, beseffen dat ze naast hun werk nog ruimte moeten creëren om te leven en te leren. Voor hen is om-, her- en bijscholing nodig om aantrekkelijk te blijven voor de arbeidsmarkt. En voor ouderen is het niet meer vanzelfsprekend dat ze alleen maar genieten van hun pensioen. Steeds meer ouderen verrichten betaald werk of volgen een cursus of opleiding. De herordening van de levenscyclus komt deels neer op levenslang leren (*éducation permanente*). Ten vijfde is er sprake van een *informalisering* van de economie. In veel

71

gemeenten is het aandeel van de informele economie sterk gestegen. Het zijn dikwijls (illegale) migranten die daarbinnen werk vinden.[81] De zogenaamde naai-ateliers vormen hiervan een voorbeeld.[82] Ten zesde kenmerkt het arbeids- aanbod zich door een *verhoging van het opleidingsniveau.* Het aantal hoogopge- leiden dat zich op de arbeidsmarkt begeeft is sterk toegenomen. Op de arbeids- markt leidt dit tot een verdringing van laagopgeleiden.

Wat betreft het arbeidsaanbod valt de opkomst van de kennismaatschappij het beste af te lezen uit de herordening van de levenscyclus en de verhoging van het opleidingsniveau. Werkgevers hebben belang bij de herordening van de le- venscylus. Ze hebben werknemers nodig die up-to-date zijn. Zo wordt in veel kennisintensieve sectoren van de overheid en het bedrijfsleven arbeidstijdver- korting omgezet in extra scholingstijd. De verhoging van het opleidingsniveau komt tegemoet aan de grote vraag die er binnen de kennismaatschappij is naar kenniswerkers. Voor de Nederlandse overheid is dit zelfs een punt van zorg. Men vraagt zich af of het aanbod van werknemers in kwalitief en kwalitatief opzicht tegemoet komt aan de vraag van de kennismaatschappij.[83]

Een kennisintensieve economie staat of valt bij het al dan niet voorhanden zijn van moderne technologieën. De kennismaatschappij drijft daarom voor een groot deel op technologieën die behulpzaam zijn bij het zo efficiënt moge- lijk verwerven, produceren en verspreiden van kennis. Denk maar alleen aan de veranderingen die e-mail, fax, internet, kabel en de mobiele telefoon teweeg hebben gebracht. Nieuwe informatie- en communicatietechnologieën (ICT) komen het verwerven, produceren en verspreiden van kennis ten goede. Maar andersom is nieuwe kennis nodig voor de innovatie van deze technologieën. Er is dus sprake van een wisselwerking tussen de ontwikkeling van kennis en de technologische toepassing ervan. Sommigen vinden dat in Nederland te weinig geïnvesteerd wordt in het opleiden van mensen die voor de technologische in- novaties moeten zorgen. Ze pleiten daarom voor een kennisoffensief.[84]

Wereldwijde vervlechtingen

De opkomst van de kennismaatschappij kan niet los worden gezien van een proces als globalisering.[85] Onder globalisering versta ik het proces waarbij op tal van terreinen transnationale netwerken van mensen en dingen worden ge- creëerd.[86] Hiermee is nog niets gezegd over de mate waarin en de manier waar- op zich dit proces volstrekt. Om dit te onderzoeken zijn de volgende vier vra- gen relevant.

Hoe dicht is dit netwerk? Zo kan men bijvoorbeeld nagaan hoeveel mensen deel uitmaken van een transnationaal netwerk van wetenschappers. Ook zou men van land tot land kunnen onderzoeken hoeveel mensen een computer bezitten en gebruik maken van internet.

Wat is de reikwijdte van het netwerk? Bij menig netwerk gaat het alleen om de OECD-landen. Daarom is het interessant om te onderzoeken of en in hoeverre de zuidelijke hemisfeer bij een netwerk betrokken is.

Hoe lang bestaat een netwerk? Sommige netwerken bestaan al jaren, terwijl andere van heel recente datum zijn. Verder zijn sommige netwerken maar enkele momenten van de dag actief.

Welke terreinen zijn bij zo'n netwerk betrokken? Het is belangrijk te onderzoeken of het alleen om de economie gaat of ook om andere terreinen. Bovendien kan worden nagegaan of er dispariteiten bestaan tussen terreinen, bijvoorbeeld tussen de economie en de politiek.

Het voert te ver om deze vragen hier te beantwoorden. Wel zal ik in het kort beschrijven wat globalisering op enkele terreinen inhoudt, omdat dat relevant is voor het vraagstuk van de intellectueel. Steeds meer intellectuelen mengen zich immers in debatten over de globalisering op vooral vier terreinen: de economie, de cultuur, het milieu en de politiek.

In de *economie* houdt globalisering de relatieve toename in van de grensoverschrijdende productie en handel van goederen, diensten en kapitaal. De productie van goederen is steeds meer een zaak van transnationale netwerken geworden. Dit in twee opzichten. Ten eerste is het eindproduct zeer vaak samengesteld uit delen die in diverse landen zijn geproduceerd. De auto-industrie kan hier als voorbeeld dienen. Op het moment dat een auto wordt gemonteerd komen de onderdelen voor ongeveer 50% uit andere delen van de wereld. Ten tweede is de organisatie van de productie van goederen en de productie zelf over de wereld verspreid. Zo worden steeds meer goederen in de Derde Wereld geproduceerd, terwijl de organisatie van de productie in de eerste wereld plaatsvindt. Niet alleen de productie, maar ook de handel in goederen wordt steeds meer gedragen door transnationale netwerken. Dit heeft vooral te maken met het uitdijen van de afzetmarkt en de daarmee samenhangende groei van de export. Volgens sommigen is de daling van de kosten voor de transactie van goederen de oorzaak van de gestegen handel.[87] De oorzaak daarvan is het afbreken van handelsbarrières (onder andere de reductie van de invoerrechten in het kader van de GATT en de Europese Unie) en nieuwe technologieën (onder andere glasvezelkabels en satellieten) die het overbruggen van grote afstanden goedkoper maken. Op economisch vlak komt de globalisering het duidelijkst naar voren op de kapitaalmarkt. Mede dankzij de nieuwe informatie- en communicatietechnologieën worden in *now time* enorme bedragen van het ene deel naar het andere deel van de wereld getransfereerd. Het kapitaalverkeer is relatief autonoom geworden en staat steeds minder in dienst van de handel en productie van goederen. Van alle transacties van kapitaal dient maar 2% het afhandelen van de handel in goederen of investeringen.[88] Dat wil zeggen dat de oorzaak van 98% van de transacties gezocht moet worden binnen de financiële markten zelf, vooral speculatieve doeleinden. Vandaar dat sommigen het economische stelsel van nu aanduiden met de term *casino-kapitalisme*.[89]

Op het vlak van de *cultuur* komt globalisering in de eerste plaats tot uitdrukking in de stijgende in- en uitvoer van culturele goederen als boeken, tijdschriften, geluidsdragers en films.[90] Met name geluidsdragers als cd's en cassettes kennen een wereldwijde verspreiding. Een ander teken van culturele globalisering is dat mensen in toenemende mate in contact komen met andere, door hen als 'vreemd' geafficheerde culturen. Dit kan vrijwillig en onvrijwillig zijn. Touristen en studenten die in het buitenland gaan studeren zijn voorbeelden van de vrijwillige ontmoeting van mensen uit verschillende culturen. Asielzoekers en vluchtelingen worden daartoe min of meer gedwongen. De globalisering van de cultuur komt ook tot uitdrukking in de sterk toegenomen transnationale uitwisseling van informatie. Zo werden in de OECD-landen in 1995 vijf keer zo vaak telefoongesprekken met het buitenland gevoerd als in 1980.[91] Verder is in de jaren negentig het aantal e-mailberichten en internethosts exponentieel gestegen.

Ook op het terrein van het *milieu* is sprake van globalisering. Ecologische globalisering is het proces waarbij de milieuproblematiek in toenemende mate een transnationaal karakter krijgt. In de jaren vijftig kende de milieuproblematiek nog overwegend een lokaal karakter.[92] Destijds leefden de meeste mensen die te lijden hadden aan vervuiling in het land waar de vervuilers zaten. Maar in de erop volgende decennia passeren grotere hoeveelheden vervuilende stoffen de grens. De zure regen in Scandinavië is bijvoorbeeld het product van emissies in Duitsland en Groot-Brittannië. De aantasting van de ozonlaag en het broeikaseffect zijn zelfs transnationale producten, dat wil zeggen milieuproblemen die veroorzaakt zijn door de emissies van koolstofdioxide en cfk's in vrijwel alle landen. De ontbossing en de daarmee samenhangende woestijnvorming zijn weliswaar op bepaalde plaatsen te lokaliseren, maar hebben ook repercussies voor de kwaliteit van leven van mensen die aan het andere einde van de wereld wonen.

In de *politiek* is globalisering het proces waarbij het aantal transnationale netwerken met een uitgesproken politiek oogmerk toeneemt. Dit geldt voor zowel het klassieke politieke systeem (regering, parlement en politieke partijen) als de daarbuiten bedreven politiek door onder meer niet-gouvernementele organisaties (NGO's). De Europese Unie is deels het product van de globalisering van het klassieke politieke systeem. De netwerken die NGO's als Amnesty International en Greenpeace om de wereld hebben gespannen, laten zien dat de politieke globalisering ook buiten dit systeem plaatsvindt. De politieke globalisering is grotendeels een reactie op andere vormen van globalisering. Ze berust op het toegenomen besef dat bepaalde problemen alleen op transnationaal niveau opgelost kunnen worden. Een belangrijke indicator voor dit besef zijn de grote internationale conferenties die in de jaren negentig over het bevolkingsvraagstuk (Cairo), de groeiende kloof tussen arm en rijk (Kopenhagen) en de milieuproblematiek (Rio de Janeiro) gehouden zijn.

Voorheen heb ik steeds over globalisering gesproken. Toch kan met dit begrip niet volledig recht worden gedaan aan wat er gaande is. Er is zonder meer op de besproken terreinen (economie, cultuur, milieu en politiek) sprake van een relatieve toename van het aantal transnationale netwerken van mensen en dingen. De gegeven cijfers en voorbeelden tonen dat ook aan. Maar naast globalisering is er tegelijkertijd sprake van lokalisering. Onder lokalisering versta ik het proces waarbij op tal van terreinen netwerken van mensen en dingen worden gecreëerd die uitdrukking geven aan lokale bijzonderheden. Het meest voor de hand liggende voorbeeld zijn al die groepen en instituties die in het leven zijn geroepen om de plaatselijke cultuur in leven te houden. Zo zijn in de laatste jaren verenigingen die het regionale dialect willen redden als paddestoelen uit de grond geschoten en hebben popgroepen als Rowwen Hèze en Skik, die respectievelijk in het Limburgs en Drents zingen, veel succes. Zoals individualisering en vermaatschappelijking twee zijden van dezelfde medaille vormen, zo zijn lokalisering en globlalisering dat ook.[93] Lokalisering en globalisering zijn processen die onlosmakelijk met elkaar verbonden zijn. Om dit tot uitdrukking te brengen heeft Robert Robertson het begrip *glokalisering* in de sociale wetenschappen geïntroduceerd.[94] Dit proces kan men op de genoemde terreinen traceren. Ik illustreer het aan de hand van de economie en de cultuur.

Het begrip 'glokalisering' is voor het eerst in de economie gebruikt. In het begin van de jaren negentig duikt het op in de marketing. Binnen de wereld van de marketing duidt glokalisering op de noodzaak om bij de productie en

verkoop van goederen en diensten die bestemd zijn voor de wereldmarkt rekening te houden met de lokale verscheidenheid.[95] Het is niet alleen een kwestie
van aanpassing aan de sociaal-culturele verscheidenheid van potentiële consu-
menten. Veelal komt het er juist op neer verscheidenheid bewust te construeren. Dit geldt vooral voor de toeristenindustrie die de bijzonderheid van een
bepaalde streek extra accentueert om toeristen te trekken. Globalisering veronderstelt dus niet alleen de-lokalisering, maar ook re-lokalisering.[96] Voor de managers van concerns als Coca-Cola en Sony is 'globale lokalisering' de strategie
om hun producten overal ter wereld af te kunnen zetten.

Op het terrein van de cultuur stellen sommigen globalisering gelijk met *homogenisering*. Globalisering wordt dan gezien als een proces van convergentie:
culturen gaan steeds meer op elkaar lijken. Ter aanduiding van deze vermeende
convergentie wordt van McWorld gesproken. Overal ter wereld eten kinderen
bij McDonald's, dragen jongeren spijkerbroeken en kijken volwassenen naar
films uit Hollywood. Aanhangers van de convergentiethese nemen dikwijls het
woord 'cultuurimperialisme' in de mond, omdat het om producten gaat die
grotendeels uit de Verenigde Staten komen. Daarentegen hangen anderen juist
een divergentiethese aan. In hun ogen impliceert globalisering de toename van
culturele verscheidenheid. Zo moeten in veel steden mensen uit zeer verschillende culturen op een klein stukje grond samenleven. En de meeste steden her-
bergen een eetcultuur die een grotere diversiteit aan de dag legt dan pakweg dertig jaar geleden. De aanhangers van de divergentiethese zijn van mening dat globalisering juist een *heterogenisering* van de cultuur met zich meebrengt. In feite
is er echter sprake van een homogenisering *en* heterogenisering van de cultuur.
Deze schijnbaar tegenstrijdige processen zijn tekenen van culturele glokalisering.[97] Bepaalde culturele symbolen en producten treft men inderdaad overal ter
wereld aan. In zoverre hebben de aanhangers van de convergentiethese gelijk.
Maar aan de andere kant worden deze culturele symbolen en producten op lokaal niveau meestal aangepast aan de omstandigheden of getransformeerd. Net
als de economische glokalisering gaat de culturele glokalisering gepaard met de
vorming van hybriden, dat wil zeggen melanges uit verschillende culturen.[98]

Ongelijkheden

De opkomst van de kennismaatschappij en een proces als globalisering brengen
tal van ongelijkheden met zich mee. Om welke ongelijkheden gaat het? En wat
betekenen ze voor de sociale stratificatie?

Sociale stratificatie is niet alleen een kwestie van ongelijke verdeling van economisch kapitaal. Gouldner en Bourdieu hebben er terecht op gewezen dat een ongelijke verdeling van cultureel kapitaal constitutief is voor de sociale stratificatie. Om in een kennismaatschappij als volwaardig burger in diverse maatschappelijke sferen te kunnen participeren moet een individu over bepaalde kennis en vaardigheden beschikken. De vraag is echter welke kennis en vaardigheden dit zijn. Gaat het alleen om kennis die cognitief van aard is? Of is hier ook kennis over ethische dilemma's van belang? Moeten de burgers van de kennismaatschappij niet ook morele competenties c.q. sociale vaardigheden bezitten? Wat de antwoorden op deze vragen ook zijn, de aandacht gaat vooralsnog vooral uit naar kennis en vaardigheden die cognitief van aard zijn. Zo wordt veel werk gemaakt van internationaal vergelijkend onderzoek naar *functioneel analfabetisme*: het ontbreken van kennis en lees- en rekenvaardigheden die men nodig heeft voor het alledaagse leven.[99] Daarbij gaat het niet alleen om het kunnen lezen van boeken en kranten, maar ook om het begrijpen van kaarten, statistieken, etc. Mensen die niet de kennis en vaardigheden bezitten om volwaardig deel te nemen aan het maatschappelijke leven, behoren tot de functioneel analfabeten. In Nederland kan daartoe ongeveer 10% van de bevolking worden gerekend en in Polen zelfs 40%.[100] Functioneel analfabetisme is in de kennismaatschappij een belangrijke parameter voor sociale ongelijkheid.[101]

Om als individu in de kennismaatschappij volwaardig te kunnen participeren is het bezit van kennis en vaardigheden een noodzakelijke maar nog niet voldoende voorwaarde. Daarnaast moet het de beschikking hebben over boeken, computers en een telefoon. Het al dan niet beschikken over deze materiële voorwaarden voor het verwerven, produceren en verspreiden van kennis is daarom ook een belangrijke parameter voor sociale ongelijkheid. In Nederland bezit ongeveer de helft van de huishoudens ten minste één personal computer. Maar in veel andere landen, vooral die van de Derde Wereld, heeft men nauwelijks de beschikking over dit soort dingen.

Naast het bezit van cultureel kapitaal en het beschikken over voornoemde materiële hulpbronnen is en blijft de hoogte van iemands inkomen een belangrijke parameter voor sociale ongelijkheid. Het spreekt vanzelf dat de ongelijke verdeling van cultureel kapitaal nauw gerelateerd is aan de inkomensverdeling. De inkomensverschillen tussen en binnen landen zijn sinds het begin van de jaren tachtig van de twintigste eeuw sterk toegenomen.[102]

Ook op ecologisch vlak zijn er grote ongelijkheden tussen en binnen landen. Iedereen is het erover eens dat het voor een duurzame kennismaatschappij van belang is dat deze ongelijkheden krachtdadig worden aangepakt. De *ecologische voetafdruk* is één van de vele parameters voor de ongelijkheid op ecologisch vlak. Hieronder wordt de aardoppervlakte verstaan die een individu op jaarbasis gebruikt voor het in stand houden van een bepaalde levensstandaard. Met het oog op een duurzame ontwikkeling zou ieder persoon op deze wereld recht hebben op 1,5 hectare. In India is de ecologische voetafdruk gemiddeld 0,4 hectare, in Nederland 3,3 hectare en in de Verenigde Staten 5, 1 hectare per persoon.[103]

3   VOORBIJ LINKS EN RECHTS

Wat heeft het betoog over de kennismaatschappij en globalisering van doen met intellectuelen? Het antwoord op deze vraag is drieledig. Ten eerste verandert de positie die intellectuelen in de samenleving innemen door de opkomst van de kennismaatschappij. In vergelijking met de industriële maatschappij zal het aantal kenniswerkers toenemen en daarmee de hoeveelheid potentiële intellectuelen. De hierdoor gestegen concurrentie tussen intellectuelen bepaalt mede de positie die ze in de samenleving innemen. Ten tweede verandert de positie van intellectuelen door de globalisering. Ze zullen in toenemende mate participeren in transnationale netwerken.[104] Tegenwoordig smeden ze bewust internationale samenwerkingsverbanden om hun belangen te verdedigen. Het publiek van intellectuelen is door de globalisering ook veel groter geworden. Ten derde maken intellectuelen zich steeds vaker druk over problemen die alleen op transnationaal niveau opgelost kunnen worden. Na de val van de Berlijnse Muur breken ze zich bijvoorbeeld het hoofd over de vraag wat distributieve rechtvaardigheid op mondiaal niveau betekent.[105]

Ik sta nog even stil bij de politieke betekenis van deze veranderingen. Wat betekenen ze voor de kennispolitiek? Hoe moet de veranderde positie van de intellectueel in politieke termen worden vertaald? En in hoeverre is de speelruimte van intellectuelen door de opkomst van de kennismaatschappij en de globalisering veranderd?

Kennispolitiek

Kennispolitiek is de strijd om belangen die verbonden zijn met het verwerven, produceren en verspreiden van kennis. Het ligt voor de hand dat een dergelijke

belangenstrijd in de kennismaatschappij steeds meer op de voorgrond zal treden, zeker nu kennis steeds meer een waar wordt.[106] Kennispolitiek vindt op
twee met elkaar verbonden niveaus plaats. Ten eerste het niveau van de overheid. Hierbij gaat het om het overheidsbeleid ten aanzien van het verwerven,
produceren en verspreiden van kennis. Ten tweede het niveau van de individueel of in groepsverband opererende kenniswerkers. In dit geval gaat het om de
strategieën die intellectuelen, journalisten, managers, technici, wetenschappers
en anderen volgen bij het verwerven, produceren en verspreiden van kennis.

Elk type samenleving kent zijn eigen kennispolitiek. Zo waren bepaalde vormen van kennis in een (pre-)industriële maatschappij onontbeerlijk voor het
staatsbeheer. In een samenleving die vooral drijft op specialistische kennis behoort de kennispolitiek van de overheid er echter anders uit te zien. Met het
oog daarop organiseerde de Nederlandse overheid in 1996 en 1997 zelfs een
groots opgezet 'kennisdebat'.[107] De Nederlandse burger werd uitgenodigd na te
denken over het belang van kennis in de eenentwintigste eeuw. Hoe behoort de
samenleving van de toekomst met kennis om te gaan? Welke kennis moeten
burgers in 2010 bezitten om mee te komen? Aan dit debat namen ook tal van
Nederlandse intellectuelen deel, zoals Anil Ramdas, Arjo Klamer en Anton Zij-
derveld. De organisatoren van het kennisdebat concludeerden dat er een 'Nationaal Programma Kennisinfrastructuur voor de 21e eeuw' moest komen. Dit
programma zou het kennispolitieke doel van de Nederlandse overheid vertolken, namelijk goede voorwaarden creëren voor een economie die vooral gebaseerd is op specialistische kennis.

De kennispolitiek van de overheid is niet alleen gericht op het onderwijssys-
teem. Vanwege de globalisering is het ook van belang ervoor te zorgen dat kennis die relevant is voor de economie beschermd wordt. Aangezien kennis een
waar is, moet er op internationaal niveau voor worden gezorgd dat de intellectuele eigendomsrechten (*intellectual property rights)* geregeld zijn. In 1995
vormden deze rechten de aanleiding voor een heftige strijd tussen de Verenigde
Staten en China. Zo beschuldigde de Verenigde Staten China van piraterij op
de softwaremarkt. Hierdoor zou de Amerikaanse software-industrie in 1993
naar schatting 600 miljoen dollar verloren hebben. Organisaties als de World
Intellectual Property Organization (WIPO) en de International Intellectual
Property Alliance (IPPA) proberen tot afspraken te komen om de groei van de
mondiale kennisindustrie in goede banen te leiden.[108]

De strategieën die kenniswerkers individueel of in groepsverband volgen bij
het verwerven, produceren en verspreiden van kennis, vormen, zoals gezegd,

het tweede niveau waarop kennispolitiek plaatsvindt. Voor intellectuelen, journalisten, managers, wetenschappers of technici is het zaak ervoor te zorgen dat ze in het domein waarin ze werkzaam zijn tot de gevestigden behoren, dat ze door collega's als vakbekwaam worden erkend. Elk domein kenmerkt zich door intellectuele rivaliteit, omdat er gestreefd wordt naar macht en aanzien. Voor individuen die daarbinnen werken komt kennispolitiek neer op distinctie: zich onderscheiden van collega's.[109] Daarvoor maken ze uiteraard gebruik van de specifieke kennis en vaardigheden die ze bezitten, en de speelruimte die een domein of veld hun biedt.

Terwijl kenniswerkers dikwijls elkaars rivalen zijn, kan het in hun eigen belang zijn om samen één front te maken. Zo hebben wetenschappers er baat bij te zorgen voor een eigen niche waarbinnen ze onderzoek kunnen doen. Ze hebben er belang bij dat de wetenschap relatief autonoom is en blijft ten opzichte van de politiek of het bedrijfsleven. Sterker nog, ze ontlenen hun autoriteit in de openbaarheid voor een groot deel aan de relatieve autonomie van de wetenschap. Toch worden er pogingen ondernomen om de grenzen tussen de wetenschap enerzijds en de overheid en het bedrijfsleven anderzijds te doorbreken.[110] Het behoort tot de kennispolitiek van wetenschappers om deze pogingen te bestrijden. De strategie die daarvoor gevolgd wordt is demarcatiearbeid: voortdurend een onderscheid traceren tussen wetenschap en samenleving.[111] Ondanks de demarcatiearbeid staat de autonomie van de wetenschap onder druk.[112]

Intellectuelen zijn mensen die een relatief autonoom veld verlaten en zich richten tot een groot publiek. Het gezag dat ze in de openbaarheid genieten is doorgaans gebaseerd op het feit dat ze binnen dat veld een bepaalde naam hebben verworven. Voor hun optreden zijn de besproken kennispolitieke strategieën dus een noodzakelijke voorwaarde. Juist omdat ze binnen een specifiek veld *van* ideeën leven, kunnen ze het in de openbaarheid *voor* deze ideeën opnemen. Om naam te maken moeten ze zich binnen hun domein onderscheiden van hun collega's, terwijl ze naar buiten toe een vuist behoren te maken om de relatieve autonomie ervan te verdedigen.

Politieke coördinaten

Intellectuelen behoren weliswaar tot de kennisklasse, maar onderscheiden zich van het gros der kenniswerkers doordat ze hun esoterische kring verlaten en zich wenden tot een groot publiek. Daarmee kapitaliseren ze hun specifieke kennis niet alleen om in hun eigen kring van experts naam te maken, maar ook daarbuiten. Het maken van naam behoort weliswaar tot het eigenbelang van intellectuelen, maar dient tevens het belang van degenen namens wie ze spreken. Het *woordvoerderschap* van intellectuelen is daarmee een mes dat naar twee kanten snijdt.[113]

Woordvoerders hebben dus een specifiek belang: de mogelijkheid om namens en in plaats van anderen te spreken.[114] Dit belang valt niet te reduceren tot de belangen die van oudsher verbonden worden met de tegenstelling tussen kapitaal en arbeid. Dit is een eerste reden waarom het niet zinvol is om over politieke kwesties nog langer te spreken in termen van 'links' en 'rechts'. Het specifieke belang van woordvoerders – kunnen praten namens en in plaats van anderen – is links, noch rechts. Dit verklaart waarom sommige woordvoerders er geen enkele moeite mee hebben vandaag nog te werken voor de vakbond en morgen voor het bedrijfsleven. Door de activiteiten van intellectuelen te duiden aan de hand van klassieke politieke coördinaten als links en rechts wordt hun specifieke belang aan het oog onttrokken.[115] Om de politiek in de kennismaatschappij op haar merites te kunnen beoordelen, zal men een vocabulaire moeten hanteren waarbinnen geen plaats is voor een dichotomie die stamt uit het begin van de industriële samenleving.

De begrippen 'links' en 'rechts' werden ten tijde van de Franse Revolutie gemunt.[116] Destijds moest er gestemd worden over een beperkt vetorecht voor de koning. Degenen die links van de voorzitter van het parlement zaten, stemden tegen het vetorecht en degenen die rechts van hem zaten ervoor. Sindsdien worden veranderingsgezinden links genoemd en behoudenden rechts. De Dreyfus-affaire was een katalysator voor het gebruik van deze politieke coördinaten. Daarna werden ze vooral gebruikt om de vertegenwoordigers van kapitaal en arbeid aan te duiden. Zolang de situatie waarin arbeiders verkeerden slecht was, ze overgeleverd waren aan de nukken van de kapitalisten, kon met behulp van deze coördinaten de werkelijkheid relatief goed in kaart worden gebracht. Links en rechts correspondeerden immers met duidelijke belangentegenstellingen.

Tegenwoordig tekenen zich echter belangentegenstellingen af die niet met de ruimtelijke metafoor van links en rechts kunnen worden gearticuleerd.[117] Het meest voor de hand liggende voorbeeld is het milieuvraagstuk. Intellectuelen die zich inzetten voor een beter milieu dienen daarmee niet eenduidig het belang van kapitaal of arbeid. Het maken van winst en het behoud van arbeidsplaatsen zijn belangen die niet altijd samengaan met het effectief bestrijden van de milieuvervuiling. Daarom vormen werkgevers en werknemers soms één front tegen milieuactivisten. De milieuproblematiek vormt dus een tweede reden waarom het niet zinvol is om te spreken in termen van links en rechts.

In de kennismaatschappij tekenen zich vormen van sociale ongelijkheid af die ook niet te duiden zijn met behulp van het links-rechtsschema. Zo wijst Gosta Esping-Anderson op het bestaan van een *outsider class* wier belangen niet samenvallen met die van de traditionele arbeidersklasse.[118] Daartoe behoren zowel de degenen die buiten het formele arbeidsproces staan (de zogenaamde illegalen) als degenen die in de hedendaagse economie overbodig zijn geworden (c.q. nooit meer betaald werk zullen krijgen).[119] Een derde reden om niet langer in termen van links en rechts te spreken is dat de opkomst van deze onderklasse in de rijke landen tot een herordening van het politieke spectrum heeft geleid. Terwijl de traditionele klassen nog gerepresenteerd werden door zogenaamde linkse en rechtse partijen, kent de onderklasse in het huidige partijenlandschap nauwelijks woordvoerders.[120]

De identiteitspolitiek *(politics of identity)* is een vierde reden om niet langer de tegenstelling tussen links en rechts te gebruiken. Sommige intellectuelen voeren een publieke strijd voor de erkenning van de identiteit van een specifieke levensvorm. Achter deze strijd gaat de vraag schuil hoe een samenleving dient om te gaan met conflicten die voortvloeien uit een pluraliteit aan levensvormen. In sommige samenlevingen kunnen mensen nauwelijks vorm geven aan hun manier van leven, omdat ze worden gediscrimineerd of onderdrukt. Intellectuelen die zich opwerpen als woordvoerders van deze levensvormen komen op voor fundamentele mensenrechten die rechts, noch links zijn. Het engagement van intellectuelen voor bijvoorbeeld de International Lesbian and Gay Association (ILGA) of de Movement for the Survival of the Ogoni People (MOSOP) kan niet goed geduid worden met deze ouderwetse politieke coördinaten. De identiteitspolitiek van deze intellectuelen is niet ongevaarlijk. Ken Saro-Wiwa werd bijvoorbeeld vanwege zijn inzet voor het behoud van de identiteit van de levensvorm van de Ogoni op 10 november 1995 vermoord.[121]

Er zijn dus minstens vier redenen waarom links en rechts niet meer de coördinaten kunnen zijn waarmee men in de politiek wegwijs wordt.[122] Degenen die het links-rechtsschema hanteren, reduceren de complexiteit van de werkelijkheid zodanig, dat onvoldoende recht kan worden gedaan aan de problemen die in het geding zijn. Wie nog een onderscheid maakt tussen linkse en rechtse intellectuelen krijgt geen grip op hun handelingen. De wijze waarop intellectuelen zich tijdens publieke controversen inzetten voor onder meer de milieuproblematiek, outsiders en mensenrechten kan mijns inziens niet of nauwelijks meer worden geïnterpreteerd in termen van links en rechts.

Nieuwe fora

De activiteiten van intellectuelen zijn per definitie politiek van aard. Ze kritiseren immers controversiële zaken die min of meer van algemeen belang zijn. Politiek wordt doorgaans in verband gebracht met het optreden van de overheid. Het is echter niet alleen de overheid die regeert, dat wil zeggen maatregelen neemt die veel mensen aangaan. Omdat diverse bedrijven en organisaties beslissingen nemen die de kwaliteit van leven van veel mensen sterk beïnvloeden, spreken sommigen zelfs over de verplaatsing van de politiek.[123] Hiermee willen ze aangeven dat belangrijke politieke beslissingen niet meer binnen het geijkte politieke systeem (regering, parlement en partijen) worden genomen, maar in de Europese Commissie, de hoofdkantoren van grote banken en multinationale ondernemingen, in laboratoria en in internationale advocatenkantoren. Toch is het beter om te spreken van de *verspreiding van de politiek*.[124] Het is niet zo dat de politiek zich heeft verplaatst van Den Haag naar andere arena's. Eerder is het zo dat er *naast* de residentiestad nog andere plekken zijn waar politieke beslissingen worden genomen. In tegenstelling tot de gekozen volksvertegenwoordigers uit Den Haag hoeven degenen die binnen bijvoorbeeld de hoofdkantoren van grote banken en multinationale ondernemingen beslissingen nemen zich niet te verantwoorden ten opzichte van burgers, terwijl de besluiten van de laatstgenoemden vaak een grotere stempel drukken op hun lot dan die van de eerstgenoemden. Het daardoor ontstane *democratisch tekort* is veel intellectuelen een doorn in het oog.[125]

De globalisering heeft een groot aandeel in de verspreiding van de politiek. Steeds vaker worden buiten de grenzen van de natiestaat besluiten genomen die daarbinnen het wel en wee van veel burgers beïnvloeden. De verspreiding van de politiek impliceert dat de voor de natiestaat zo kenmerkende koppeling tussen een politieke gemeenschap en een bepaald territorium niet meer vanzelfsprekend is. Burgers die beseffen dat ook buiten dat geografisch afgebakend gebied over hun lot wordt beslist, kennen grosso modo twee reactiepatronen: zich zoveel mogelijk afgrenzen van de invloeden van buiten óf zich associëren met lotgenoten in het buitenland. In het eerste geval houden ze krampachtig vast aan de koppeling tussen een politieke gemeenschap en een specifiek grondgebied, hetgeen in sommige gevallen tot tribalisme of een vervaarlijk nationalisme kan leiden.[126] In het tweede geval beseffen burgers dat de globalisering onvermijdelijk is, maar dat men dit proces alleen door het creëren van transnationale netwerken in goede banen kan leiden.[127] Ze ontwikkelen een postnationale identiteit. Voor hen is democratisch burgerschap niet langer gebonden aan een bepaald territorium.[128]

De verspreiding van de politiek schept niet alleen ruimte voor een meer kosmopolitische kijk op de wereld, maar ook voor andere vormen van politiek. Hoewel *governance by government* de bekendste manier van regeren is, zijn er nog twee andere manieren, namelijk *governance with government* en *governance without government*.[129] Van *governance with government* is sprake wanneer de overheid met verscheidene organisaties een samenwerkingsverband vormt om een specifiek probleem aan te pakken. Op gemeentelijk niveau worden bijvoorbeeld publiek-private samenwerkingsverbanden in het leven geroepen om de kwaliteit van leven in zogenaamde achterstandswijken te verbeteren. Zo smeedt de lokale overheid dikwijls met winkeliers en woningbouwcorporaties een alliantie om de verpaupering van een wijk tegen te gaan. *Governance without government* is een manier van regeren die daar plaatsvindt waar de overheid faalt of haar armen te kort zijn. Het gaat dan om beslissingen van bedrijven en organisaties waarop regeringen van nationale staten geen invloed op kunnen uitoefenen, en die voor mensen vaak zeer ingrijpende gevolgen hebben. Het meest voor de hand liggende voorbeeld is een multinationale onderneming die besluit om een fabriek van het ene naar het andere land te verplaatsen.

Als gevolg van de globalisering heeft *governance without government* veel terrein gewonnen. De toegenomen macht van onder andere het Internationaal Monetair Fonds (IMF), de Wereldbank en de Wereldhandelsorganisatie (WTO) zijn daarvoor illustratief. Een regeringsvorm die min of meer voorbijgaat aan de invloedssfeer van nationale staten, roept uiteraard verzet op. *Governance without government* betekent namelijk in veel gevallen dat een kleine elite besluiten neemt die verstrekkende gevolgen hebben voor de kwaliteit van leven van veel mensen, terwijl deze nauwelijks invloed kunnen uitoefenen op de besluitvorming. Voor het verzet tegen het democratisch tekort van deze regeringsvorm is een mondiale openbaarheid onontbeerlijk. Voor zover zich reeds een mondiale openbaarheid ontwikkeld heeft, bestaat ze voor een deel uit nieuwe fora.

Nieuwe fora zijn virtuele ruimtes voor meningsvorming en kritiek die hun bestaan danken aan e-mail, mobiele telefoons en internet. Dankzij deze media kunnen burgers, intellectuelen en NGO's hun mening over een bepaalde kwestie op een snelle en efficiënte wijze wereldkundig maken.[130] De *Battle of Seattle* kan hier als voorbeeld dienen. In november 1999 hield de wereldhandelsorganisatie (WTO) in Seattle een conferentie om besluiten te nemen over een verdere liberalisering van de wereldhandel. De conferentie liep mede uit tot een mislukking omdat burgers, intellectuelen en NGO's van de nieuwe fora gebruik maakten om hun kritiek op de voorgenomen besluiten te ventileren en allerlei acties te coördineren. Lang voordat de conferentie plaatsvond, konden ze via e-mail en internet hun protestacties voorbereiden en de wereld te verstaan geven wat de voorgenomen liberalisering van de wereldhandel zou betekenen voor onder andere het milieu en de ontwikkelingslanden. In de straten van Seattle coördineerden de actieleiders het protest door demonstranten via mobiele telefoons naar die plaatsen in de stad te loodsen die in strategisch opzicht belangrijk waren.

Voor intellectuelen bieden de nieuwe fora uiteraard een nieuwe speelruimte. E-mail en internet leiden tot een verdere *globalisering van de lokale strijd*. Informatie over het politieke gevecht dat op lokaal niveau geleverd wordt, kan immers sneller verspreid worden en het gedrag van mensen elders in de wereld beïnvloeden. Intellectuelen die op lokaal niveau opboksen tegen allerlei vormen van repressie kunnen met behulp van e-mail en internet een mondiaal solidariteitsnetwerk creëren. Een voorbeeld is de strijd die de Zapatistas in de Mexicaanse deelstaat Chiapas tegen hun onderdrukking voeren.[131] De acties van de Zapatistas zouden niet zoveel effect hebben gesorteerd wanneer ze geen gebruik hadden gemaakt van e-mail en internet. Met behulp van deze media wisten ze overal ter wereld intellectuelen ertoe te bewegen zich publiekelijk solidair te verklaren met hun strijd voor een beter bestaan. Zo brachten Régis Debray en Oliver Stone demonstratief een bezoek aan Chiapas.

E-mail en internet brengen ook nieuwe mogelijkheden voor de *lokalisering van mondiale vraagstukken* met zich mee. Via deze media kan op een snelle wijze duidelijk worden gemaakt wat een grensoverschrijdend vraagstuk voor een bepaalde lokatie betekent. Neem het milieuvraagstuk. De nieuwe fora bieden intellectuelen die zich met dit vraagstuk bezighouden de mogelijkheid om wereldkundig te maken wat bijvoorbeeld de aantasting van de ozonlaag in een bepaald land inhoudt. Bovendien kunnen ze daarmee ook de verschillen tussen landen snel op het spoor komen.[132] Dit komt het inzicht in de aard en intensiteit van dit probleem ten goede, en daarmee de door intellectuelen gevoerde strijd voor een beter milieu.

DEMOCRATIE

Opland in *De Volkskrant* van 1 juni 1984

III DE BREDE MAATSCHAPPELIJKE DISCUSSIE

Op 26 april 1986 spatte in Tsjernobyl een kernreactor uit elkaar. Het duurde drie dagen voordat officieel bekend werd gemaakt dat er een kernramp had plaatsgevonden. Aanvankelijk werd de bevolking niet geëvacueerd en alleen de plaatselijke reddingsdiensten gealarmeerd. Maandag 28 april werd in Stockholm gesignaleerd dat de radioactiviteit in de atmosfeer verontrustend hoog was. Omdat de wind al dagen uit het zuidoosten kwam, informeerde men in Moskou of er iets gebeurd was. Hoewel de Russische autoriteiten eerst in alle toonaarden ontkenden dat een kernramp had plaatsgevonden, moesten ze uiteindelijk toch toegeven wat er gebeurd was. Toen de richting van de wind veranderde en de radioactieve wolken West-Europa bereikten, werd in veel landen alarm geslagen. Kinderen moesten binnen blijven, koeien moesten op stal worden gehouden, en de import van voedsel uit Oost-Europa werd opgeschort.[1]

De kernramp in Tjernobyl voltrok zich enkele dagen voordat in de Tweede Kamer een beslissing zou vallen over het voornemen van de regering om nieuwe kerncentrales te bouwen. Wat in Tjernobyl gebeurde, maakte grote indruk op de parlementariërs. In afwachting van een onderzoek naar de ware toedracht van de ramp werd de besluitvorming over de nieuwbouw van kerncentrales uitgesteld tot 1988. De ironie wil dat de regering zich weinig gelegen liet aan degenen die wezen op de risico's van kernenergie, maar pas reageerde nadat een kernramp zich daadwerkelijk had voorgedaan. De regering had namelijk de uitkomst van een door haar zelf geëntameerde Brede Maatschappelijke Discussie over kernenergie in de wind geslagen. Tijdens deze discussie ging het onder andere om de vraag of Nederland het aantal kerncentrales zou moeten uitbreiden. Uit het op 23 januari 1984 gepubliceerde *Eindrapport* over de Brede Maatschappelijke Discussie bleek dat een grote meerderheid daar tegen was. De risico's van deze technologie werden te groot geacht. Toch was de regering van mening, en ze beriep zich daarbij op recent onderzoek, dat de risico's van kernenergie verwaarloosbaar klein zijn. Daarom besloot ze op 27 januari 1986 tot de bouw van nieuwe kerncentrales. Maar ze kwam op dit besluit terug toen kort daarna de ramp in Tsjernobyl plaatsvond.

In dit hoofdstuk wil ik de aandacht vestigen op de wijze waarop intellectuelen zich gemengd hebben in de Brede Maatschappelijke Discussie. Ik zal twee publieke controversen analyseren die in het kader van deze discussie hebben plaatsgevonden. Eerst sta ik stil bij de eerste controverse die om de vraag gaat of een dergelijke discussie zin heeft en of de wijze waarop ze is opgezet deugt. Vervolgens ga ik in op de tweede controverse die de vraag betreft of kernenergie op grond van de daarmee verbonden risico's in de ban moet worden gedaan. Ten slotte beantwoord ik de vraag wat de analyse van beide controversen leert over de positie, identiteit en verantwoordelijkheid van de intellectueel.

I   EEN GEËNSCENEERDE OPENBAARHEID

Een intellectueel zonder openbaarheid is als een vis zonder water. Iemand die een intellectuele rol vervult, kan niet zonder een publieke ruimte waarin hij zich tot anderen richt. Media als krant, radio, televisie en internet bieden zo'n ruimte. De publieke ruimte die met de Brede Maatschappelijke Discussie (BMD) in het leven werd geroepen is vrij uniek. Bij mijn weten is er geen land ter wereld waar een dergelijke door de staat geënsceneerde openbaarheid over kernenergie zo breed is opgezet.[2] Dat het tot de BMD kwam, was vooral te danken aan de milieubeweging, met name de anti-kernenergiebeweging. In de jaren zeventig wist de anti-kernenergiebeweging de risico's van kernenergie zo nadrukkelijk onder de aandacht te brengen, dat de regering zich gedwongen zag er een discussie aan te wijden. Maar nog voordat de BMD goed en wel begonnen was, vormde ze zelf het onderwerp van een controverse. Aan deze discussie over de discussie deden zowel voor- als tegenstanders van kernenergie mee. Ze plaatsten vraagtekens bij het nut en de opzet van de BMD.

De hier in het kort aangestipte aspecten van de BMD zal ik aan de hand van een drietal vragen nader uitwerken. Welke betekenis had de anti-kernenergiebeweging bij het tot stand komen van de BMD? Hoe verliep de controverse over de BMD? En in hoeverre was de speelruimte voor intellectuelen tijdens de BMD beperkt?

De anti-kernenergiebeweging

De anti-kernenergiebeweging (AKB) vormde een onderdeel van de milieubeweging. In de jaren zestig nam de milieubeweging een hoge vlucht.[3] Destijds
ontstonden allerlei actiegroepen die zich niet zozeer defensief, maar offensief
met het milieu bezighielden. Bij hen lag het accent niet op de bescherming en
het beheer van de nog bestaande flora en fauna, zoals bij de traditionele natuurbeschermingsorganisaties, maar op de directe strijd tegen de vervuilers van het
milieu. Zo keerde de in 1963 opgerichte Vereniging Tegen Luchtverontreini-
ging in en om het Nieuwe Waterweggebied zich tegen de luchtvervuiling in de
Rijnmond. En naar aanleiding van het voornemen van de regering om de Waddenzee in te polderen, werd in 1965 de Landelijke Vereniging tot behoud van de
Waddenzee opgericht. Via de openbaarheid probeerden deze actiegroepen de
overheid en het bedrijfsleven onder druk te zetten.

Vanaf het begin van de jaren zeventig ontstonden op zowel lokaal als nationaal niveau steeds meer nieuwe actiegroepen die zich inzetten voor een beter
milieu. De gestegen belangstelling voor milieukwesties was voor een groot deel
te danken aan de publicatie van het zeer invloedrijke rapport *De grenzen aan de
groei* (1972) van de Club van Rome. Daarin werd een pessimistisch beeld geschetst van de consequenties die de economische groei zou hebben voor mens
en natuur. Daarnaast had het boek *Hou het klein* (1973) van E.F. Schumacher
veel invloed. Daarin werd een pleidooi gehouden voor kleinschaligheid als alternatief voor een ongebreidelde uitputting van natuurlijke hulpbronnen.

De gegroeide belangstelling voor milieukwesties kreeg ook een politieke
vertaling. Door het kabinet-Biesheuvel werd in 1971 het Ministerie van Volks-
gezondheid en Milieuhygiëne opgericht.[4] Vervolgens maakte het kabinet-Den
Uyl werk van het milieuvraagstuk. Er werden allerlei wetten uitgevaardigd die
moesten leiden tot een beter milieu. Zo kregen burgers meer mogelijkheden tot
inspraak bij beleidsplannen die betrekking hebben op het milieu. Bovendien
stelde het kabinet-Den Uyl wettelijke beperkingen aan de vervuiling en de ge-
luidshinder.

Kernenergie vormde in de jaren zeventig het belangrijkste thema in de milieubeweging. De strijd hierover ontbrandde toen de regering in 1973, ten tijde
van de eerste oliecrisis, twee besluiten nam. Ten eerste besloot ze de elektriciteitsrekening te verhogen ten behoeve van de bouw van een snelle kweekreactor
te Kalkar (in het toenmalige West-Duitsland). Ten tweede nam ze het besluit
om in principe drie nieuwe kerncentrales te bouwen.

Om de snelle kweekreactor te kunnen financieren, besloot de regering om de elektriciteitsrekening met drie procent te verhogen. Deze zogenaamde Kalkar-heffing leidde tot een sterke groei van de toen nog betrekkelijk kleine anti-kern-energiebeweging. Voordat de elektriciteitsrekening werd verhoogd, bestond de anti-kernenergiebeweging uit het Comité Borssele ad hoc en de Vereniging Milieuhygiëne Zeeland (VMZ) die tezamen de bouw van een kerncentrale in Borssele bekritiseerden, en kritische wetenschappers die zich hadden verenigd in de Werkgroep Kernenergie. Als reactie op de Kalkarheffing ontstonden er ineens overal in het land actiegroepen, zogenaamde 'stroomgroepen', die zich tegen de heffing en de komst van de kweekreactor keerden. Velen weigerden de Kalkarheffing te betalen, waardoor enkelen van hen van de stroomvoorziening werden afgesloten. De Landelijke Stroomgroep Stop Kalkar nam de coördinatie van de acties van de diverse lokale stroomgroepen op zich. Te Kalkar werd in 1977 door 50.000 mensen gedemonstreerd tegen de komst van een snelle kweekreactor. In datzelfde jaar verzamelden zich in Almelo 7000 demonstranten om te protesteren tegen de daar aanwezige uraniumverrijkingsfabriek UCN. Een jaar later demonstreerden op dezelfde plek zelfs 40.000 mensen.[5] De acties van de AKB leiden er niet alleen toe dat de Kalkarheffing werd afgeschaft, maar ook dat de risico's van kernenergie onder de aandacht van een breed publiek kwamen.

Het kabinet-Den Uyl nam, zoals gezegd, in 1973 het principebesluit drie nieuwe kerncentrales te bouwen. Dit besluit vond zijn neerslag in de Energie-nota uit 1974. Ondanks dit besluit, bestond er binnen het kabinet verdeeldheid over kernenergie. Terwijl de KVP en de ARP vrijwel niets tegen kernenergie hadden en de PvdA twijfelde over de voor- en nadelen van deze technologie, waren de PPR en D'66 er tegenstanders van. Ruud Lubbers, destijds minister van Economische Zaken, wist een kabinetscrisis te verkomen door de beslissing over de komst van nieuwe centrales aan de volgende regering over te laten. Toch startte de regering in het voorjaar van 1977 een Planologische Kernbeslissing (PKB) over de vraag wat de meest geëigende locaties voor de kerncentrales zouden zijn. Maar voordat de PKB goed op gang kwam, viel het kabinet. Aangezien kernenergie een belangrijk thema tijdens de verkiezingstijd leek te worden, kondigde het demissionaire kabinet aan de voorlichtingsavonden in het kader van de PKB uit te stellen tot na de verkiezingen.[6]

De PKB liep uit op een mislukking, omdat zeer weinig mensen eraan deelnamen en vrijwel niemand zich wilde uiten over de mogelijke locaties voor kerncentrales. Voordat gepraat kon worden over locaties, zo luidde de kritiek, moest eerst gedebatteerd worden over de noodzaak en wenselijkheid van kernenergie.[7] Vanwege deze kritiek op de PKB werd de besluitvorming over nieuwe kerncentrales ernstig geremd. Er ontstond een patstelling tussen de overheid en de anti-kernenergiebeweging. De belangen van beide partijen waren moeilijk met elkaar te verzoenen. De regering stelde het economische belang om voor goedkope energie te zorgen voorop. Door toedoen van de oliecrisis was de olieprijs enorm gestegen. Door middel van kernenergie verwachtte men aan goedkope energie te komen. Bovendien streefde de Nederlandse regering ernaar om minder afhankelijk te worden van de olieproducerende landen. De AKB achtte kernenergie onverenigbaar met het algemeen belang van een leefbaar milieu. In haar optiek kon een kernramp nooit uitgesloten worden en vormde radioactief afval een onopgelost vraagstuk. Daarnaast zou de proliferatie van atomaire technologie het gevaar met zich meebrengen dat steeds meer landen in staat zouden zijn een atoombom te maken.

Gedurende de tweede helft van de jaren zeventig hielden de voor- en tegenstanders van kernenergie elkaar zodanig in evenwicht, dat er een situatie ontstond waarbij geen enkel besluit viel. Teneinde deze politieke impasse te doorbreken stelde de Synode van de Nederlands Hervormde Kerk voor een discussie te entameren waarbij het Nederlandse volk de mogelijkheid zou krijgen zich uit te spreken over kernenergie. De Vereniging voor Nederlandse Gemeenten en de FNV ondersteunden dit voorstel. Het kabinet-Van Agt I zag er ook iets in en nam 17 juli 1978 het besluit een Maatschappelijke discussie over toepassing van kernenergie voor electriciteitsopwekking te houden. Van Aardenne, destijds minister van Economische Zaken, gaf de Algemene Energie Raad (AER), een in 1976 opgericht adviesorgaan van de regering, de opdracht een voorstel te doen hoe deze discussie eruit diende te zien. Het voorstel dat de AER in juni 1978 presenteerde, leidde tot de eerste discussie over de discussie.[8]

De discussie over de discussie

Een week nadat de AER haar voorstel voor de BMD had gepresenteerd, kwam de Initiatiefgroep Energiediscussie met de nota *Meedenken, Meedoen: democratisch beslissen over kernenergie*. Daarin werd het democratische gehalte van het voorstel van de AER bekritiseerd. De regering bepaalde bijvoorbeeld als enige wat ter discussie zou staan. Bovendien werd kernenergie in het voorstel bij voorbaat onvermijdelijk geacht. De Initiatiefgroep Energiediscussie stelde een brede discussie voor waarbinnen plaats zou zijn voor meer opties.[9] Zij keerde zich daarmee tegen Van Aardenne die van mening was dat het economische beleid gedurende de discussie niet gethematiseerd kon worden. Wat ter discussie zou staan, moest niet bij voorbaat vast liggen, aldus de Initiatiefgroep. De regering bleek niet ongevoelig te zijn voor deze kritiek. Op 16 augustus 1979 stelde zij namelijk een breed opgezette discussie voor. Daarin zou het sociaal-economische beleid wel ter discussie kunnen worden gesteld. Bovendien zou in het nieuwe voorstel niet a priori ervan uit worden gegaan dat kernenergie onvermijdelijk is.

De regering stelde een stuurgroep in die de BMD moest voorbereiden en begeleiden. Bij de samenstelling van de stuurgroep werd erop gelet dat haar leden het vertrouwen van de bevolking genoten. Dit werd van groot belang geacht, omdat de geloofwaardigheid van de BMD mede door uitspraken van politici was aangetast. Hier was vooral een uitspraak van de toenmalige premier Van Agt debet aan. Hij zei: "Ik ben zelf al van de noodzaak van kernenergie overtuigd. Maar in Nederland is eerst een BMD nodig om dit het volk in te prenten".[10] Het zoeken naar adequate leden voor de stuurgroep nam veel tijd in beslag. Daardoor werd de stuurgroep pas op 29 juni 1981 geïnstalleerd. De stuurgroep bestond uit negen deskundigen die over kernenergie verschillend dachten. Voorzitter van de stuurgroep was jonkheer mr. M.L. de Brauw. Hij verdedigde de stelling "dat een instrument als de BMD een verrijking voor de democratie zou kunnen blijken te zijn".[11]

De centrale vraag van de BMD werd in de opzetnota als volgt geformuleerd: "Wat zijn de algemene vooruitzichten en onderscheiden mogelijkheden voor de Nederlandse energiehuishouding tegen de achtergrond van de internationale ontwikkelingen en wat zou de plaats van vergrote toepassing van kernenergie daarin kunnen zijn?" Ter beantwoording van deze vraag werd de BMD in twee fasen opgesplitst: een informatiefase en een discussiefase.

De informatiefase behelsde het verzamelen van allerlei gegevens over kernenergie en andere energiebronnen. Gedurende een periode van ongeveer één jaar, van september 1981 tot oktober 1982, werden cijfers en meningen over allerlei energiebronnen geïnventariseerd en getoetst. Daarvoor nodigde de stuurgroep via advertenties alle burgers uit om op schrift te stellen wat het meest wenselijke energiebeleid zou zijn. De stuurgroep kreeg 3952 reacties in de vorm van rapporten, stellingen, pamfletten, handtekeningenlijsten, etc. De reacties waren afkomstig van zowel individuele burgers als maatschappelijke organisaties. Op basis van deze reacties nodigde de stuurgroep nog eens 93 individuele burgers en maatschappelijke organisaties uit om hun standpunt in hoorzittingen toe te lichten. Hierop reageerden 90 personen en organisaties positief: 78 kwamen naar hoorzittingen en 12 reageerden schriftelijk. De informatiefase werd in januari 1983 afgesloten met de publicatie van het *Tussenrapport*. Daarin zijn de uiteenlopende standpunten en verschillende energiescenario's op een rijtje gezet.

Het *Tussenrapport* diende als basis voor de discussiefase. Tijdens de discussiefase zou immers over de in het rapport verzamelde informatie worden gediscussieerd. Zij vond plaats van januari tot juli 1983. De stuurgroep onderscheidde vier typen discussies. Ten eerste discussies die buiten elke bemoeienis van de stuurgroep om werden gevoerd. Hoewel deze min of meer onafhankelijk van de BMD plaatsvonden, wilde de stuurgroep zich er wel rekenschap van geven. Hierdoor zou ze het draagvlak voor de uitkomsten van de BMD vergroten. Ten tweede wilde de stuurgroep discussies binnen maatschappelijke organisaties stimuleren. Hierbij dacht zij onder andere aan natuur- en milieubewegingen, kerken, werknemers- en werkgeversverenigingen en welzijnsorganisaties. Ten derde plaatselijke discussies. In zo'n duizend gemeenten werden informatie- en discussiebijeenkomsten georganiseerd. Ten vierde discussies in scholen. Zo werd aan ongeveer negenhonderd scholen gevraagd om in lesverband het energievraagstuk te behandelen. De uitkomsten van deze vier discussies en de uitslag van een enquête werden in het *Eindrapport* weergegeven.

De doelstelling van de BMD was het verhogen van de legitimiteit van de besluitvorming. Een goede meningsvorming zou het door de regering en het parlement te nemen besluit ten goede komen. De regering en het parlement behielden echter het recht om de resultaten van de BMD naast zich neer te leggen. Daarmee werd de meningsvorming die tijdens de BMD plaatsvond in feite ontkoppeld van de daarop volgende besluitvorming.

De BMD is eind 1981 van start gegaan. Haar begin betekent echter nog niet het een einde van de discussie over de discussie. Voor- en tegenstanders van kernenergie blijven worstelen met de vraag of ze aan de BMD moeten deelnemen nu ze daadwerkelijk begonnen is. Voor beide partijen is de deelname eraan nooit vanzelfsprekend geweest.

De voorstanders van kernenergie zien de BMD aanvankelijk niet zitten. Zij vrezen onder andere een onnodige vertraging van de realisatie van nieuwe kerncentrales. Uiteindelijk doet het merendeel van hen er toch aan mee, omdat ze anders de kans zou laten liggen om de publieke opinie nog voor zich te winnen. Immers, een gestructureerde discussie als de BMD biedt daartoe meer mogelijkheden dan de grotendeels buiten het parlement gevoerde discussie. De door de AKB geïnitieerde buitenparlementaire discussie is ongestructureerd en daardoor onberekenbaar. Bovendien kunnen de voorstanders van kernenergie via de BMD hun imago verbeteren. In vergelijking met de machteloze en idealistische AKB worden ze in de media dikwijls gepresenteerd als machtig en arrogant.[12] Neem de werkgeversvereniging VNO die vindt dat kernenergie veilig en goedkoop is. De Nederlandse bevolking is volgens de VNO nóg niet haar mening toegedaan, omdat de AKB feiten verdraait en te veel invloed heeft op de media. Daarom is het beter om mee te doen aan de BMD.

"Niet deelnemen is gezien de belangen die op het spel staan geen reëel alternatief, daar dit gelijk staat aan het opgeven van de kernenergie-optie. De overheid heeft er bij herhaling op gewezen dat onze steun van doorslaggevende betekenis kan zijn."[13]

De tegenstanders van kernenergie zien zich voor een dilemma geplaatst, omdat zowel het meedoen aan de BMD als het boycotten ervan niet voor de volle honderd procent bevredigend is. Om niet bij voorbaat elke mogelijkheid tot beïnvloeding van de besluitvorming teniet te doen, kan men besluiten mee te doen. In dat geval werkt men echter mee aan een discussie die in onvoldoende mate democratisch is. Vanwege dit soort kritiek op de BMD kan men ook besluiten de discussie te boycotten. Dan verliest men evenwel elk 'recht van spreken' en vooral invloed.

Onder de paraplu van het Landelijk Energie Komitee (LEK) en de Werkgroep Energie Discussie (WED) scharen zich groepen en organisaties die besloten hebben om deel te nemen aan de BMD. Dit neemt niet weg dat zij veel kritiek hebben op de discussie. Die kritiek betreft de vraag waarover gediscussieerd wordt, de financiële ondersteuning van de AKB en het vrijblijvend karakter ervan.[14]

Zij die meedoen aan de BMD ergeren zich aan het feit dat de stuurgroep de discussie beperkt door de visies van de deelnemers te reduceren tot een viertal scenario's. Standpunten die niet onder één van de vier scenario's onder te brengen zijn, krijgen daardoor niet of nauwelijks aandacht. Binnen de Vereniging Milieudefensie wordt daarom uitvoerig gediscussieerd over de vraag of men de discussiefase moet negeren. Uiteindelijk besluit zij toch mee te doen.

Van de voorstanders van kernenergie doet een kleine minderheid niet mee aan de BMD, omdat ze daar niets in ziet. Zo zegt W. van Gool, hoogleraar anorganische chemie en lid van de Algemene Energie Raad, niet mee te doen, omdat in de BMD "alle groepen die de afgelopen jaren tegenover elkaar hebben staan schreeuwen, dat nu nog eens gaan overdoen".[15] Volgens hem zijn de tegenstanders van kernenergie bevangen door een irrationele angst. Op het moment dat enkele politici daardoor ook gaan twijfelen, begint het uitstellen van een beslissing. Van Gool beschouwt de BMD als "een jarenlang praatcircus zonder beslissingsbevoegdheid"[16]. Volgens hem is het een van de vele trucs om zo'n beslissing op de lange baan te schuiven.

De AKB is geen homogene milieubeweging. Immers, een deel van de AKB doet mee aan de BMD en een ander deel ervan boycot haar. Het meer radicale deel van de AKB besluit de BMD te negeren. Hiertoe horen vooral de zogenaamde lokale stroomgroepen. Hun belangrijkste argument is dat de regering door middel van de BMD probeert om de AKB de wind uit de zeilen te nemen. In de ogen van de stroomgroepen is de BMD een machtsmiddel waarmee men de AKB wil inkapselen.[17] Zij hechten meer waarde aan een brede maatschappelijke actie. Met de woorden van twee leden van de Stroomgroep Nijmegen:

"Zouden we gewoon mee hebben gedaan aan de MDE [Maatschappelijke Discussie Energiebeleid; R.G.], dan hadden ze ons precies gehad waar ze ons willen hebben. Dan was Dodewaard nooit ter discussie gekomen. Dan was er niet, zoals in 1980, massaal gepraat over kernenergie, democratie en de functie van het parlement. (…) Inmiddels moge duidelijk zijn dat dat onze manier niet is. Wil je het verschil in één woord omvatten, dan zou dat het woord *machtsvraag* kunnen zijn. Wat we bedoelen is dat onze manier van discussiëren gekenmerkt wordt door het stellen van 'machtsvragen'. Waarom gaat kernenergie door als er zoveel mensen tegen zijn? Waarom wordt er zo weinig geld gestoken in besparingen en alternatieve energiebronnen?"[18]

De BMD wordt door het radicale deel van de AKB gezien als een middel van de regering om hen de mond te snoeren en het beoogde beleid door te drukken.

Het spreekt vanzelf dat de BMD veel geld kost. Terwijl de regering voor deze discussie 13 miljoen beraamt, denkt de stuurgroep 35 miljoen nodig te hebben. Van dit laatste bedrag zijn 20 miljoen bestemd voor onder andere publiciteit, zaalhuur en het betalen van de wetenschappelijke staf die de stuurgroep ondersteunt. De overige 15 miljoen zijn bedoeld voor subsidies aan groepen en organisaties die deelnamen aan de BMD. Het begrotingsverschil tussen de regering en de stuurgroep vormt een strijdpunt. Minister van Economische Zaken Terlouw, kortstondig de opvolger van Van Aardenne, stelt bij wijze van compromis 25 miljoen voor. Hoewel de Stuurgroep nog dreigt met opstappen, legt zij zich bij dit bod neer. De kosten van de BMD zijn niet het enige financiële strijdpunt. Zo wordt in de media vooral het salaris van De Brauw breed uitgemeten. Dat hij met een vierdaagse werkweek een jaarinkomen van fl. 205.000 opstrijkt, wekt bij sommigen wrevel. Maar het belangrijkste twistpunt is de wijze waarop de stuurgroep de subsidies over de deelnemers aan de BMD verdeelt. Zo is de vraag of de 8,4 miljoen die daarvoor wordt uitgetrokken rechtvaardig verdeeld wordt. Volgens sommigen is dit niet het geval. Minder draagkrachtige deelnemers aan de discussie, meestal tegenstanders van kernenergie, hebben namelijk niet meer subsidie gekregen dan degenen die, zoals de vertegenwoordigers van de elektriciteitsbedrijven, over relatief veel geld beschikken.

Zowel de tegenstanders als voorstanders van kernenergie krijgen zo'n 2,5 miljoen. Het resterende bedrag wordt aangewend voor onderzoek dat de stuurgroep belangrijk vindt, zoals het uitwerken van de energiescenario's. Met name de WED, een samenwerkingsverband van 53 landelijke organisaties, heeft veel kritiek op de besteding van de subsidie. Volgens het WED dient de stuurgroep daarmee alleen de gevestigde belangen.[19] De WED vraagt 5 miljoen aan subsidie, maar krijgt slechts 1,6 miljoen. Daarentegen krijgt de Stichting Energie Informatie 1,75 miljoen, terwijl er maar zo'n twintig mensen werken en zij formeel gezien geen achterban kent.[20] Ook de VVD krijgt verhoudingsgewijs een hoog bedrag voor het scholen en voorlichten van eigen leden en kader, namelijk 374 duizend gulden.[21] De PvdA vergeet subsidie aan te vragen. En de kleine linkse partijen willen om principiële reden geen subsidie ontvangen.

Voor de Vereniging Milieudefensie (VMD) is het toekennen van subsidie een democratische kwestie. Namens de VMD kritiseert H. Verhagen het subsidiebeleid van de stuurgroep.

"Democratisering is een moeizaam proces en vergt langdurige strijd, omdat zij een bedreiging voor de belangen van de energielobby vormt; machtsmiddelen van de energiebeweging zijn daarbij minder omvangrijk dan die van de energielobby, zodat sprake is van ongelijke machtsverhoudingen. Zo is de energiebeweging i.t.t. het bedrijfsleven niet betrokken bij de beleidsvoorbereiding, heeft zij nauwelijks of geen zitting in adviesorganen van de overheid, beschikt niet over formele of informele contacten met ministers of topambtenaren, kan geen onderzoek op grote schaal verrichten enz. (…) Daarbij komt de financieel-economische ongelijkheid. De GKN [N.V. Gemeenschappelijke Kerncentrale Nederland; R.G.] kan het zich veroorloven bonbons uit te delen aan de bevolking van Dodewaard (na de eerste blokkade-actie in 1980), Shell kan het zich permitteren TV-reclame te kopen of een mooi boekwerk over energie beneden de kostprijs te verkopen en vervolgens het effect ervan op de publieke opinie te laten vaststellen door onderzoek. Dergelijke mogelijkheden heeft de energiebeweging niet."[22]

Een andere kwestie is dat de BMD zo opgezet is, dat de regering en het parlement bij hun besluitvorming over kernenergie niet gebonden zijn aan de uitkomsten ervan. Deze ontkoppeling van de menings- en de besluitvorming wordt door velen aan de kaak gesteld. Hierdoor bestaat de mogelijkheid dat een verstrekkend besluit wordt genomen waar de meerderheid van de bevolking niet achter staat. Hoe het ook zij, de BMD is in elk geval een aanvulling op de representatieve democratie. In een representatieve democratie beperkt de actieve rol van de geregeerden zich doorgaans tot het van tijd tot tijd uitbrengen van een stem op potentiële regeerders.[23] De BMD dicht de geregeerden ook buiten de verkiezingstijd een actieve rol toe. Zij baseert zich op de veronderstelling dat een adequate besluitvorming onmogelijk is zonder een breed opgezette publieke meningsvorming. Binnen het kader van de BMD is er echter geen enkele garantie dat de meningsvorming serieus wordt genomen. Dit verklaart waarom velen de ontkoppeling van menings- en besluitvorming kritiseren. Zo merkt onder anderen de jurist P.C. Gilhuis het volgende op:

"De verantwoordelijke organen durven of willen niet zonder BMD beslissen. De verantwoordelijkheid wordt voor een deel daarmee op de bevolking afgeschoven. Haar inspraak is weliswaar noodzakelijk maar na afloop van de BMD-procedure moet zij er genoegen mee nemen dat regering en parlement, het eindrapport van de stuurgroep gelezen hebbende, in volle vrijheid beslissen. Als men de bedoeling heeft met behulp van de BMD de kloof terzake van het energievraagstuk tussen regeerders en geregeerden te verkleinen, zal van de BMD een reële invloed op de besluitvorming moeten uitgaan. Die kloof zou anders nog wel eens groter kunnen worden. Het gaat nu eenmaal niet aan dat de bevolking eerst de in de modder geraakte kar weer op gang moet duwen, om vervolgens toe te moeten zien dat anderen bepalen in welke richting er verder mee zal worden gereden."[24]

Voor Gilhuis is de BMD daarom ook niet, zoals De Brauw stelt, een verrijking van de democratie. Om een koppeling tot stand te brengen tussen de BMD en de besluitvorming stelt hij een consultatief (raadplegend) referendum voor over een door parlement en regering aangenomen ontwerpbesluit. Een decisief (beslissend) referendum staat de grondwet niet toe. Bij dit voorstel wordt de BMD afgerond door een referendum. Sommigen gaan nog verder en stellen een referendum voor *in plaats van* de BMD. Hiervoor houdt onder andere de politicus Ed van Thijn een pleidooi.

"Wie bedoeld heeft op deze wijze onze representatieve democratie te verrijken met een aanvullend instrument van directe democratie, heeft half werk verricht. Als men echt vindt dat onze democratie aan zo'n verrijking toe is moet men de moed hebben een stapje verder te gaan door een referendum mogelijk te maken. Naar mijn mening bestaat aan een dergelijk instrument dringend behoefte. De wijze waarop ons politieke systeem functioneert maakt het onvermijdelijk dat over 'springende' kwesties die veel burgers hevig beroeren beslissingen worden genomen die soms haaks lijken te staan op hun opvatting."[25]

Als alternatief voor de BMD is het referendum vooral populair bij stroomgroepen die de discussie boycotten.[26]

Hoe dan ook, de discussie over de discussie leidt niet tot een wijziging van de opzet van de BMD. Het idee van een referendum verdwijnt in de politieke ijskast.

Intellectuele speelruimte

De BMD was een door de overheid geënsceneerde openbaarheid die niet alleen het product en het object van intellectuele interventies vormde, maar daartoe ook uitgelezen mogelijkheden gaf. De intellectuele speelruimte die de BMD aan de voor- en tegenstanders van kernenergie bood, was zonder meer uniek. Ze bood degenen die een intellectuele rol vervulden echter niet alleen mogelijkheden om kritiek uit te oefenen, maar legde hen door haar opzet ook beperkingen op. Deze beperkingen leidden mede tot de besproken discussie over de discussie. Ik zet de beperkingen die de deelnemers van de BMD opgelegd kregen nu nog eens op een rijtje. Daarmee wil ik twee dingen benadrukken. Allereerst dat de intellectuele rol die individuen spelen onlosmakelijk verbonden is met de structuur van de openbaarheid, dat wil zeggen de mogelijkheden en beperkingen die de intellectuele ruimte hen biedt. Tevens wil ik onderstrepen dat de structuur van de openbaarheid deels het product is van hun intellectuele interventies.

Voor de inhoudelijke discussie bood de BMD intellectuelen mogelijkheden, maar legde ze hun ook beperkingen op. De *inhoudelijke* beperkingen van de intellectuele speelruimte hadden betrekking op de vraag waarover al dan niet gedebatteerd kon worden.[27] Wat werd binnen de BMD niet aan de orde gesteld en wat wel? Voor degenen die binnen de BMD een intellectuele rol speelden, vormde deze kwestie voortdurend een twistpunt. Reeds voor deze van start ging, werd hierover gestreden. Zo wilde de minister van Economische Zaken het economische beleid niet ter discussie stellen. De kritiek van de Initiatiefgroep Energiediscussie had tot gevolg dat het energiebeleid wel ter discussie kon worden gesteld. Tijdens de BMD vormde de inhoudelijke beperking van de intellectuele strijd ook een punt van discussie. De aanleiding daarvoor was dat de Stuurgroep de zeer uiteenlopende ideeën over kernenergie terugbracht tot vier scenario's. Vertegenwoordigers van Vereniging Milieudefensie kritiseerden dit, omdat daardoor ideeën die men niet onder een van de vier scenario's subsummeren kon, vrijwel geheel buiten het aandachtsveld vielen.

Ten behoeve van de BMD verstrekte de stuurgroep aan degenen die eraan deelnamen allerlei subsidies voor onderzoek en publicaties. Toch werden aan de intellectuele speelruimte ook *financiële* beperkingen opgelegd. Tijdens de controverse over de BMD rees de vraag of deze subsidies rechtvaardig verdeeld werden. Woordvoerders van de AKB kritiseerden het feit dat de voor- en tegenstanders van kernenergie evenveel subsidie kregen. In hun ogen was dit onrechtvaardig, omdat de tegenstanders van kernenergie niet zo bemiddeld zijn dan de voorstanders.

De *juridische* beperkingen van de intellectuele speelruimte hebben betrekking op de mogelijkheden die de geldende rechtsregels bieden om iets te kritiseren. Dit is een belangrijke kwestie, omdat het recht voor de AKB een belangrijk middel vormde in haar strijd tegen de overheid en het bedrijfsleven. Door te procederen hoopte de AKB bepaalde maatregelen van de overheid af te dwingen, tegen te houden of uit te stellen.[28] Bovendien kan men het procederen ook zien als een middel om de aandacht van de media op een probleem te vestigen. Iemand die procedeert, vervult daarmee nog geen intellectuele rol. Maar de wetgeving kan naast een middel ook het *object* van kritiek worden. Wanneer iemand bestaande rechtsregels in het openbaar kritiseert, speelt hij wel een intellectuele rol. Tijdens de BMD kritiseerden sommigen de beperkte mogelijkheden die de Nederlandse wet biedt om invloed uit te oefenen op de besluitvorming van de regering. De ontkoppeling van de menings- en besluitvorming was daarvoor de aanleiding. Vanwege de onvrede met deze ontkoppeling hielden sommigen een pleidooi voor de introductie van een referendum. Aangezien de Nederlandse wetgeving daarin niet voorziet, pleitten zij voor een verandering van de bestaande rechtsregels. Een referendum zou het democratische gehalte van de besluitvorming ten goede komen.

De BMD maakt duidelijk dat intellectuelen niet alleen strijden over de risico's van kernenergie. Zij debatteren ook over de voorwaarden waaronder over deze kwestie gestreden wordt. Deze voorwaarden zijn constitutief voor hun intellectuele speelruimte. Zij bepalen min of meer de mogelijkheden en beperkingen om in de publieke ruimte te kunnen participeren. In het geval van de BMD stuitte men op inhoudelijke, financiële en juridische beperkingen. Dit leidde tot een discussie over de discussie die misschien leerzaam is voor de vraag hoe men op een democratische wijze kan omgaan met gevaren die kleven aan moderne technologieën. Om iets te leren van de BMD zal men de vraag moeten stellen of deze controverse, zoals De Brauw veronderstelde, daadwerkelijk een verrijking voor de democratie was.

In een democratie regeren de burgers van een politieke gemeenschap zichzelf.[29] Meestal komt dit zelfbestuur erop neer dat burgers zich laten vertegenwoordigen door derden. In dat geval spreekt men van een representatieve democratie. Van een directe democratie is sprake wanneer burgers zich niet laten representeren door derden. Civiele rechten moeten burgers beschermen tegen de tirannie van de meerderheid. Dit komt onder andere neer op de bescherming van de persoonlijke integriteit van het individu. In een democratie zijn mensen burgers als zij dezelfde politieke rechten hebben om deel te nemen aan de menings- en besluitvorming. Tot deze politieke rechten behoren onder andere het stemrecht en het recht om te demonstreren. Ten slotte zorgen sociale rechten ervoor dat burgers voldoende hulpbronnen hebben om daadwerkelijk volwaardig te kunnen participeren in allerlei maatschappelijke sferen.

Zelfbestuur impliceert dat burgers niet alleen rechten bezitten, maar ze ook zelf maken. In een democratie creëren burgers de wetten waaraan ze zichzelf onderwerpen. Voor burgers stelt zich steeds opnieuw de vraag aan welke wetten zij zich zouden willen onderwerpen. Voor het beantwoorden van deze vraag is meningsvorming van groot belang. Meningsvorming komt neer op het openbaar *delibereren* over zaken die van algemeen belang zijn, althans zaken waarvan wordt beweerd dat ze alle burgers aangaan. In een goed functionerende democratie gaat de meningsvorming vooraf aan de besluitvorming. Op een gegeven moment zal er een punt moeten worden gezet achter de meningsvorming en een besluit moeten vallen. Besluitvorming is het *aggregeren* van de wil van burgers. Politiek bestaat bij de gratie dat er besluiten worden genomen. In een democratie kunnen twee typen *actoren* worden onderscheiden: individuen en organisaties. Tijdens verkiezingen kiezen individuen andere individuen tot hun vertegenwoordigers. Dikwijls vertegenwoordigen organisaties de belangen van individuen. Hierbij kan men denken aan politieke partijen en NGO's.

Op grond van het gemaakte verschil tussen delibereren en aggregeren, en tussen individuen en organisaties kunnen de vier belangrijkste componenten van een democratie worden onderscheiden. De eerste component wordt gevormd door individuen die in het openbaar vrijelijk zeggen wat ze vinden en willen. Voor hen bestaat niet de dwang om een besluit te moeten nemen. Bij deze *ongebonden meningsvorming* kan men denken aan de burgers van Athene, de man op de zeepkist in Hyde Park en ook aan de langdurige discussies die de stroomgroepen binnen de AKB hebben gevoerd. Het nadeel van deze component is dat ze kan uitmonden in *oeverloze discussies*.

De tweede component van de democratie wordt gevormd door individuen die namens een organisatie delibereren met andere partijen, maar niet geheel vrij zijn om te zeggen wat ze vinden en willen. Ze moeten zich min of meer houden aan de mening en regels van de organisatie namens wie zij spreken. In feite gaat het bij deze component om het *uitwisselen van meningen* tussen organisaties. De experts die tijdens de BMD namens de AKB of de atoomindustrie voor het voetlicht traden, kunnen hiertoe worden gerekend. Wanneer deze component de overhand krijgt, de deskundigen de meningsvorming domineren, kan dit tot *expertocratie* leiden.[30]

De derde component wordt gevormd door het *meerderheidsbesluit*. In een democratie beslist uiteindelijk de meerderheid. Maar in een representatieve democratie kan het voorkomen dat de regering een besluit neemt, dat niet correspondeert met de mening en wil van de meerderheid. Met behulp van de moderne informatie- en communicatietechnologie is het mogelijk om dit probleem te verhelpen, dat wil zeggen burgers over alles wat ter tafel komt *direct* mee te laten beslissen.[31] Volgens sommigen is zo'n directe vorm van democratie slecht, omdat er te weinig tijd is voor de vorming van een gefundeerde mening. Bij een directe democratie bestaat het gevaar dat burgers zich laten leiden door de waan van de dag. In het tijdperk van de moderne informatie- en communicatietechnologie bestaat de vrees dat directe democratie de vorm aanneemt van een *telecratie*.[32]

De vierde component wordt gevormd door de pogingen die vertegenwoordigers van organisaties met tegengestelde belangen doen om tot een overeenstemming te komen.[33] In veel gevallen zou men nooit tot een besluit komen wanneer organisaties niet bereid zouden zijn tot *onderhandelen en compromissen sluiten*. Dikwijls vindt dit in achterkamertjes plaats en worden de betrokkenen niet over alles op de hoogte gesteld. Het is een slechte zaak wanneer degenen die onderhandelen het snel op een akkoordje gooien en systematisch voorbijgaan aan degenen die zij vertegenwoordigen. Omdat de Europese Unie daarvan tal van voorbeelden geeft, staat *eurocratie* onder andere voor de uitwassen van het onderhandelen en compromissen sluiten in achterkamertjes.

In het onderstaande schema worden de vier besproken componenten van een democratie weergegeven.[34]

Vier componenten van de democratie

	Individuen	Organisaties
Delibereren	Ongebonden meningsvorming	Uitwisselen van meningen
Aggregeren	Meerderheidsbesluit	Onderhandelen en compromissen sluiten

Ik ga van de veronderstelling uit dat in een goed functionerende democratie geen enkele component de overhand heeft. Aan de hand van het schema kan duidelijk worden gemaakt waaraan het binnen de BMD schortte. Er ontbrak vooral een koppeling tussen het delibereren en het aggregeren. Daarom was de BMD geenszins een verrijking voor de democratie. Integendeel, het vertrouwen in de democratie werd juist door de opzet van de BMD geschonden. Door de ontkoppeling van het delibereren over kernenergie en het aggregeren van de wil van de bevolking was de BMD in feite een wassen neus.

2 DUURZAAMHEID EN GROEI

In 1987 verschijnt het rapport *Our Common Future* van de Verenigde Naties. Daarin wordt een pleidooi gehouden voor een duurzame ontwikkeling (*sustainable development*) van de wereld.[35] Volgens de commissie impliceert een duurzame ontwikkeling een geïntegreerde aanpak van drie problemen: de voortdurende bedreiging van de vrede, de schrijnende armoede en de vergaande aantasting van het milieu. Een geïntegreerde aanpak is noodzakelijk, omdat deze problemen nauw met elkaar samenhangen.

In het regeerakkoord van 1989 stelt de Nederlandse regering zich tot doel binnen één generatie een duurzame ontwikkeling van de samenleving te realiseren. Hiervoor zou de productie en consumptie binnen de grenzen moeten blijven van wat het milieu aankan.[36] De grote vraag is of deze doelstelling wordt gehaald, omdat de voor een duurzame ontwikkeling noodzakelijke geïntegreerde aanpak onverenigbaar is met de huidige economie.[37]

Wanneer de groei van de economie en een schoon milieu in een concreet geval op gespannen voet met elkaar staan, dan zwichten politici vaak voor de economische lobby. De op korte termijn te verwachten winst legt vaak een groter gewicht in de schaal dan het milieubelang. Hieruit mag echter niet de conclusie worden getrokken dat de politieke strijd van de milieubeweging er niet toe doet. De kleine en grote successen van de milieubeweging laten zien dat de politiek dikwijls haar beleid verandert of bijstelt vanwege de druk van sociale bewegingen. Zonder de anti-kernenergiebeweging zou er bijvoorbeeld nooit een BMD zijn gekomen. Vergelijkt men het milieubeleid van verschillende staten met elkaar, dan wordt ook snel duidelijk dat politiek er wel degelijk toe doet. Zo zijn de publieke controversen over kernenergie in bijvoorbeeld Denemarken, Nederland, Oostenrijk en Zweden heel anders opgezet, hetgeen deels zijn weerslag vond in de publieke besluitvorming. De vraag is nu hoe de voor- en tegenstanders van kernenergie tijdens de BMD uitdrukking geven aan het spanningsveld tussen duurzaamheid en groei. Hoe ziet de zogenaamde 'atoomlobby' (onder andere KEMA, Stichting Energie Informatie, Neratoom, VNO en NCW) de risico's die verbonden zijn met kernenergie? En welke visie stelt de AKB daar tegenover? Wat valt van de antwoorden op beide vragen te leren voor de omgang met risico's die inherent zijn aan moderne technologieën?

Diversificatie en werkgelegenheid

De overheid en het bedrijfsleven zijn altijd de drijvende krachten geweest achter de ontwikkeling van kernenergie. Wat betreft de initiatieven die de overheid daartoe ondernam, was vooral het in 1953 door de Amerikaanse president Eisenhower gelanceerde programma *Atoms for Peace* van belang. Met dit programma wilde Eisenhower de Europese bondgenoten laten profiteren van de Amerikaanse kennis en kunde voor een vreedzaam gebruik van de splitsing van atomen. De Verenigde Staten wilden West-Europa in economisch opzicht helpen. De Nederlandse overheid stimuleerde het om gebruik te maken van de mogelijkheden die de kerntechnologie bood.

Het bedrijfsleven kent twee sectoren die geïnvolveerd zijn in de ontwikkeling van kernenergie: de industrie en de elektriciteitsproducenten. In de jaren vijftig waren beide sectoren geïnteresseerd in het exploiteren van kernenergie. De industrie zag in de productie van kerncentrales of onderdelen ervan nieuwe exportmogelijkheden, en de elektriciteitsproducenten hoopten door middel van atoomsplitsing goedkoop elektriciteit te kunnen produceren.

De gemeenschappelijke belangen van de elektriciteitsproducenten werden vertegenwoordigd door de in 1949 opgerichte NV Samenwerkende Electriciteitsproduktiebedrijven (SEP). De SEP riep in het begin van de jaren vijftig een commissie in het leven die plannen moest ontwikkelen voor de bouw van een commerciële kerncentrale. Deze commissie concludeerde dat kernenergie op dat moment nog onvoldoende ontwikkeld was om tot de bouw van kerncentrales te besluiten. Opmerkelijk is dat de overheid hogere verwachtingen van kernenergie had dan de elektriteitsproducenten. Zij bleef initiatieven tot de bouw van kerncentrales steunen. Aan het eind van de jaren vijftig kwam een andere commissie van de SEP met het plan een kleine reactor te laten bouwen om met kernenergie ervaring op te doen. Dit leidde tot de bouw van de kerncentrale van Dodewaard. In 1968 ging zij aan het elektriciteitsnet. De bouw van Dodewaard werd gefinancierd door de elektriciteitsproducenten, de Europese Gemeenschap voor Atoomenergie en de overheid.[38]

In 1959 richtte de industrie de Neratoom op met als doel na te gaan in hoeverre de productie van kerncentrales of onderdelen ervan in Nederland mogelijk is. De grootste stimulans voor een dergelijke productie ging uit van de Commissie voor de Nucleaire Ontwikkeling. Deze in 1960 door het ministerie van Economische Zaken ingestelde commissie hield een vurig pleidooi om in Nederland met overheidssubsidies een nucleaire industrie op te bouwen. Tot 1970 was zowel de politiek als de industrie van mening dat men in Nederland zelf kerncentrales zou kunnen bouwen. Maar in datzelfde jaar kwam nog een kink in de kabel. De hoop op een eigen nucleaire industrie bleek ijdel te zijn, omdat de kerncentrale Borssele uiteindelijk toch door een buitenlands bedrijf zou worden gebouwd.[39] Een Duitse onderneming kon relatief goedkoper een kerncentrale bouwen dan de Nederlandse industrie. Voorlopig moest de Nederlandse atoomindustrie zich beperken tot het opwekken van kernenergie. De kerncentrales die daarvoor nodig zouden zijn, moesten elders worden gebouwd. De commerciële exploitatie van kernenergie werd lange tijd geen strobreed in de weg gelegd. Pas met de opkomst van de AKB werden vraagtekens geplaatst bij de plannen die de industrie en elektriciteitsbedrijven hadden met kernenergie. Experts en managers die de nucleaire industrie en de elektriciteitsbedrijven vertegenwoordigden, plaatsten op hun beurt ook vraagtekens bij de ideeën van de AKB. Hoe hebben zij zich tijdens de BMD opgesteld? Wat hebben zij gezegd over de risico's en gevaren van kernenergie?

De bedrijven uit de industriële sector die belang hebben bij de commerciële productie van kerncentrales of onderdelen ervan, begeven zich tijdens de BMD vaak gezamenlijk op het publieke toneel. Ze vormen daarbij meestal een gesloten front. Hierbij gaat het vooral om Comprimo B.V., Neratoom B.V. en Nucon B.V. uit Amsterdam. In hun vocabulaire staan twee begrippen centraal: 'diversificatie' en 'werkgelegenheid'. Het eerste begrip duidt op een energiebeleid dat gericht is op diverse energiebronnen, zodat men niet afhankelijk is van een of twee energiebronnen. Voorts zijn deze bedrijven van mening dat kernenergie de werkgelegenheid ten goede komt. Van het innoverende karakter van deze technologie zou een grote stimulans uitgaan naar de industrie. De genoemde bedrijven vinden dat een nucleaire ramp op grond van 'goed' bekende natuurwetten onmogelijk is.[40]

De interventies van experts en managers die tijdens de BMD Comprimo B.V., Neratoom B.V. en Nucon B.V. vertegenwoordigen, zijn gericht op het veilig stellen van hun marktpositie. Met de woorden van J.M. van den Brink, projectmanager van Nucon B.V.:

"Voor Comprimo, Neratoom en Nucon is de gehele wereld altijd het werkterrein geweest. In de afgelopen 25 jaar hebben zij bekwaamheid verworven. Zij ondervinden echter steeds opnieuw dat de positie als Nederlands bedrijf minder geloofwaardig is omdat de beslissing over kernenergie in Nederland nog niet is genomen. (...) Voor de volgende te bouwen kerncentrale is Nederland op het buitenland aangewezen voor de vervaardiging van zware-reactordrukvaten en splijtstofelementen. Daardoor brokkelt hoogwaardige Nederlandse werkgelegenheid af. (...) Door mechanisering en automatisering is vooral de elektrische energie een belangrijke post in de kostenberekeningen van vele ondernemingen. Als ondernemers weten dat zij op gelijkwaardige basis kunnen concurreren met de omringende landen, werkt dit stimulerend op de economie en daardoor op de werkgelegenheid."[41]

In de sector industrie mengen Ultra Centrifuge Nederland N.V. en Urenco Nederland zich ook in de BMD. Hun vocabulaire stemt overeen met dat van Comprimo B.V., Neratoom B.V. en Nucon B.V. Zij wijzen ook op het belang van de werkgelegenheid. Bovendien benadrukken zij dat de verrijking van uranium met ultracentrifuges milieuvriendelijk is.[42]

Naast de sector industrie hebben vooral de elektriciteitsbedrijven een belangrijke stem in de BMD, met name GKN (N.V. Gemeenschappelijke Kerncentrale Nederland), KEMA (N.V. tot Keuring van Elektrotechnische Materialen) en SEP (N.V. Samenwerkende Elektriciteits-Produktiebedrijven). Deze zogenaamde Arnhemse Instellingen hebben niet alleen directies die voor een groot deel uit dezelfde personen bestaan, maar hanteren tijdens de BMD vrijwel hetzelfde vocabulaire. Daarin nemen de diversificatie van de gebruikte brandstoffen en de besparing op energieverbruik een centrale plaats in. De Arnhemse Instellingen houden in het kader van de diversificatie een pleidooi voor kernenergie, zodat men minder afhankelijk is van andere energiebronnen.[43] Om op de markt te kunnen concurreren zijn elektriciteitsbedrijven gericht op het veilig stellen van een lage energieprijs. De onderdirecteur van de SEP, G.A.L. van Hoek, verwoordt dit als volgt:

"In 1981 was de elektriciteitsvoorziening in Nederland voor 76% aangewezen op de dure brandstoffen olie en aardgas en voor 20% op de minder dure brandstoffen steenkool en kernenergie. In West-Duitsland liggen de percentages anders: 79% minder dure en 17% dure brandstoffen. Soortgelijke verhoudingen zijn te constateren in Frankrijk en België. Nederland komt hier dus zeer ongunstig uit de bus."[44]

De vraag is nu hoe de bedrijven uit de industriële sector en de elektriciteitsbedrijven de risico's van kernenergie inschatten.

Comprimo B.V., Neratoom B.V. en Nucon B.V. zitten wat betreft hun kijk op de risico's van kernenergie op één lijn. Volgens deze ondernemingen berust de weerstand tegen kernenergie op angst voor het onbekende, ingegeven door onder andere de link die wordt gelegd tussen kernenergie en kernwapens. In hun ogen is het zelfbedrog te denken dat het uitbannen van kernenergie een belangrijke stap in de richting van het uitbannen van kernwapens is. De risico's van de vreedzame toepassing van kernenergie achten zij beheersbaar. Zo heeft het smelten van de reactorkern "aanzienlijk mindere ernstige gevolgen dan men wil doen geloven".[45] R. Kuiken, ingenieur en manager van 'Safety and Licensing' van Nucon B.V., benadrukt dat statistieken uitwijzen:

> "dat het percentage ongevallen ca. 6 maal lager ligt dan bij energieopwekking met olie of kolen (…), waarbij in aanmerking moet worden genomen dat het bij kernenergie ook voor 99% om conventionele ongevallen gaat".[46]

De Arnhemse Instellingen (SEP, GKN en KEMA) pleiten voor de verdere uitbouw van kernenergie. Volgens de GKN is het een misverstand om te denken dat een reactorongeluk, dat zij onwaarschijnlijk acht, de omvang van een nationale ramp heeft. Dit elektriciteitsbedrijf is de volgende mening toegedaan:

> "De gevolgen van reactorongelukken zijn belangrijk lager dan destijds berekend. In een streven om de gevolgen van een ongeluk niet te onderschatten zijn de berekeningen zo sterk gemajoreerd dat zij volgens de huidige inzichten in strijd zijn met fysische wetten."[47]

Wat betreft de (on)waarschijnlijkheid van een groot ongeval met een kernreactor beroept men zich in Nederland meestal op het Amerikaanse Rasmussen-rapport. De GKN meent dat de gevolgen van een ongeval in dit rapport sterk worden overschat.[48]

Kleinschalig en democratisch

De managers die de exploitatie van kernenergie voorstaan, beroepen zich op publicaties uit eigen gelederen. Voor hun interventies tijdens de BMD maken zij vooral gebruik van kennis die is gegenereerd door experts die binnen hun sector werkzaam zijn. De tegenstanders van kernenergie stellen tegenover deze expertise hun contra-expertise. Dit kan het beste worden geïllustreerd aan de hand van twee organisaties uit de milieubeweging: De Kleine Aarde en Stichting Natuur en Milieu. Ik heb voor deze twee organisaties gekozen, omdat ze verschillend van aard zijn. De Kleine Aarde behoort binnen de milieubeweging tot de zogenaamde subculturele stromingen. Het is een organisatie die op kleine schaal opereert. Stichting Natuur en Milieu opereert daarentegen grootschalig en behoort tot de mainstream van de milieubeweging.

De Kleine Aarde keert zich tegen een grootschalige en intensieve energie-voorziening en een daarbij horend consumptiepatroon. Vandaar dat in haar vocabulaire kleinschaligheid en een ecologisch levenspatroon centraal staan. Degenen die De Kleine Aarde vertegenwoordigen, wijzen tijdens de BMD erop dat het van groot belang is om een nieuwe levensstijl in de praktijk te brengen. Zo zegt H.C. Slemmer:

"Zoals het konsumentengedrag in de afgelopen decennia werd beïnvloed door de leuzen 'steeds meer, mooier en groter' zo kan naar alle waarschijnlijkheid het gedrag ook omgebogen worden in de richting 'steeds beter, schoner, gezonder en zinvoller', zolang dit maar op een overduidelijke manier gepropageerd wordt en de mensen in hun leven van alledag bemerken dat hier ook hard aan gewerkt wordt. (...) Er is reeds een klein aantal ideeën geopperd, maar het wachten is nog op de toepassing op grote schaal. Alleen met deze wending kan naar de mening van De Kleine Aarde aan onze samenleving nieuw élan worden gegeven."[49]

De Stichting Natuur en Milieu houdt tijdens de BMD een pleidooi voor alternatieve vormen van energie, bijvoorbeeld windenergie en energie uit afval. Dit past vooral bij een idee dat centraal staat in haar vocabulaire: duurzame energie die ecologisch inpasbaar is. Kernenergie is in de ogen van de Stichting Natuur en Milieu weliswaar duurzaam, maar ecologisch gezien onverantwoord. Voor haar is een democratisch energiebeleid ook van groot belang. Zij wijst erop dat de gewone burger weinig invloed heeft op het Nederlandse energiebeleid. De vertegenwoordigers van de Stichting Natuur en Milieu stellen tijdens de BMD duurzaamheid en democratie centraal. Tijdens een hoorzitting gaf Lucas Reijnders, hoofd van de afdeling milieubescherming van de Stichting Natuur en Milieu, te kennen dat:

"... enerzijds zo spoedig mogelijk moet worden overgeschakeld op duurzame energie en anderzijds zeer milieubelastende vormen van energievoorziening, zoals kernenergie en koleninzet, dienen te worden gemeden. Maximale inzet van duurzame energie binnen de grenzen van wat ecologisch aanvaardbaar is, dient volgens de stichting een zo hoog mogelijke prioriteit te krijgen". Zijns inziens is het wenselijk "... energieplannen, zoals het electriciteitsplan en het gasinzetplan aan een meer directe wijze van inspraak te onderwerpen, zoals dat ook bij de maatschappelijke discussie over het energiebeleid het geval is.

De stichting denkt langs twee lijnen: aan de ene kant de continue, getrapte wijze van inspraak, aan de andere kant de meer directe wijze van inspraak, op initiatief van degene die dat wensen, b.v. via hoorzittingen".[50]

De Kleine Aarde is van mening dat kernenergie past bij een samenleving met "grootschalige structuren, waarin men tevens deel moet uitmaken van het broei-erige steekspel van internationale politieke en economische verhoudingen".[51] Kernenergie maakt het mogelijk om te voorzien in een zeer hoog energie- en grondstoffengebruik dat onlosmakelijk verbonden is met grootschalige structuren. De reeds aangehaalde Slemmer merkt op dat naarmate mensen zich meer bewust worden van de risico's die verbonden zijn met grootschalige structuren, de belangstelling voor kleinschaligheid, dus De Kleine Aarde, stijgt.

"Toen De Kleine Aarde tien jaar geleden begon met het propageren van haar ideeën was slechts een klein percentage van de bevolking bereid hieraan seri-euze aandacht te besteden. Sindsdien is er echter nogal wat veranderd. Via de media kwam een stroom berichten op gang over de risico's van kernenergie – vooral na het grote ongeluk met de kerncentrale in Harrisburg – over een groot aantal milieuschandalen en over de catastrofale risico's van de noodza-kelijk geachte verdediging van volk en vaderland. De nieuwe ideeën over een meer mens- en milieuvriendelijke samenleving zijn nu in meer of mindere mate als gesprekstof van alledag geaccepteerd en worden door de meerder-heid van de bevolking positief gewaardeerd."[52]

Net als de Stichting Natuur en Milieu streeft het Landelijk Energie Komité (LEK) naar een milieuvriendelijk en democratisch energiebeleid. Dit doel acht men onverenigbaar met het stralingsgevaar van kernenergie. Gevaren kleven ook aan de onopgeloste afvalproblematiek en de wereldwijde verspreiding van een technologie als kernenergie. Vanwege dit laatste punt is het moeilijk om de civiele en militaire toepassing van deze technologie van elkaar te scheiden.[53] P. Lammers merkt daarover names het LEK het volgende op:

"Op vele andere manieren blijkt dat de technieken van energievoorziening en bewapening niet te scheiden zijn. We denken aan de leveringskontrakten van verrijkt uranium aan Brazilie en de diskussie daarover. We denken ook aan het feit dat dankzij één slimme Pakistaan de technische geheimen van de Ultra-Centrifuge techniek van de fabriek in Almelo Pakistan binnen afzienbare tijd een eigen kernwapen zullen verschaffen. In meer dan alleen technisch opzicht is kernenergie dus aanmerkelijk minder goed te beheren en beheersen dan sommigen ons zo graag doen geloven."[54]

Door voortdurend op de risico's van kernenergie te wijzen slaagt de AKB er in van een technologische kwestie een politieke kwestie te maken. Dit tot misnoegen van de voorstanders van kernenergie, die liever niet hebben dat kernenergie het object van een politieke strijd wordt. Zo zegt KEMA-medewerker A.J. van Loon het volgende:

"Ik wil de aktiegroepen niet van alles de schuld geven. Maar de harde politisering is wel het gevolg van hun akties. En juist die politisering staat een discussie op grond van de feiten in de weg. (…) Het verbaast mij wel, want kernenergie is een volstrekt a-politiek onderwerp, dat de scheidslijn in ons land via de partijen loopt. In Nederland zijn de linkse partijen tegen kernenergie. In andere landen niet. Rusland heeft een uiterst ambitieus kernenergieprogramma. Daar worden uitlatingen tégen als rechts-reactionaire prietpraat bestempeld."[55]

Ondanks dit soort bedenkingen is de AKB er toch in geslaagd een technologisch vraagstuk te politiseren. Daarmee heeft zij duidelijk gemaakt dat niet alleen in het parlement politiek wordt gemaakt, maar ook in en met kerncentrales.

Risico's en gevaren

Wanneer kwam er een einde aan de Brede Maatschappelijke Discussie? Op deze vraag kunnen drie antwoorden worden gegeven. Het eerste antwoord luidt: met het verschijnen van het *Eindrapport* op 23 januari 1984. Formeel gezien is dit correct, want op die dag werd een punt gezet achter de door de overheid geënsceneerde publieke discussie. Maar in feite ging de controverse gewoon door. Vooren tegenstanders van kernenergie probeerden vlak na het verschijnen van het *Eindrapport* de uitkomsten van de BMD in hun voordeel uit te leggen. Wellicht hoopten ze daarmee de regering bij haar besluitvorming te beïnvloeden.

Als einde van de BMD kan ook 11 januari 1985 worden aangehouden. Immers, op die dag maakte de regering haar standpunt over het *Eindrapport* bekend. Wars van de uitkomsten van de BMD nam de regering het besluit om nieuwe kerncentrales te bouwen. Hoewel veel mensen door deze reactie van de regering met stomheid geslagen waren, klommen sommigen toch nog in de pen om hun ongenoegen over het standpunt van de regering tot uitdrukking te brengen. De discussie werd dus met het besluit dat de regering genomen had nog niet beëindigd.

Mijns inziens kwam pas op 26 april 1986 een einde aan de BMD. Op die dag vond de kernramp in Tsjernobyl plaats. Deze catastrofe legde de regering en de deelnemers aan de BMD min of meer het zwijgen op. De regering zag zich ge-dwongen om haar voornemen om nieuwe kerncentrales te bouwen op te schor-ten. Van dit uitstel kwam uiteindelijk afstel. De voor- en tegenstanders van kernenergie maakten niet veel woorden vuil over de kernramp. De voorstan-ders van kernenergie hielden zich rustig, omdat hun standpunt door deze catas-trofe weersproken werd. Wat zij voor hoogst onwaarschijnlijk achtten, was toch voorgevallen. Het enige wat uit hun mond nog te horen viel, was dat het om een 'communistische reactor' ging. De reactor in Tsjernobyl voldeed niet aan de hoge veiligheidseisen uit het Westen. Maar wat had men aan zulke opmerkin-gen als radioactieve wolken zich niets aantrokken van het IJzeren Gordijn en ze de kwaliteit van leven in het Westen in negatieve zin beïnvloeden? De tegen-standers van kernenergie hadden aan de gebeurtenissen in Tsjernobyl niets toe voegen. Door de kernramp zagen zij zich in hun mening alleen maar bevestigd. Wat hun kritische woorden niet vermochten, kon een *ding* wel. Waar een jaren-lange discussie de voorstanders van kernenergie niet het zwijgen kon opleggen, kon een kerncentrale dat wel.

Tsjernobyl riep niet alleen een halt toe aan de voornemens van de regering, maar vloekte ook met belangrijke uitkomsten van de BMD. Met één klap kwa-men conclusies die de stuurgroep uit de opvattingen van de voor- en tegenstan-ders van kernenergie hadden gedistilleerd in de lucht te hangen. Neem de niet onbelangrijke conclusie dat risico's die verbonden zijn aan kerncentrales in het buitenland beheersbaar zijn, omdat er goede bilaterale afspraken zijn gemaakt.[56] Wanneer de stuurgroep het over kerncentrales in het buitenland had, dan dacht ze aan centrales in de grensstreek, in België en Duitsland. De stuurgroep wees erop dat dit probleem redelijk beheersbaar is, omdat er mondelinge afspraken waren gemaakt met België en schriftelijke afspraken met Duitsland. Nederland had met beide landen afgesproken wat men zou doen wanneer zich met de een of andere kerncentrale problemen zouden voordoen. De conclusie over de be-heersbaarheid van de risico's die verbonden zijn aan buitenlandse kerncentrales werd echter weerlegd toen de radioactieve wolken uit Tsjernobyl ook Nederland bereikten. Van overheidswege werd aangeraden de koeien in de stal te houden en geen sla meer te eten. Blijkbaar was het probleem van de buitenlandse kerncentrales niet te beheersen door alleen afspraken met België en Duitsland te maken. Hoe verschillend de stuurgroep en de regering de risico's van kernenergie ook hadden ingeschat, Tsjernobyl maakte duidelijk dat niet alleen de laatstgenoemde er naast zat. Eerstgenoemde had in het *Eindrapport* de risico's van kernenergie onvoldoende in kaart gebracht. Het voorbeeld van de beheersbaarheid van risico's die verbonden zijn aan buitenlandse kerncentrales, maakte duidelijk dat de stuurgroep in haar *Eindrapport* de risico's van kernenergie onvoldoende onderkende. Retrospectief zou ik de these willen verdedigen dat de stuurgroep en de regering met het door hen gehanteerde vocabulaire geen of onvoldoende recht konden doen aan de gevaren van kernenergie. Deze gevaren vallen door de mazen van het conceptuele net waarvan gebruik werd gemaakt. Symptomatisch hiervoor is het door beide gehanteerde risicobegrip. Door nader in te gaan op dit risicobegrip kan ik het tekort van hun vocabulaire aantonen.

Voor de regering en de stuurgroep is het risico dat verbonden is met een kerncentrale de kans dat zich een ramp voordoet, maal de gevolgen die zo'n catastrofe met zich meebrengt.[57] In het *Eindrapport* geeft de stuurgroep met dit risicobegrip de standpunten van de voor- en tegenstanders van kernenergie weer. Daardoor kon zij het verschil tussen de voor- en tegenstanders van kernenergie gemakkelijk karakteriseren. De voorstanders achtten het risico van een kernramp verwaarloosbaar klein en de tegenstanders groot genoeg om kerncentrales in de ban te doen. De stuurgroep en de regering hanteerden een vocabulaire dat geen rekening hield met het subtiele verschil dat er bestaat tussen risico's en gevaren.[58] In navolging van Niklas Luhmann zal ik in het vervolg een onderscheid maken tussen beide begrippen.[59] Deze conceptuele differentiatie maakt het mogelijk een vinger te leggen op enkele blinde vlekken van het door de stuurgroep en de regering gehanteerde vocabulaire. Aan de hand van het onderscheid tussen risico's en gevaren kan tevens een ander licht worden geworpen op de ontwikkeling van de samenleving.

Het begrip 'risico' kan het beste worden verhelderd door het te relateren aan het begrip onzekerheid. Iemand die een risico neemt, gaat op een specifieke manier om met onzekerheid. Wetende dat de toekomst veel onzekerheden kent, probeert hij haar door geschikt handelen naar de hand te zetten. Maar niet elke manier van omgaan met onzekerheid is het nemen van een risico. Het begrip 'risico' verwijst naar een bewuste omgang met onzekerheid. De etymologie van het begrip risico is in deze verhelderend. In de Italiaanse steden en stadstaten van de twaalfde en dertiende eeuw wordt het begrip voor het eerst gebruikt, en wel in de context van de handel met overzeese gebieden. Deze handel was een onzekere aangelegenheid die goed gepland moest worden. Men kon schipbreuk lijden en moest rekening houden met piraterij, etc. Een koopman die een handelsmissie op poten zette, riskeerde dus iets. Het begrip 'risico' is afgeleid van het Italiaanse 'risciare', dat wil zeggen 'iets wagen'.[60] Een koopman gaf zich niet over aan de onzekerheden die een handelsmissie kende. Alvorens hij het erop waagde, bereidde hij de handelsmissie zo goed mogelijk voor. Hij berekende niet alleen van tevoren wat zijn mogelijke winst zou zijn, maar nam ook allerlei voorzorgsmaatregelen om de kans op piraterij, schipbreuk, etc. zoveel mogelijk te reduceren. Door zich zo betrouwbaar mogelijke informatie te verschaffen over waar zich piraten bevinden, zich te bewapenen en voor betere zeekaarten te zorgen, kon hij het risico reduceren dat de handelsmissie zou mislukken. Zodoende zag hij piraterij en schipbreuk steeds minder als door het lot bepaalde bedreigingen, maar als risico's die worden gelopen wanneer men niet de juiste voorbereidingen treft. De koopman kon er nooit voor de volle honderd procent zeker van zijn dat zijn schip niet werd overvallen door piraten of in een storm ten onder zou gaan. Maar het maakte verschil of hij dit soort rampen beschouwde als het lot waaraan hij was overgeleverd of als iets waartegen hij zich kon wapenen door goede voorbereidingen te treffen. In het eerste geval vormden piraterij en schipbreuk een gevaar en in het tweede geval een risico. Terwijl een gevaar een kwestie van iemands lot is, is een risico een kwestie waar iemand willens en wetens voor kiest. Aan gevaren is men overgeleverd en risico's gaat men aan.

Door piraterij en schipbreuk in termen van risico's te beschrijven, werd ruimte gecreëerd voor verzekeraars. De eerste verzekeraars treft men binnen de scheepvaart aan. In het geval van risico's staat het perspectief van degenen die een beslissing nemen en daarnaar handelen centraal. Degene die een risico aangaat, kiest bewust voor een bepaalde onzekerheid. Gevaren bestaan daarentegen onafhankelijk van de intenties en handelingen van een persoon. Daarom kan wat de een beschouwt als een risico door de ander worden gezien als een gevaar. Zo gaan de exploitanten van kerncentrales met hun handelingen een risico aan, terwijl ze voor degenen die geen invloed hebben op hun handelingen een gevaar betekenen. Het risico dat de exploitanten aangaan is niet alleen een bedreiging, maar ook een kans. Daarentegen worden gevaren vrijwel uitsluitend gezien als bedreigingen c.q. de negatieve gevolgen van de handelingen van derden. De tegenstanders van kernenergie achten zich overgeleverd aan gevaren die zijn veroorzaakt door de atoomindustrie.

Het onderscheid tussen risico's en gevaren beroert ook het vraagstuk van de verantwoordelijkheid. Iemand die iets riskeert, kiest bewust voor een bepaalde handeling en kan daarop aangesproken worden. De koopman die een handelsmissie op poten zet, en daarbij iets in de waagschaal stelt, is daarvoor verantwoordelijk. Wanneer iemand geen invloed heeft op het gevaar dat hij loopt, kan hij daarvoor niet verantwoordelijk worden gesteld. Wat voor de een een risico is waarvoor hij verantwoordelijk kan worden gesteld, kan voor de ander een gevaar zijn waarvoor hij niet aansprakelijk is. Zo is de bouw van een kerncentrale voor de atoomindustrie riskant, terwijl het voor de omwonenden een gevaar is. Echter, niet elk risico betekent voor de ander een gevaar. Iemand die een lot van de staatsloterij koopt, loopt weliswaar het risico het ingezette geld te verliezen, maar brengt daarmee anderen niet in gevaar.

Aan de hand van het gemaakte onderscheid tussen risico's en gevaren kan het eerder gemaakte onderscheid tussen de voor-industriële, de industriële en de kennismaatschappij aangescherpt worden.

In de voor-industriële samenleving worden grote gevaren als honger, pest en natuurrampen gezien als lot. Deze catastrofen zijn iets wat mensen overkomt en waar zij zelf niets aan kunnen doen. Hun lot ligt in de handen van de natuur en de goden. Religie is een opvanghuis voor al degenen die, als gevolg van wat hen overkomen is, bevangen zijn van machteloosheid, onbegrip en woede. Religieuze leiders fungeren in een voor-industriële samenleving dikwijls als experts die uitleggen wat goden bedoelen met het leed dat mensen ondergaan. Dikwijls duiden zij het als een straf van God voor onoirbaar gedrag.

Met de opkomst van de industriële samenleving verliezen gevaren langzamerhand hun religieuze connotatie. Vanaf ongeveer de zeventiende eeuw beseffen mensen in toenemende mate dat zij hun lot gedeeltelijk in eigen handen kunnen nemen. De samenleving wordt min of meer maakbaar geacht. Door het relatieve succes van de industriële productie groeit het besef dat men niet helemaal overgeleverd is aan de natuur, maar deze gedeeltelijk de wil kan opleggen. En door de Amerikaanse en Franse Revolutie groeit het bewustzijn dat men het lot voor een deel ook met politieke middelen in handen kan nemen. Catastrofen worden daardoor steeds vaker gepolitiseerd. Wanneer men, zo is de politiserende gedachte, op een efficiënte wijze in de natuur en de samenleving ingrijpt, kunnen catastrofen grotendeels worden voorkomen. Via de politiek kan zo de bestaanszekerheid van mensen worden vergroot. Zeker wanneer de politiek geruggesteund wordt door wetenschap en techniek. In de industriële samenleving worden zelfs instituties in het leven geroepen die mensen een grotere mate van zekerheid bieden. Door in termen van risico's over armoede en ziekte te spreken, worden gebeurtenissen die in de voor-industriële samenleving nog werden gezien als lot, ineens sociale kwesties die om een politieke oplossing vragen. Immers, mensen kunnen zich collectief verzekeren tegen de risico's die ze lopen om arm of ziek te worden. De ontwikkeling van de kansberekening vormt een belangrijke basis voor de toename van het aantal collectieve verzekeringen. Aan de hand van de ongevallenstatistiek kan achterhaald worden hoe groot de kans is dat zich armoede of ziekte voordoet. Vervolgens kan gekeken worden in hoeverre men zich hiertegen kan laten verzekeren. Dit model van risico en verzekering is, zoals bekend, het verst ontwikkeld in de verzorgingsstaat met haar volksverzekeringen.[61]

De zekerheid die mensen in de industriële samenleving in toenemende mate geboden wordt, dreigt in de kennismaatschappij te verdwijnen. De belofte van zekerheid die vooral de verzorgingsstaat met zich meebrengt, wordt niet alleen door de gerezen armoede bedreigd, maar vooral door atomaire, chemische en genetische gevaren. In tegenstelling tot de risico's van de industriële samenleving kan men zich tegen deze gevaren in feite niet verzekeren.[62] De kans dat zich nog eens een kernramp zoals in Tsjernobyl of chemische catastrofen à la Bhopal of Seveso voordoen, is namelijk niet berekenbaar op basis van een ongevallenstatistiek. De gevaren waaraan toekomstige generaties door genetische manipulaties worden blootgesteld, zijn ook niet te berekenen. Hoewel atomaire, chemische en genetische gevaren het (onbedoelde) gevolg zijn van individuele en collectieve handelingen, dus niet toegeschreven kunnen worden aan het lot, zoals bij de voor-industriële gevaren, ondermijnen zij het model van verzekering tegen berekenbare risico's.

Technologische gevaren onderscheiden zich in drie opzichten van risico's. Ten eerste kunnen zij moeilijk qua tijd, plaats en sociale impact worden begrensd.[63] Neem een kernramp als die in Tsjernobyl. De radioactieve naweeën van zo'n ramp zijn wat de tijd betreft niet te overzien: toekomstige generaties zijn er ook door gedupeerd. Bovendien maken radioactieve wolken geen halt bij de grenzen van de nationale staat. Verder trekt een kernramp zich niets aan van sociale verschillen: radioactieve wolken gaan voorbij aan het onderscheid tussen sociale klassen. Ten tweede schieten de bestaande rechtsregels tekort om iemand volgens het principe van de causaliteit aansprakelijk te stellen voor een ramp. Bij catastrofen als Tsjernobyl, Bhopal en Seveso is gebleken dat het vrijwel onmogelijk is aan de hand van een causaal verband tussen bepaalde handelingen en de ontstane schade iemand aansprakelijk te stellen. Ten derde zijn technologische gevaren vanwege hun irreversibel en transnationaal karakter niet meer te compenseren volgens het gangbare ruilprincipe 'geld en voorzieningen tegen de ontstane schade'. Zo ontbreekt het alleen al aan geld en voorzieningen om de duizenden mensen te helpen die het slachtoffer zijn en nog zullen zijn van de kernramp in Tsjernobyl.

De ontwikkeling van de samenleving die ik aan de hand van het onderscheid tussen risico's en gevaren heb geschetst, wordt in het schema hiernaast vereenvoudigd weergegeven.[64]

Aan de hand van het gemaakte onderscheid tussen risico's en gevaren kan ik nu nog meer inzoomen op de blinde vlek van het door de stuurgroep en de regering gehanteerde vocabulaire. Het idee achter deze kritiek is dat ze het vocabulaire uit de industriële samenleving hanteert om problemen uit de kennismaatschappij het hoofd te bieden. Vanwege hun verouderd vocabulaire wordt de complexiteit van een moderne technologie op een gevaarlijke wijze gereduceerd.

3   HET GENEREREN EN REDUCEREN VAN COMPLEXITEIT

De BMD is een publieke controverse die zich in feite op twee niveaus heeft afgespeeld. Het eerste niveau betreft de inhoudelijke controverse over de risico's en gevaren van kernenergie. Deze controverse gaat over het spanningsveld tussen de economische groei en een duurzame ontwikkeling. De economische belangen die bij kernenergie op het spel staan, zijn volgens de tegenstanders ervan niet of nauwelijks verenigbaar met een schone en leefbare omgeving. De voorstanders van kernenergie denken daar uiteraard anders over. Het tweede niveau betreft de opzet en het verloop van deze controverse. Hierbij gaat het om de voorwaarden waaronder men met elkaar zou discussiëren. Sommigen betwisten het democratische gehalte en weer anderen het nut van de BMD.

Op beide niveaus vervullen woordvoerders van de atoomindustrie en de milieubeweging een intellectuele rol. Op het eerste niveau uiten zij zich kritisch over het standpunt van hun opponenten. En op het tweede niveau vinden ze zich deels in hun kritiek op het nut en de opzet van de BMD. Aan de hand van een drietal vragen ga ik nader in op hun intellectuele rol. Wat zegt het engagement van de woordvoerders van de atoomindustrie en de milieubeweging over de veranderde positie van de intellectueel? Welke intellectuele identiteit schrijven zij zichzelf en anderen tijdens deze controverse toe? En wat zegt hun publieke optreden over de verantwoordelijkheid van de intellectueel?

	VOORINDUSTRIËLE SAMENLEVING	INDUSTRIËLE SAMENLEVING	KENNISMAATSCHAPPIJ
Voorbeelden	Natuurcatastrofes, de pest	Ongelukken in het beroep en het verkeer	Chemische, genetische en atomaire catastrofes
Vloeien risico's of gevaren voort uit de genomen beslissingen?	Nee, de oorzaken van catastrofes zijn externaliseerbaar (goden en demonen)	Ja, ongelukken worden veroorzaakt door industriële ontwikkelingen die men (economisch, technologisch en organisatorisch) kan beheersen	Ja, catastrofes worden deels veroorzaakt door de chemische, genetische en atomaire industrie
Door het individu op vrijwillige basis te vermijden risico of gevaar?	Nee, een kwestie van lot, c.q. predestinatie	Ja, denk maar aan het roken, het rijden in een auto of beroepsrisico's	Nee, de door derden genomen beslissingen zijn voor het individu vaak onvermijdelijke gevaren
Verantwoordelijkheid	In het geval het lot de wil bepaalt, is men niet aansprakelijk voor de gevolgen van zijn handelen	Voor risicovol handelen kan men aansprakelijk worden gesteld	Voor handelingen die leiden tot chemische, genetische en atomaire gevaren kan men niet of nauwelijks aansprakelijk worden gesteld
Bereik	Gevaren waaraan groepen en volkeren van een relatief kleine omvang voor een onbepaalde tijd zijn overgeleverd	Qua tijd, plaats en sociale positie te beheersen risico's	Niet qua tijd, plaats en sociale positie te beheersen gevaren
De mogelijkheid om risico's of gevaren te berekenen en daarmee te beheersen	De gevaren zijn niet calculeerbaar en beheersbaar	De risico's zijn calculeerbaar en beheersbaar	De mogelijkheid om sommige risico's of gevaren te kunnen berekenen staat fundamenteel ter discussie

Intellectuelen en sociale bewegingen

De positie van degenen die tijdens de BMD een intellectuele rol hebben gespeeld, wordt grotendeels bepaald door twee factoren. De eerste factor is de *organisatie* namens wie zij in de openbaarheid treden. Zo bekleden degenen die publiekelijk ten strijde trekken tegen kernenergie veelal een positie binnen een milieuorganisatie. En zij die in de openbaarheid voor kernenergie pleiten, hebben merendeels een betrekking bij een bedrijf binnen de atoomindustrie. De tweede factor die de positie van de intellectueel bepaalt, is natuurlijk de *openbaarheid* zelf. Eerder heb ik reeds laten zien dat de BMD een geënsceneerde openbaarheid is die de intellectueel niet alleen specifieke mogelijkheden biedt, maar ook beperkingen oplegt. Daarom beperk ik me nu tot de eerste factor. Wat is de aard van de relatie tussen de intellectuelen en de organisaties namens wie zij optreden?

Tijdens de BMD biedt de AKB menig intellectueel een inhoudelijk en organisatorisch kader voor zijn interventies.[65] Binnen de AKB heeft hij niet alleen met anderen de ideeën ontwikkeld die hij tijdens deze discussie naar voren brengt, maar ook de acties georganiseerd die zijn publiek optreden mede mogelijk maken. In feite biedt elke sociale beweging voor intellectuelen die namens haar het woord voeren zo'n inhoudelijk en organisatorisch kader. Als onderdeel van de milieubeweging wordt de AKB ook tot de zogenaamde sociale bewegingen gerekend. Onder een sociale beweging versta ik een netwerk van actoren dat gedurende een bepaalde periode specifieke politieke doelen tracht te bereiken vanuit een positie buiten het geijkte politieke systeem (regering, parlement en politieke partijen) en daarbij vaak onconventionele middelen inzet (blokkades, hacken, ludieke acties, etc.).[66] Een sociale beweging is geen eendagsvlieg. Haar activiteiten strekken zich uit over een bepaalde tijd. Een sociale beweging houdt op te bestaan, zodra ze haar politieke doelen heeft bereikt. Maar ze kan ook van het publieke toneel verdwijnen omdat ze met haar activiteiten geen succes heeft behaald. In feite is dit met de AKB in Nederland gebeurd. Vanaf het moment dat de regering de uitkomsten van de BMD naast zich neer heeft gelegd, nemen de activiteiten van de AKB in een ras tempo af.[67] Zo heeft de ramp in Tsjernobyl relatief weinig Nederlanders op de been gebracht. Dit is wellicht ook te wijten aan het feit dat het tweede kabinet-Lubbers direct na de ramp besluit de bouw van nieuwe kerncentrales uit te stellen. Hierbij hebben de toen op handen zijnde verkiezingen voor de Tweede Kamer wellicht een grote rol gespeeld.[68]

Intellectuelen maken bij hun interventies niet alleen gebruik van de binnen de AKB voortgebrachte cognitieve en normatieve voorstellingen, maar ook van de faciliteiten (bureau, telefoon, etc.) die deze beweging hen biedt. Het is echter niet zo dat intellectuelen alleen maar gebruik maken van het inhoudelijke en organisatorische kader dat de AKB hen biedt, zij geven er ook actief vorm aan.

Degenen die tijdens de BMD een intellectuele rol vervullen, hebben de ideeën over kernenergie waarmee ze voor de dag komen meestal samen met andere leden van de AKB ontwikkeld.[69] Voordat in het openbaar over kernenergie gesproken wordt, zal eerst binnen de AKB gedelibereerd worden over het in te nemen standpunt. Hoe groot is precies de kans op een kernramp? Wat deugt er niet aan de beweringen van de voorstanders van kernenergie? De leden van de AKB formuleren eerst een antwoord op dit soort vragen voordat degene die namens haar het woord voert ermee in de openbaarheid treedt. Intellectuelen die namens de AKB in publieke debatten interveniëren, discussiëren eerst met andere leden over de meest geëigende actievormen en bereiden die samen voor. Zijn blokkades van kerncentrales wel doelmatig? Hoe kan men tijdens de BMD het standpunt over kernenergie het beste presenteren?

De atoomindustrie biedt intellectuelen die namens haar deelnamen aan de BMD eveneens een inhoudelijk en organisatorisch kader. De woordvoerders van de Arnhemse instellingen bereiden hun publieke interventies ook inhoudelijk en organisatorisch voor. Intellectuelen liëren zich weliswaar in vrijheid aan de Arnhemse instellingen of de AKB, maar zij zijn er ook voor een deel afhankelijk van. Tijdens de BMD hebben intellectuelen zich niet alleen *ver*bonden aan organisaties als de AKB of de Arnhemse instellingen, maar zijn zij ook aan deze organisaties *ge*bonden.[70] Het laatste werd eens te meer duidelijk door de affaire Andriesse.[71] Als fysicus deed Andriesse bij de KEMA onderzoek naar de veiligheid van kernreactoren. Terwijl hij tijdens de BMD nog een verklaard voorstander van kernenergie was, wijzigde hij zijn mening na de ramp in Tsjernobyl. In een niet gepubliceerd interview voor het tijdschrift *Electrotechniek* liet hij weten: "Het gros van de kernreactoren in de wereld, daarbij inbegrepen die in Borssele en Dodewaard, is niet echt veilig. De kans op een ongeluk is weliswaar bij ieder van die dingen klein, maar niet extreem klein en zeker niet uitgesloten". Het kwam niet tot de publicatie van het interview, omdat de directeur van de KEMA druk uitoefende op Kees Andriesse en de redactie van het tijdschrift. Enkele jaren later vraagt de Algemene Energie Raad hem om advies over de toekomst van kernenergie. De visie die uit het advies van Andriesse spreekt, staat diametraal op die van de directie van de KEMA. Een directielid laat hem weten dat het beter voor hem is een werkgever te zoeken waarmee hij geen belangentegenstellingen heeft. Hoewel hij uiteindelijk zelf ontslag neemt, wordt hij min of meer gedwongen om te vertrekken. De directie van de KEMA duldt blijkbaar niet de mening van medewerkers die niet in het gareel lopen.

De verschillen tussen de Arnhemse instellingen en de AKB zijn uiteindelijk op inhoudelijk en organisatorisch vlak te traceren.[72] Over de inhoudelijke verschillen, de tegenovergestelde inschatting van de risico's en gevaren van kernenergie, hoef ik hier niet uit te wijden, omdat ze reeds ter sprake zijn gebracht. Daarom beperk ik me hier tot enkele opmerkingen over organisatorische kwesties.

In vergelijking met de Arnhemse instellingen of politieke partijen zijn sociale bewegingen flexibele organisaties. Dit komt onder meer tot uitdrukking in het feit dat de AKB gebruik maakt van onconventionele middelen voor het bereiken van haar politieke doelen. De leden van sociale bewegingen zijn niet zo sterk gebonden aan formele regels als de medewerkers van de Arnhemse instellingen of de leden van politieke partijen. Ondanks het feit dat de organisatiegraad van sociale bewegingen in de loop van de tijd is toegenomen, is ze niet zo groot als die van de atoomindustrie of politieke partijen. Dit verklaart misschien waarom de atoomindustrie in haar publieke optreden in sterkere mate één front vormt dan de AKB. Binnen de AKB heerst een grotere verdeeldheid dan bij de voorstanders van kernenergie.

De AKB is een heterogene sociale beweging. Dit betekent dat er binnen de AKB op inhoudelijk en organisatorisch vlak verschillen zijn tussen de diverse organisaties. Meestal hangen de inhoudelijke en organisatorische kanten van de activiteiten van deze organisaties nauw met elkaar samen. Terwijl de Kleine Aarde conform haar ideeën een kleine organisatie is, is de Stichting Natuur en Milieu een grote landelijke organisatie. En waar de ideeën van de Kleine Aarde qua inhoud veel meer gericht zijn op kleine alternatieve samenlevingsvormen, daar zijn die van de Stichting Natuur en Milieu vooral gericht op het beïnvloeden van het gedachtegoed van de overheid. Zoals ik heb laten zien, geven Slemmer en Reijnders met de aard van hun publiekelijk optreden uitdrukking aan de genoemde verschillen tussen de Kleine Aarde en de Stichting Natuur en Milieu.

Hierboven heb ik twee dingen beweerd over de positie van de intellectueel. In de eerste plaats moeten degenen die tijdens de BMD een intellectuele rol vervullen gepositioneerd worden binnen de organisaties namens wie zij het woord voeren. Hun publiek optreden is immers onlosmakelijk verbonden met de ideeën die zij met andere leden van de AKB of de Arnhemse instellingen genereren en met het organisatorisch werk dat daarbinnen wordt verricht. In de tweede plaats is de positie van de intellectuelen afhankelijk van de mogelijkheden die zij en de organisatie namens wie zij spreken, hebben om binnen het bestaande politieke kader te ageren. Ik heb laten zien dat zij binnen een geënsceneerde openbaarheid als de BMD weliswaar de mogelijkheid hebben om hun doelen kenbaar te maken en te beargumenteren, maar niet wisten of hun publiek optreden gewicht in de schaal van de politieke besluitvorming zou leggen.

Ten tijde van de BMD is de positie van de intellectueel dus gerelateerd aan de organisatie namens wie zij spreken en de ruimte die hen geboden wordt om hun (politieke) doelen na te streven. Hiermee is echter nog niets gezegd over de vraag in welk opzicht die positie veranderd is. Om die vraag te kunnen beantwoorden moet het hierboven gehanteerde synchrone perspectief verruild worden voor een diachroon perspectief. Daarvoor kan het beste gefocust worden op de wijze waarop de relatie tussen intellectuelen en sociale bewegingen door de tijd heen veranderd is. Die verandering correspondeert deels met het verschil tussen oude en nieuwe sociale bewegingen.

Het verschil tussen oude en nieuwe sociale bewegingen is enigszins arbitrair, omdat bijvoorbeeld de milieu-, homo- en vrouwenbeweging niet helemaal nieuw zijn. In het begin van de vorige eeuw waren er ook al natuurbeschermingsorganisaties en werd er tevens gestreden voor een betere positie van vrouwen en homoseksuelen. Misschien moet het nieuwe worden gezocht in het opnieuw definiëren van oude problemen en het inzetten van andere middelen, vooral het gebruik van de nieuwe massamedia (televisie, e-mail en internet). In het geval van de AKB is het nieuwe ook gelegen in het object van de strijd, namelijk een technologie die ten tijde van de oude sociale bewegingen nog niet bestond.[73] De verschillen tussen oude en nieuwe sociale bewegingen kunnen verder verhelderd worden door te kijken naar de positie die de intellectuelen daarbinnen innemen. Daartoe kan het beste de arbeidersbeweging met de AKB vergeleken worden.

Intellectuelen die zich aan het einde van de negentiende eeuw en aan het begin van de twintigste eeuw inzetten voor de arbeidersbeweging, kwamen grotendeels uit een andere klasse dan die waarvoor zij zich inzetten. Meestal waren zij afkomstig van dat deel van de middenklasse dat een goede opleiding genoten had.[74] De motieven om zich te engageren voor de arbeidersklasse waren aanvankelijk romantisch en communitaristisch van aard. Maar vanaf omstreeks 1880 vormde de wetenschap ook een belangrijke impuls voor hun engagement, met name het zogenaamde 'wetenschappelijk socialisme'. Wetenschappelijk onderzoek had menig intellectueel ervan overtuigd dat het proletariaat een einde zou kunnen maken aan het kapitalisme. Het proletariaat moest daarvoor wel zijn kansen grijpen. Aangezien dat meestal geen opleiding had genoten, had zij niet het daarvoor noodzakelijke inzicht in het wetmatig verloop van de geschiedenis. Arbeiders waren doorgaans te onmondig om hun revolutionaire taak te kunnen vervullen.

Intellectuelen uit de middenklasse die met het proletariaat sympathiseerden, zagen het als hun taak de onmondige arbeiders de weg te wijzen. Onderwijs was daartoe het belangrijkste middel. Het was zaak arbeiders mondig te maken, zodat zij zouden opkomen voor hun ware belangen. Wat die ware belangen waren, wist de intellectueel op grond van zijn wetenschappelijke kennis over de ontwikkeling van de samenleving. Via speciale onderwijsprogramma's zou het proletariaat de nodige kennis opdoen om zich te ontdoen van de ketenen van het kapitalisme. Met de woorden "Wissen ist Macht! Bildung macht frei!" karakteriseerde Wilhelm Liebknecht in 1873 de basisgedachte voor het educatieve programma van de arbeidersbeweging.[75] Volgens hem berustte de macht van de heersende klasse op het feit dat zij haar onderdanen ervan weerhield zich door middel van goed onderwijs te emanciperen. De arbeidersbeweging was er dan ook veel aan gelegen om ervoor te zorgen dat het proletariaat gelijke kansen kreeg tot deelname aan het onderwijs. In veel landen creëerde ze eigen scholingsprogramma's, veelal bekend als zondagsscholen.

Maar zolang een groot deel van het proletariaat nog niet geletterd was, miste het het inzicht in zijn historische missie: een einde maken aan het kapitalisme. Daarom wierpen intellectuelen, die de op wetenschappelijke leest geschoeide inzichten wel bezaten, zich op als degenen die het onmondige proletariaat de weg zouden wijzen. Deze visie op de relatie tussen intellectuelen en de arbeidersbeweging is wellicht het meest pregnant onder woorden gebracht door Vladimir Iljitsj Lenin.[76]

De houding die Lenin ten opzichte van intellectuelen innam, is dubbelzinnig. Enerzijds is hij van mening dat intellectuelen onontbeerlijk zijn voor het bereiken van zijn politieke doel: de revolutie. Zij beschikken immers over het wetenschappelijke inzicht dat nodig is om een revolutie te ontketenen. Arbeiders zijn vaak niet in staat dit inzicht te verwerven. Het is de taak van intellectuelen hen het juiste inzicht bij te brengen. Anderzijds is Lenin ook zeer kritisch ten opzichte van een groot aantal intellectuelen die met de arbeidersbeweging sympathiseerden. Hij keert zich met name tegen degenen die van mening zijn dat de revolutie zich op grond van economische wetmatigheden min of meer vanzelf zou voltrekken. In de ogen van deze intellectuelen zou de arbeidersbeweging alleen hoeven te bestaan uit arbeiders die zich 'spontaan' verzetten tegen het kapitaal. Zij hechten niet zoveel waarde aan wetenschappelijke inzichten en beschouwen een bondgenootschap met niet uit de arbeidersklasse stammende liberalen en intellectuelen als verraad. Lenin is daarentegen van mening dat de arbeiders niet spontaan en uit eigen kracht een revolutie zullen ontketenen, maar dat daarvoor een *voorhoede* nodig is. Deze voorhoede moet de arbeidersbeweging in inhoudelijk en organisatorisch opzicht met straffe hand leiden.

Het elitisme dat inherent is aan de gedachte van de voorhoede vindt men tot op zekere hoogte bij veel socialisten. Zo zijn zo uiteenlopende socialisten als Karl Kautsky, Jean Jaurès, de Fabians en Filippo Turati van mening dat arbeiders niet uit eigen kracht het bewustzijn kunnen ontwikkelen dat noodzakelijk is voor de omverwerping van het kapitalisme, en dat zij daarvoor de hulp van intellectuelen nodig hebben. Een Nederlandse variant van dit elitisme is het intellectuelen-socialisme van Jacques de Kadt.[77]

Het is nu mogelijk om wat betreft de positie van de intellectueel enkele verschillen tussen een oude sociale beweging als de arbeidersbeweging en een nieuwe sociale beweging als de AKB op een rijtje te zetten. Intellectuelen vormen binnen de arbeidersbeweging een voorhoede die *tegenover* de massa der arbeiders staat. Hun taak is het de onmondige arbeiders de weg te wijzen. Dit doen zij door de arbeidersbeweging te leiden en educatieve programma's op de rails te zetten. Een dergelijke *bovenschikking* tussen de intellectuelen en de overige leden van de arbeidersbeweging is een sociale beweging als de AKB vreemd. Tussen de leden van de AKB is veeleer sprake van een *nevenschikking*. Qua opleidingsniveau zijn de verschillen binnen de AKB niet zo groot als binnen de arbeidersbeweging. Het aandeel hoogopgeleiden is onder de nieuwe sociale bewegingen ook beduidend hoger.[78] Degenen die namens de AKB deelnamen aan de BMD traden vooral als expert in de openbaarheid. Hun taak was het om het betoog van de opponenten, vooral de woordvoerders van de Arnhemse instellingen, te weerleggen door het geven van een contra-expertise. Tijdens de BMD staan vooral experts tegenover elkaar. Hierdoor is de hoofdas van het intellectuele engagement dus *expertise versus contra-expertise*. Daarentegen is de hoofdas van het intellectuele engagement bij de arbeidersbeweging *mondigheid versus onmondigheid*. De intellectuelen die zich inzetten voor de arbeidersbeweging deden dat met het idee dat men op grond van de inzichten van het wetenschappelijk socialisme de onmondige arbeiders bij de hand kon en moest nemen.

Binnen de arbeidersbeweging koestert men dus een andere opvatting over de taak van intellectuelen dan binnen de AKB. Dit verschil correspondeert met een andere kijk op wetenschap. De intellectuelen die zich voor de arbeidersbeweging inzetten, hielden er een essentialistische wetenschapsopvatting op na. Geheel in de lijn van Marx maken zij een onderscheid tussen wezen en verschijning.[79] Wie de ware aard van het kapitalisme wil kennen, zal zich niet blind moeten staren op haar verschijningsvormen. Het wetenschappelijk socialisme wist de essentie van het kapitalisme bloot te leggen: subtiele uitbuitingsverhoudingen die door de ontwikkeling van de productiekrachten en de productieverhoudingen van voorbijgaande aard *kunnen* zijn. Zolang de arbeiders het wezen van het kapitalisme niet doorzien, zal niet snel een einde komen aan hun uitbuiting. Intellectuelen die wel in staat zijn achter de verschijningsvormen van het kapitalisme haar wezen te ontwaren, hebben daarom de taak de arbeiders te bevrijden van hun onwetendheid. Wanneer de arbeiders eenmaal door hebben hoe zij worden geknecht, kunnen zij zich als mondige burgers daartegen verzetten. Voor Marx en zijn nazaten was het de taak van de wetenschap het wezen van iets te achterhalen. Het wetenschappelijk socialisme moest het wezen van het kapitalisme blootleggen. Aan de hand van het wezen van het kapitalisme, bestaande uit economische wetmatigheden, konden dan allerlei maatschappelijke verschijnselen verklaard worden.

De huidige wetenschapper beschrijft de werkelijkheid niet meer in termen van wezen en verschijning. Voor hem is een afdoende verklaring voor iets een illusie. Het vermeende wezen is geenszins onwrikbaar, omdat het op zichzelf allerlei vragen oproept. Er is geen essentie te bedenken die zelf geen verklaring behoeft. Natuurlijk, men kan iets voor zeker aannemen. Maar de moderne wetenschapper gaat er bij voorbaat van uit dat wat vandaag als zekerheid geldt, dat morgen al niet meer hoeft te zijn. Verklaringen hebben altijd een voorlopig karakter. Zolang ze nog niet weerlegd zijn, neemt de wetenschapper aan dat ze deugen. Verklaringen hebben betrekking op de relaties tussen dingen en niet op hun essentie. Wetenschappers gaan ervan uit dat de ideeën die zij ontwikkelen over de relaties tussen dingen feilbaar zijn. Zij houden er een fallibilistische wetenschapsopvatting op na.

De positie die de intellectueel in sociale bewegingen inneemt, is vaak onderwerp van kritiek geweest. Toch ligt die kritiek bij de oude sociale bewegingen anders dan bij de nieuwe sociale bewegingen. Het waren vooral anarchisten die de relatie tussen marxistische intellectuelen en de arbeidersbeweging op de korrel namen.[80] Marxistische intellectuelen – Michail Bakoenin spreekt over doctrinaire revolutionairen – zouden hun engagement voor de arbeidersbeweging alleen maar gebruiken om macht te verwerven. Volgens anarchisten vormt het wetenschappelijk socialisme de ideologie waarmee marxisten het volk hun wil proberen op te leggen. Door van het wetenschappelijk socialisme een staatsideologie te maken vormt de staat de belangrijkste bedreiging voor de vrijheid van het individu. Marxisten hebben met hun elitisme nog geen afscheid genomen van Plato's filosoof-koning, aldus de anarchisten.[81]

Voor zover tegenwoordig de positie van de intellectueel binnen een sociale beweging wordt bekritiseerd, heeft die kritiek niet zozeer betrekking op de macht die zij hebben. De kritiek geldt eerder hetgeen zij zeggen dan de daaraan ontleende macht over andere leden van de sociale beweging. Dit laatste is niet een probleem omdat er qua opleidingsniveau geen groot verschil is tussen de intellectuelen en de overige leden van de sociale beweging. Intellectuelen die zich engageren met de AKB worden bekritiseerd, omdat hun vertoog over kernenergie niet deugt. Controversieel is hun wetenschappelijke expertise. In de ogen van de tegenstanders van kernenergie is hun vertoog te zeer gecontamineerd door emoties.

Ik heb een nieuw licht kunnen werpen op de verschillen tussen oude en nieuwe sociale bewegingen door te focussen op de positie die intellectuelen daarbinnen innemen. De ter sprake gebrachte verschillen worden in het onderstaande schema nog eens op een rijtje gezet.

De positie van intellectuelen binnen oude en nieuwe sociale bewegingen

	OUDE SOCIALE BEWEGINGEN	NIEUWE SOCIALE BEWEGINGEN
Identiteit v.d.. intellectueel	Voorhoede	Expert
Taak v.d. intelellectueel	Onmondige arbeiders emanciperen	Verschaffen van een contra-expertise
Hoofdas van het intellectuele engagement	Onmondigheid versus mondigheid	Expertise versus contra-expertise
Wetenschapsopvatting	Essentialistisch (wezen en verschijning)	Fallibilistisch (kennis is feilbaar)
Controversieel	De op kennis gebaseerde macht van de voorhoede	De wetenschappelijke expertise van de intellectueel

Dit schema laat nog eens zien waarin de positie van de intellectueel veranderd is. Vroeger had de intellectueel niet alleen binnen de sociale beweging, maar ook daarbuiten een status aparte. De specifieke kennis die hij bezat plaatste hem *tegenover* de massa (der arbeiders, etc). Tegenwoordig bekleedt de intellectueel eerder een positie *te midden van* de massa (van sociaal bewogen mensen). De huidige intellectueel beschikt weliswaar over specifieke kennis, maar ontleent daaraan zelden een bijzondere status. Hij beseft dat hij op één terrein weliswaar een expert is, maar op alle andere terreinen een leek.

De positie van degenen die tegenwoordig een intellectuele rol vervullen is niet meer zo bijzonder als een eeuw geleden. Daarvoor zijn twee verklaringen te geven. Ten eerste is met de overgang naar de kennismaatschappij het opleidingsniveau van de doorsnee burger enorm gestegen. Deze ontwikkeling is mede te danken aan de strijd van de arbeidersbeweging. Ten tweede is de kennis die intellectuelen mobiliseren veel specialistischer geworden. De intellectueel die namens de AKB deelneemt aan de BMD beroept zich dikwijls op natuurwetenschappelijke kennis, met name op zogenaamde risicoanalyses. De BMD is een publieke controverse waarin dit soort kennis heel relevant is, omdat het om een ingewikkelde technologie gaat. Het spreekt vanzelf dat deze kennis in andere controversen irrelevant is. Degenen die tijdens de BMD een intellectuele rol vervullen, zullen daarom niet gauw meedoen aan het armoededebat of de Rushdie-affaire. De kennis die intellectuelen bij hun engagement voor de arbeidersbeweging mobiliseerden, was ook veel minder specialistisch van aard. In de industriële samenleving ging het snel om alomvattende politieke ideologieën.

De BMD laat kortom zien dat intellectuelen in de kennismaatschappij doorgaans een relatief bescheiden positie innemen. Meestal gaat het om mensen die alleen een intellectuele rol vervullen wanneer zij denken dat hun specifieke expertise relevant is voor een bepaald probleem. Dit neemt niet weg dat er nog altijd intellectuelen bestaan die zich bemoeien met zeer uiteenlopende problemen. Hun interventies zijn dan meestal niet gebaseerd op het mobiliseren van specialistische kennis, maar op de 'common sense'. Maar voor intellectuelen die zich liëren aan een sociale beweging als de AKB is dit meestal niet het geval. Juist omdat risicoanalyses niet tot de 'common sense' behoren, is hun stem gevraagd.

Eenvoud en complexiteit

De identiteit van de intellectuelen hangt nauw samen met hun positie. Ze ontlenen hun identiteit immers voor een deel aan de plaats die zij in de samenleving hebben verworven. Maar anderzijds schrijven intellectuelen zichzelf en anderen een bepaalde identiteit toe. In zoverre is de identiteit van de intellectueel een mengsel van *achievement* en *ascription*. Welke identiteit schrijven de opponenten tijdens de BMD elkaar en zichzelf toe? En wat kan vanuit een buitenperspectief over hun identiteit worden gezegd?

Bij de bespreking van de veranderde positie van de intellectueel is diens identiteit reeds terloops ter sprake gebracht. De identiteit van degenen die tijdens de BMD namens de atoomindustrie of de AKB een intellectuele rol vervullen, is die van de expert. Experts zijn wetenschappers en technici die hun specialistische kennis en vaardigheden gebruiken voor het vinden van een oplossing voor problemen die spelen buiten de wereld van de wetenschap. Dikwijls is het probleem het nemen van een politieke beslissing over een controversieel onderwerp. Vanwege hun specifieke kennis en vaardigheden onderscheiden experts zich van leken. Niet iedere expert is een intellectueel. Een expert vervult een intellectuele rol wanneer hij zijn expertise onder zijn eigen naam in de openbaarheid inzet om kritiek uit te oefenen op iets wat veel mensen aangaat en controversieel is. Wanneer een beroep wordt gedaan op de expertise van wetenschappers en technici, gaat het meestal over een controversiële kwestie die van algemeen belang is.

Wetenschappers en technici richten zich zelden tot een groot publiek. Tijdens de BMD hebben echter veel wetenschappers en technici een intellectuele rol vervuld. Zij kritiseerden namelijk in het openbaar de standpunten die anderen over kernenergie innamen. Bij een complex probleem als kernenergie ontleende de geuite kritiek haar gewicht aan hun specialistische kennis over het onderwerp. Voor- en tegenstanders van kernenergie moesten de taal van wetenschap en techniek spreken, wilden ze serieus worden genomen. Experts die een intellectuele rol vervulden, probeerden de wetenschap tegenover de wetenschap uit te spelen, tegenover de expertise van de tegenstanders een eigen contra-expertise te plaatsen. Degenen die namens de atoomindustrie en de AKB intervenieerden profileerden zich uitdrukkelijk als experts. Ook al bestreden ze elkaars standpunten, over het algemeen respecteerden ze elkaar op grond van hun identiteit als expert. Men betwijfelde overigens wel openlijk of het verdedigde standpunt wetenschappelijk verantwoord was. Zo bekritiseerden woordvoerders van de atoomindustrie herhaalde malen het wetenschappelijke gehalte van het standpunt van de tegenstanders van kernenergie. In tegenstelling tot de opponenten van de AKB zouden zij enkel met de feiten over kernenergie voor de dag komen. In hun ogen reageerden de woordvoerders van de AKB op de door hen gepresenteerde feiten niet zakelijk maar irrationeel. De voorstanders van de AKB zouden zich te zeer laten leiden door emoties. Zo voerde KEMA-medewerker Van Loon de opvattingen van de tegenstanders van kernenergie grotendeels terug op angstgevoelens:

"De angst is voor een belangrijk deel een gevolg van onbekendheid met de effecten. Maar die zijn wel onderzocht. We kennen de invloed van radioactief materiaal op de celfuncties. Dat zou de angst wat moeten doen afnemen."[82]

De tegenstanders van kernenergie wezen erop dat gevoelens niet per definitie irrationeel zijn. Zij kunnen gebaseerd zijn op goede gronden. Voorts mobiliseerden de woordvoerders van de AKB natuurwetenschappelijke kennis om hun gelijk aan te tonen. Zo wees een van de vertegenwoordigers van de Stichting Natuur en Milieu erop dat de regering op grond van verkeerde risico-inschattingen de uitkomsten van de BMD naast zich neer heeft gelegd.

"De voorspellingen van de regering van de gevolgen van een groot ongeluk (1000 à 3000 doden en een gebied zo groot als de provincie Utrecht voorgoed onbewoonbaar) zijn gebaseerd op een rapport van de Gezondheidsraad uit 1984. De Gezondheidsraad haalde zijn wijsheid uit een rapport uit 1982 van de Commissie Reactor Veiligheid, die zich op haar beurt baseerde op een Amerikaans rapport uit 1980. Dit Amerikaanse onderzoek stelde dat er bij een ongeluk minder radioactiviteit vrijkomt dan eerder, in 1975, werd aangenomen, omdat de meeste radioactiviteit binnen de betonnen omhulling van de centrale zou blijven en de koepel niet zou bezwijken door een atoomexplosie. In Amerika verschenen echter sinds 1980 ook rapporten met verontrustender gegevens. (…) Het blijkt dat het met de huidige kennis onjuist is te zeggen dat er bij een kernongeluk minder radioactiviteit vrijkomt dan in 1975 werd aangenomen. In bepaalde gevallen zal het minder zijn, in andere gevallen zal het juist meer zijn. Hiermee is de basis ontvallen aan het rapport van de Gezondheidsraad en dus aan het uitgangspunt van onze regering."[83]

Het vraagstuk van de identiteit van de intellectueel kan vanuit twee perspectieven worden bekeken. Ten eerste vanuit het perspectief van degenen die tijdens een publieke controverse elkaars opponenten zijn. De vraag is dan welke identiteit die opponenten elkaar en zichzelf toeschrijven. Ik heb laten zien dat degenen die tijdens de BMD een intellectuele rol spelen zichzelf en anderen voornamelijk beschouwen als 'expert'. Ten tweede kan het vraagstuk van de identiteit van de intellectueel vanuit een buitenperspectief ter sprake worden gebracht, dat wil zeggen zonder acht te slaan op de identiteit die de opponenten zichzelf en elkaar toeschrijven. De vraag luidt dan: wat doen intellectuelen tijdens een publieke controverse? Het spreekt vanzelf dat zij verscheidene dingen doen. Ze zijn onder andere bezig met het consolideren of verbeteren van hun eigen reputatie en die van de sociale beweging of organisatie namens wie zij spreken. Tijdens een controverse zullen zij, om met Bourdieu te spreken, ook hun sociaal, cultureel en economisch kapitaal mobiliseren. Bovendien zou men erop kunnen wijzen dat zij met hun intellectuele interventies ook hun eigenbelang dienen.[84] Ik wil nu echter de aandacht vestigen op een activiteit die in de literatuur over intellectuelen niet of nauwelijks op een systematische manier onder de aandacht is gebracht: het genereren en reduceren van complexiteit.

De BMD laat zien dat het genereren en reduceren van complexiteit een belangrijk aspect is van de identiteit van de intellectueel. Degenen die tijdens de BMD een intellectuele rol vervullen, zijn immers bezig met het reduceren en genereren van de complexiteit die inherent is aan het opwerken van kernenergie. Kernenergie vormt een complex vraagstuk omdat er diverse problemen aan kleven. De vier belangrijkste problemen die tijdens de BMD naar voren worden gebracht zijn: 1) de veiligheid van kerncentrales; 2) het opbergen van radioactief afval; 3) de proliferatie van kernwapens als gevolg van de verspreiding van 'knowhow' over kernenergie; 4) de kosten die verbonden zijn aan het opwekken van elektriciteit uit kerncentrales.[85] Het gegeven dat de voor- en tegenstanders van kernenergie een ander gewicht toekennen aan deze problemen, maakt de zaak alleen nog maar complexer.

De voor- en tegenstanders van kernenergie zijn het erover eens dat het hier om een complex vraagstuk gaat. De verschillen tussen hen treden voor het voetlicht wanneer men kijkt naar de wijze waarop zij omgaan met de geconstateerde complexiteit. Dan blijkt dat de voorstanders van kernenergie de complexiteit van het vraagstuk reduceren en de tegenstanders ze juist genereren.

Tijdens de BMD vindt het reduceren en genereren van complexiteit vooral plaats via het gehanteerde vocabulaire en de daarop geënte probleemdefinities.

De woordvoerders van de atoomindustrie willen de BMD het liefst zoveel mogelijk beperken tot een technische discussie over de grootte van de risico's van kernenergie. Deze discussie heeft vrijwel uitsluitend betrekking op dingen: de veiligheid van kerncentrales of de zoutkoepels waarin de afval zou moeten worden opgeslagen. Met behulp van natuurwetenschappelijk onderzoek laat zich in de ogen van de woordvoerders van de atoomindustrie vaststellen dat zowel de kerncentrales als de beoogde opslagplaatsen veilig zijn. De risico's van kernenergie zijn in hun ogen berekenbaar klein.

De tegenstanders van kernenergie willen het niet *alleen* over dit soort technische kwesties hebben, maar ook over de sociale verhoudingen die deze technologie met zich meebrengt. In hun ogen vormen technische artefacten als kerncentrales knooppunten in een uitgebreid netwerk van mensen en dingen. Wie het over dergelijke artefacten heeft, zal het ook over de rest van het netwerk moeten hebben, vooral de sociale verhoudingen. Het moet niet alleen over dingen (kerncentrales, opbergplaatsen voor radioactief afval, etc.) gaan, maar tevens over de mensen die al dan niet een belang hebben bij de exploitatie ervan. Daarom hebben de woordvoerders van de AKB er zo op gehamerd dat tijdens de BMD ook de economische politiek van de regering ter discussie zou staan.

"De BMD is niet meer dan een poging een allang gevoerde diskussie in politiek ongevaarlijk vaarwater te kanaliseren door de procedure zo op te zetten dat de problematiek gereduceerd wordt tot een techniese kwestie. (…) Het kader waarbinnen gediskussieerd moet worden, namelijk het kader van de regering: sociaal-ekonomiese doelstellingen zijn uitgangspunt en staan niet ter diskussie en de geldigheid van de verschillende argumenten zullen hierbinnen worden beoordeeld. Dit druist in tegen de opvatting dat de kwestie van energie niet geïsoleerd kan worden van politiek-maatschappelijke verhoudingen en konsekwenties."[86]

Door aan de discussie steeds weer nieuwe elementen toe te voegen genereren de woordvoerders van de AKB complexiteit.

Het genereren en reduceren van complexiteit kan vertaald worden in termen van het eerder gemaakte onderscheid tussen risico's en gevaren. De aan de AKB gelieerde intellectuelen genereren complexiteit door de onzekerheden die inherent zijn aan kernenergie te vertalen in termen van gevaren waaraan mensen uitgeleverd worden. Zij wijzen erop dat kernenergie repercussies kan hebben voor toekomstige generaties die geen enkele invloed hebben op het risicogedrag van mensen die nu leven. De woordvoerders van de atoomindustrie reduceren de complexiteit door alleen maar te wijzen op de risico's van kernenergie. Hun vocabulaire biedt geen plaats voor het relevante onderscheid tussen risico's en gevaren. Zij spreken immers alleen maar over beheersbaar kleine risico's. Mede daardoor stuit de AKB, die in haar vocabulaire wel plaats biedt voor wat ik gevaren heb genoemd, op dovemansoren.

Mensen en dingen

Net als het vraagstuk van de identiteit van de intellectueel kan men dat van diens verantwoordelijkheid vanuit twee perspectieven belichten. Allereerst vanuit het binnenperspectief van de betrokkenen. De vraag is dan welke verantwoordelijkheid zij in het geding achten bij kernenergie en hoe zij daarover denken. Maar men kan het vraagstuk van de verantwoordelijkheid ook vanuit een buitenperspectief belichten en een oordeel vellen over de ideeën die tijdens de BMD impliciet of expliciet over verantwoordelijkheid aan de orde waren. Ik beperk me nu tot het eerste perspectief. In het laatste hoofdstuk komt het buitenperspectief aan de orde.

De woordvoerders van de atoomindustrie achten zich primair verantwoordelijk voor de veiligheid van kerncentrales. Zij staan niet stil bij het feit dat kerncentrales artefacten zijn die deel uitmaken van complexe netwerken van mensen en dingen. Kerncentrales vormen zelf ketens van ingenieurs, koelsystemen, managers, reactorvaten, bewakingsdiensten, elektriciteitskabels, onderhoudsmonteurs, etc. Degenen die de atoomindustrie in de openbaarheid vertegenwoordigen, spreken daarom niet alleen namens de mensen die een kerncentrale draaiende houden, maar ook namens de dingen waaruit zo'n artefact is opgebouwd. Zij stellen zich garant voor de kwaliteit van het materiaal waaruit kerncentrales zijn gebouwd. Tijdens de BMD leggen de woordvoerders van de atoomindustrie verantwoording af over de kwaliteit van de centrales en de competentie van de mensen die er werken. Dit doen zij door de onloochenbare complexiteit van het netwerk van mensen en dingen te reduceren, erop te wijzen dat de risico's die eraan vastzitten beheersbaar zijn.

De aan de AKB gelieerde intellectuelen vinden de wijze waarop de vertegenwoordigers van de atoomindustrie zich tijdens de BMD opstellen onverantwoord. Zij zouden zich te weinig rekenschap geven van de gevaren die kleven aan kernenergie. Door complexiteit te genereren, erop te wijzen dat er meer vraagstukken vastzitten aan kernenergie, maken de vertegenwoordigers van de

AKB het vraagstuk van de verantwoordelijkheid complexer. Volgens hen moeten de voorstanders van kernenergie zich ook verantwoorden ten opzichte van toekomstige generaties. Het is de verantwoordelijkheid van degenen die weet hebben van de gevaren van kernenergie om hen daarop te wijzen. Als experts nemen de aan de AKB gelieerde intellectuelen deze verantwoording daadwerkelijk op zich. Zij achten het tot hun verantwoordelijkheid op te komen voor een algemeen belang: het terugdringen van de gevaren die verbonden zijn met kernenergie.

Tijdens de BMD voelen sommigen zich ook nog verantwoordelijk voor het goede verloop van de discussie. Zij kritiseren vooral de opzet van de discussie. In hun ogen legt deze de deelnemers aan de discussie te veel beperkingen op. Met hun kritiek strijden zij in feite voor een stukje democratie. Dit betekent dat hun intellectuele rol twee kanten kent. Als expert wijzen zij op de gevaren van kernenergie en als burger op de beperkingen die de deelnemers aan de BMD krijgen opgelegd door haar opzet.

Dit is interessant, omdat daarmee de ideeën die zowel Benda als Foucault over intellectuelen koesteren, worden weersproken. Of anders geformuleerd: het optreden van degenen die namens de AKB een intellectuele rol vervullen, valt niet te rijmen met de ideeën van Benda en Foucault. Volgens Benda komt een intellectueel op grond van universele waarden op voor algemene belangen. De intellectuelen die namens de AKB interveniëren in de discussie over kernenergie, doen dat in eerste instantie niet op grond van universele waarden, maar op grond van hun specifieke kennis. Als experts mobiliseren zij juist natuurwetenschappelijke kennis over kernenergie. Hier gaat het niet om universele waarden, maar om specifieke feiten. Daarmee dienen zij een algemeen belang, namelijk het terugdringen van de gevaren van kernenergie. Het vocabulaire dat zij normaliter alleen in de esoterische kring van wetenschappers hanteren, stelt hen in staat om greep te krijgen op een complex vraagstuk als kernenergie. Betekent dit dat zij voldoen aan het postmoderne profiel van de specifieke intellectueel waar Foucault het over heeft? Nee, want op een ander niveau strookt het optreden van de vertegenwoordigers van de AKB wel met de moderne ideeën van Benda. Zij geven zich namelijk rekenschap van een universeel geachte waarde als democratie. Dit doen ze op het moment dat zij wijzen op de beperkte mogelijkheden die de BMD biedt om eraan deel te nemen. Hiermee strookt hun optreden niet met de postmoderne ideeën van Foucault. De intellectuelen die voor de AKB in het krijt treden, nemen niet alleen als specialisten deel aan het debat. Om zich tot de exoterische kring van leken te kunnen richten, moeten zij hun specifiek kennis dikwijls eenvoudig opdissen. In eenvoudige bewoordingen wijzen zij op de gevaren van kernenergie. De specifieke intellectueel van Foucault ontpopt zich tijdens de BMD juist als iemand die opkomt voor algemene belangen: een faire discussie en het terugdringen van gevaren.

SOCIALE GESCHIEDENIS:
Het CDA Doet Een Ontdekking

Opland in *De Volkskrant* van 16 maart 1989

IV HET ARMOEDEDEBAT

'Armoede' is een normatief geladen begrip. Wie overtuigend aantoont dat in Nederland armoede voorkomt, kan daarmee voor morele verontwaardiging zorgen. In een context waar de morele consensus bestaat dat armoede verwerpelijk is, kan de feitelijke constatering dát er sprake van is tot grote verbijstering leiden. Wordt de bewering dat armoede bestaat eenmaal als feit aanvaard, dan vindt men dat daaraan iets behoort te worden gedaan. In het geval van armoede liggen descriptieve en normatieve uitspraken vaak in elkaars verlengde. Dit blijkt ook uit het in Nederland gevoerde debat over armoede.

Armoede is sinds de jaren tachtig herhaardelijk het onderwerp van een publiek debat geweest. Het zijn vooral woordvoerders van kerken en wetenschappers die armoede van tijd tot tijd op de politieke agenda weten te zetten. Dit heeft vaak tot felle controversen in de media en de Tweede Kamer geleid. De publieke controverse over armoede beleeft in 1989 zijn eerste hoogtepunt. In dat jaar strijden politici met vertegenwoordigers van de kerken over onder andere de vraag wie verantwoordelijk is voor de armoede in Nederland. Begin jaren negentig verdwijnt armoede als publiek thema enigszins op de achtergrond. In het najaar van 1996 laait het armoededebat weer op door een provocerende uitspraak van bisschop Muskens uit Breda. Hij beweert dat iemand een brood uit de winkel mag weghalen wanneer hij zo arm is dat hij niet meer kan leven. Deze uitspraak heeft tot een kortdurende, maar heftige controverse geleid. Hiermee beleeft het publieke debat over armoede een nieuw hoogtepunt. Op dit moment is de controverse weer wat geluwd.

Wellicht is het alleen een kwestie van tijd voordat de controverse weer oplaait, want de internationale euforie over het poldermodel kan niet verhullen dat er in Nederland nog steeds armoede is. Terwijl de economie momenteel floreert, op gezette tijden hoge groeicijfers bekend worden gemaakt, moet ruim tien procent van de huishoudens van een inkomen onder of rond het sociaal minimum leven. Ondanks de economische groei is de armoede in de periode 1990-1997 in Nederland niet afgenomen. In die tijd is het absolute aantal arme huishoudens zelfs gestegen.[1]

In dit hoofdstuk reconstrueer ik het Nederlandse debat over armoede. Daarbij concentreer ik me op de twee genoemde hoogtepunten. Eerst focus ik op de betekenis die een wetenschappelijke studie over armoede en langdurig werklozen speelde ten tijde van het eerste hoogtepunt. Vervolgens ga ik na welke impact de uitspraak van Muskens heeft gehad. Tot slot bespreek ik de wijze waarop degenen die gedurende de twee hoogtepunten van het debat een intellectuele rol vervullen, feiten en waarden aan elkaar relateren.

I   WETENSCHAP IN DE POLITIEK

Tussen de wetenschap, de politiek en het alledaagse leven bestaan vaak grote verschillen in de wijze waarop over problemen wordt gesproken. Dit is zeker het geval wanneer een probleem als armoede ter sprake komt. De taal waarin armen in hun alledaagse leven over hun problemen spreken, verschilt vaak hemelsbreed van die van politici en wetenschappers die het over hen hebben.[2]

Voor politici is armoede iets dat ontkend óf erkend wordt. In het laatste geval zijn armen het object van beleid. In de taal van politici vormen armen een beleidscategorie, dat wil zeggen een groep mensen waarop specifiek beleid moet worden gezet. Wie vandaag nog niet tot de armen wordt gerekend, is morgen misschien iemand die een gedisciplineerd leven moet leiden om in aanmerking te komen voor allerlei maatregelen in het kader van het armoedebeleid. In de taal van de wetenschappers vormen armen een groep mensen die zich beneden de een of andere armoedelijn bevindt, en die op te splitsen is in allerlei subcategorieën met een geheel eigen leefwereld. Onderling strijden wetenschappers erover welke armoedelijn het meest geschikt is om armen van niet-armen te onderscheiden en of de gehanteerde subcategorieën deugen. Terwijl politici en wetenschappers armoede vanuit een buitenperspectief belichten, doen armen dit uiteraard vanuit een binnenperspectief. In de taal van de armen is daarom veel meer plaats voor de wijze waarop armoede wordt ervaren. Voor hen betekent armoede een gebrek aan geld en verlies aan (zelf)respect. Zij hebben het onder andere over 'afhankelijkheid' en 'schaamte'. De stem van de armen is zelden te horen in publieke debatten. Hun verhaal wordt meestal vertaald door

politici, wetenschappers en vertegenwoordigers van de kerken. Voor laatstgenoemden is armoede een groot onrecht. De taal van de vertegenwoordigers van
de kerken kenmerkt zich dan ook meestal door een moreel appèl om iets aan de
situatie van armen te doen.

Met de in het kort geschetste verschillen tussen de actoren die hebben deel-
genomen aan het debat over armoede, is nog niets gezegd over de manier waarop zij dit probleem precies definiëren. Dit wordt pas duidelijk wanneer men
hun interventies in het debat volgt. Hoe ziet de definitie van een probleem als
armoede er eind jaren tachtig uit? Welke rol speelt wetenschappelijk onderzoek
bij de herdefinitie van dit vraagstuk? En waartoe heeft de destijds gevoerde controverse over armoede geleid?

Ontkennen en erkennen

Het jaar 1965 vormt een mijlpaal in de politieke en sociaal-economische geschiedenis van Nederland. In dat jaar wordt immers de Algemene Bijstandswet
(ABW) van kracht. De ABW sluit een tijdperk af, omdat ze een eind maakt aan
de traditionele armenzorg. Voor de invoering van de ABW is de zorg voor
armen primair een aangelegenheid van de familie en het particulier initiatief.
Alleen wanneer de hulp van de familie of het particuliere initiatief tekortschiet,
springt de staat bij. In 1912 heeft de overheid dit vastgelegd in de Armenwet. De
ABW breekt met deze Armenwet, omdat de primaire verantwoordelijkheid
voor de noodzakelijke bestaanskosten van de burger bij de overheid komt te liggen. Er is dus een principieel verschil tussen de ABW en Armenwet. Met de
ABW wordt hulp in geval van armoede een *recht* en is het niet langer een *gunst*.
De ABW vormt ook het voorlopige sluitstuk van een aantal wetten die burgers
meer sociale zekerheid moeten geven, en die tezamen de basis van de verzorgingsstaat vormen.[3]

Hoewel de ABW pas in 1965 wordt ingevoerd, vindt het debat erover reeds in
april en juni 1963 in de Tweede en Eerste Kamer plaats. Minister Marga
Klompé heeft de ABW voorbereid en verdedigd. Uit de discussie over haar
wetsontwerp, dat overigens met grote instemming in de Tweede Kamer wordt
ontvangen, blijkt dat het niet alleen gaat om de materiële bestaanszekerheid van
burgers. Het gaat ook om immateriële waarden als 'zelfrespect', 'vrijheid', 'zelf-
standigheid' en 'eigenwaarde'. Met de invoering van de ABW wil men een
einde maken aan de betutteling van de traditionele armenzorg die in veel gevallen tot een vernederende afhankelijkheid heeft geleid. Wanneer iemand niet in

staat is zelf in het eigen levensonderhoud te voorzien, dan moet hij niet afhankelijk worden van de gunsten van derden, maar heeft hij recht op ondersteuning door de overheid. Met de invoering van de ABW verplicht de overheid zich tot het garanderen van een financieel bestaansminimum voor alle burgers. Dit financiële bestaansminimum wordt beschouwd als een 'vloer' die moet voorzien in 'de noodzakelijke kosten van het bestaan'. Op het moment dat de ABW wordt ingevoerd, denkt men bij het bestaansminimum niet alleen aan de garantie van bed, bad en brood. Klompé drukt dit als volgt uit: "Daar hoort ook het bloemetje op tafel bij". Iedere burger moet in staat gesteld worden om deel te kunnen nemen "aan het sociale en culturele leven".

De ABW geeft uitdrukking aan een breed gedragen morele consensus over wat een rechtvaardige samenleving is. Dit is een samenleving die alle burgers een minimale bestaanszekerheid garandeert. Deze consensus komt aan het eind van de jaren zeventig als gevolg van een economische recessie onder druk te staan. Vanwege deze recessie slankt het kabinet-Van Agt I de overheidsuitgaven zodanig af, dat de bestaanszekerheid van veel mensen wordt aangetast. Het aantal huishoudens dat afhankelijk wordt van het (dalende) sociale minimum neemt sinds 1977 gestaag toe. Wanneer in het begin van de jaren tachtig het bezuinigingsbeleid wordt voortgezet, krijgen steeds meer mensen financiële problemen. Deze ontwikkeling leidt tot de eerste publieke debatten over armoede.

In eerste instantie gaat het bij die debatten om de vraag of men in een rijk land als Nederland wel van armoede kan spreken. Velen denken van niet. Zij gaan van de veronderstelling uit dat de ABW de burger afdoende tegen armoede beschermt. Toch komen er steeds meer stemmen op die beweren dat de ABW niet meer aan haar functie voldoet. De bezuinigingen op de collectieve sector worden daarbij veelal als oorzaak opgevoerd. De armoede waarvan men in 1965 nog dacht dat men ze met de introductie van de ABW achter zich had gelaten, is volgens sommigen weer teruggekeerd.

Van groot belang voor de 'comeback' van het begrip 'armoede' is het interimrapport *Minima zonder marge* dat de Gemeentelijke Sociale Dienst uit Rotterdam 8 december 1983 publiceert. *Trouw* en *de Volkskrant* besteden hier in hun redactionele commentaar aandacht aan, en onderstrepen de benarde situatie waarin de zogenaamde minima zich bevinden. Op 18 februari 1984 reageert *Elseviers Weekblad* met een redactioneel commentaar, een column van Rudolf de Korte (VVD) en een interview met een gezin dat tot de minima wordt gerekend. De teneur van het redactionele commentaar en de column is dat men de armoede in Nederland tegen de achtergrond van de situatie in andere Europese landen moet relativeren. Het interview met het gezin onderstreept dit nog eens. Het verschijnt onder de titel 'Je moet jezelf niet zielig vinden'.

Desondanks stellen met name Joop den Uyl en Beckers-de Bruijn de moeilijke positie van de minima in de Tweede Kamer aan de kaak. Zo spreekt Den Uyl tijdens de behandeling van de Rijksbegroting van 1984 de kamer met de volgende woorden toe: "Er is toch een grens? Er zijn toch noodzakelijke kosten van het bestaan? Bezuinigingen doen overal pijn. Echte pijn doen ze waar mensen aangedrukt zitten tegen de noodzakelijke kosten van het bestaan. Ik vraag het kabinet, een bodem in de markt van de armoede te leggen".[4]

Het definitieve rapport *Minima zonder marge* verschijnt in mei 1984. Hoewel daarin het woord 'armoede' niet wordt gebruikt, wordt de ernst van de slechte positie van de minima benadrukt. In november van dat jaar publiceert de journalist Ben van der Velden een serie artikelen over de minima in *NRC Handelsblad*, waarin hij het beeld probeert te weerleggen dat in dit rapport wordt geschetst. Het eerste artikel draagt dan ook de veelzeggende titel: 'We eten er geen hap minder om. Vergeefs op zoek naar de echte minima'. Twee jaar later verschijnt in dezelfde krant een serie artikelen van de journalist Folkert Jansma met een heel andere toonzetting. Het eerste artikel wordt de titel 'De desintegratie van een week. Arm in een rijk land meegegeven'. Blijkbaar schat men de problemen in 1986 anders in dan in 1984.

Ondanks het feit dat er in de eerste helft van de jaren tachtig veelvuldig aandacht wordt besteed aan armoede, krijgt dit thema pas in 1987 een grote publieke belangstelling. In kwantitatief opzicht verschijnen er veel meer wetenschappelijke publicaties, conferenties, krantenartikelen en rapporten over armoede dan in de eraan voorafgaande jaren. In juni is namelijk de invloedrijke wetenschappelijk studie *Moderne armoede* van de sociologen Godfried Engbersen en Romke van der Veen verschenen. Deze studie krijgt enorm veel aandacht. Zo vormt zij de aanleiding voor een discussie over armoede in het televisieprogramma *Het Capitool*. Op 29 september van dat jaar houdt de Raad van Kerken en DISK (Dienst in de Industriële Samenleving vanwege de Kerken) in Amsterdam de conferentie De arme kant van Nederland. Ds. W.R. van der Zee, de secretaris van de Raad van Kerken, sluit zijn openingstoespraak af met de woorden: "armoede in Nederland, mensonterend en godgeklaagd!" Deze conferentie trekt veel aandacht in de pers. *Trouw* presenteert naar aanleiding daarvan in de maand oktober en november een serie artikelen over moderne armoede.

In 1988 ebt de belangstelling voor armoede binnen de media nog niet weg.

Integendeel. Tal van bladen besteden extra reportages aan deze problematiek. Het lijkt erop dat iedereen in Nederland ervan overtuigd is dat er sprake is van armoede. Zo laten vertegenwoordigers van de beweging Vierde Wereld in de bijlage 'De adel van de armoede' van *Vrij Nederland* de volgend woorden optekenen: "Tien jaar geleden moesten ze nog uitleggen dat armoede in Nederland werkelijk bestaat. Nu, na vele strekkende meters beleidsnota's, gemeentelijke rapporten, wetenschappelijke verkenningen en na bijna maandelijkse congressen aangaande moderne, nieuwe en hedendaagse armoede, is dat zendingswerk overbodig".[5]

Schijn bedriegt, want in 1988 ontkennen staatssecretaris De Graaf en minister De Koning nog glashard dat er in Nederland sprake is van armoede. Pas in het begin van het daarop volgende jaar veranderen zij van mening. Tijdens het begrotingsdebat op 1 februari 1989 geven zij toe dat er armoede is.[6] *De Volkskrant* becommentarieert het begrotingsdebat met de volgende woorden:

> "Armoede bestaat dus, óók in Nederland. Tot dat inzicht zijn de bewindslieden van Sociale Zaken en Werkgelegenheid, De Koning en De Graaf, ook gekomen. In het begrotingsdebat deze week erkenden beiden dat armoede geen fabel is. Eindelijk, want jarenlang heeft het kabinet de moderne armen ontkend. Sterker, onderzoek naar de financiële en sociale nood van uitkeringsgerechtigden werd als onhaalbaar en weinig zinvol afgedaan. Erkenning van een maatschappelijk fenomeen is één, inzicht hebben in de oorzaken is twee, en het opheffen van de nieuwe armoede is weer iets anders. Wat dat laatste betreft is er weinig hoop op een kentering in het overheidsbeleid. Stuitend was de mededeling van minister De Koning dat voortaan de kerken en de liefdadigheidsinstellingen zich maar moeten ontfermen over de armen. Het voorstel werpt wel een erg schril licht op de zorgzame samenleving van het CDA."[7]

Doordat de CDA'ers De Koning en De Graaf niet meer ontkennen dat er armoede is, ontstaat er ruimte voor een controverse. Nu kunnen immers de vertegenwoordigers van de kerken de bewindslieden daarop makkelijker aanspreken.

Op 7 februari verschijnt in *Trouw* het artikel 'De armen moeten eindelijk van hun "magere jaren" af' van ds. Ab Harrewijn. Hiermee geeft hij het startschot voor een publieke controverse over armoede. Harrewijn meldt het volgende:

"De gevolgen van zeven jaar De Koning/De Graaf zijn toch merkbaar in een drastische verarming? (...) Met al hun economen achter zich geven De Koning en De Graaf dat nu pas schoorvoetend toe. Het idee dat economen en ministerie-ambtenaren 'deskundig' zijn en de stralenkrans van 'feitelijk' en 'reëel' mogen dragen klopt niet met de feiten. Veel dominees gaan al deze deskundigen vóór in het zién van de feiten van de verarming zelf. Hun feitelijke kennis is nog veel groter. (...) Trouwens, wie kennen hun eigen situatie beter dan de mensen zelf. De bewindslieden moeten eens ophouden met hun ergerlijke gewoonte er telkens een heel leger van economen, sociologen en andere deskundigen tussen te schuiven.".[8]

Daarmee provoceert Harrewijn de bewindslieden. Een week later reageren zij in dezelfde krant. De Koning en De Graaf zijn vooral verbolgen over het feit dat zij verantwoordelijk worden gesteld voor de armoede. Is Harrewijn niet onverantwoord bezig, omdat hij zich als een wereldvreemde weinig aan de feiten gelegen laat?

"Wij zien ervan af, hiér met hem te gaan bekvechten over de betrouwbaarheid van de gegevens van het CPB en van de daarop bijbehorende rekenmodellen waarop wij een groot deel van ons beleid (moeten) baseren. Harrewijn is bij deze hartelijk uitgenodigd, zich op ons ministerie alles nog eens haarfijn te laten voorrekenen. Onze pastor geeft er blijk van, dat deskundigen en economen hem irriteren. Wij zouden willen zeggen: kom, kom – niet bang zijn, het zijn aardige mensen die met plezier op al zijn vragen willen antwoorden."[9]

Het meningsverschil tussen de vertegenwoordiger van de kerken en de CDA-politici heeft niet alleen betrekking op feiten. Hun vocabulaires verschillen ook in normatief opzicht van elkaar. Wanneer woordvoerders van de DISK of de Raad van Kerken en politici van het CDA in het debat over armoede de degens kruisen, dan doen ze dit op grond van verschillende morele vooronderstellingen. Met de hand op de bijbel komen ze tot geheel andere voorstellingen over wie verantwoordelijk is voor de armoede en de aanpak daarvan. Voor de een ligt de verantwoordelijkheid voor de armoede bij de staat en voor de ander bij particuliere en charitatieve instellingen.

Het vocabulaire van de kerken heeft in deze onder invloed van de oecumenische beweging een verandering ondergaan. Het normatieve perspectief is verschoven van Charitas naar Rechtvaardigheid. Terwijl vroeger de zorg voor armen gebaseerd was op liefdadigheid en barmhartigheid, zou die nu op grond van een idee van distributieve rechtvaardigheid moeten plaatsvinden. Deze accentverschuiving is het gevolg van een theologische herbezinning op het armoedevraagstuk.[10] In het traditionele christelijke vocabulaire werd de verantwoordelijkheid voor de armoede geformuleerd "in termen van naastenliefde, hulpbetoon, armenzorg, liefdadigheid. (…) De arme mensen vormden het probleem, niet (het bestaan van) de armoede als zodanig."[11]

Wanneer het probleem gedefinieerd wordt in termen van armoede in plaats van arme mensen, gaat de aandacht sneller uit naar de maatschappelijke omstandigheden die daartoe leiden. De moraal heeft dan niet alleen betrekking op de directe omgang met de arme mensen, maar ook op de maatschappelijke oorzaken die tot armoede leiden. Door toedoen van de oecumenische beweging wordt de bijbel zo geïnterpreteerd, dat er niet alleen gesproken kan worden van een individuele zonde, maar tevens van een sociale zonde. De individuele zonde heeft betrekking op degenen die tekortschieten in de naastenliefde. In dat geval laat hun hulpbetoon ten opzichte van armen veel te wensen over. De sociale zonde verwijst naar een samenleving die zodanig georganiseerd is, dat er sprake is van armoede. Voor de Raad van Kerken en DISK is dit de reden waarom armoede beschouwd moet worden als een zaak van gerechtigheid en politiek beleid.

Het vocabulaire van de CDA-politici kenmerkt zich nog door traditionele christelijke waarden. De theologische herbezinning op het armoedevraagstuk is blijkbaar aan haar voorbijgegaan. Zij bedient zich nog van een vocabulaire dat stamt uit de negentiende eeuw. Zo impliceert het door haar ontwikkelde idee van de zorgzame samenleving dat de zorg voor armen zoveel mogelijk van de staat wordt overgeheveld naar particuliere initiatieven en charitatieve instellingen.

Op grond van hun normatieve idee van distributieve rechtvaardigheid zoeken de vertegenwoordigers van de kerken de oorzaak voor armoede vooral bij de overheid. Door het stringente bezuinigingsbeleid zijn de bewindslieden van het CDA medeverantwoordelijk voor de armoede. De Raad van Kerken stelt voor om de armoede structureel te bestrijden en de uitkeringen te verhogen met honderd gulden. In een interview hekelt staatssecretaris De Graaf dit in zijn ogen 'onverantwoorde voorstel'.

"Het is prima dat bijvoorbeeld de kerken zich bezighouden met armoedeproblemen en dergelijke. Ik word alleen kopschuw op het moment dat ze denken dat meer geld erin pompen de oplossing is. (…) Mijn stelling is, dat

dat meer werkloosheid tot gevolg heeft. Dan vind ik dat de kerken eerst de gevolgen van hun wensen moeten doordenken. Wij, politici worden wel op die gevolgen aangesproken. De kerken niet."[12]

Doordat De Graaf hiermee publiekelijk erkent dat er in Nederland sprake is van armoede, wordt iets wat voor de kerken en anderen reeds een feit is, een *harder feit*. In navolging van Bruno Latour ga ik ervan uit dat een feit harder wordt naarmate het minder wordt betwist. De uitspraak 'Er is armoede in Nederland' is op zichzelf nog geen feit of fictie. Of deze uitspraak een feit wordt, hangt af van de steun die deze uitspraak krijgt door andere uitspraken. Zachte feiten worden harde feiten op het moment dat zij de steun van steeds meer mensen krijgen. Wanneer de kerken de uitspraak 'Er is armoede in Nederland' willen verdedigen tegenover politici, dan zullen zij zoveel mogelijk bondgenoten moeten verzamelen die deze uitspraak ondersteunen.[13]

Het gegeven dat CDA-politici lange tijd hebben ontkend dat er armoede in Nederland is, en ineens moeten erkennen dat daar wel sprake van is, impliceert dat hun opponenten steeds meer bondgenoten om zich heen wisten te verzamelen. Dit bracht hen in verlegenheid, omdat zij, net als hun opponenten, van mening zijn dat armoede in moreel opzicht verwerpelijk is. Op het moment dat de CDA-politici nog niet erkennen dat er armoede is, staan feiten en waarden voor hen niet nog op gespannen voet met elkaar. Maar zodra zij dat wel doen, ontstaat er een geheel nieuwe situatie. De vraag is nu hoe de opponenten in het armoededebat met het gerezen spanningsveld tussen feiten en waarden omgaan.

Vanaf het moment dat CDA-politici armoede als feit accepteren, ondersteunen zij gewild of ongewild de door de Raad van Kerken en DISK reeds gemaakte koppeling tussen feiten en waarden. De kerkelijke organisaties willen zich op grond van hun christelijke waarden niet neerleggen bij het feit dat in Nederland armoede is. Om deze sinds jaar en dag door hen gemaakte koppeling te verzwakken is het in het belang van CDA-politici zo lang mogelijk te ontkennen dat er in Nederland armoede is. De norm dat armoede onacceptabel is, blijft immers in de lucht hangen zolang niet is aangetoond dat er daadwerkelijk sprake van is. Zeker met het oog op het consolideren van de politieke macht is het voor CDA-politici niet slim de aanwezigheid van armoede toe te geven.

Door armoede als feit te erkennen, versterken de CDA-politici de impact die de morele lading van het begrip 'armoede' kan hebben. Zeker waar de kerken bij monde van Herman Noordegraaf en Ab Harrewijn hen vanwege het door hen gevoerde beleid verantwoordelijk maken voor de armoede, rust de morele lading zwaar op de schouders van de politici. Omdat de vertegenwoordigers van de kerken De Graaf en De Koning voortdurend op hun verantwoordelijkheid wijzen, worden de bewindslieden in de verdediging gedrukt. De CDA-politici beproeven twee verdedigingsstrategieën: het probleem opnieuw definiëren en de opponenten verwijten dat ze utopisten zijn.

Het probleem opnieuw definiëren is de poging de aandacht te verschuiven van het feitelijke bestaan en de morele verwerpelijkheid van armoede naar andere kwesties, zoals de oorzaken ervan en het 'noodzakelijk' te volgen beleid. De CDA-politici zijn natuurlijk in verlegenheid gebracht wanneer zij moeten erkennen dat tien procent van de Nederlanders minder te besteden heeft dan het door de overheid gegarandeerde minimum. De Koning en De Graaf willen niet verantwoordelijk worden gesteld voor dit harde feit. Daarom stellen zij dat de oorzaak van armoede niet gezocht moet worden bij hun beleid, maar bij de hoge overheidsuitgaven en de hoge loonkosten.

"Ten eerste hebben wij de overheidsuitgaven volslagen uit de hand laten lopen. (...) En ten tweede hebben wij de lonen, het minimumloon niet in de laatste plaats, zodanig laten stijgen dat het bedrijfsleven de kosten ervan niet meer kon terugverdienen."[14]

Door de loonkosten te drukken kan men de armoede bestrijden, aldus de bewindslieden. Het gevoerde beleid, inkrimping van de groei van de overheidsuitgaven en matiging van de loonkostenontwikkeling in de marktsector, hebben volgens De Koning en De Graaf 150.000 laagstbetaalden voor werkloosheid en eventuele armoede behoed. Voor deze stelling beroepen zij zich op cijfers van het CPB.

De Koning en De Graaf vinden het onverantwoord om te eisen dat het minimumloon met honderd gulden moet worden verhoogd, omdat dan tachtigduizend mensen hun baan verliezen en het contingent werklozen alleen maar groeit. De suggestie is duidelijk: het voorstel van de kerken om de armoede op te heffen deugt niet, omdat daardoor het aantal armen zou toenemen. Armoede heft men volgens De Graaf en De Koning alleen op door beleid dat de prioriteit legt bij werk boven inkomen. Er moet volgens hen vooral een goed werkgelegenheidsbeleid worden gevoerd teneinde de armoede te kunnen bestrijden. De CDA-politici proberen hun ideeën te versterken door van het CPB en het CBS bondgenoten te maken. Zo beroepen zij zich op CBS-cijfers om aan te tonen dat het minimuminkomen nog steeds voorziet in de noodzakelijke kosten van het bestaan. Deze cijfers tonen aan dat uitkeringsgerechtigden niet in veel mindere mate deelnemen aan maatschappelijke activiteiten dan anderen.[15]

De vertegenwoordigers van de kerken wordt ook verweten dat zij irreëel zijn. Volgens de CDA-politici houden zij er weliswaar mooie waarden op na, maar zien zij de harde werkelijkheid niet onder ogen. Zo betuigen De Graaf en de Koning veel respect voor Harrewijns engagement voor de nieuwe armoede, maar vinden zij dat hij te weinig rekening houdt met de feiten. Ja, Harrewijn zou 'wereldvreemd' zijn, omdat hij zich geen rekenschap geeft van de economische situatie. De vertegenwoordigers van de kerken zouden zich in een comfortabele positie bevinden van waaruit ze alleen maar morele praatjes hoeven te verkopen, terwijl de bewindsvoerders rekening moeten houden met de economische situatie.

"Maar wij kunnen feiten en reële verwachtingen helaas niet zomaar afschaffen louter omdat zij ons niet bevallen."[16]

Om hun realisme te onderstrepen drijven ze een wig tussen degenen die aan hun kant staan, de kant van de feiten, en degenen die aan de kant van de wereldvreemde idealisten staan. Aan hun kant staan de wetenschappers, vooral economen. De Graaf en De Koning suggereren dat de 'andere kant' moeite zou hebben met wetenschappers. Zij doen het voorkomen dat de vertegenwoordigers van de kerken niet met beide benen op de grond staan, omdat ze zich niets gelegen laten aan allerlei wetenschappelijke bevindingen.

Voor de vertegenwoordigers van de kerken is het zaak de door de verdedigingsstrategieën van de CDA-politici teweeggebrachte ontkoppeling van feiten en waarden teniet te doen. Daarvoor staan hen twee wegen open. In de eerste plaats de ideeën over de oorzaak van armoede kritiseren die de bewindslieden bij hun herdefinitie van de armoedeproblematiek naar voren brachten. In de tweede plaats het verwijt van utopisme terzijde te schuiven. Beide wegen worden in het vervolg van het debat bewandeld.

De suggestie van De Graaf en De Koning dat de wetenschappers aan hun kant staan, wijst Herman Noordegraaf expliciet van de hand.

"Er worden onderzoeken aangehaald die zouden bevestigen dat er van een minimuminkomen te leven is in Nederland. Maar er zijn andere onderzoeken die het tegendeel bewijzen, en die worden niet genoemd."[17]

Noordergraaf weerspreekt ook de suggestie dat de kerken moeite zouden hebben met wetenschappers. De kerken mobiliseren zelf allerlei wetenschappers die hun verhaal ondersteunen. Ds. Harrewijn laat publiekelijk weten dat hij de uitnodiging van de bewindslieden om naar het ministerie te komen graag aanvaardt. Bij die gelegenheid zal hij enkele economen meenemen die De Graaf en De Koning zullen voorrekenen dat hun verhaal niet klopt. [18]

In tal van reacties wordt de these van de CDA-politici bestreden dat de verhoging van de uitkering met honderd gulden per maand 80.000 werklozen zou opleveren. Zo laat An Huitzing, wetenschappelijk medewerkster van de Wiardi Beckman Stichting, zien dat sinds 1971 De Wet op het Minimumloon de mogelijkheid van een structurele verhoging van het minimumloon inhoudt, zonder dat daar alle ambtenarensalarissen en lonen in de marktsector mee omhooggaan. Hierdoor komt volgens haar de these van de 80.000 werklozen op losse schroeven te staan.[19] Sommigen wijzen erop dat niet de opgelopen overheidsuitgaven en de te hoge loonkosten geleid hebben tot de malaise, maar de oliecrisis. Volgens de econoom H. Cuperus is deze crisis de oorzaak van de overheidstekorten.[20] In zo'n situatie moeten de schaarse middelen opnieuw verdeeld worden. De overheid is verantwoordelijk voor de wijze waarop dat gebeurt.

Het verwijt van de politici dat de vertegenwoordigers van de kerken 'wereldvreemd' zouden zijn, wordt terzijde geschoven door te wijzen op het directe contact dat de vertegenwoordigers van de kerken met de armen hebben.

"Er wordt gedaan alsof alleen de economische wetmatigheden de werkelijkheid uitmaken. Waar wij mee geconfronteerd worden, zijn de verhalen van de mensen die van zo'n minimum moeten rondkomen."[21]

Zo wijzen Ria Buisman en Ria Dijkstra namens het Landelijk steunpunt Komitees vrouwen in de bijstand erop dat economen en sociologen niet de enige probleemdeskundigen zijn. De echte deskundigen zijn juist de armen: degenen die de problemen aan den lijve ervaren. Zij weten waarover zij praten.

Tijdens het armoededebat wordt ook de wijze waarop de CDA-politici hun opponenten bejegenen ter discussie gesteld. Veel bijdragen gaan expliciet over de denigrerende toonzetting van de bewindslieden. Zo zet Willem Breedveld de veelzeggende kop 'Ministerieel gebrul tegen armoedepredikers' boven een artikel waarin hij de retoriek van de bewindslieden aan de kaak stelt.[22] Dagblad *Trouw* heeft het over het 'afblaffen' van Harrewijn door De Graaf en De Koning.[23] Jaap Colaço Belmonte neemt eveneens de 'debatingtechnieken' van de CDA-politici onder de loep.

"Wie geen gelijk heeft maar toch wil krijgen, kan gebruik maken van (...) 'debatingtechnieken': Leg systematisch verkregen feitenmateriaal dat je niet welgevallig is naast je neer en beroep je op anekdotische waarnemingen die in je kraam te pas komen. Negeer botweg alle tegenwerpingen. Ga daar nimmer op in, maar doe alsof je ze niet hebt gehoord. Blijf eenvoudig je eigen stellingen tot het oneindige herhalen in het vertrouwen dat tenslotte iedereen je zal geloven. Ziedaar het respect waartoe een man als minister De Koning in zijn politieke nadagen vervalt om aan te tonen wat niet waar is: dat er in Nederland nauwelijks armoede bestaat en dat deze, voorzover ze bestaat, een noodzakelijk kwaad vormt."[24]

In feite wordt met dit soort interventies de manier waarop gedebatteerd wordt onder de aandacht gebracht. Het gaat dan om metawaarden waaraan men zich zou moeten houden om op een faire wijze met elkaar te debatteren.

De analyse van het armoededebat laat zien dat de opponenten zowel feiten als waarden in het spel brengen om hun eigen beweringen te versterken. De Graaf en De Koning treft het morele verwijt dat zij mede verantwoordelijk zijn voor de armoede en op een unfaire wijze debatteren. De vertegenwoordigers van de kerken worden ervan beschuldigd de realiteit niet onder ogen te zien. En wie de realiteit niet onder ogen ziet, is onverantwoord bezig, aldus de CDA-politici. Door enkele wetenschappelijke studies voor hun eigen karretje te spannen, hopen de vertegenwoordigers van de kerken dit verwijt te ontkrachten. Op hun beurt mobiliseren CDA-politici ook tal van wetenschappelijke studies. Zo haalt De Graaf een onderzoek aan dat nog uitvoerig aan de orde wordt gesteld.

"'Ik zal het onderzoek zeker onder de aandacht brengen van dominee Ab Harrewijn. Die spreek ik binnenkort toch nog over de armoede in Nederland.' Staatssecretaris Lou de Graaf van Sociale Zaken kon het niet laten donderdag in Den Haag even een plaagstoot uit te delen. Hij had zojuist het rapport 'Een tijd zonder werk', een onderzoek naar de leefwereld van langdurig werklozen, in ontvangst genomen."[25]

Wanneer De Graaf dit zegt, is de controverse al over haar hoogtepunt heen. Nu

armoede als probleem is erkend, gaat het erom wat daaraan kan worden gedaan. De richting waarin een antwoord wordt gezocht, hangt onder meer af
van de probleemdefinitie. Alle activiteiten van de kerken ten spijt, wordt armoede eerder in termen van individuele tekorten gedefinieerd dan in termen
van een onrechtvaardige samenleving. Het door De Graaf aangestipte boek
speelt daarbij een cruciale rol.

De transformatie van wetenschappelijke kennis

Om te achterhalen wat intellectuelen tijdens een publieke controverse doen, is
het handzaam de receptie van boeken te volgen die daarin een belangrijke rol
spelen. Voor de verdere ontwikkeling van het debat over armoede zijn twee wetenschappelijke studies van groot belang geweest: *Een tijd zonder werk. Een onderzoek naar de levenswereld van langdurig werklozen* van Hein Kroft, Godfried
Engbersen, Kees Schuyt en Frans van Waarden, en *Publieke bijstandsgeheimen.
Het ontstaan van een onderklasse in Nederland* van Godfried Engbersen.[26]

In eerste instantie worden deze boeken gelezen als studies over armoede en
langdurige werkloosheid. Maar in tweede instantie zijn ze gebruikt als middel
om de strijd over armoede te pacificeren. Voordat ik laat zien hoe dit gebeurt,
geef ik in het kort de belangrijkste bevindingen van de studies weer.

Het vertrekpunt van *Een tijd zonder werk* is dat de naoorlogse verzorgingsstaat momenteel op drie fronten zijn vanzelfsprekendheid verliest. Ten eerste is
volledige werkgelegenheid tegenwoordig niet meer haalbaar. Ten tweede is de
sociale zekerheid vanwege de opgelopen kosten onder druk komen te staan. En
ten derde staat het gezinsinkomen c.q. het kostwinnerschap als gevolg van het
individualiseringsproces ter discussie. Met dit al zien langdurig werklozen zich
voor het probleem gesteld hoe ze moeten omgaan met arbeid, tijd en geld. Dit
wordt door de auteurs de problematische trias van de werkloosheid genoemd.
In beide studies wordt armoede primair in relatie tot langdurige werkloosheid
gezien. Dit ligt voor de hand, omdat armoede nauw samenhangt met het niet
hebben van werk. Wat betreft armoede vormen werklozen een belangrijke risicogroep.[27]

Op grond van de geconstateerde diversiteit in de omgang met arbeid, tijd en
geld presenteert Engbersen in *Een tijd zonder werk* een typologie van langdurig
werklozen. Deze typologie keert in een licht gewijzigde versie terug in zijn
proefschrift *Publieke bijstandsgeheimen*. Aangezien door de recipiënten van
beide boeken in de meeste gevallen naar de door Engbersen ontwikkelde typo-

logie wordt verwezen, en deze een cruciale rol toekomt in het armoededebat, zal ik bij mijn korte schets van de receptiegeschiedenis daaraan de meeste aandacht schenken. Mij is het niet te doen om een volledige schets van de receptie van beide boeken te geven. Ik gebruik slechts een deel ervan om te laten zien wat intellectuelen in de context van het armoededebat doen met een wetenschappelijk product.

De typologie van Engbersen is gebaseerd op de veronderstelling dat de meeste mensen twee doelen nastreven: arbeid en een hoog consumptieniveau. Op grond van deze veronderstelling onderscheidt hij zes typen: conformisten, ritualisten, retraitisten, ondernemenden, calculerenden en autonomen.

Conformisten zijn werklozen die met behulp van de gangbare middelen proberen arbeid te krijgen en een hoger consumptieniveau te realiseren. Dit impliceert dat zij solliciteren, het arbeidsbureau regelmatig bezoeken en af en toe gebruik maken van de mogelijkheden tot bijscholing. Van de totale populatie langdurig werklozen bestaat 36 procent uit conformisten.

Ritualisten zijn werklozen die de hoop op arbeid en een hoger consumptieniveau hebben opgegeven. Desalniettemin blijven zij vasthouden aan de gangbare institutionele praktijken. Zij houden zich aan de voorgeschreven regels. Zo bezoeken zij regelmatig het arbeidsbureau en blijven zij solliciteren. Tot de ritualisten kan 9 procent gerekend worden.

Retraitisten streven niet naar arbeid en een hoger consumptieniveau. Daarom maken zij geen gebruik van de officiële middelen (solliciteren, bezoeken van arbeidsbureaus, enzovoorts) om deze doelen te bereiken. Zij berusten veeleer in hun situatie, omdat de huidige arbeidsmarkt hen geen enkel perspectief biedt. Van de langdurig werklozen behoort 25 procent hiertoe.

Ondernemenden houden weliswaar vast aan arbeid en een hoger consumptieniveau, maar proberen deze doelen toch te bereiken via informele en illegale kanalen. Zij onderscheiden zich van de conformisten en ritualisten door hun instrumentele kijk op arbeid: een middel om een hoger inkomen te verwerven. Daarbij wordt zwart werken niet uitgesloten. Hiertoe kan ongeveer 10 procent worden gerekend.

Calculerenden maken vrijwel geen gebruik van de formele en legale kanalen voor het verwerven van arbeid en een hoger consumptieniveau. Via misbruik of oneigenlijk gebruik van het stelsel van sociale zekerheid verwerven zij een extra inkomen (bijvoorbeeld scheiden met het oog op een extra uitkering). Van de langdurig werklozen behoort 9 procent hiertoe.

Autonomen zijn degenen die doelen als arbeid en een hoger consumptieniveau relativeren. Sommigen van hen verwerpen deze doelen zelfs. Als 'culturele rebellen' stemmen zij de behoeften af op de beperkte middelen die zij tot hun beschikking hebben. Tot deze categorie behoort 10 procent.

Intellectuelen en anderen hebben deze typologie gebruikt om hun eigen verhaal over armoede of werkloosheid te kunnen vertellen. De typologie wordt door hen aangewend om hun definitie van de werkelijkheid kracht bij te zetten. Op grond van het vocabulaire dat zij erop na houden, geven zij een andere betekenis aan de typologie. Volgens mij kunnen degenen die iets met de typologie doen in vier clusters worden opgesplitst:

1 Politici, wetenschappers en ambtenaren die nauw betrokken zijn bij het ontwikkelen en implementeren van beleid.
2 Ambtenaren die werkzaam zijn bij de lokale overheid, met name de Gemeentelijke Sociale Dienst (GSD) en het Gemeentelijke Arbeidsbureau (GAB).
3 Wetenschappers die niet direct betrokken zijn bij het beleid.
4 Reflexieve wetenschappers die vooral de aandacht vestigen op wat met sociaal-wetenschappelijk onderzoek wordt gedaan, en zich afvragen of het ten goede komt aan de onderzochten.

Ik zal deze vier clusters onder de loep nemen om te kijken wat de daartoe behorende personen met de typologie doen. Daarbij let ik niet alleen op wat ze zeggen, maar ook op hun vocabulaire en de context waarbinnen ze normaliter werkzaam zijn.

Ad 1. *Activerend arbeidsmarktbeleid.* Het vocabulaire van mensen is meestal verbonden met een specifieke handelingspraktijk. In de politiek is het vocabulaire gericht op het verwerven, consolideren en vergroten van politieke macht.[28] Voor politici die binnen het politieke veld aan de macht zijn, is het zaak ambtenaren en wetenschappers te mobiliseren voor het ontwikkelen van een bepaald beleid. De daarvoor door politici gerekruteerde ambtenaren en wetenschappers zijn bezig met het produceren en organiseren van beleidsrelevante kennis. Voor zover deze ambtenaren en wetenschappers achter de coulissen werken, zelf niet het grote publiek opzoeken, zijn het deels potentiële intellectuelen: zij bezitten het vermogen om een intellectuele rol te vervullen. Het komt voor dat enkelen van hen zich niet alleen oriënteren op hun eigen kring, maar als actuele intellectuelen via de media een groter forum opzoeken. De Wetenschappelijke Raad voor het Regeringsbeleid (WRR) is een voorbeeld van een club wetenschappers en ambtenaren die als potentiële intellectuelen voornamelijk achter de coulissen werkt, maar waarvan af en toe iemand zich op persoonlijke titel richt tot een breder publiek. In het laatste geval vervullen zij een intellectuele rol.

De WRR genereert en organiseert kennis over een specifiek thema teneinde een advies voor (toekomstig) beleid aan politici te kunnen geven. In het veel besproken WRR-rapport *Een werkend perspectief. Arbeidsparticipatie in de jaren '90* wordt expliciet verwezen naar de typologie van Engbersen. De WRR interpreteert de typologie vanuit het door de raad ontwikkelde vocabulaire van de participatiestaat. Volgens de WRR moet de verzorgingsstaat getransformeerd worden in een participatiestaat. De in crisis verkerende verzorgingsstaat zou passieve en afhankelijke burgers voortbrengen. Tegen die achtergrond benadrukt de WRR vooral de lage arbeidsparticipatie in Nederland. De staat zou de burgers zodanig moeten activeren dat zij zoveel mogelijk onafhankelijk in het leven kunnen staan. Een van de belangrijkste elementen in het vocabulaire van de WRR is de veronderstelling dat 'arbeid en de deelname aan arbeid een van de belangrijkste mechanismen ter integratie van de samenleving' is. De werkloosheidsbestrijding moet derhalve volgens de WRR de hoogste prioriteit krijgen.

Op grond van een vocabulaire waarin de gedachte van een activerend arbeidsmarktbeleid een centrale plaats inneemt, interpreteert de WRR de typologie van Engbersen als een bevestiging van het idee dat arbeid belangrijk is ter bevordering van de maatschappelijke participatie van burgers. De autonomen worden gestileerd tot uitzonderingen. Blijkens de percentages wil het merendeel werken, aldus de WRR.

"Andere onderzoeken [bedoeld wordt *Een tijd zonder werk* en *Publieke bijstandsgeheimen*; R.G.] wijzen, naast het bestaan van qua omvang beperkte subculturen van langdurig werklozen op een sterke oriëntatie van een groot deel van de werklozen op betaalde arbeid. Niet alleen de wens van het merendeel van de werklozen om een baan te vinden vormt een belangrijk argument voor werkloosheidsbestrijding. De handhaving van rechtsregels en maatschappelijke normen is, zoals ook uit het voornoemde onderzoek blijkt, wat dat betreft evenzeer terzake."[29]

Met dit laatste heeft de WRR het vooral gemunt op ondernemenden en calculerenden. Zij moeten hard aangepakt worden en de staat behoort ze te stimuleren weer op een legale wijze aan een inkomen te komen. De WRR interpreteert de typologie als een bevestiging van zijn idee dat een activerend arbeidsmarkt-beleid moet worden geïntroduceerd, en acht daartoe het verlagen van het mini-mumloon een geëigend middel.

Met een gelijksoortig vocabulaire als de WRR hebben Albeda en Van Doorn in het voor de Stichting Maatschappij en Onderneming geschreven boekje *Het primaat van het arbeidsbestel* de typologie van Engbersen gebruikt. Door te fo-cussen op de ondernemenden, calculerenden en autonomen stellen zij kwesties als 'werkonwilligheid' en 'uitkeringsfraude' aan de orde.[30] Zich richtend tot een breder publiek onderstreept Van Doorn dit nog eens onder de titel *Werkweige-ring en uitkeringsfraude*.

"Een groep Leidse onderzoekers heeft moeten vaststellen dat ongeveer een kwart van alle langdurig werklozen op de ene of andere manier 'rommelt' dan wel platweg frauduleus bezig is."[31]

Ook andere intellectuelen vestigen de aandacht op de fraude. Zo gebruikt Flip de Kam de bij de typologie van Engbersen gegeven cijfers om de cijfers over het frauduleuze gedrag van langdurig werklozen uit een ander onderzoek via een eenvoudige optelsom in twijfel te trekken. Daarvoor scheert hij de onderne-menden (10 procent), de calculerenden (9 procent) en de autonomen (10 pro-cent) over één kam.

"Volgens cijfers in de Financiële Nota Sociale Zekerheid 1989 is er bij ABW en RWW sprake van fraude en oneigenlijk gebruik in zes tot zeven procent van het totale aantal gevallen. Dat steekt wel heel schril af tegen de 29 pro-cent die Engbersen heeft gevonden."[32]

Begrippen als 'fraude' en 'oneigenlijk gebruik' worden bij de toelichting die Engbersen bij de door hem onderscheiden typen geeft, niet op deze manier ge-bruikt. Van Doorn en De Kam geven een andere betekenis aan zijn typologie door vooral de aandacht te vestigen op enkele typen. Zij smeden uit diverse typen één frauduleus typen. Daarmee leveren zij belangrijke bouwstenen voor wat 'de calculerende burger' zal gaan heten.

Ad.2. *Maatwerk*. Ambtenaren die werkzaam zijn bij de WRR of diverse minis-teries hebben meestal geen frequent en direct contact met de burgers waarvoor ze een bepaald beleid ontwikkelen. Dat is anders bij ambtenaren die werkzaam zijn bij de lokale overheid, vooral bij zogenaamde contactambtenaren.[33] Tot deze contactambtenaren reken ik controleurs van de sociale dienst, ambtenaren die achter het loket zitten, welzijnswerkers, wijkagenten, enzovoorts. De binnen het politieke veld opererende vierde macht is dus gedifferentieerd in (hoge) ambtenaren die onderzoek (laten) verrichten en het beleid ontwikkelen en contactambtenaren die op het niveau van de lokale overheid het beleid implementeren. Contactambtenaren interveniëren zelden of nooit in publieke debatten. Geconfronteerd met de problemen van hun cliënten kunnen ze ook zelf onderzoek entameren en daarmee hun invloed op een publiek debat laten gelden. Zo heeft het reeds genoemde rapport *Minima zonder marge* van de Gemeentelijke Sociale Dienst uit Rotterdam grote weerklank gehad in het debat over armoede.[34] Een enkeling die betrokken is bij het met en door contactambtenaren op de rails gezette onderzoek, trad ook als intellectueel op de voorgrond. Voor Gerard Oude Engberink vormt bijvoorbeeld het onderzoek van de sociale diensten een belangrijke steun in de rug bij zijn interventies in het debat over armoede.[35]

Het vocabulaire is in de context waarbinnen contactambtenaren werken, zoals het GAB (Gewestelijk Arbeidsbureau), het GAK (Gemeenschappelijke Administratie Kantoor) en de GSD (Gemeentelijke Sociale Dienst), veel meer toegespitst op het implementeren van beleid dan bij degenen die bij de WRR werkzaam zijn. Tegen de achtergrond van hun meer op direct ingrijpen georiënteerd vocabulaire hebben contactambtenaren de typologie van Engbersen anders opgepikt dan de WRR. Contactambtenaren zien de typologie als een bevestiging van hun dagelijkse ervaring dat *de* arme of *de* werkloze niet bestaat. Voor hen is de typologie een welkom middel voor *maatwerk*, dat wil zeggen een dienstverlening die toegesneden is op de individuele begeleiding van werklozen. Elk type behoeft een specifieke aanpak. In het kader van de Sociale Vernieuwing legtimeert het GAB de aanpak van de werkloosheid middels maatwerk met de typologie van Engbersen.

"Belangrijk is het besef dat 'de werkloze' niet bestaat. Hoe voor de hand liggend deze constatering ook is, al te vaak wordt in te algemene termen over de werklozen gesproken. (...) In het onderzoeksrapport 'Een tijd zonder werk' van Schuyt c.s. worden 6 groepen van werklozen onderscheiden: conformisten, ritualisten en autonomen (...) De meer kwalitatieve inzichten benadrukken het belang van differentiatie naar groepen werklozen en individuele werklozen: maatwerk."[36]

Juist een gedifferentieerd perspectief op werkloosheid maakt maatwerk mogelijk. Ook de ROTOR (Ontwikkelingsraad van de Regio Rotterdam) legiti-
meert zijn advies met betrekking tot de arbeidsmarkt met een vingerwijzing
naar het door de Leidse sociologen uitgevoerde onderzoek. Daarbij wordt de
typologie zodanig getransformeerd dat duidelijk wordt welk type werkloze bij
welk loket moet zijn. Voor de contactambtenaren die werkzaam zijn bij het
GAB, het SRW (Samenwerkingsverband Rotterdam Werkt) en het project
NBRW (Nieuwe Banen Rotterdam Werkt) en het SBAW (Stedelijk Bureau
Ander Werk) zou de typologie van Engbersen een uitkomst bieden, aldus de
ROTOR.

"De door Schuyt c.s. beschreven typen werklozen kunnen grofweg worden
gekoppeld aan vier begeleidingsopties.

1. Er is een (kleine) groep werklozen, die vanuit verschillende motieven tevreden is met de bestaande situatie. Voor wat de begeleiding van de eerste
groep betreft, lijkt een politieke keuze onvermijdelijk. Of men besluit hen
kost wat kost toe te laten treden tot de arbeidsmarkt, op straffe van een korting op hun uitkering. Of men ziet voor hen voorlopig van bemiddeling af.
Op uitkeringsniveau zou in dat geval kunnen worden volstaan met registra-
tie, met een jaarlijks of halfjaarlijks contact. Duidelijk dient te zijn, dat de
keuze voor het afzien van begeleiding een *voorlopige* is, die in de toekomst
herzien kan worden.

2. Een tweede categorie is op geen enkele manier inzetbaar in het arbeidsproces en zou zich, met behulp van enige begeleiding, aan de werkloosheid
kunnen en willen aanpassen. De begeleiding voor deze groep richt zich op
een zo groot mogelijke aanpassing aan de situatie. (Het sociaal-culturele gedeelte van de scholingsmogelijkheden.)

3. Een derde groep is weliswaar niet plaatsbaar op de reguliere arbeidsmarkt, maar zou zich (tegen normale beloning) nuttig kunnen en willen
maken in andere sectoren. De begeleiding van deze groep vergt waarschijnlijk niet zozeer scholingsinspanning, alswel een verruiming van de mogelijkheid tot het terugploegen van uitkeringen. Overigens is het ondenkbaar dat
er een 'overlap' ontstaat tussen de tweede en derde categorie.

4. Tenslotte zijn er werkzoekenden die met een gerichte om- of herscho-
ling bemiddelaar zijn voor de arbeidsmarkt. Alleen voor de laatste groep zijn
gerichte beroepsopleidingen en werkervaringsplaatsen zinvol, afgestemd op
een reële inschatting van bestaande en toekomstige vacatures. Voor de niet

direct bemiddelbare werkzoekenden zijn met het tot stand komen van SRW, NBRW en SBAW in principe herkenbare loketten gevormd."[37]

De contactambtenaren focussen in hun vocabulaire dus niet, zoals Van Doorn, De Kam en de WRR, op slechts enkele typen, maar op *alle* typen. Dit teneinde maatwerk te kunnen leveren.

Ad. 3. *Postmaterialisme en ontschaarsen.* Het wetenschappelijke veld is gedifferentieerd: er zijn nagenoeg net zoveel vocabulaires als er wetenschappelijke gemeenschappen zijn. Terwijl het vocabulaire van de wetenschapper vooral geënt is op de communicatie met collega's, is het vocabulaire van de politicus en ambtenaar toegesneden op het ontwikkelen en implementeren van beleid. De handelings- en tijdsdruk is bij politici en ambtenaren ten enenmale anders dan bij wetenschappers. Een ander belangrijk verschil is dat het in het politieke veld primair gaat om de politieke macht en in het wetenschappelijke veld om de waarheid.[38] Dit verklaart ook waarom[39] *Publieke bijstandsgeheimen* in het wetenschappelijke veld anders gerecipieerd worden dan daarbuiten. In het politieke veld en de media worden de bevindingen uit deze boeken voor 'waar' aangenomen.[40] De onderzoeksresultaten vormen eerder het *vertrekpunt* voor een politiek statement. In kranten of beleidsnota's worden zelden kanttekeningen geplaatst bij de in het wetenschappelijk onderzoek gehanteerde theorieën en methoden. Dit is anders in de recensies die van *Publieke bijstandsgeheimen* in wetenschappelijke tijdschriften zijn verschenen.[41] Daarin worden de gehanteerde theorieën en methoden wel kritisch bekeken. Hetzelfde geldt voor het wetenschappelijk onderzoek dat op hetzelfde terrein plaatsvindt.[42]

Een wetenschapper interpreteert het werk van collega's op grond van het vocabulaire dat hij zich heeft toegeëigend. Neem de socioloog Bart van Steenbergen. In zijn vocabulaire neemt het begrip 'postmaterialisme' een centrale plaats in.[43] Hij gaat ervan uit dat de huidige samenleving zich ontwikkelt naar een samenleving waar burgers er meer dan nu postmateriële waarden op na zullen houden. In een postmaterialistische maatschappij is arbeid geen 'fetisj' en wordt veel waarde gehecht aan vrije tijd. Vanwege zijn postmaterialistische vocabulaire ziet Van Steenbergen zich geplaatst tegenover degenen die, zoals Albeda en Van Doorn, er een ander vocabulaire op na houden. Het ligt dan ook voor de hand dat Van Steenbergen op grond van zijn postmaterialistisch vocabulaire de typologie van Engbersen heel anders leest dan Van Doorn of de leden van de WRR. Volgens hem vormen de autonomen de voorhoede van een postmaterialistische samenleving. Zij laten namelijk de materialistische waarden van de consumptiemaatschappij tot op zekere hoogte varen. Van Steenbergen wil zijn collega's ervan overtuigen dat Albeda en Van Doorn en de leden van de WRR met hun grote nadruk op arbeid het bij het verkeerde eind hebben.

"In het onderzoek van Kroft c.s. vormen deze laatste drie typen [onderne-menden, calculerenden en autonomen; R.G.] een minderheid en daaruit zou men kunnen concluderen dat de meerderheid zich wel ongelukkig voelt als baanloze. Het onderzoek is echter gehouden onder de langdurig werklozen in de oude binnenstadswijken van drie grote steden en daarmee niet repre-sentatief voor de werklozenpopulatie van de samenleving als geheel, zoals de onderzoekers ook uitdrukkelijk stellen. Het gaat hier om mensen die nog heel sterk in het traditionele arbeidsdenken zijn gesocialiseerd. Diegenen die een wat grotere afstand ten opzichte van het arbeidsbestel innemen, zullen wij hier dan ook niet zoveel aantreffen."[44]

Het zijn uiteraard de autonomen die in de ogen van Van Steenbergen een wat grotere afstand ten opzichte van het arbeidsbestel innemen.

Voor de socioloog Raf Janssen vormt de trias arbeid, tijd en geld het vertrek-punt van onderzoek. Daarin verschilt hij niet van Engbersen, Kroft, Schuyt en Van Waarden. Hij distantieert zich echter van hen door er een radicale draai aan te geven. Met het oog op een verantwoorde omgang met de natuur en een sobere rijkdom voor allen, zou men volgens hem met arbeid, tijd en geld anders moeten omgaan. De manier waarop in de huidige maatschappij met deze schaarse goederen wordt omgegaan, leidt tot de vernietiging van de natuur en meer armoede. Volgens Janssen verheffen de Leidse sociologen de doelstellin-gen van de huidige maatschappij (arbeid en een hoog consumptieniveau) op een onkritische wijze tot uitgangspunt van hun onderzoek. Bovendien staan de Leidse sociologen onvoldoende stil bij het gegeven dat de bestaande samenle-ving geen vaststaand feit is. Met het oog op een duurzame samenleving (zonder armoede en vernietiging van de natuur) moet er volgens hem gestreefd worden naar het 'ontschaarsen' van arbeid, tijd en geld. Janssen mobiliseert ideeën van de socioloog Robert Merton om aan de typologie, met name het autonome type, een andere betekenis te geven.

"In hoeverre spelen bijvoorbeeld de ondernemenden, de calculerenden en de autonomen in op zich in de maatschappij voltrekkende veranderingen? Met name de groep van de autonomen is in dit verband interessant. Dit type correspondeert met de door Merton onderscheiden aanpassingscategorie van 'rebellie', die eigenlijk een categorie is van niet-aanpassing. In een voetnoot merkt Merton ten aanzien van deze categorie het volgende op: 'Dit vijfde alternatief ligt op een vlak dat duidelijk verschilt van dat van de andere. Het wijst op een reactiepatroon dat in ontwikkeling is en bij andere leden in de samenleving steun zoekt voor een institutionalisering van nieuwe doeleinden en middelen. Het verwijst dus naar pogingen om de bestaande culturele en sociale structuur te veranderen in plaats van moeite te doen om tot aanpassingen te komen binnen de structuur'. De Leidse onderzoekers constateren bij werklozen van het autonome type ook dat deze arbeid en consumptie, welke in de westerse samenleving algemeen geaccepteerd zijn als centrale culturele doelen, relativeren of zelfs uitdrukkelijk verwerpen, alsmede de formele wegen en middelen daartoe. De autonomen zoeken niet naar werk, ze doen niet mee aan de normale consumptiedwang en ze hebben geen moeite om de tijd door te komen. Het is interessant en beleidsrelevant om te weten welke groepen onder welke condities aanleg en aanleiding hebben zich te ontwikkelen tot autonomen. Maar even interessant en beleidsrelevant is het te onderzoeken in hoeverre deze autonomen een afspiegeling of aankondiging zijn van een reeds volop in gang zijnde maatschappelijke ontwikkeling voorbij de huidige verzorgingsmaatschappij, die zo sterk gebaseerd is op betaalde arbeid, gezin en een op deze beide elementen opgebouwd stelsel van sociale zekerheid."[45]

Net als Van Steenbergen, maar op grond van andere vooronderstellingen, favoriseert Janssen de autonomen.

Ad. 4. *Waarheidsmacht.* Wetenschappers die onderzoek doen naar armoede en de positie van langdurig werklozen, ervaren dikwijls dat hun onderzoek niet de onderzochten ten goede komt. Eenmaal in de handen van politici en ambtenaren wordt het gebruikt voor specifieke doeleinden, bijvoorbeeld een sanctiebeleid ten opzichte van 'werkonwilligen' en 'fraudeurs'. Politici en ambtenaren weten vaak handig gebruik te maken van het feit dat de wetenschap de pretentie en naam heeft 'ware' verhalen over de werkelijkheid te produceren. De waarheidsmacht (Foucault) van een wetenschappelijk vertoog ligt niet of nauwelijks, zo leert de receptie van de typologie van Engbersen, in de handen van wetenschappers die het vertoog produceren, maar in die van politici, ambtenaren en andere wetenschappers. Het lot van de typologie is, om Latour te parafraseren, in de handen van degenen die er later gebruik van maken. De wijze waarop dit gebeurt, vormt af en toe het onderwerp van bezinning. Ik geef daarvan twee voorbeelden.

Gerard Oude Engberink betreurt het dat wetenschappelijk onderzoek wordt gebruikt voor het rechtvaardigen van wat hij de 'nieuwe orthodoxie' noemt: een ideologische kentering waarbij ervan wordt uitgegaan dat de kosten van de welvaartsstaat uit de hand zijn gelopen en de belastingbetaler minderheden, werklozen en vrouwen in de bijstand doodknuffelt, in plaats van ze hard aan te pakken.

"Opmerkelijk is dat zeer genuanceerde studies over het minimale bestaan van werklozen de stoot tot deze nieuwe orthodoxie hebben gegeven, het gaat daarbij om studies als *Een tijd zonder werk* van Hein Kroft en anderen en *Publieke bijstandsgeheimen* van Godfried Engbersen. (...) In de publiciteit beklijft uiteindelijk alleen het beeld van de 'ondernemenden' en 'autonome' werkloze. Deze rationele, calculerende (en arme) burger zet een slonzige en moedeloze bureaucratie onder druk om uit de 'trias' uitkeringsinkomen, tijd en arbeid, het hoogste persoonlijke voordeel te halen."[46]

De armen die met de invoering van de Algemene Bijstandswet in 1965 niet langer het object van verwijt en charitas zouden mogen zijn, worden nu weer in een kwaad daglicht geplaatst. Volgens Oude Engberink lijkt het erop dat de huidige kijk op de sociale zekerheid eerder uitmondt in een 'war on welfare' dan in een 'war on poverty'.

Reflexieve sociale wetenschappers, dat wil zeggen degenen die aandacht besteden aan het feit dat de waarheidsmacht van wetenschappers vaak niet ten goede komt aan de onderzochten, stellen zich de vraag of men überhaupt nog onderzoek moet doen naar de gedepriveerden in de samenleving. Jan Pen, die zich bewust is van dit dilemma, stelt:

"Engbersen wijst er ook nog op dat er in Nederland veel mensen zijn die profiteren van de werkgelegenheidsprojecten. Al die ambtenaren, projectleiders, onderzoekers, wetenschapsmensen (zoals hijzelf) en commentatoren (zoals ik). Zo waren we onlangs nog op Ameland, een mooi eiland, in een duur hotel, om de regionale werkloosheid te bestuderen. De organisatoren, die het beste voor hebben met Friesland, hadden deskundigen uitgenodigd van over

de hele wereld. Ze waren gekomen, uit Australië, uit Finland, uit Heeren-
veen en uit Haren (Gron.). Er werden ervaringen uitgewisseld. Werklozen
waren er nauwelijks – ik heb er maar één ontmoet, die politicologie had ge-
studeerd. Zou hij tot de calculerende types behoren?"[47]

Reflexieve wetenschappers zijn dus niet gespitst op de typologie zelf, maar op
hetgeen ermee gedaan wordt door derden. Zij maken duidelijk dat wetenschappers en ambtenaren bij al hun inspanningen voor werklozen ook hun eigenbelang dienen.

Ik heb aan de hand van de receptie van de door Engbersen ontwikkelde typologie laten zien hoe wetenschappelijke kennis door derden getransformeerd
wordt. De wijze waarop zij dat doen, blijkt afhankelijk te zijn van hun vocabulaire en de context waarbinnen zij werkzaam zijn. Wanneer men hun transformaties uiteenrafelt, stuit men op zeer uiteenlopende en vaak tegenstrijdige visies. Waar de een in de autonomen de voorhoede van een postmateriële samenleving ziet, heeft de ander vooral oog voor hun werkonwilligheid en frauduleus
gedrag. En terwijl de een in het onderscheid tussen de diverse typen een nuttig
instrument ziet voor maatwerk, ziet de ander in de wijze waarop van de typologie gebruik wordt gemaakt een vorm van waarheidsmacht die de onderzochten
niet of nauwelijks ten goede komt.

De geboorte van de calculerende burger

De transformatie van de door Engbersen ontwikkelde typologie heeft uiteindelijk tot een herdefinitie van het armoedevraagstuk geleid. Ging het in het begin
nog om de armoede, nu gaat het om het gedrag van armen. De typologie van
Engbersen biedt de mogelijkheid om verschillende vormen van gedrag van
armen of werklozen te onderscheiden. De receptie ervan laat zien dat men de
aandacht vooral vestigt op degenen die misbruik maken van het uitkeringsstel-
sel. Sterker nog, de typologie van Engbersen vormt de opmaat voor de creatie
van de calculerende burger. De calculerende burger wordt gedistilleerd uit de
typologie. Dit type burger is het resultaat van het op één hoop gooien van enkele door Engbersen onderscheiden typen. Dit is vooral duidelijk geworden door
de interventie van Flip de Kam, die drie van de zes door Engbersen onderscheiden typen samensmelt tot één calculerend type. De calculerende burger is iemand die het dominante arbeidsethos aan zijn laars lapt.

Het constructueren van de calculerende burger met behulp van de typologie van Engbersen heeft tot gevolg dat de problematiek van de armoede vooral in normatief opzicht opnieuw gedefinieerd wordt. De aandacht verschuift van de rechten van de burger naar zijn plichten. De calculerende burger vormt het vertrekpunt van een discussie waar rechten tegenover plichten worden geplaatst. Hebben armen een onvoorwaardelijk recht op een uitkering? Of moeten ze daarvoor iets doen? Zou 'welfare' plaats moeten maken voor 'workfare'?

Met dit soort vragen verdwijnt de morele aanklacht waarmee vertegenwoordigers van de kerken de controverse in 1989 hebben gestart naar de achtergrond. In normatief opzicht verschuift het debat van een discussie over het onrecht van armoede naar het arbeidsethos van armen. Armoede wordt nauwelijks meer in termen van een onrechtvaardige verdeling van schaarse goederen gedefinieerd, maar veelmeer in termen van de individuele tekorten van armen. Door de geboorte van de calculerende burger wordt de aandacht afgewend van de structurele oorzaken van armoede. De typologie van Engbersen stelt beleidsmakers in staat het handelen van armen op de voorgrond te plaatsen. Hierdoor verdwijnt de manier waarop de overheid armen behandelt op de achtergrond. De oorzaak van armoede wordt daardoor eerder een kwestie van het handelen van de armen dan van de wijze waarop ze door de overheid behandeld worden.

De geboorte van de calculerende burger is een voorbeeld van de wijze waarop wetenschap in de politiek werkt. Maar niet alles wat in de wetenschap over armoede wordt bediscussieerd, wordt door de politicus opgepikt. De verklaring hiervoor is eenvoudig: niet alle wetenschappelijke bevindingen laten zich zodanig transformeren dat ze voor het beleid bruikbaar zijn. Beleidsmakers hebben daarom ook geen boodschap aan de binnen de wetenschap gevoerde discussie over het te hanteren armoedebegrip. Deze discussie vloeit voort uit het feit dat wetenschappers vaak zeer uiteenlopende defintties van armoede hanteren. Beleidsmakers hanteren het liefst één heldere, goed operationaliseerbare definitie. Desalniettemin wil ik stilstaan bij de binnen de wetenschap gevoerde discussie over de definitie van armoede, omdat ze relevant is voor het punt dat ik nog wil maken over de relatie tussen feiten en waarden.

De definitie van armoede legt tot op zekere hoogte vast of iemand tot de armen wordt gerekend. Al naar gelang de definities die worden gehanteerd komt men tot een hoger percentage armen in Nederland. Volgens Kees Schuyt kunnen vier typen definities worden onderscheiden[48]. In het volgende schema worden ze in het kort omschreven.

Armoededefinities

TYPE DEFINITIE	KORTE OMSCHRIJVING
OBJECTIEVE DEFINITIES	Benaderen armoede als iets wat aan de hand van objectieve criteria (inkomen, vermogen, etc.) vanuit een *buitenperspectief* kan worden vastgesteld. Arm is degene die onder een bepaalde grens duikt. Cruciale vraag: voldoet iemand aan de objectieve criteria?
SUBJECTIEVE DEFINITIES	Proberen rekenschap te geven van het *binnenperspectief* van armen, d.w.z. de wijze waarop zij hun situatie beleven. Arm is degene die zich als zodanig omschrijft. Cruciale vraag: hoe beoordeelt een persoon zijn eigen situatie?
ABSOLUTE DEFINITIES	Berusten op een idee wat iemand moet bezitten om te kunnen voorzien in de noodzakelijke levensbehoeften (eten, kleding en onderdak). Arm is degene waarvan het fysieke bestaan wordt bedreigd. Cruciale vraag: wordt in de noodzakelijke levensbehoeften voorzien?
RELATIEVE DEFINITIES	Gaan ervan uit dat armoede naar tijd en plaats verschilt. Arm is degene die achterblijft bij het gemiddelde welvaartspeil in een land. Cruciale vraag: hoeveel wijkt iemand af van het gemiddelde welvaartspeil?

Dit overzicht van armoededefinities onderstreept nog eens dat 'armoede' een omstreden begrip is. De subjectieve definities leiden doorgaans tot hogere percentages armen dan de objectieve definities. Schuyt wijst er terecht op dat elke definitie van armoede deel uitmaakt van een specifiek vocabulaire (in zijn termen: betekenissysteem) dat door een aantal subjecten wordt gedeeld.[49] Zo'n vocabulaire legt niet alleen de *denotatie* (de verwijzing naar de werkelijkheid) vast, maar ook allerlei *connotaties* (de ideeën, beelden, etc. die men met mensen en dingen verbindt). Volgens Schuyt zijn wetenschappers eenzijdig gefixeerd op de denotaties, omdat ze begrippen willen operationaliseren. Zij veronachtzamen het belang van de connotatie. Door aandacht te vragen voor de connotaties van het armoedebegrip geeft hij de voorzet voor het onderzoek naar de relatie tussen feiten en waarden. Immers, de connotaties van het begrip 'armoede' zijn vaak normatief van aard.[50] Armoedeonderzoekers erkennen weliswaar dat 'armoede' een normatief geladen begrip is, maar besteden aan dit gegeven nauwelijks aandacht. Hoogstwaarschijnlijk gaan ze van de veronderstelling uit dat men een scherp onderscheid kan maken tussen feiten en waarden.[51] Ten onrechte, zo blijkt uit de morele paniek die uitbrak naar aanleiding van een uitspraak van de bisschop van Breda.

2 MORELE PANIEK

Na het felle debat tussen de vertegenwoordigers van de kerken en de CDA-politici eind jaren tachtig is armoede lange tijd niet meer het onderwerp van een publieke controverse. Kerkelijke organisaties doen wel allerlei pogingen om armoede hoog op de politieke agenda te krijgen. Zo organiseren de kerkelijke werkgroepen De arme kant van Nederland en Economie, Vrouwen en Armoede (EVA) tal van acties, conferenties en manifestaties. De media besteden daaraan echter niet veel aandacht. Des te opmerkelijker is het dat een uitspraak van de Bredase bisschop Muskens in september 1996 wel de aandacht van de media trekt. Diens uitspraak zorgt ervoor dat armoede weer het onderwerp van een publieke controverse wordt. Wat heeft de bisschop precies gezegd? Hoe is daarop gereageerd? En hoe is de controverse uiteindelijk beslecht?

De brooduitspraak van Muskens

Wanneer in september 1996 in de Nederlandse media een heftig debat over armoede losbarst, hoeft deze thematiek niet meer op de politieke agenda te worden gezet. Dit is reeds tijdens de troonrede van 1995 gebeurd. Aan het eind van dat jaar verschijnt de nota De andere kant van Nederland van het Ministerie van Sociale Zaken en Werkgelegenheid. Met deze zogenaamde Armoedenota erkent de regering dat ook in een rijk land als Nederland armoede bestaat. In deze nota wordt het aanpakken van armoede vooral tot de verantwoordelijkheid van het maatschappelijke middenveld gerekend. De regering doet een beroep op burgers, bedrijven, kerken en maatschappelijke organisaties om gezamenlijk tegen de armoede ten strijde te trekken. Ad Melkert, destijds minister van Sociale Zaken en Werkgelegenheid, geeft wetenschappers van de Universiteit Utrecht en het SCP de opdracht de ontwikkeling van armoede in Nederland en het beleid daartegen systematisch te volgen. Sinds 1996 resulteert dit ieder jaar in het rapport Armoede en sociale uitsluiting.[52] Bovendien organiseert het Ministerie van Sociale Zaken en werkgelegenheid jaarlijks een Sociale Conferentie waar cliëntenorganisaties, hulpverlenende instanties, kerken, overheid en weten-schappers over oorzaken en oplossingen van armoede van gedachten wisselen. De eerste Sociale Conferentie vindt op 31 oktober 1996 in Zwolle plaats.

Niettegenstaande het feit dat de politiek met de troonrede van 1995 armoede officieel erkent, blijven de landelijke werkgroepen De arme kant van Nederland en EVA aandacht vragen voor het armoedevraagstuk. In hun ogen doet de rege-ring niet genoeg aan de armoede. Bovendien ontbreekt in de *Armoedenota* van 1995 een grondige analyse van de oorzaken van armoede. Volgens beide werk-groepen is armoede een structureel probleem dat vraagt om een daarbij passend beleid. Het onderzoek naar armoede moet zich daarom niet beperken tot de be-studering van armen, en het beleid niet tot 'armoedebegeleiding'.

"Als armoede samenhangt met de structuur van de samenleving, zijn beleids-instrumenten noodzakelijk, die wijzen op verandering of correctie of aanvul-ling van die structuur. De laatste zijn moeilijk te ontwerpen, kosten veel geld of vragen politieke moed om ze in te voeren. De politiek durft in Nederland de structurele analyse en een bijbehorend beleid niet aan. Armoede wordt niet geanalyseerd als een samenlevingsprobleem, dat ook consequenties heeft voor andere groepen in de maatschappij."[33]

Eén van de structurele oplossingen is een generieke verhoging van het sociaal minimum, aldus de kerkelijke werkgroepen. Daar wil de regering echter niet aan beginnen.

Op 1 juni 1996 organiseren de werkgroepen De arme kant van Nederland en EVA in Den Haag de manifestatie *Deelnemen en meedelen* om uitdrukking te geven aan hun onvrede met het regeringsbeleid. Bisschop Muskens neemt als voorzitter van de Bisschoppelijke Commissie voor contact inzake Kerk en Sa-menleving actief deel aan deze conferentie. Hij is verbolgen over het feit dat de politici die voor de conferentie zijn uitgenodigd het laten afweten. Daarom neemt hij zich voor de visie van de kerkelijke groeperingen onder de aandacht te brengen. Muskens werpt zich op als, zoals hij het ANP laat weten, de 'woord-voerder van de mensen aan de onderkant van de samenleving'. In het septem-bernummer van het vakbondsblad *Zeggenschap* verwijt Muskens politieke par-tijen dat ze te weinig doen aan de armoede. "De politiek is er niet in geslaagd armoede voor goed uit te bannen. Ze corrigeert de afwijkingen niet meer die uit het economisch proces voortkomen. Het gaat alleen nog maar om import-en exportcijfers, niet meer om mensen". Koningin Beatrix toont in haar troonrede meer aandacht voor de goed draaiende Nederlandse economie dan voor de onderkant van de samenleving, aldus Muskens. Verder roept hij de mensen op om niet op partijen te stemmen die in hun programma niets over de bestrijding van armoede hebben opgenomen.

De uitspraken van Muskens in *Zeggenschap* trekken veel aandacht en roepen ook weerstand op. Zo stelt *De Telegraaf* in haar redactioneel commentaar dat diens opvattingen 'nonsens' zijn. "Bisschoppen behoren wijze mensen te zijn met als taak de gelovigen te begeleiden en hen voor te bereiden op het leven na de dood."[54]

Op 15 september laat Muskens de luisteraars van het *Radio-1-Journaal* het volgende weten:

"Maar ik had graag gezien dat er aangegeven werd wat er structureel fout zit, waardoor de armoede en sociale uitsluiting in Nederland heeft kunnen ontstaan en zich meer heeft kunnen uitbreiden."[55]

Muskens' kritiek op het armoedebeleid en de juichverhalen over het poldermodel zijn voor premier Kok aanleiding om hem en secretaris Ineke Bakker van de Raad van Kerken uit te nodigen voor een gesprek op 28 oktober. Nog voordat dit gesprek plaatsvindt, ontketent de bisschop een ware 'mediahype' over armoede door op 2 oktober tijdens een interview met het VPRO-televisieprogramma *Veldpost* het volgende te zeggen:

"De katholieke moraal heeft altijd al duidelijk gemaakt dat als je zo arm bent dat je niet meer kunt leven, je een brood mag weghalen uit de winkel."[56]

Hij toont ook begrip voor sommige mensen met een uitkering die zwart bijklussen. "Ik zal niet zeggen: dat moet je niet doen." Met deze uitspraken roept Muskens een storm van kritiek over zich af.

Een dag na de uitzending laat *De Telegraaf* onder de kop *De Bisschop praat stelen goed* enkele politici aan het woord die de uitspraken van Muskens veroordelen. Zo zegt CDA-kamerlid Mateman: "Ik vraag mij af wat de katholieke bakkersvereniging in Brabant hiervan vindt".[57] Het zijn vooral vertegenwoordigers van de regeringspartijen die de bisschop bekritiseren. PvdA-kamerlid Saskia Noorman-Den Uyl zegt: "Ik heb waardering voor de inzet van Muskens, maar dit noem ik een beetje flauw. Is zijn oproep tot stelen dan soms links? Het is niet links en het is niet rechts. Het is gewoon verkeerd".[58] Volgens D66-fractievoorzitter Wolfensperger ondermijnt Muskens met zijn uitspraak de "legitimiteit van de overheid om de armoede te bestrijden".[59] Het commentaar van VVD-leider Bolkestein: "De wet is voor arm en rijk gelijk. En niemand hoeft in dit land van de honger om te komen, daar hebben we sociale voorzieningen voor".[60]

De spannende vraag is hoe premier Kok zou reageren op de 'brooduitspraak' van Muskens, te meer daar hij nog een gesprek met de bisschop en Bakker in het vooruitzicht heeft. Zij zouden nog om de tafel gaan zitten om over armoede te praten. Kok:

"Vanuit de morele betrokkenheid van de bisschop kan ik zijn uitlatingen begrijpen. Maar het is tegelijkertijd een belediging voor wie nooit zou willen stelen. Ik kom zelf uit een gezin waarin elk dubbeltje moest worden omgedraaid, maar we waren te trots om zelfs maar met een vinger te wijzen naar datgene wat ons niet toebehoorde."[61]

De reactie van Kok vormt direct het object van allerlei bespiegelingen. Zo wordt in het redactioneel commentaar van *Trouw* een poging gedaan de reactie van Kok te verklaren: "Koks ergernis wijst erop dat de bisschop een gevoelige plek raakte. Er zijn mensen die het heel slecht hebben. Hun aantal neemt langzaam maar zeker toe, terwijl hun situatie eerder uitzichtlozer dan rooskleuriger wordt. Die mensen komt de bisschop tegen, over hun situatie had hij het. Dat doet hij tegen de politiek/maatschappelijke stroom in van marktgerichtheid, flexibiliteit, terugdringing van sociale uitgaven en eigen verantwoordelijkheid".[62] Kok ontlokt ook allerlei ironische reacties. Journalist René Zwaap, bijvoorbeeld, steekt enorm de draak met de premier.

"Dat we dat nog mochten meemaken: een sociaal-democratische premier met een vakbondsverleden die een gezant van Rome tot de orde moet roepen omdat deze openlijk flirt met de meer *heavy* vormen van de klassenstrijd! (...) Als minister van Financiën had Kok de natie weliswaar gedeeltelijk teruggevoerd naar de armoede, maar hijzelf kwam immers ook uit een arm nest. Dat schept toch een soort band, moet de pr-filosofie zijn geweest. (...) Hij kan de roomse bezorgdheid over het verval van de samenleving niet blijven pareren met een verwijzing naar zijn eigen schrale nest. Uiteindelijk, zo zullen de critici opmerken, stond er voor 'Kruimeltje' Kok aan het eind van de rit een vette beursregeling klaar, die hem naar het keurkorps van Nijenrode en vervolgens naar de toppen van de maatschappelijke hiërarchie zou brengen.

Collega Ritzen heeft er vervolgens voor gezorgd dat Koks lotgenoten van de jaren negentig een dergelijke lancering nooit zullen kunnen meemaken."[63]

Op 9 oktober hebben de bisschoppen een gesprek met de VVD-fractie. Bij die gelegenheid houdt Bolkestein Muskens een tekst uit *Spreuken* voor: "Men doet een dief geen verachting aan als hij steelt om zijn ziel te vullen, omdat hij honger heeft. En gevonden zijnde vermeldt hij het zevenvoudig, hij geeft al het goed van zijn huis".[64] Nadat Bolkestein dit heeft gezegd, maakt hij abrupt een einde aan de ontmoeting, zonder de bisschop een weerwoord te gunnen. Muskens kan nog net tegenwerpen dat het dan wel om een dief moet gaan die bezittingen en een huis heeft. Kardinaal Simonis laat na afloop van de bijeenkomst weten dat hij zich geërgerd heeft aan het optreden van Bolkestein. Muskens zou 'aangeslagen' zijn omdat hij onvoldoende mogelijkheden heeft gekregen om hem van repliek te dienen.[65]

Terwijl Bolkestein probeert Muskens met de bijbel in de hand te beleren, verdedigen anderen op grond van hetzelfde boek of de catechismus de bisschop. De *Tien Geboden* zeggen wel dat stelen niet mag, maar er zijn genoeg passages te vinden die het stelen van brood in uiterste nood rechtvaardigen, aldus *NRC*-redacteur Herman Amelink.[66] Volgens paragraaf 2408 van de catechismus mag iemand iets van een ander ontvreemden "bij een dwingende en klaarblijkelijke noodtoestand, waarbij het enige middel om te voorzien in onmiddellijke en essentiële behoeften (voedsel, kleding, huisvesting) erin bestaat te beschikken over en gebruik te maken van goederen van derden".[67]

Afgezien van deze theologische steun, krijgt Muskens ook nog steun vanuit de politiek, met name van GroenLinks en de Socialistische Partij. Zo zei GroenLinks-fractievoorzitter Rosenmöller:

"Het is een signaal aan de politiek, waar verkeerd wordt gedacht over armoede. Natuurlijk zijn het bespiegelingen vanuit de theologische leer, die op gespannen voet staan met de wet. Maar het is waar dat er duizenden mensen in Nederland zijn, die niet in staat zijn zichzelf te onderhouden. Het is goed dat van de kant van de kerk dit signaal wordt gegeven."[68]

En terwijl enkele CDA'ers aanvankelijk geen goed woord over hebben voor de 'brooduitspraak' van Muskens, steunt CDA-fractieleider Heerma op 14 oktober de oproep van Muskens om meer aandacht te besteden aan armoede. Volgens Heerma is het CDA met het harde bezuinigingsbeleid tijdens de kabinet-

ten-Lubbers medeverantwoordelijk voor de toenemende armoede in Nederland. Hij voegt eraan toe: "Veel mensen in Nederland generen zich ervoor, dat
door premier Kok in de Tweede Kamer de politieke *wave* wordt uitgevonden
omdat het allemaal zo goed gaat, terwijl er maar weinig aandacht is voor het armoedevraagstuk".[69]

Het spreekt vanzelf dat geestelijken als kardinaal Simonis en de bisschop van
Roermond aan Muskens hun adhesie betuigen.[70] Zij uiten hun blijdschap over
het feit dat Muskens armoede onder de aandacht van een breed publiek heeft
weten te brengen. "Kennelijk moet je je zo ontzettend fors uitdrukken voordat
het doordringt", aldus Simonis.[71]

De fronten die zich in de loop van de controverse aftekenen, zijn heel duidelijk. Aan de ene kant staan degenen die de 'brooduitspraak' van Muskens ver-
foeilijken en aan de andere kant degenen die voor hem in het krijt treden. Maar
hebben de opponenten niets gemeen? Columnist Max Pam schreef een dialoog
tussen Kok en Muskens waarin hij duidelijk maakt dat beiden, in tegenstelling
tot de armen, er warmpjes bij zitten.

"'Ik ben hier, monseigneur, om met u te praten over uw opmerking dat iemand een boord mag stelen als hij te arm is om dat te kopen. Heeft u zich
wel eens afgevraagd wat de bakkers daarvan vinden? Denkt u dat zij het prettig vinden om aangewezen te worden als de te bestelen doelgroep? Waarom
juist de bakkers en niet de slagers, vragen zij zich af. Of de autoradiobezitters.
Of waarom raadt u de armen niet aan te stelen uit de kerkzak? Met dat geld
zouden ze een brood kunnen kopen.'

'De kerkzak? Dan moet u zondag maar eens komen kijken. Van wat wij
tegenwoordig in de kerkzak aantreffen, kan een kale kip nog niet eens leven.'

De bisschop lachte schor.

'Uw opmerking, monseigneur, heeft mij daarom zo gegriefd, omdat ik zelf
uit een gezin kom dat elk dubbeltje moest omdraaien, maar dat niettemin te
trots was om ook maar met een vinger te wijzen naar wat ons niet toekwam.'

'Dat is heel mooi. Ik ben werkelijk ontroerd. Maar vertelt u mij eens,
mijnheer Kok, wat verdient een minister-president tegenwoordig?' (...)

De minister-president schoof heen en weer op zijn stoel. 'Monseigneur,
natuurlijk heb ik begrip voor uw standpunt, maar mag ik u erop wijzen dat
in de tien geboden staat: gij zult niet doden.'

'Ah! Maar in Spreuken 6:30 staat: men veracht een dief niet, als hij enkel
steelt om zijn maag te vullen, als hij honger heeft.'

'Al te waar! Maar in Deuteronomium 8:13 staat duidelijk dat de mens niet
leeft bij brood alleen.'(...)
'Ieder mens denkt dat God aan zijn zijde staat. Alleen de rijke weet dat dat
waar is.'
'Aardig. Van wie is die?'
'Van Anouilh.'
'Denk aan de armen. Dat kost niets.'
'Ook niet slecht. Van wie is die?'
'Van John Billings, een Amerikaanse komiek.'
'Zeg, wilt u toch niet een stuk vlaai?'
'Nou vooruit.'
'En misschien een glaasje wijn erbij?'
'Ach, waarom niet.'"[72]

Pam maakt op een ironische wijze duidelijk dat de opponenten het vanuit een
relatief comfortabele positie *over* armen hebben. Toch doen diverse journalisten
een poging om de vaak abstracte verhalen over armen te concretiseren. Naarmate de controverse vordert, verschijnen er steeds meer verhalen waarin de
mensen aan de onderkant van de samenleving zelf aan het woord komen.[73] Ze
geven inzicht in de wijze waarop armen hun situatie beleven. Bovendien dragen
ze ertoe bij dat de discussie over het onoirbare van de 'brooduitspraak' langzamerhand naar de achtergrond verdwijnt.

De harde werkelijkheid

Op 22 oktober 1996 wordt *Het eerste jaarrapport armoede en sociale uitsluiting*
aan minister Melkert van Sociale Zaken en Werkgelegenheid aangeboden.
Daarin worden de feiten over *Arm Nederland*, zo luidt de titel van het rapport,
op een rijtje gezet. Hoe ziet de harde werkelijkheid van de armoede eruit?
   In het voorwoord van het jaarrapport wordt gesteld dat het in de Algemene
Bijstandswet vastgelegde sociaal bestaansminimum in principe voldoende middelen van bestaan garandeert om in de noodzakelijke kosten te voorzien en een
decent leven te leiden. Maar de onderzoeksgegevens liegen er niet om. In 1994
bevindt zich 4 procent van alle Nederlandse huishoudens onder dat bestaansminimum. Veel mensen die rond het bestaansminimum zitten, kunnen ook
moeilijk rondkomen. In totaal leeft 11 procent van alle huishoudens onder of
rond dit minimum.[74] Naar schatting hebben 22.000 huishoudens soms onvol-

doende geld "om geen honger te hoeven lijden".[75] Om dezelfde reden komt in zo'n 43.000 huishoudens niet dagelijks een warme maaltijd op tafel en hebben circa 160.000 huishoudens onvoldoende verwarming bij koude of geen telefoon. Verder laten 576.000 huishoudens nieuwe kleding vanwege een tekort aan geld achterwege.[76]

In het jaarrapport wordt ook aandacht besteed aan de oorzaken van armoede. Het zogenaamde niet-gebruik van allerlei regelingen wordt als een van de belangrijkste verklaringen voor armoede opgevoerd. Veel mensen die niet kunnen rondkomen zijn niet op de hoogte van regelingen, zoals individuele huursubsidie en bijzondere bijstand, om in een zeker bestaansminimum te voorzien. Soms kennen ze de regelingen wel, maar durven ze er uit schaamte geen gebruik van te maken.

De publicatie van het jaarrapport markeert een breekpunt in het armoededebat, omdat daardoor een punt wordt gezet achter de kritiek op Muskens. Na het verschijnen van het rapport wordt nauwelijks meer over het verwerpelijke karakter van de 'brooduitspraak' gesproken, maar wel over de betekenis die moet worden gehecht aan de feiten die in het jaarrapport aan het licht worden gebracht. Ineens is niet meer de vraag of de uitspraak van Muskens deugt, maar of het armoedebeleid van de regering hout snijdt. Hoe is het mogelijk dat in een rijk land als Nederland zoveel huishoudens onder of rond het minimum leven? Deugt het armoedebeleid soms niet?

Het regeringsbeleid wordt om twee redenen een brandende kwestie. De eerste reden is dat in het jaarrapport staat dat de gesubsidieerde banen, de zogenaamde Melkertbanen, niet of nauwelijks bijdragen aan de bestrijding van armoede.[77] Een Melkertbaan kan weliswaar bijdragen tot het doorbreken van het sociaal isolement van werklozen, maar levert hun bijna geen extra inkomen op. Verder stromen weinig mensen met een Melkertbaan door naar regulier werk. Bovendien maken veel mensen aan de onderkant van de samenleving geen enkele kans om een Melkertbaan te krijgen. De tweede en wellicht belangrijkste reden waarom het regeringsbeleid een brandende kwestie wordt, is dat de media vooral aandacht besteden aan de cijfers over de materiële armoede. Met name het gegeven dat zo'n 22.000 huishoudens niet altijd geld hebben om voldoende eten op tafel te zetten, krijgt veel aandacht. Zo nemen heel veel kranten in hun bijdrage over het jaarrapport het woord 'honger' op in de kop.[78]

Minister Melkert is het niet eens met de uitkomsten van het onderzoek dat ten grondslag ligt aan het jaarrapport. De feiten over het aantal mensen dat onder of rondom het bestaansminimum leeft, trekt hij niet in twijfel, wel wat wordt beweerd over zijn beleid. De kritiek dat additioneel werk (zoals Melkert-banen) als wapen tegen de armoede weinig soelaas biedt, kritiseert hij als volgt:

"De onderzoekers hebben zich laten meeslepen door het denkbeeld dat werk niet loont. Dat is feitelijk onjuist en als strategie voor armoedebestrijding verwerpelijk."[79]

Voorts wijst hij op enkele voordelen die Melkertbanen met zich mee zouden brengen: 120 procent van het minimuminkomen te gaan verdienen, niet langer gedwongen worden spaargeld of vermogen (bijvoorbeeld een eigen huis) op te maken en het opbouwen van rechten op sociale zekerheid en pensioen. Engbersen, die als onderzoeksleider verantwoordelijk is voor het jaarrapport, reageert hierop met de woorden: "De minister heeft een vrij zonnig beeld van Melkertbanen. Wij zijn wat sceptischer".[80] En Paul de Beer, een van de auteurs van het jaarrapport, laat weten dat een Melkertbaan 32 uur per week omvat, waardoor het salaris maximaal rond het minimumloon kan uitkomen.

De controverse die zich naar aanleiding van het jaarrapport en Melkerts reactie daarop ontspint, betreft de vraag of het voor een adequate bestrijding van armoede voldoende is om bijna alle kaarten op de sfeer van de arbeid te zetten. Schiet het activerend arbeidsmarktbeleid voor een goed armoedebeleid niet in enkele opzichten tekort? Moet niet de structuur van de samenleving worden veranderd?

De vertegenwoordigers van de regeringspartijen verdedigen de ingeslagen weg. Zij willen de armoede bestrijden door aan de onderkant van de banen-markt werk te creëren. De dag voor het rapport verschijnt, noemt Bolkestein de discussie over armoede 'nonsens' om vervolgens het gehoor voor te houden: "Banengroei is het beste tegengif tegen de vorming van een onderklasse".[81] Melkert acht het uitbreiden van de banengroei het belangrijkste : "Ik hou van het gezonde uitgangspunt dat werken moet lonen". In zijn ogen is het verhogen van het minimumloon geen goede remedie tegen armoede, omdat dit zou leiden tot hogere loonkosten en een afbraak van de banengroei.[82] De regeringspartijen gaan van de veronderstelling uit dat het verschil tussen een uitkering en het minimumloon relatief groot moet zijn, zodat mensen geprikkeld worden om een baan te aanvaarden. Onderzoeksgegevens die dit weerspreken, worden genegeerd of ontkend. Dit gebeurde met het SCP-rapport *Het onderste kwart. Werk en werkloosheid aan de onderkant van de arbeidsmarkt*.[83] Daarin wordt duidelijk gemaakt dat de acceptatiebereidheid van werklozen om een aangeboden baan aan te nemen vooral wordt bepaald door de kwaliteit van het werk. Zij hebben liever een leuke baan dan een waarmee zij meer verdienen. De maatregelen die de overheid heeft genomen om werkgevers te stimuleren voor lager opgeleiden werk te creëren, zoals ontheffing van het minimumloon, premievrijstelling en loonsubsidies, hebben nauwelijks effect gesorteerd. Desondanks is VVD-kamerlid Van Hoof van mening dat de uitkering van werklozen moet worden gekort wanneer zij een aangeboden baan weigeren.[84]

Het standpunt van de regering wordt ook daarbuiten verdedigd. Zo verdedigt Jan-Jaap Heij de stelling dat de sanering van de Nederlandse economie de weg heeft gebaand om armoede terug te dringen. 'Meer markt, minder armoede', heet zijn stukje.[85] Nic van Rossum verdedigt het standpunt van de regering op een meer indirecte wijze. Hij benadrukt vooral één oorzaak van armoede: het uit onwetendheid en schaamte niet gebruik maken van allerlei regelingen waar men recht op heeft. Wanneer men "in een land met de rijkste armen en de armste rijken ter wereld" gebruik maakt van die regels, hoeft er geen sprake te zijn van armoede.[86]

Tegenover degenen die denken dat de bestaande regelingen voldoende waarborg bieden tegen armoede en dat armen het beste geholpen zijn met het creëren van banen aan de onderkant van de arbeidsmarkt, staan degenen die erop wijzen dat de probleemdefinitie niet deugt. De vertegenwoordigers van allerlei kerkelijke groeperingen hameren erop dat armoede een structureel probleem is. Armoede is het gevolg van een onrechtvaardige verdeling van schaarse goederen. Volgens Willem Breedveld heeft de politiek geen oog voor deze morele dimensie van armoede, zeg het verdelingsvraagstuk.[87] De vertegenwoordigers van de kerken vinden armoede niet een onaangenaam bijverschijnsel van de sanering van de economie, en zeker niet iets wat uit de wereld kan worden geholpen door armen te bevrijden van hun onwetendheid en schaamte. Op deze manier wordt de aandacht alleen gevestigd op de armen en blijven de rijken buiten het gezichtsveld. Wie armoede als een structureel probleem ziet, "zal de uitdaging moeten durven aangaan om het proces van verrijking en verarming in Nederland te analyseren als twee zijden van hetzelfde systeem", aldus Henk Meeuws, lid van de taakgroep Economische Gerechtigheid van de Commissie Justitia et Pax Nederland.[88]Aangezien de vertegenwoordigers van de kerken keer op keer aandacht hebben gevraagd voor de structurele oorzaken van armoede, ligt het voor de hand dat ze kwaad zijn over het feit dat de organisatoren van de Sociale Conferentie hun verhaal niet willen horen. Was het niet de bedoeling dat iedereen tijdens de conferentie zijn verhaal kan doen? Blijkbaar niet, want voordat de conferentie van start gaat, proberen de organisatoren van de conferentie de discussie in bepaalde banen te leiden. Ze willen voorkomen dat een pleidooi wordt gehouden voor de verhoging van de uitkeringen.[89] Ploni Robbers-van Berkel en Kees Tinga van de Raad van Kerken kritiseren dit:

"...de betrokken ministeries wensten een taboe op aandacht voor structurele oorzaken van armoede en op discussie over de hoogte van het sociale minimum. Dat alles roept de vraag op of armoede voor het paarse kabinet wel echt een urgent probleem vormt. Om dit kabinet hangt immers een sfeer met heel andere prioriteiten. Rechtvaardigheidsgevoel legt het af tegen neoliberaal vooruitgangsgeloof. Voor morele verontwaardiging over tweedeling – verarming binnen ongekende welvaart – is dan ook nauwelijks plaats."[90]

Nog voor de Sociale Conferentie plaatsvindt, zullen bisschop Muskens en Ineke Bakker, de secretaris van de Raad van Kerken, met premier Kok over het armoedevraagstuk praten. Aan de vooravond van dit gesprek staat in tal van kranten een interview met Muskens. Daarin geeft hij te kennen dat de 'harde' feiten uit het jaarrapport *Arm Nederland* het moreel appel dat uitging van zijn 'brooduitspraak' vleugels hebben gegeven. Muskens' normatieve kritiek op het armoedebeleid wint juist aan kracht op het moment dat de feiten van het jaarrapport gepresenteerd worden. In het interview zinspeelt hij ook al op het gesprek met Kok. Verzoenlijk stelt hij voor dat de kerken en de overheid in hun strijd tegen armoede beter moeten samenwerken. Hiermee geeft Muskens aan Kok de voorzet om tijdens hun gesprek de publieke strijd over armoede te pacificeren.

Bondgenoten

De afspraak voor het gesprek op 28 oktober 1996 is, zoals gezegd, tot stand gekomen omdat Muskens vlak voor Prinsjesdag het armoedebeleid van het kabinet gehekeld heeft. Kok heeft Muskens en Bakker uitgenodigd om het een en ander recht te kunnen zetten. In politiek-strategisch opzicht blijkt dit een meesterzet te zijn. "De bisschop toonde zich een tevreden mens en Kok kon tonen dat het kabinet wel degelijk een sociaal gezicht had", aldus Peter Greef. De premier geeft Muskens en Bakker de gelegenheid om al hun bezwaren op het armoedebeleid kenbaar te maken. Daarbij onderstreept hij zijn soevereiniteit met de woorden: "Kritische vragen over het armoedevraagstuk ervaar ik niet als zijwind of tegenwind". Bakker zegt dat ze duidelijk heeft willen maken dat het de Raad van Kerken niet om 'lapmiddelen' gaat:

"Wij hebben de nadruk gelegd op de kern van de zaak: armoede is te wijten aan een structurele tekortkoming van onze samenleving. Maar dit gesprek is pas een succes geweest als de armoede-cijfers werkelijk naar beneden gaan."[91]

Het gesprek gaat grotendeels over de specifieke maatregelen die het kabinet heeft getroffen om de armoede van eenoudergezinnen, langdurig werklozen en ouderen met enkel een AOW-uitkering te bestrijden. De vertegenwoordigers van de kerken doen zelf ook nog enkele voorstellen. Zo stellen zij voor dat mensen met een uitkering de mogelijkheid moeten krijgen iets erbij te verdienen.

Na afloop van het gesprek prijst Kok de dialoog tussen de regering en kerkelijke organisaties. De premier zegt dat hij in Muskens en Bakker bondgenoten ziet in de strijd tegen armoede. Met deze verzoenende woorden lijkt Kok de angel uit de publieke controverse over armoede te hebben gehaald. Maar misschien wakkert het vuur van het debat tijdens de nog in het verschiet liggende Sociale Conferentie nog een keer op. Op papier komen er genoeg deelnemers die voor een pittig debat kunnen zorgen, zoals degenen die voorstander zijn van een structurele aanpak van de armoede.

De werkgroep De Arme Kant van Nederland en het arbeidspastoraat DISK, beide deelnemers aan de conferentie, zeggen niet tevreden te zijn over het gesprek van de premier met Muskens en Bakker. De door Kok genoemde maatregelen vallen in hun ogen onder de categorie 'kortetermijnbeleid'. Naast maatregelen voor specifieke groepen moeten er juist ook algemene maatregelen worden genomen, zoals het verhogen van het sociaal minimum.

De dag dat de Sociale Conferentie plaatsvindt, laat Melkert in een ochtendkrant weten dat wat sommigen daar ook bepleiten, een verhoging van de uitkering er niet in zit.[92] Tijdens de conferentie wordt dit ook niet in extenso bediscussieerd, althans niet zo dat men dit in de media onder de aandacht brengt. In de media wordt stilgestaan bij het voorstel van D66 om gemeenten te verplichten uitkeringsgerechtigden op te sporen die geen gebruik maken van hun rechten. De tranen die een bijstandsmoeder met haar verhaal bij sommige deelnemers aan de conferentie weet te wekken, krijgen ook veel aandacht. Aan de structurele oorzaken van armoede gaat men nagenoeg geheel voorbij.

Voor de Raad van Kerken is dat een reden om op 5 september 1997 de conferentie De rijke kant van Nederland in de Rode Hoed (Amsterdam) te organiseren. De organisatoren van de conferentie willen aandacht vragen voor het feit dat processen van verarming en verrijking twee zijden van dezelfde medaille zijn. Ze pleitten ervoor om ook rijken tot object van wetenschappelijk onderzoek te maken. De politiek zou tegelijkertijd armoede en rijkdom moeten bestrijden. Opmerkelijk is dat diverse deelnemers aan de conferentie de armoede en verrijking in een internationale context plaatsten. Zo wijst Nico Wilterdink erop dat het vanwege de globalisering steeds moeilijker wordt om de armoede in Nederland los te koppelen van die op wereldschaal.[93] De poging om via deze conferentie de discussie over armoede nieuw leven in te blazen mislukt echter. In de media trok ze een fractie van de aandacht die Muskens met zijn provocerende' brooduitspraak' kreeg.

3   HET RELATEREN VAN FEITEN AAN WAARDEN

Het armoededebat is een publieke controverse over feiten en waarden. Dit blijkt uit de reconstructie van zijn twee hoogtepunten. In de eerste plaats zijn tijdens beide hoogtepunten feiten in het geding. Eind jaren tachtig strijden CDA-politici en vertegenwoordigers van de kerken onder andere over de vraag of het een 'feit' is dat een verhoging van de uitkering met honderd gulden per maand tachtigduizend werklozen oplevert. Verder verschilt men ook van mening over de vraag welke 'waarden' de meeste aandacht verdienen: het recht op een uitkering of de plicht tot arbeid. In 1996 denken politici en vertegenwoordigers van de kerken anders over de vraag of armoede structurele oorzaken kent. Dat jaar wordt gestreden over de normatieve vraag of het verwerpelijk is om publiekelijk te stellen dat het stelen van brood in geval van uiterste nood geoorloofd is.

Tijdens beide hoogtepunten heeft er dus een woordenwisseling plaatsgevonden over zowel feiten als waarden. Daarom biedt het armoededebat de mogelijkheid om op een oude kwestie, de relatie tussen feiten en waarden, een nieuw licht te werpen. Hoe is de stand van zaken in de discussie over deze relatie? Welke rol speelt het onderscheid tussen feiten en waarden in het armoededebat? Wat zegt dit over intellectuelen?

Het standaardbeeld

Wie de wetenschap in de politiek bestudeert, merkt dat het onderscheid tussen feiten en waarden min of meer geïnstitutionaliseerd is. Het onderscheid correspondeert immers met de verhouding tussen wetenschap en samenleving. Als relatief autonoom instituut is de wetenschap verantwoordelijk voor de feiten en worden waardeoordelen overgelaten aan de politiek. Volgens het standaardbeeld van de wetenschap zijn wetenschappers in een wereld van waarden gericht op de feiten.[94] Hoezeer het onderscheid tussen feiten en waarden geïnstitutionaliseerd is, blijkt ook uit het armoededebat. De feiten die door de wetenschappers zijn opgehoest, worden wel in eigen kring betwijfeld, maar niet of nauwelijks daarbuiten. Of het nu gaat om het armoedeonderzoek van de Leidse sociologen eind jaren tachtig of de jaarrapporten armoede en uitsluiting in de tweede helft van de jaren negentig, de onderzoeksresultaten worden doorgaans aanvaard. De onderzoeksgegevens die Engbersen aan de hand van zijn typologie boven water haalt, staan niet ter discussie. Ze worden wel door derden naar de hand gezet. De typologie van Engbersen wordt zodanig getransformeerd, dat bij het grote publiek het beeld van de calculerende burger beklijft. En van de vele onderzoeksgegevens die ten behoeve van het jaarrapport over de huishoudens onder of rondom het minimuminkomen zijn verzameld, wordt vooral één gegeven eruit gelicht: dat 22.000 huishoudens soms niet genoeg geld hebben om eten op tafel te zetten. Door de wijze waarop de typologie van Engbersen en de voor het jaarrapport verzamelde onderzoeksgegevens door derden naar de hand zijn gezet, is de normatieve discussie over armoede bewust of onbewust in bepaalde banen geleid. Door hierbij stil te staan kan mijns inziens de kritiek op het standaardbeeld van wetenschap worden aangescherpt. Om dat duidelijk te kunnen maken moet ik eerst de bestaande kritiek op het standaardbeeld in het kort weergeven.

Volgens het standaardbeeld van wetenschap gaapt er een diepe kloof tussen feiten en waarden, zijn en behoren, kennen en oordelen, rede en zede, cognitieve en normatieve uitspraken. Het besef van deze kloof vindt zijn neerslag in het nog steeds in brede kringen verdedigde postulaat van de waardevrijheid van wetenschap.[95] Volgens dit postulaat moeten wetenschappers zich concentreren op feitelijke vragen en normatieve vragen overlaten aan derden. Max Weber rechtvaardigt dit door te stellen dat de wetenschap op feitelijke vragen altijd een eenduidig antwoord vindt, maar dat op normatieve vragen nooit een afdoend antwoord kan worden gegeven.[96] Omdat de wetenschap naar objectiviteit streeft, moet zij de subjectieve waardeoordelen buiten de deur houden.

De aanhangers van het standaardbeeld van wetenschap dragen drie soorten argumenten aan om het bestaan van een kloof tussen feiten en waarden te on-

INTELLECTUELEN IN NEDERLAND

derbouwen.[97] Volgens het *ontologische* argument is er een principieel verschil tussen de wereld van de feiten en de wereld van de waarden. Het gaat om twee geheel verschillende 'zijnssferen'. Zo is Wittgenstein van mening dat over de wereld van de feiten zinvol gesproken kan worden, maat dat normatieve vragen of vragen over de zin van het leven niet tot deze wereld behoren.[98] Wanneer alle mogelijke wetenschappelijke vragen beantwoord zijn, is er nog geen enkel antwoord op vragen naar wat goed en fout is, en waartoe dit alles leidt.[99] Volgens het *epistemologische* argument zijn feiten objectief kenbare dingen in de werkelijkheid. Feiten leiden een bestaan dat onafhankelijk is van het kennend subject. Waarden zijn volgens dit argument subjectief, omdat ze niet onafhankelijk van het subject bestaan. Dit argument wordt met name door Karl Popper vertolkt. Volgens het *logisch-linguïstische* argument is het onmogelijk om prescriptieve uitspraken te reduceren tot descriptieve uitspraken. Iemand die denkt op grond van een beschrijving van de wereld te kunnen afleiden hoe die behoort te zijn, maakt zich schuldig aan de zogenaamde 'naturalistic fallacy'. G.E. Moore heeft deze drogreden het meest pregnant onder woorden gebracht.

In de tweede helft van de twintigste eeuw leidt de kritiek op het standaardbeeld van de wetenschap tot het relativeren van de kloof tussen feiten en waarden. Deze kritiek komt neer op het weerleggen van de genoemde drie argumenten voor het splitsen van feiten en waarden.

Het ontologische argument voor de scheiding tussen twee zijnssferen wordt sterk gerelativeerd door historisch onderzoek naar de ontwikkeling van de wetenschap. Historisch onderzoek laat zien dat het onderscheid tussen beide zijnssferen, c.q. wetenschap en samenleving, het resultaat is van een differentiatieproces dat in de zeventiende eeuw haar oorsprong vindt.[100] In de zeventiende eeuw wordt met de Royal Society een begin gemaakt met de institutionele scheiding van de wetenschap enerzijds en de politiek en religie anderzijds. Wie het onderscheid tussen feiten en waarden verkoopt als twee transhistorische zijnssferen, hypostaseert de uitkomst van een contingent differentiatieproces.

Het epistemologisch argument voor het onderscheid tussen onafhankelijk van het kennend subject bestaande objectieve dingen enerzijds en subjectieve waarden anderzijds, wordt bekritiseerd door het moderne wetenschapsonderzoek. Uit empirisch onderzoek naar het wetenschapsbedrijf blijkt dat feiten geen onafhankelijk van het kennend subject bestaande dingen zijn, maar sociale constructen van een wetenschappelijke gemeenschap. Daardoor kenmerken wetenschappelijke bevindingen zich door de normatieve inscripties van een wetenschappelijke gemeenschap. Dit treedt het meest voor het voetlicht bij disciplines als gezondheidswetenschappen, milieukunde, pedagogiek en bedrijfskunde.[101] Deze disciplines produceren niet alleen feiten, maar ook normatieve ideeën over een betere gezondheid, een duurzaam milieu, een goede opvoeding of een efficiënte bedrijfsvoering.

In de ogen van velen heeft John Searle het logisch-linguïstische argument ten faveure van de kloof tussen feiten en waarden weerlegd.[102] Hij zou overtuigend hebben aangetoond dat het mogelijk is om normatieve uitspraken af te leiden van feitelijke uitspraken. De weerlegging van Searle berust op het onderscheid tussen brute en institutionele feiten. Het bestaan van institutionele feiten veronderstelt het bestaan van instituties waar bepaalde regels gelden. Zo zijn bijvoorbeeld het voetbal en het gezin instituties waarbinnen verondersteld wordt dat mensen zich houden aan de geldende regels. Volgens Searle maken instituties het afleiden van 'behoren' uit 'zijn' mogelijk. Hij illustreert dit aan de hand van het doen van een belofte. Volgt men de volgende reeks, dan wordt duidelijk hoe men 'behoren' uit 'zijn' kan afleiden: (1) Peter zei: 'Ik beloof je, Jan, tien gulden te betalen'; (2) Peter beloofde Jan tien gulden te betalen; (3) Peter heeft de verplichting op zich genomen om Jan tien gulden te betalen; (4) Peter is verplicht om Jan tien gulden te betalen; (5) Peter behoort Jan tien gulden te betalen. Deze afleiding van 'behoren' uit 'zijn' hangt af van de regel dat wie iets belooft zich ertoe verplicht die belofte na te komen. In een context waarbij bepaalde dingen een bepaalde welomschreven functie hebben, kunnen normatieve uitspraken ook uit descriptieve uitspraken worden afgeleid. Zo valt uit de descriptieve uitspraak 'Deze klok loopt onregelmatig' af te leiden 'Het is een slechte klok'.

Deze kritiek op het standaardbeeld van wetenschap heeft geleid tot het besef dat de kloof tussen feiten en waarden sterk moet worden gerelativeerd. In het huidige wetenschapsonderzoek wordt eerder van een 'mix' of 'mengsel' van feiten en waarden gesproken. Dick Pels spreekt zelfs over hun 'natuurlijke' saamhorigheid.[103] Mijn bezwaar is dat in het wetenschapsonderzoek er weliswaar terecht op gewezen wordt dat er sprake is van een 'mix' of 'mengsel' van feiten en waarden, maar dat men nalaat aan te geven hoe deze eruitziet. Wat is de aard van de 'mix' of het 'mengsel' van feiten en waarden? En is het wel zinvol om te spreken van hun 'natuurlijke' saamhorigheid?

Associatie en dissociatie

De boodschap van het constructivisme is dat feiten niet worden ontdekt, maar gemaakt.[104] Feiten zijn sociale constructen, dat wil zeggen het resultaat van het intersubjectief verkeer tussen wetenschappers en hun interacties met derden (mensen en dingen). Het constructivisme breekt aldus met de gedachte dat feiten objecten zijn die onafhankelijk van het kennend subject bestaan en slechts ontdekt hoeven te worden. Feiten zijn de uitkomst van een proces waarbij bepaalde beweringen in de loop van de tijd steeds meer ondersteuning hebben gekregen. Naarmate de ondersteuning van de bewering toeneemt, wordt het feit 'harder'. Maar wanneer de ondersteuning afbrokkelt, dan wordt een feit steeds zwakker, om uiteindelijk een artefact te worden. De hardheid van een bewering hangt af van de grootte van het netwerk van mensen en dingen dat haar ondersteunt.

Het is opmerkelijk dat moderne wetenschapsonderzoekers het vrijwel uitsluitend over de sociale constructie van *feiten* hebben. Over de sociale constructie van *waarden* spreekt bijna niemand.[105] Toch zijn normen ook het resultaat van een proces waarbij men voor bepaalde beweringen zoveel mogelijk bondgenoten probeert te winnen. En naarmate de ondersteuning van een normatieve bewering toeneemt, wordt de norm 'harder' c.q. 'universeler'. Indien de ondersteuning voor een normatieve bewering afneemt, wordt de norm steeds zwakker, om uiteindelijk te worden afgedaan als een 'privé-mening'.

Wie de dynamiek van een publieke controverse als het armoededebat wil begrijpen, doet er goed aan om feiten en waarden symmetrisch te behandelen. In deze zijn twee zaken van belang. Ten eerste dat in het debat over zowel feiten als waarden gestreden wordt. Ten tweede dat in een debat feiten en waarden elkaar kunnen 'opladen'. Dit is het geval wanneer de feiten onmiskenbaar aantonen dat men niet voldoet aan een algemeen aanvaarde norm. Toen de CDA-politici eind jaren tachtig de bewering 'Er is armoede in Nederland' erkenden, had dit een elektrificerende werking omdat zij daarmee toegaven dat niet meer werd voldaan aan een algemeen aanvaarde norm. Het ging om de norm dat in Nederland niemand arm hoeft te zijn, omdat de staat met de ABW garant staat voor een sociaal minimum. Als deze norm niet zo'n breed draagvlak had gehad, dan zou elke feitelijke constatering dat er in Nederland sprake is van armoede niet zoveel deining hebben veroorzaakt.

Wanneer feiten en waarden in een publieke controverse zodanig aan elkaar worden gerelateerd dat zij elkaar elektrificeren, spreek ik van *associatie*. Het armoededebat biedt tal van voorbeelden van de associatie van feiten en waarden. Het 'feit' dat er in Nederland 22.000 huishoudens zijn waar af en toe honger geleden wordt, heeft geleid tot het opladen van de 'norm' dat mensen in Nederland geen materiële armoede mogen lijden. Hiermee bedoel ik dat de norm in herinnering wordt geroepen om actie te kunnen ondernemen, iets aan de armoede te doen. Een algemeen geldende norm kan mensen mobiliseren, kan tot reacties leiden, zodra zij weten dat er feitelijk niet aan wordt voldaan. Sommigen hebben er echter belang bij dat van feiten noch waarden een elektrificerende werking uitgaat. Dit zijn degenen die geen publiek debat over deze of gene zaak wensen. Ik versta onder de *dissociatie* van feiten en waarden alle handelingen die het leggen van een elektrificerende link tussen beide ondermijnen of tegengaan. Ook hier levert het armoededebat voorbeelden. Zo was er sprake van een dissociatie van feiten en waarden toen de CDA-politici De Koning en De Graaf ontkenden dat in Nederland sprake is van armoede in Nederland.

De associatie van feiten en waarden is de motor van menig publiek debat. Daarentegen kan hun dissociatie worden gezien als een poging om zo'n debat te vermijden of voortijdig te beslechten.

Let men op de verschillen in soorten associaties van feiten en waarden, dan kunnen grosso modo vier *modaliteiten* worden onderscheiden. De vier modaliteiten zijn gebaseerd op het eerder gemaakte onderscheid tussen 'harde' en 'zachte' feiten, en 'harde' en 'zachte' waarden.[106] De hard- of zachtheid van feiten en waarden heeft uitdrukkelijk te maken met het aantal bondgenoten dat men voor een descriptie en prescriptie weet te mobiliseren. De vier modaliteiten worden in onderstaand schema weergegeven.

Modaliteiten van feiten en waarden

	STERKE FEITEN	ZWAKKE FEITEN
STERKE WAARDEN	I	II
ZWAKKE WAARDEN	III	IV

Er is sprake van (relatief) sterke waarden wanneer de opponenten in een controverse een normatieve uitspraak – bijvoorbeeld 'Armoede is een onrecht' – onderschrijven. Wanneer zij dat niet doen, spreek ik van zwakke waarden. Van sterke feiten is sprake wanneer de opponenten in een controverse een bepaalde cognitieve uitspraak – bijvoorbeeld 'De armoede in Nederland is toegenomen' – onderschrijven. En wanneer de opponenten zich niet vinden in een cognitieve uitspraak, dan spreek ik van zwakke feiten. Aangezien feiten en waarden in een publieke controverse aan elkaar gerelateerd worden, kunnen zo vier modaliteiten worden onderscheiden. Ik zal de vier modaliteiten nu aan de hand van het armoededebat toelichten.

Het eerste kwadrant heeft betrekking op een situatie waarin de opponenten het met elkaar eens zijn over de feiten en waarden. Een goed voorbeeld van een dergelijke situatie was het moment dat premier Kok de media liet weten dat hij in Muskens en Ineke Bakker bondgenoten zag in de strijd tegen de armoede. Op dat moment waren ze het met elkaar eens dat voor mensen die moeilijk rond kunnen komen bepaalde maatregelen moeten worden genomen. Deze modaliteit brengt tot uitdrukking dat de opponenten in een publiek debat zich op een specifiek punt kunnen vinden. Als dit op een zeker moment de dominante modaliteit is, dan kan ze het einde van de controverse inluiden. Zoals ik heb laten zien, is dit inderdaad gebeurd tijdens het tweede hoogtepunt van het armoededebat.

Het tweede kwadrant duidt op een situatie waarin de opponenten het met elkaar eens zijn over de waarden, maar niet over de feiten. Zo is er tijdens het tweede hoogtepunt van het armoededebat tussen de Raad van Kerken en EVA enerzijds en de politici van de regeringspartijen anderzijds geen consensus over de vraag of armoede een structureel probleem is. Wel zijn ze het erover eens dat de bestaande situatie van veel mensen die een inkomen onder of rondom het minimumloon hebben, moreel laakbaar is.

Het derde kwadrant betreft een situatie waarin tussen de opponenten onenigheid bestaat over de waarden en niet over de feiten. Dit was het geval bij de receptie van de typologie van Engbersen. Zo was er niet of nauwelijks onenigheid over de door middel van deze typologie gepresenteerde feiten over armoede en werkloosheid. Wel was er onenigheid over de waardering van sommige typen. Terwijl Van Steenbergen de autonomen positief waardeert, omdat ze in zijn ogen de voorhoede van een postmateriële samenleving vormen, zijn ze in de ogen van De Kam en Van Doorn profiteurs met een laakbaar arbeidsethos.

Het vierde kwadrant verwijst naar een situatie waar de opponenten het noch met elkaar eens zijn over de feiten, noch over de waarden. In de strijd tussen de vertegenwoordigers van de kerken en de politici bestaat onenigheid over de door de eersten gelanceerde these dat het overheidsbeleid mede de oorzaak is voor de armoede in Nederland. Wanneer politici – en dit betreft zowel die van de kabinetten-Lubbers als de kabinetten-Kok – deze bewering als feit zouden accepteren, dan worden zij deels verantwoordelijk gesteld voor de armoede. Hiermee correspondeert ook een verschil van mening over twee waarden die in het armoededebat in het geding zijn: de rechtvaardige verdeling van schaarse

goederen en het arbeidsethos. Politici benadrukken vooral het arbeidsethos.[107]
Door de nadruk te leggen op het arbeidsethos, kunnen zij de verantwoordelijkheid van de armoede van zich afschuiven. Degenen die, zoals de vertegenwoordigers van de kerken, de aandacht in de eerste plaats op de verdeling van de
schaarse goederen vestigen, zoeken de oorzaak van armoede niet snel bij de
mentaliteit van de armen, maar bij allerlei structurele aspecten van de samenleving. Zij achten eerder degenen die de schaarse goederen verdelen verantwoordelijk voor de armoede, dat wil zeggen de staat, dan de armen.

Aan de hand van de vier modaliteiten kunnen verschillen worden aange-
bracht in de wijze waarop in publieke controversen feiten en waarden worden
geassocieerd. Niet meer, en niet minder. De geschetste modaliteiten laten ook
zien dat er niet sprake is van een *natuurlijke* saamhorigheid van feiten en waarden. Dit wordt vooral duidelijk bij de vierde modaliteit, waar de saamhorigheid
van feiten en waarden geheel lijkt te ontbreken, omdat noch overeenstemming
bestaat over de feiten, noch over de waarden. Het fenomeen van de dissociatie
maakt nog eens duidelijk dat er geen sprake is van een natuurlijke saamhorigheid. In plaats van te praten over de natuurlijke saamhorigheid van feiten en
waarden, kan men beter de verschillende modaliteiten onderzoeken.

Strijd en pacificatie

Het is interessant om de twee hoogtepunten van het armoedevraagstuk met elkaar te vergelijken. Ze tonen opmerkelijke verschillen en overeenkomsten. Ik
sta eerst stil bij drie verschillen.

Een opvallend verschil is dat in 1989 een 'feit' het startpunt van een controverse vormde en in 1996 een 'waarde'. In 1989 werd de controverse ontketend
op het moment dat politici het 'feit' erkenden dat in Nederland armoede is. Dit
bood de vertegenwoordigers van de kerken de gelegenheid om de regering ter
verantwoording te roepen. Waren zij het niet die met hun beleid ervoor hebben
gezorgd dat er armoede is? In 1996 vormde de door Muskens vertolkte 'waarde'
dat ieder mens recht heeft op een decent leven het begin van een controverse.
De bisschop vertolkte deze waarde door publiekelijk te stellen dat iemand die
vanwege armoede geen decent leven kan leiden, het recht heeft om zich een
brood toe te eigenen.

Een tweede verschil is dat de twee controversen uitmondden in andere discussiepunten. Aan het eind van de eerste controverse draaide de discussie rond
de tegenstelling: rechten versus plichten. Heeft de arme mens of werkloze een

onvoorwaardelijk recht op hulp van de staat? Moet 'welfare' plaats maken voor 'workfare'? Behoort tegenover het recht op een uitkering niet de plicht tot arbeid te staan? Aan het eind van de tweede controverse draaide de discussie rond de vraag of armoede een structureel probleem is. Is armoede niet het gevolg van een onrechtvaardige herstructurering van de verzorgingsstaat? Of is armoede terug te voeren op de mentaliteit van de armen zelf? Terwijl de eerste controverse in een normatieve discussie over het arbeidsethos eindigde, eindigde de tweede controverse in een cognitieve discussie over de feitelijke oorzaken van armoede. De twee discussiepunten kunnen echter niet los van elkaar worden gezien. Degenen die, zoals de vertegenwoordigers van de kerken, armoede als een structureel probleem zien, zijn ook minder geneigd om 'workfare' te propageren. En degenen die armoede bij voorbaat relateren aan de persoonlijke predisposities van armen, neigen er eerder toe kritisch te staan tegenover 'welfare'.

Het derde verschil betreft de vraag wie als intellectuelen geïnvolveerd zijn geweest in de twee controversen. Opmerkelijk is dat wetenschappers tijdens de eerste controverse prominent aanwezig waren, en zich tijdens de tweede nagenoeg niet lieten zien. Dit verklaart misschien ook waarom de tweede controverse nauwelijks een intellectueel debat kan worden genoemd, er eerder sprake was van morele paniek rondom de uitspraak van een bisschop en de harde feiten over armoede in Nederland. Daarentegen was tijdens de eerste controverse wel degelijk sprake van een debat waarin mensen met elkaar de degens kruisten. Dit liet de receptie van de typologie van Engbersen zien. Al naar gelang het vocabulaire van degenen die een intellectuele rol speelden, verschilde de interpretatie van de typologie. Het waren niet zozeer de kerken die aan de controverse over de typologie deelnamen, maar columnisten en wetenschappers.

Maar wat zijn nu de overeenkomsten tussen beide hoogtepunten van het armoededebat? Ik zie er twee.

In de eerste plaats vervullen zowel in 1989 als in 1996 vertegenwoordigers van de kerken een belangrijke intellectuele rol. Zij zijn het die armoede hoog op de politieke agenda plaatsen en zich opwerpen als zaakwaarnemers van de armen.[108] Daarbij maken zij van de bijzondere belangen van de mensen aan de onderkant van de samenleving een zaak van algemeen belang, dat wil zeggen iets dat iedereen behoort aan te gaan. De identiteit die de vertegenwoordigers door politici in 1989 wordt toegeschreven verschilt van die in 1996. In 1989 zijn zij volgens politici als De Koning en De Graaf mensen die het niet zo nauw nemen met de feiten. Daarentegen is in 1996 één van hen, namelijk Muskens, iemand die het niet zo nauw neemt met de moraal. Zijn 'brooduitspraak' getuigt daarvan, althans in de ogen van sommige politici. Terwijl de vertegenwoordigers van de kerken vinden dat het hun verantwoordelijkheid is op te komen voor de armen, roepen ze met het oog op de oorzaken van armoede de politici ter verantwoording. Van hun kant beweren politici dat de kerken met hun eisen (bijvoorbeeld de verhoging van de uitkering) en een 'oproep tot stelen' onverantwoord bezig zijn. De positie die zowel de vertegenwoordigers van de kerken als de intellectuelen innemen, kan het beste gekarakteriseerd worden door de werkwoordsvorm te gebruiken. Hoe worden zij gepositioneerd? De vertegenwoordigers van de kerken positioneren zichzelf aan de zijde van de armen door zich op te werpen als hun zaakwaarnemers. Maar derden, zoals de columnist Pam, positioneren hen ook aan de zijde van de politici. De vertegenwoordigers van de kerken mogen zich dan opwerpen als de legitieme woordvoerders van de armen, zij zitten er net zo warmpjes bij als de heren politici die zij voortdurend kritiseren. Aldus Pam.

Een tweede overeenkomst tussen de controversen in 1989 en 1996 is dat zij hetzelfde patroon kennen: strijd en pacificatie.[109] De controversen die de vertegenwoordigers van de kerken entameren, worden na verloop van tijd gepacificeerd. Daarbij speelt wetenschappelijk onderzoek steeds een belangrijke rol. Zo wordt de typologie van Engbersen zo getransformeerd dat dit tot een herdefinitie van het probleem leidt. Is eerst armoede het centrale probleem, na een tijdje is dat het gedrag van de armen. De typologie biedt de mogelijkheid om verschillende vormen van gedrag te onderscheiden, vooral van degenen die het niet zo nauw nemen met het arbeidsethos. De uit de typologie van Engbersen gedistilleerde calculerende burger markeert de pacificatie van de strijd tussen de vertegenwoordigers van de kerken en de politiek. In 1996 gaat de strijd om de vraag of de 'brooduitspraak' van Muskens in moreel opzicht al dan niet laakbaar is. Vanaf het moment dat met het verschijnen van *Het jaarrapport armoede en sociale uitsluiting* ook wetenschappelijk onderzoek naar de benarde situatie van armen voorhanden is, is Muskens niet langer het object van blaam. De cijfers over de harde werkelijkheid van armen maken duidelijk dat het alleen maar goed is dat hij de armoede zo hoog op de politieke agenda heeft geplaatst. Gezien de toestand waarin de armen verkeren, moeten Muskens en Bakker bij Kok wel aan tafel schuiven om samen te praten over de vraag wat te doen staat. Beide kanten komen dan ook met voorstellen. De uitspraak die Kok doet na dit gesprek markeert de pacificatie van de controverse in 1996. Hij zegt in Muskens en Bakker bondgenoten te zien in de strijd tegen armoede.

DE TWINTIGSTE EEUW (III):
'Nou...?'

Opland in *De Volkskrant* van 23 februari 1989

V DE RUSHDIE-AFFAIRE

Op 14 februari 1989 sprak de toenmalige Iraanse leider ayatollah Khomeiny een fatwa uit tegen de schrijver Salman Rushdie. Voor dit religieus decreet gebruikte hij de volgende woorden: "Ik wil alle onverschrokken moslims ter wereld mededelen dat de schrijver van het boek getiteld *De Duivelsverzen*, dat is gewrocht, gedrukt en uitgegeven in strijd met de islam, de Profeet en de Koran, en ook de uitgevers, die op de hoogte waren van de inhoud, ter dood zijn veroordeeld. Ik doe een oproep aan alle goede moslims hem snel te executeren, waar zij hem ook vinden, opdat niemand het nog zal wagen de islamitische principes te beledigen".[1]

De fatwa leidde tot een verdere escalatie van een strijd die al direct na het verschijnen van *De Duivelsverzen* in september 1988 ontbrandde. Reeds voor de uitvaardiging van het decreet werd het boek in India en Zuid-Afrika verboden, en in Bradford en Yorkshire in het openbaar verbrand. Sinds Khomeiny de fatwa afkondigde wordt Rushdie voortdurend bewaakt door een speciale eenheid van Scotland Yard. In juli 1991 werd de Japanse vertaler van de roman doodgestoken en een aanslag gepleegd op de Italiaanse vertaler. Vanwege de Rushdie-affaire verbrak de Europese Unie een tijd lang de diplomatieke betrekkingen met Iran. Maar in 1992 startte de Europese Unie met Teheran een zogenaamde 'kritische dialoog'. Deze leidde echter niet tot een verbetering van de situatie van Rushdie.

In het najaar van 1998 besloot de Iraanse regering afstand te doen van de fatwa. In ruil daarvoor zouden de diplomatieke betrekkingen tussen Groot-Brittannië en Iran worden genormaliseerd. Maar de Iraanse regering had zich nog maar net gedistantieerd van de fatwa of een Iraanse studentenorganisatie loofde 600.000 gulden uit voor het doden van Rushdie. Dit betekende dat Rushdie zich in feite nog steeds niet vrij kan bewegen.

In dit hoofdstuk onderzoek ik de wijze waarop de Rushdie-affaire zich in Nederland voltrok. Net als in andere landen ging de aandacht tijdens de affaire in Nederland vooral uit naar de bedreigde westerse waarden. De gewraakte roman kreeg niet of nauwelijks aandacht. En indien men al belangstelling toonde voor *De Duivelsverzen*, betrof het vrijwel uitsluitend de passages die aanstoot gaven. Ik verdedig de stelling dat een analyse van de roman een nieuw licht werpt op de Rushdie-affaire. Deze stelling verdedig ik in drie stappen. Eerst analyseer ik de roman. Vervolgens reconstrueer ik de affaire. En om mijn stelling te kunnen verdedigen confronteer ik ten slotte de analyse van de roman met de reconstructie van de affaire.

I   DE ROMAN

De fatwa was zowel voor de aanhangers van Khomeiny als voor intellectuelen een reden om de wereld in tweeën te splitsen. De aanhangers van Khomeiny rekenden zich tot degenen die een dam behoorden op te werpen tegen het decadente en godslasterlijke Westen. Daarentegen waren veel intellectuelen van mening dat het Westen verdedigd moest worden tegen het fundamentalisme uit het Oosten. Zij zagen in de islam een gevaar voor de democratie en de mensenrechten. Voor beide kampen vormde Rushdie een symbool. De aanhangers van Khomeiny zagen in hem het symbool van het westers imperialisme. En het merendeel der intellectuelen zag Rushdie als het symbool van de verdediging van de westerse vrijheid. Hierdoor bliezen beide kampen gewild of ongewild de oude tegenstelling tussen het Oosten en het Westen nieuw leven in.[2]

De ironie wil dat de tegenstelling tussen het Oosten en Westen in het oeuvre van Rushdie allesbehalve wordt onderstreept. In zijn romans en verhalen worden juist allerlei draden tussen het Oosten en het Westen gesponnen. Wie de personages uit Rushdies romans en verhalen schaduwt, beweegt zich niet alleen tussen het Oosten en Westen, maar leert tevens de grote verschillen binnen de twee werelden kennen, en wel zo, dat het onderscheid tussen beide hemisferen steeds vager wordt. Op die manier creëert Rushdie een specifiek perspectief op de wereld. Dat wil ik aantonen aan de hand van een analyse van *De Duivelsverzen*. Wat is de inhoud van deze roman? In welke stijl is deze gegoten? En hoe dient hij te worden geïnterpreteerd?

Inhoud

Het behoort tot de tragiek van de Rushdie-affaire dat *De Duivelsverzen* niet de aandacht heeft gekregen die het boek als roman verdient. Indien men al belangstelling voor de roman toonde, betrof het vrijwel uitsluitend de passages die aanstoot gaven. Nadat Khomeiny de fatwa heeft afgekondigd, verdwijnt behalve Rushdie ook de roman uit beeld. Cynisch kan men opmerken dat het om een bijna perfecte schrijversmoord gaat. Ik wil nu enkele facetten van *De Duivelsverzen* behandelen die in Nederland niet of nauwelijks ter sprake zijn gebracht, omdat men eenzijdig gefixeerd is geweest op passages die in de ogen van veel moslims godslasterlijk zijn.

Bij een vluchtige lezing van *De Duivelsverzen* kan bij de lezer de indruk ontstaan dat het boek uit een aaneenrijging van gebeurtenissen bestaat, zonder dat er sprake is van een duidelijke verhaallijn.[3] Het is voorstelbaar dat de lezer denkt het met een chaotische opeenstapeling van fantastische verhalen van doen te hebben. Toch kent het boek, bestaande uit negen hoofdstukken, een duidelijke *compositie* die gebaseerd is op drie verhaallijnen.

De eerste verhaallijn, de as van het boek, wordt gevormd door hoofdstuk I, III, V, VII en IX. Daarin wordt het verhaal verteld van de twee belangrijkste personages: Djibriel Farisjta en Saladin Chamcha. De tweede verhaallijn wordt gevormd door hoofdstuk II en VI. Daarin worden twee episoden uit het leven van Mahoen belicht. Mahoen is de uit de Middeleeuwen stammende aanduiding voor Mohammed. De eerste episode eindigt met de hijrah (het Arabische woord voor emigratie), dat wil zeggen de vlucht van Mahoen uit Djahilia (Mekka). In de tweede episode wordt de zegenrijke terugkeer van Mahoen in Djahilia beschreven. De derde verhaallijn wordt gevormd door hoofdstuk IV en VIII. Daarin worden twee episoden verteld van een door de wees Aisja op poten gezette pelgrimstocht. De eerste episode eindigt ermee dat Aisja en andere pelgrims hun geboorteland verlaten om via de Arabische Zee Mekka te bereiken. In de tweede episode wordt verteld dat de Arabische Zee alles behalve splijt en Aisja en de andere pelgrims verdrinken. Mahoen en Aisja maken zich dus allebei op voor een onzekere toekomst. Terwijl de levenswandel van Mahoen eindigt met een zegetocht, eindigt die van Aisja met de dood. Waar Djahilia voor Mahoen een soort Ithaka is, is Mekka voor Aisja een onbereikbaar doel. De spil van het boek wordt gevormd door hoofdstuk V. Daarin wordt het racisme en de sociale segregatie in Londen beschreven. Zoals de titel van dit hoofdstuk aanduidt – *A city visible but unseen* –, worden juist die kanten van Londen zichtbaar gemaakt waaraan het gros van de mensen voorbijziet. De compositie van de roman biedt een opstapje om nader in te gaan op zijn inhoud. Ik begin met de as van het boek.

Djibriel Farisjta groeit op in de sloppenwijken van Bombay. Als kind verdient hij zijn onderhoud door op stations gebak te verkopen. Wanneer zijn moeder sterft, wordt hij door een ouder echtpaar opgevangen. Door bemiddeling van zijn pleegvader krijgt Djibriel bij de filmindustrie een baan. In religieuze films vertolkt hij op een briljante wijze de rollen van zeer uiteenlopende goden. Vanwege zijn uitzonderlijk talent groeit hij uit tot een gevierd filmster. Djibriel is een autodidact die zich als gelovig mens vooral verdiept in religieuze geschriften. Wanneer hij levensgevaarlijk gewond in een ziekenhuis belandt, wendt hij zich tot God. Hij vraagt aan God waarom hij zo gestraft wordt, terwijl hij toch geen zonden heeft begaan. Omdat Djibriel geen antwoord krijgt, valt hij van zijn geloof. Wanneer hij genezen is verklaard, eet hij onder de aanwezigheid van een grote menigte onrein varkensvlees. Op deze wijze wil hij demonstreren dat God niet bestaat. Na deze demonstratie krijgt Djibriel dromen waarin hij de aartsengel Gabriël is. Hij besluit incognito Bombay te verlaten om zijn geliefde Alleluja Cone, beroemd vanwege haar beklimmingen van de Mount Everest, in Londen te bezoeken. Voor zijn minnares Rekha Merchant vormt dit de aanleiding om een einde te maken aan het leven van haar kinderen en dat van haarzelf.

In het vliegtuig naar Londen leert Djibriel Saladin Chamcha kennen. Anders dan Djibriel komt Saladin niet uit een berooid nest. Als zoon van een welvarend industrieel uit Bombay is hij vroegtijdig naar Engeland gestuurd om daar de school en de universiteit te bezoeken. Hij raakt met zijn vader gebrouilleerd, omdat hij besluit acteur te worden. Als 'de Man met de Duizend en Eén Stemmen' verdient hij zijn brood in de reclamebranche en de showbusiness. Bij dit al is alleen zijn stem gevraagd en niet zijn gezicht. Hij is immers een 'bruinjoekel'. Toch is Saladin Engelser dan de Engelsen. Hij spreekt niet alleen perfect Oxbridge, maar is ook nog getrouwd met de rijke en welopgevoede Engelse vrouw Pamela Lovelace. Daarmee heeft hij het als een van de weinige migranten geschopt tot eersterangs burger. Naarmate hij langer in Groot-Brittannië is, vervagen zijn banden met India steeds meer. Wanneer hij in Bombay in hetzelfde vliegtuig stapt als Djibriel, denkt hij ook definitief afstand te hebben gedaan van zijn vader en zijn Indiase liefde Zieni Vakiel. Maar in het vliegtuig ontdekt Saladin dat hij zijn Indiase achtergrond niet als een kleed kan afleggen. Want eenmaal in de lucht verliest Saladin het vermogen om perfect Oxbridge te spreken en krijgt hij een zangerig Indiaas accent.

Het vliegtuig waarin Djibriel en Saladin zitten, wordt onderweg door sikhs gekaapt. Wanneer het wordt opgeblazen, zijn zij de enige overlevenden. Uit een grote hoogte tuimelen zij, zich aan elkaar vastklampend, naar beneden en landen zij op de kust van Engeland. Zij worden opgevangen door de achtentachtigjarige Rosa Diamond. In haar ogen heeft Djibriel een aureool en Saladin kleine horens. Wanneer de vreemdelingenpolitie Saladin bij de bejaarde vrouw ophaalt, steekt Djibriel geen vinger voor hem uit. Saladin voelt zich door Djibriel in de steek gelaten, te meer daar hij door de vreemdelingenpolitie mishandeld en vernederd wordt. De vreemdelingenpolitie pest hem omdat hij het uiterlijk van een duivel zou hebben, geheel met horens, staart en bokkenpoten. Als gevolg van mishandelingen door de vreemdelingenpolitie belandt Saladin in een ziekenhuis. Daar ontmoet hij nog andere 'vreemdelingen'. Hij weet het ziekenhuis te ontvluchten. Eenmaal in Londen treft hij zijn vrouw Pamela aan in de armen van zijn vriend Jojo Josji. Vanwege zijn duivels voorkomen, zoeken zij voor Saladin een onderkomen in café Sjaandaar. In dit door de Indiase migranten Mohammed Soefjaan en Hind gerunde café worden zijn horens, staart en penis alsmaar groter. Vanwege zijn uitzichtloze situatie krijgt Saladin in discotheek Hot Wax een enorme woedeaanval waarbij hij alles kort en klein slaat. De woedeaanval werkt als een catharsis; hij wordt weer 'normaal'. Weer de oude krijgt Saladin onderdak in het appartement waar hij vroeger woonde, en waar nu Pamela en Jojo hun geluk beproeven.

Rosa Diamond houdt Djibriel een tijdje bij zich, omdat zij haar levensverhaal nog aan iemand wil vertellen. Wanneer zij daarmee klaar is, sterft zij en begeeft Djibriel zich op weg naar Londen. In de trein ontmoet hij een godsdienstfanaat die vanwege zijn aureool denkt dat hij de engel Gabriël is. Uit het treinraam kijkend ziet hij zijn ex Rekha Merchant op een vliegend tapijt. Zij zegt dat hij gek is en haar bedrogen heeft. Eenmaal in Londen wordt hij op straat opgepikt door zijn geliefde Alleluja Cone. Bij haar vindt hij onderdak. Hoewel de liefde tussen hen hartstochtelijk is, wordt Djibriel voortdurend geplaagd door jaloezie. Mede vanwege zijn jaloezie gaan zij uit elkaar. Djibriel is de gedachte in het hoofd geslagen dat hij de aartsengel is en ten strijde moet trekken tegen de duivel. Hij wil het Enige Echte Londen redden en is verbaasd dat de mensen op straat hem niet (h)erkennen als de aartsengel. Bij zijn overijverige missietocht door Londen loopt Djibriel onder een auto. Hij draait helemaal door en komt met de diagnose paranoïde schizofrenie onder psychiatrische behandeling. Wanneer hij denkt genezen te zijn, keert hij terug in de schoot van de filmwereld. Inmiddels heeft hij zich weer herenigd met Alleluja.

Op het feest van een filmproducer ontmoeten Djibriel en Saladin elkaar weer. Alleluja vraagt bij die gelegenheid aan Saladin om Djibriel te helpen. Saladin stemt toe, zodat hij zich kan wreken voor het feit dat Djibriel hem in de steek heeft gelaten toen de vreemdelingenpolitie bij Rosa Diamond aan de deur klopte. Als man van de 1001 stemmen belt hij anoniem Alleluja en Djibriel om laatstgenoemde met duivelse verzen waanzinnig jaloers te maken. Door de vunzige verhalen die Saladin in het telefoon inspreekt, gaat Djibriel Alleluja zien als hoer. In een desolate toestand verlaat hij haar om, blazend op de vuurspuwende trompet van doodsengel Izraïel, door Londen te trekken en het laatste oordeel aan te kondigen. Hij ziet zijn aankondiging bevestigd wanneer in de wijk Brickhall rassenrellen uitbreken. In het buurthuis vindt men de verkoolde lijken van Pamela en Jojo. Saladin, die hen had willen redden, krijgt een hartaanval. Djibriel redt vervolgens Saladin van een gewisse dood door hem uit een vuurzee weg te slepen.

Ruim een jaar later gaat Saladin naar Bombay, omdat zijn vader met kanker op sterven ligt. Hij verzoent zich met hem en besluit met de oude liefde Zieni Vakiel in Bombay een nieuw leven te beginnen. Ook Djibriel keert terug naar Bombay. Maar zijn poging om met films als *Het splijten van de Arabische zee* en *Mahoen* een comeback te maken, lopen uit op een hopeloze mislukking. Nadat hij zijn regisseur en Alleluja heeft vermoord, bezoekt hij voor een laatste keer Saladin. Voor diens ogen schiet hij zich dood.

Het is van belang erop te wijzen dat de andere twee verhaallijnen van *De Duivelsverzen,* over de lotgevallen van Aisja en Mahoen, door Djibriel zijn gedroomd. De titels van de films waarmee Djibriel in de droomindustrie van Bombay tevergeefs een comeback probeert te maken, zijn tevens de titels van hoofdstukken waarin episoden uit het leven van Aisja en Mahoen worden beschreven.

Aisja is een meisje dat voortdurend door vlinders omgeven is en ze ook nog eet. De engel Djibriel heeft haar ingefluisterd het hele dorp op sleeptouw te nemen voor een pelgrimstocht naar Djahilia. Misjal Saïed, de aan kanker lijdende vrouw van grootgrondbezitter Mirza Saïed, wil deelnemen aan de pelgrimstocht. Haar materialistisch ingestelde man Mirza Saïed verzet zich er met hand en tand tegen. Tevergeefs. Mirza rest niets anders dan de pelgrimstocht met zijn Mercedes te volgen. Zoals gezegd verdrinken alle pelgrims, omdat ze geloven dat Aisja hen via een zich splijtende Arabische Zee naar Djahilia kan leiden.[4] Maar voordat iedereen de verdrinkingsdood sterft, vraagt Mirza aan

Aisja hoe de aartsengel aan haar de goddelijke boodschappen doorgeeft. Aisja antwoordt dat Djibriel ze op de melodieën van hits uit de top-tien voorzingt. Dit antwoord wekt twijfels over de waarachtigheid van haar woorden. Zo wordt zij nog voor haar heengaan ontmaskerd als iemand die de woorden van God heeft gemanipuleerd.

Net als Aisja wordt Mahoen godvruchtig nadat hij een beslissend zetje heeft gekregen van de engel Djibriel. Mahoen verneemt van de engel dat er maar één God is. Nadat hij deze boodschap vol overgave heeft aanvaard, wordt hij het doorgeefluik van Gods woord. Mahoen ontvangt het woord van God in de vorm van verzen die hij door zijn klerk Salmaan op schrift laat stellen. Wanneer Mahoen in Djahilia de goddelijke boodschap verkondigt, geeft Aboe Simbel, de heerser van de stad, de dichter en satiricus Baäl de opdracht Mahoen belachelijk te maken. De reden is dat de stad economisch afhankelijk is van het geloof in verscheidene goden. Aan Mahoen wordt gevraagd om tenminste drie godinnen te erkennen: al-Laat, al-Oezza en al-Manaat. Mahoen vraagt aan Djibriel wat hij nu moet doen. Deze weet het niet. Maar het probleem lost zich vanzelf op wanneer Mahoen via enkele verzen krijgt medegedeeld de drie goden toch te erkennen. Dit leidt bij veel bewoners van Djahilia tot enorme vreugde, maar bij zijn volgelingen tot verbijstering. Na een tijdje komt Mahoen tot het inzicht dat de verzen die leiden tot de erkenning van de godinnen des duivels zijn. Hij ziet zich gedwongen de duivelsverzen in het openbaar te herroepen. Dit en de moord op twee schoonbroers van Aboe Simbel maken dat zijn leven niet meer veilig is. Met zijn volgelingen slaat hij op de vlucht.

Nadat Mahoen in zijn vluchtoord een sterk leger heeft opgebouwd, keert hij terug naar Djahilia om het met veel machtsvertoon te veroveren. De mensen onderwerpen zich aan die ene God en aan hem. Nu Mahoen een machtig man is, is het leven van Baäl niet meer veilig. Baäl vindt zijn toevlucht in het bordeel Het Gordijn. Daar weet hij de prostituees te overreden de namen van de twaalf vrouwen van Mahoen aan te nemen. De prostituees vervullen hun rol zo goed, dat de omzet van het bordeel enorm stijgt. De mannen van Djahilia vinden niets opwindender dan 'het', zij het virtueel, met een van de vrouwen van Mahoen te doen. Van Salmaan, de klerk van Mahoen, verneemt Baäl dat de goddelijke boodschappen van de profeet hersenspinsels zijn. Salmaan vertrouwt hem toe dat hij af en toe iets anders opschrijft dan wat Mahoen dicteert. Wanneer Mahoen na een tijdje erachter komt dat Salmaan de goddelijke boodschap gemanipuleerd heeft, wordt hij van godslastering beschuldigd. Hij weet zijn leven te redden door Baäl te verraden.

Het moge duidelijk zijn dat de levensloop van de vier belangrijkste personages streng symmetrisch is opgebouwd. Zo loopt het met Saladin en Mahoen
goed en met Djibriel en Aisja slecht af. Terwijl Saladin en Mahoen na hun
odyssee veilig terugkeren naar waar ze vandaan komen, moeten Djibriel en
Aisja hun omzwervingen met de dood bekopen.

Stijl

Rushdie beproeft in *De Duivelsverzen* diverse stijlmiddelen. De roman opent
met een allegorie van de wedergeboorte. Nadat het vliegtuig van Saladin en
Djibriel is opgeblazen, tuimelen zij, zoals gezegd, uit de hemel en maken zij een
zachte landing op een met sneeuw bedekt Engels strand. Wanneer Djibriel met
een zeester naast zijn oor bijkomt, zingt hij: "Herboren, Sam-samsasa, jij en ik.
Lang zallie leven, in de gloria" (DV: 17). Terwijl de andere passagiers het niet
overleefd hebben, kunnen Saladin en Djibriel een nieuwe start maken.

Alleen al uit deze allegorie valt op te maken dat Rushdies verteltrant heel fan-
tasierijk is. Wanneer een auteur de aandacht wil vestigen op de gevolgen en betekenis van dromen en fantasieën, dan ligt een dergelijke verteltrant voor de
hand. Dromen en fantasieën zijn niet alleen de bakermat van het nieuwe in de
wereld, maar kunnen tevens allerlei catastrofes veroorzaken. Zo is de wedergeboorte van Djibriel het begin van het einde, omdat hij vanaf dat moment steeds
minder in staat is feit en fictie uit elkaar te houden. Vaak vergeet hij dat hij een
acteur is en haalt hij het in zijn hoofd dat hij de engel Gabriël is. En het vlinder-
meisje Aisja neemt op grond van haar waandenkbeelden de bewoners van een
dorp op sleeptouw. Zij denkt ze als een moderne Mozes door de Arabische Zee
te kunnen leiden. Afgezien van het feit dat de gevolgen van dromen en fantasieën, zoals in het geval van Djibriel en Aisja, desastreus kunnen zijn, zijn ze,
naast de herinnering, voor de identiteitsvorming van een individu van groot belang. De identiteit van mensen wordt niet alleen bepaald door wat ze *de facto*
zijn, maar ook door wie ze willen zijn. Dromen en fantasieën zijn uitstekende
middelen om de kloof te overbruggen tussen wat iemand is en wat hij wenst te
zijn. In zekere zin kunnen de onvervulde wensen in dromen en fantasieën (alvast) in vervulling gaan. Djibriel en Saladin hebben als kleine kinderen reeds
dromen en fantasieën over Londen. Wanneer zij er eenmaal als volwassenen
zijn, ervaren zij de onaangename kanten van de stad en maken hun dromen en
fantasieën plaats voor desillusies. Maar desillusies kunnen door nieuwe dromen
en fantasieën overwonnen worden. Dromen en fantasieën bieden de mogelijk-

heid om de harde werkelijkheid van een stad als Londen het hoofd te bieden. Djibriel koestert bij zijn eerste tocht door Londen nog de droom de stad te redden. Bij zijn tweede tocht worden zijn desillusies over de mogelijkheid London te kunnen redden, verdrongen door apocalyptische fantasieën. Blazend op de trompet van doodsengel Izraïel kondigt hij het laatste oordeel aan.

Parodie en ironie zijn in *De Duivelsverzen* ook veel beproefde stijlmiddelen. De beschrijving van de wederwaardigheden van Aisja en Mahoen zijn een parodie van het religieus fanatisme. Rushdie drijft de spot met de nare gevolgen van allerlei vormen van godsdienstwaanzin. Kritiek op de godsdienstwaanzin blijft niet zonder gevolgen. Zelfironisch en welhaast profetisch laat Rushdie Mahoen tegen Salmaan zeggen: "Jouw godslastering is onvergeeflijk, Salmaan. Dacht je dat ik daar niet achter zou komen? Jouw woorden tegenover Gods Woorden stellen!" (DV: 343).

Het groteske vormt in het werk van Rushdie het belangrijkste stijlmiddel.[5] Het woord 'grotesk' is afgeleid van het Italiaanse begrip *grottesca*.[6] Aanvankelijk werden met dit begrip decoraties uit de Romeinse keizertijd aangeduid die men in de vijftiende eeuw bij opgravingen in onderaardse ruimtes (*grotta* is het Italiaanse woord voor grot) aantrof. Het bijzondere van deze decoraties is dat ze gedaanten tonen die gevormd zijn uit elementen van mensen, dieren en planten. Ten tijde van de Renaissance en het maniërisme lieten veel beeldend kunstenaars zich door deze decoraties inspireren. Hun ornamenten kenmerkten zich bijvoorbeeld door figuren die het midden hielden tussen een vogel en een mens.[7]

Montaigne introduceerde het begrip 'grotesk' in de literatuur. Met een grote dosis zelfspot duidde hij zijn essays aan als grotesken, dat wil zeggen "monstreuze lichamen, samengesteld uit lichaamsdelen die niet bij mekaar horen, zonder herkenbare vorm, en waarvan de samenhang, volgorde en omvang op toeval berusten".[8] De meeste literatoren laten echter weinig aan het toeval over. Bij hen zijn grotesken bewuste constructies. In de literatuur heeft het groteske betrekking op romans en verhalen waarin schijnbaar onverenigbare zaken op een bewuste en speelse wijze met elkaar verenigd worden.[9] Zo presenteert Rushdie in zijn romans en verhalen kluwens van onder meer het verhevene en het platvloerse, en het Oosten en het Westen. Meestal dragen de personages uit zijn literair werk deze schijnbaar onverenigbare zaken in hun borst mee. Kenmerkend voor het groteske is dat juist die elementen door elkaar gehutseld en met elkaar verbonden worden, die volgens alledaagse en esthetische normen van elkaar gescheiden dienen te worden. De personages van groteske romans en verhalen bezitten lichamelijke en geestelijke eigenschappen die afwijken van deze normen.

In de meeste groteske romans en verhalen gaat het om personages die lichamelijke kenmerken vertonen die afwijken van de klassieke esthetische norm van een afgemeten en gesloten lichaam. Volgens deze norm mag een lichaam niet afwijken van de 'natuurlijke' proporties. Het groteske in de literatuur vloekt met het afgemeten lichaam door lichamelijke uitstulpingen, zoals de buik, de neus, de borsten en de penis, extra uit te vergroten of van bijzondere kenmerken te voorzien. Zo kan Saleem, het belangrijkste personage uit Rushdies *Middernachtskinderen*, dankzij zijn neus signalen verzenden en ontvangen van kinderen die net als hijzelf op de Onafhankelijkheidsdag van India, 15 augustus 1947, geboren zijn. In groteske romans en verhalen wordt tevens de spot gedreven met de klassieke esthetische norm van het gesloten lichaam door extra aandacht te besteden aan de functies die verbonden zijn met de gaten van het lichaam: eten, drinken, poepen, plassen, enzovoorts. De gaten en uitstulpingen van het lichaam worden ook in *De Duivelsverzen* veelvuldig onder de aandacht gebracht. Zo krijgt Saladin niet alleen horens en een lange staart, maar stinkt hij ook nog eens uit zijn mond.

Groteske personages zijn anti-helden. Vanwege de geestelijke en vooral lichamelijke eigenschappen die ze bezitten, worden ze voortdurend gepest en gemarginaliseerd. Zo wekt de lichamelijke transformatie van Saladin op de lachspieren van de vreemdelingenpolitie. Vanwege zijn uiterlijk wordt hij ook in elkaar geslagen. De anti-helden van groteske romans en verhalen hebben meestal de sympathie van de lezer, omdat ze eigenzinnig zijn en zich nooit iets gelegen laten aan wat anderen denken en doen.[10] Ze proberen te allen tijde hun individualiteit en zelfrespect te bewaren, ook al is de omgeving hen vijandig gezind. Het zijn 'losers' die niet opgeven. In *Middernachtskinderen* heet het: "Als ik een beetje bizar lijk, herinner u dan de wilde overdaad van mijn erfenis ... misschien dat je je grotesk moet maken als je een individu te midden van de krioelende massa's wilt blijven".[11]

Interpretatie

Volgens veel commentatoren gaat *De Duivelsverzen* over religie, en vooral over de kwalijke gevolgen daarvan.[12] Voor deze interpretatie is het een en ander te zeggen. Zo leiden de goed bedoelde religieuze illusies van Aisja tot haar dood en die van andere pelgrims. Ook het feit dat Mahoen in naam van God met veel machtsvertoon Djahilia inneemt en de godsdienstwaanzin van Djibriel spreken hiervoor. Toch is deze interpretatie te eenzijdig, omdat daardoor belangrijke kwesties uit de roman veronachtzaamd worden of uitsluitend in het licht van de religie worden gezien.

Dat alle aandacht is gevestigd op de godsdienstige aspecten van *De Duivelsverzen* is het gevolg van de fatwa en het openbaar verbranden van het boek door moslims. Vanwege de felle reacties van moslims heeft men de onjuiste conclusie getrokken dat de roman primair een kritiek op de islam is. Afgezien van het feit dat door een dergelijke eenzijdige lezing de roman gemakkelijk geïnstrumentaliseerd kan worden voor het (re)produceren van vooroordelen jegens moslims, gaat ze voorbij aan de kritische beschrijving van de niet-islamitische wereld. *De Duivelsverzen* staat vol met beschrijvingen van de corruptie, het geweld en het racisme van mensen die geen moslim zijn. Wie de roman leest, wordt geconfronteerd met de meest uiteenlopende misstanden. En dan gaat het niet alleen om godsdienstwaanzin en racisme, maar ook om armoede en terrorisme.

Rushdie beweert trouwens zelf dat het boek niet over de islam gaat. Volgens hem zijn de belangrijkste *thema's* van *De Duivelsverzen*: migratie, gedaanteverandering, gespleten individuen, liefde, dood, Londen en Bombay.[13] Ik neem de auteur bij zijn woord en zal bij deze thema's in het kort stilstaan.

Dat *migratie* een belangrijk thema is, blijkt alleen al uit het feit dat de vier belangrijkste personages – Djibriel, Saladin, Aisja en Mahoen – allen migranten zijn. Volgens Rushdie lijdt een migrant aan een "drievoudige ontwrichting: hij verliest zijn huis en haard, hij komt in een vreemde taal terecht, en wordt omringd door wezens wier sociaal gedrag en ongeschreven wetten heel anders, en soms zelfs aanstootgevend blijken voor de zijne".[14] De wortels, de taal en de sociale normen waarvan de migrant vervreemd raakt, zijn constitutief voor de identiteit van een individu. Voor de migrant is het moeilijk om in de wereld waar hij terecht is gekomen zijn identiteit te bepalen of staande te houden. De drievoudige ontwrichting beschrijft Rushdie op een intrigerende wijze aan de hand van de Indiase migrantenfamilie die café Sjaandaar runt, en waar Saladin een onderkomen vindt. Omdat de principiële en erudiete leraar Soefjaan zich in India engageerde voor de Communistische Partij, werd hij gedwongen om met zijn familie naar Engeland te emigreren. Het is vooral zijn vrouw Hind die vervreemd is van de taal, de wortels en de sociale normen.

"Haar taal: had ze nu ze haar tong met vreemde klanken moest vermoeien, soms niet het recht te kreunen? Haar vertrouwde omgeving: wat maakt het uit dat ze in Dhaka een bescheiden leraarsflat hadden gehad en nu, dankzij haar ondernemingszin, spaarcentjes en goede hand van kruiden, in dit tussenpand met drie etages woonden? Waar was de stad die zij kende? Waar waren het dorp van haar jeugd en de groene rivieren van thuis? En de gebruiken waaromheen ze haar leven had opgebouwd waren ook al verdwenen, of dan toch moeilijk te vinden. Er had in dit Vilajet niemand tijd voor de trage wellevendheid van thuis, of het steeds weer vervullen van godsdienstige plichten. En dan nog iets: zat ze niet met een onaanzienlijke echtgenoot opgescheept, terwijl ze zich vroeger koesterde in zijn waardigheid als leraar? Was dat iets om trots op te zijn, dat ze voor haar brood, voor zijn brood moest werken, terwijl ze vroeger in allerbetamelijkste pracht en praal thuis zat? – en ze herkende, hoe kon het anders, de triestheid achter zijn jovialiteit, en ook dat was een nederlaag; nog nóóit had ze het gevoel gehad dat ze zo als vrouw te kort schoot, want wat heb je aan een echtgenote die haar man niet kan opvrolijken maar moet toezien dat hij vrolijkheid veinst en er het beste van maakt alsof dit helemaal je ware is? – Plus dat ze in een duivelse stad terecht waren gekomen waar van alles kon gebeuren: ramen die zo maar midden in de nacht werden ingegooid, onzichtbare handen die je op straat omverduwden, opmerkingen in winkels die zo beledigend waren dat je dacht dat je oren eraf zouden vallen maar als je je dan naar de woorden omdraaide, zag je alleen lege lucht en glimlachende gezichten, en elke dag hoorde je wel over een jonge zus, een meisje zo die door schimmen in elkaar waren geslagen. (...) – en het ergste van alles; dit duivels eiland had ook haar twee kleine meisjes vergiftigd die, ook al begrepen ze elk woord, weigerden hun moedertaal te spreken, gewoon om haar te kwetsen; waarom had Misjal anders haar haar afgeknipt en er regenbogen in gemaakt; en elke dag was er wel ruzie, gekrakeel, ongehoorzaamheid" (DV: 230-231).

Migratie leidt ertoe dat de gedaante van sommige personages verandert. De *gedaanteverandering* is bij Saladin het meest pregnant. (Zijn achternaam Chamcha is niet voor niets een zinspeling op Kafka.) Hij verandert in de ogen van anderen in een duivels figuur met horens, bokkenpoten en een staart. Opmerkelijk is dat in de meeste beschouwingen over *De Duivelsverzen* weliswaar aandacht wordt geschonken aan deze transformatie, maar niet de vraag wordt gesteld of deze 'in de wereld van de roman' daadwerkelijk heeft plaatsgevonden. Misschien heeft de metamorfose van Chamcha alleen in de ogen van de andere personages plaatsgevonden, en is hij vervolgens gaan geloven in het beeld dat anderen van hem hebben gevormd. Zo *leek* Djibriel in de ogen van Rosa Diamond een aureool en Saladin horens te hebben.[15] Eén van degenen die met Saladin door de vreemdelingenpolitie in het ziekenhuis is gestopt, benadrukt dat hun mutaties in dieren het product zijn van de beelden die autochtonen van hen creëren.

"Er zijn hier zakenlieden uit Nigeria die een krachtige staart hebben ontwikkeld. Er ligt een groep vakantiegangers uit Senegal die hier alleen maar op een ander vliegtuig wilden stappen toen ze in glibberige slangen werden veranderd. (...) Ze beschrijven ons. (...) Dat is alles. Ze hebben de macht van de beschrijving, en wij bezwijken voor het beeld dat ze van ons schetsen" (DV: 159).

Rushdie laat in *De Duivelsverzen* zien dat transformaties van lichamen, beelden en woorden vaak verstrekkende gevolgen hebben. Zo hebben de vunzige woorden die Saladin met een verwrongen stem via de telefoon Djibriel toefluistert tot gevolg dat diens beeld van Alleluja zich sterk wijzigt. Djibriel wordt daardoor waanzinnig jaloers. En Salmaan manipuleert de woorden van Mahoen zodanig dat de gelovigen een specifiek beeld van God krijgen. Hetzelfde doet Aisja met de woorden van de aartsengel.

De titel van de roman heeft dus niet alleen betrekking op het verhaal over Mahoen, die langzaam tot het inzicht kwam dat de verzen die leidden tot de erkenning van de godinnen, door de duivel ingegeven waren. Duivels zijn ook de verzen die Saladin via de telefoon Djibriel toefluistert. Tevens zijn de manipulaties van de woorden van Mahoen door Salmaan en die van de aartsengel door Aisja des duivels. Maar de woorden waarmee vreemdelingen een bepaalde identiteit wordt toegedicht is dikwijls ook satanswerk. De titel van de roman duidt dus op een wereld waarin met woorden de identiteit en het leven van individuen zo gemanipuleerd wordt, dat hun persoonlijke integriteit op het spel komt te staan.

De meeste migranten die Rushdie in *De Duivelsverzen* opvoert zijn *gespleten individuen*. Ze verenigen zulke verschillende werelden in hun borst, dat het voor hen moeilijk is te bepalen wat hun identiteit is. Zo verloochent Saladin weliswaar zijn afkomst, wil hij Britser zijn dan de Britten, maar wordt hij toch geplaagd door heimwee. Uiteindelijk besluit hij dan ook Londen vaarwel te zeggen en terug te gaan naar Bombay. Het hier aangeroerde vraagstuk van de persoonlijke identiteit behelst een tweetal vragen die dikwijls op gespannen voet met elkaar staan. Wie ben ik, en wie wil ik zijn? Voor het antwoord op beide vragen, zo tonen de personages uit *De Duivelsverzen*, is het individu voor een groot gedeelte overgeleverd aan zijn omgeving. Zo denkt de vreemdelingenpolitie dat Saladin een duivels figuur is en legt ze hem met geweld haar wil op. Dit is een kwestie van macht. In deze bestaat macht uit het vermogen anderen de wil op te leggen en een zodanige beschrijving van hen te maken dat voor derden vaststaat wie ze zijn. De machtigen transformeren lichamen, beelden en woorden zodanig dat zij de identiteit van anderen grotendeels bepalen. Ondanks hun machtsvertoon heeft het individu een zekere ruimte om zelf vorm te geven aan zijn identiteit. De groteske personages die Rushdie in zijn werk ten tonele voert, proberen deze ruimte zoveel mogelijk uit te baten. Hoewel ze worden geconfronteerd met omstandigheden waarover ze geen controle hebben, willen ze hun identiteit met zelfrespect bewaren.

Rushdie stelt in *De Duivelsverzen* expliciet de vraag of de harde kern van iemands identiteit door de metamorfose die migratie nu eenmaal met zich meebrengt, verandert of niet. Zo wordt in de roman Lucretius opgevoerd als beschermheer van degenen die menen dat zo'n kern niet bestaat. Volgens de Romeinse dichter is na elke transformatie de identiteit van iemand niet meer de oude:

"Immers al wat verandert en zijn grenzen te buiten gaat, dat ding vervolgens onmiddellijk doodt wat het tevoren geweest is" (DV: 254-255).

Ovidius is daarentegen de beschermheer van degenen die wel geloven dat er zo'n kern is:

"Zoals de wasstroom nieuw gestempeld wordt/En vorm verandert en wel is maar niet/Dezelfde lijkt, zo is ook onze ziel. Altijd dezelfde, maar neemt in haar migratie/Eeuwig wijzigende vormen aan" (DV: 255).

Rushdies helden Saladin en Djibriel zijn noch aanhangers van Lucretius, noch aanhangers van Ovidius. Aanvankelijk lijkt Saladin een lucretiaan te zijn, omdat hij in Londen zijn oude identiteit afzweert. Maar aan het einde van het boek, wanneer hij is teruggekeerd naar Bombay, herneemt hij het stukje identiteit dat hij had afgezworen en lijkt Ovidius gelijk te hebben. De pointe is dat de personages uit Rushdies werk zelf proberen te bepalen welke aspecten van hun identiteit constanten vormen en welke niet. Zij streven allen naar autonomie.

In het marionettentheater proberen ze de touwtjes zoveel mogelijk in eigen handen te houden.

In het persoonlijke leven zijn liefde en dood de belangrijkste zaken die mensen binden en ontbinden. De liefde vormt in *De Duivelsverzen* een belangrijk motief om te migreren en zich in den vreemde aan iemand te binden. Zo gaat Djibriel uit liefde voor Alleluja naar Londen. Hetzelfde kan ook over de dood worden gezegd. Wanneer Saladins vader op sterven ligt, keert hij onverhoeds terug naar India om zich met hem te verzoenen. Bij die gelegenheid gaat hij weer een liaison aan met zijn oude liefde Zieni Vakiel. Liefde en dood zijn in *De Duivelsverzen* onlosmakelijk met elkaar verbonden. Djibriel en Saladin zijn beiden *absolute lovers*, maar op verschillende manieren. Djibriel is het omdat hij steeds weer terugkeert naar Alleluja. Ze zijn vrijwel onafscheidelijk. Het absolute karakter van Saladins liefde komt tot uitdrukking in zijn visie op de manier waarop twee geliefden uit elkaar gaan. In de ogen van Saladin is zo'n breuk altijd absoluut, zoals zijn breuk met Pamela. Met Zieni Vakiel heeft hij in zijn ogen nooit echt gebroken. Van een absolute breuk is vanuit de optiek van Saladin pas sprake wanneer iemand op een onvergeeflijke manier gekwetst wordt. Dit verduidelijkt hij in het boek aan de hand van een verhaaltje. Een man en een vrouw zijn al heel lang met elkaar bevriend en zij schenkt hem een kitscherige vaas. Veel later gooit ze de vaas in stukken. Daarop verbreekt de man elk contact met haar. Hij wil haar nooit meer zien en slaat elke poging om de relatie te herstellen in de wind. Het gaat zelfs zover dat hij haar nog niet eens op haar sterfbed wil opzoeken. Alleluja begrijpt niet waarom de man zo reageert. Saladin wel: "Je kunt niet aan de hand van de oppervlaktewond, het gat, iemands interne verwondingen vaststellen".

Dat Londen en Bombay belangrijke thema's van het boek zijn hoeft eigenlijk geen betoog. Zo is al duidelijk geworden dat Saladin geplaagd wordt door *Fernweh* naar Londen en *Heimweh* naar Bombay. Londen en Bombay zijn moderne steden die voor een romanschrijver een prachtig decor vormen om personages uit de meest uiteenlopende windstreken elkaars pad te laten kruisen.

"De moderne stad (...) is de locus classicus van de onverenigbare feiten. Levens die niet door elkaar dienen te lopen, zitten naast elkaar in de bus" (DV: 288).

Achter de besproken thema's van *De Duivelsverzen* gaat een kwestie schuil die mijns inziens in het oeuvre van Rushdie een centrale plaats inneemt: hoe om te

gaan met de proliferatie van hybriden?[16] De proliferatie van hybriden is de toename van het aantal mengsels van fenomenen die gewoonlijk van elkaar worden onderscheiden of van elkaar gescheiden zijn. In *De Duivelsverzen* worden
zeer uiteenlopende hybriden opgevoerd. Neem de culturele hybriden, dat wil
zeggen mengsels van fenomenen uit diverse culturen. Het gaat dan om mixtures die gevormd zijn van fenomenen uit met name de Britse en Indiase cultuur.
De personages uit *De Duivelsverzen* worstelen met de vraag hoe ze zich moeten
verhouden ten opzichte van de diverse culturele elementen die ze met hun lijf
meetorsen. Zo incorporeren Djibriel en Saladin elementen uit de meest uiteenlopende windstreken en ontkomen er bijna niet aan van tijd tot tijd de vraag te
stellen aan welke zij het meeste gewicht moeten toekennen. Neem Saladin. Terwijl bij hem Britse elementen aanvankelijk de boventoon voeren, zijn dat aan
het eind van de roman Indiase elementen. Dit neemt niet weg dat de culturele
elementen uit Groot-Brittannië en India vanaf het begin tot het eind van de
roman intrigerende kluwen vormen.

In vrijwel alle romans en verhalen van Rushdie worstelen de personages met
problemen die het gevolg zijn van een specifieke omgang met de proliferatie
van hybriden. Racisme en gettovorming bijvoorbeeld. Rushdie keert zich tegen
degenen die de proliferatie van hybriden *bij voorbaat* als een probleem beschouwen. Nationalisten bijvoorbeeld die een bepaalde cultuur 'zuiver' willen
houden, terwijl er onderhand reeds sprake is van interessante mixtures. Daarom stelt hij:

"*De Duivelsverzen* is een lofzang op de vermenging, onzuiverheid, gedaante-
verwisseling die voortkomt uit nieuwe en onverwachte combinaties van
mensen, culturen, ideeën, politieke opvattingen, films, liedjes. Het bejubelt
de kruising en vreest het absolutisme van de Zuiverheid. Door mengelmoes,
allegaartje, een beetje van dit en een beetje van dat, komt het nieuwe in de
wereld. Dat is de grote kans die de wereld krijgt door massamigratie, en ik
heb geprobeerd die met beide handen aan te grijpen. *De Duivelsverzen* is een
pleidooi voor een verandering-door-fusie, verandering-door-verbinding. Het
is een ode op ons bastaard-ik."[17]

In de roman zelf is Zieni Vakiel, niet voor niets het meest zelfverzekerde personage, de belangrijke protagoniste van de hybriditeit. Als politiek activiste stelt
zij een politiek voor die het creëren van nieuwe mengvormen tot uitgangspunt
neemt. Zij keert zich tegen een politiek die gebaseerd is op het zuiveren van hy-

briden. Verder heeft Zieni Vakiel een boek geschreven over de eclectisch-hybridische aard van India's artistieke traditie. Daarin verzet zij zich tegen

"...de beperkende mythe van de authenticiteit, het folkloristische dwangbuis dat volgens haar vervangen moest worden door een ethiek van historisch bekrachtigd eclecticisme – want was de hele Indiase cultuur er niet op gebaseerd dat je de kleren leende die je leken te passen: Arisch, Mongools, Engels, pak-wat-je-past-laat-de-rest-in-de-kast?" (DV: 53).

Zieni is niet tegen de proliferatie van hybriden, maar wel tegen bepaalde manieren waarop daaraan vorm wordt gegeven. Zodra bij het mengen van verschillende zaken ongelijke machtsverhoudingen in het geding zijn, slechts één partij vorm geeft aan de mixture, is zij daarop tegen. Een voorbeeld uit *De Duivelsverzen* is een economische hybride van Amerikaans-Indiase snit: Union Carbide. Als arts is Zieni er als de eerste bij om naar Bhopal te gaan wanneer ze het nieuws hoort "over de onzichtbare Amerikaanse wolk die de ogen en longen van de mensen wegvrat" (DV: 53).

Het zijn niet alleen de nationalisten die het lied van de zuiverheid zingen en zich tegen de proliferatie van hybriden verzetten. Ook romantische wetenschappers en kunstenaars die het beste voor hebben met 'andere' culturen zingen het. Zij construeren authentieke culturen en zien over het hoofd dat deze net zo hybride zijn als alle andere. Nationalisten en romantici maken van culturen homogene eenheden die gevrijwaard (moeten) worden van 'vreemde' elementen. Rushdie verzet zich vooral tegen deze hypostasering van culturen, omdat ze in de praktijk al gauw leidt tot het onderdrukken en uitsluiten van mensen.

De proliferatie van hybriden wordt veroorzaakt door processen als migratie en globalisering. Rushdie schetst in *De Duivelsverzen* de paradox van een wereld die door migratie en globalisering meer één is geworden, maar tegelijkertijd in sociaal, economisch en cultureel opzicht steeds meer gesegregeerd raakt. Deze segregatie gaat hand in hand met armoede, racisme en repressie. Het is de vraag hoe men in een wereld met toenemende sociale, economische en culturele interdependenties op een vreedzame en rechtvaardige wijze vorm kan geven aan de proliferatie van hybriden. Hoe moet men het racisme en de vernederingen het hoofd bieden waarmee migranten bijna dagelijks worden geconfronteerd? Hoe kan het vreedzaam samenleven van mensen met verschillende levensvormen worden bewerkstelligd?

Deze vragen worden door *De Duivelsverzen* opgeroepen, maar niet (expliciet) beantwoord. In een roman hoeft dat ook niet.[18] Daarin moet, zoals bij elk kunstwerk, de esthetische ervaring centraal staan. Een romancier verstaat de kunst werelden ervaarbaar te maken die voor de lezer onbekend waren of voor hem nog niet op de in de roman beproefde wijze ontsloten werden. Rushdie ontsluit zelf werelden waarin de omgang met allerlei hybriden een centrale kwestie is.

2 DE AFFAIRE

Februari en maart 1989 vormen in Nederland het hoogtepunt van de Rushdie-affaire. De gemoederen lopen dan het hoogst op. En in die maanden klimmen ook de meeste intellectuelen in de pen. In de daaropvolgende maanden neemt de publieke belangstelling voor de affaire sterk af. Bij mijn analyse beperk ik me tot de maanden februari en maart. Welke gebeurtenissen leiden in die maanden tot politieke geschillen? Hoe ontspint zich daaruit een publieke controverse? En wie vervullen daarbij een intellectuele rol?

Politieke geschillen

In Nederland komt de eerste belangrijke reactie op de fatwa van politieke zijde. Op instigatie van de fracties van GroenLinks, D66 en de PvdA ziet minister Van den Broek van Buitenlandse Zaken af van zijn voor maart 1989 voorgenomen bezoek aan Iran. Op 16 februari 1989 wordt mr J.Horak, de Nederlandse ambassadeur in Teheran, ontboden op het Iraanse ministerie van Buitenlandse Zaken. Daar krijgt hij te horen dat de Iraanse autoriteiten niet te spreken zijn over minister Van den Broek, omdat deze te kennen heeft gegeven vanwege de fatwa niet naar Iran te gaan.

Op 17 februari maakt premier Lubbers na afloop van de ministerraad bekend dat minister Korthals Altes van justitie laat onderzoeken of Rushdie door moslims kan worden beschuldigd van 'smalende godslastering'.[19] Justitie anticipeert met dit onderzoek alvast op de aangifte van smalende godslastering die ze verwacht van de islamitische gemeenschap in Nederland. Lubbers beschouwt dit als 'een plicht tegenover een religieuze minderheid'.

De oppositie keert zich bij monde van partijleider Van Mierlo (D66) en kamerlid Kosto (PvdA) fel tegen dit kabinetsbesluit, terwijl het CDA en de VVD de beslissing ondersteunen.[20] Van Mierlo betreurt het besluit van het kabinet, omdat volgens hem niet de schijn mag ontstaan dat men handelt onder de druk van het terrorisme. Verder wijst Kosto erop dat dit kabinetsbesluit ongebruikelijk is, omdat het initiatief tot een dergelijk justitieel onderzoek meestal genomen wordt *na* een strafklacht of kamervraag.

Het kabinetsbesluit wordt door Martin van Amerongen geïnterpreteerd als het doorbladeren van *De Duivelsverzen* op godslasterlijke uitspraken om te kijken of de mogelijkheid bestaat het boek te verbieden.[21] Op dit soort kritiek reageert Korthals Altes via de radio met de woorden: "... dat onderzoek is (...) niet gericht op een mogelijk verbod van het boek, het gaat om de vraag of door publikatie van het boek de strafwet wordt overtreden en dat is een kwestie die het Openbaar Ministerie in eerste instantie beoordeelt en uiteindelijk de onafhankelijke rechter".[22]

Dinsdagavond 21 februari wordt over de beslissing van het kabinet gedebatteerd.[23] Lubbers heeft volgens de Tweede Kamer de indruk gewekt dat het onderzoek een ingreep betekent in de vrijheid van meningsuiting en in de vrijheid van drukpers. Zwicht de regering daarmee niet voor de dreigementen uit Iran? Korthals Altes laat de Tweede Kamer weten dat het niet om een onderzoek gaat, maar om een analyse. Hij zegt dat vaker geanalyseerd wordt of iets onder de strafwet valt.

Zolang het onderzoek bij justitie nog niet afgesloten is, wordt in de media gespeculeerd over de mogelijkheden om *De Duivelsverzen* via artikel 147 lid 1 van het Wetboek van Strafrecht te verbieden. Diverse kranten laten daarvoor juristen aan het woord, zoals mr. F. Kuitenbrouwer[24], mr. Gerard Schuijt[25] en mr. K. Aantjes.[26] Zij zijn van mening dat *De Duivelsverzen* naar het Nederlandse recht geen strafbare passage kent. Zo wijst Aantjes erop dat de reikwijdte van artikel 147 lid 1 zich beperkt tot de goddelijke drieëenheid en dus geen betrekking heeft op de God van andere religies. De islam en het jodendom erkennen de goddelijke drieëenheid namelijk niet.

Het vermoeden van tal van commentatoren dat Korthals Altes van zijn ambtenaren te horen krijgt dat tegen *De Duivelsverzen* strafrechtelijk gezien niets kan worden ondernomen, wordt bevestigd. Op 12 maart maakt hij bekend dat het omstreden boek geen passages bevat waarbij sprake is van smalende godslastering.[27] Mr. J.R.H. Kuyper, het hoofd van de hoofdafdeling staats- en strafrecht van het Ministerie van Justitie, liet dit al eerder per brief aan Abdulwahid van Bommel, de voorzitter van het Islamitisch Landelijk Comité (ILC), weten. Daarin deelt hij mee dat alleen het smalend lasteren over God strafbaar is. Het smalend lasteren over Mohammed en Abraham is daarentegen niet strafbaar. Desalniettemin zoekt het ILC naar nieuwe mogelijkheden om het boek langs juridische weg te verbieden.

Opmerkelijk is dat het ILC is opgericht naar aanleiding van de Rushdie-affaire, en wel in het weekend van 21 en 22 februari. Toen zijn woordvoerders van de meer dan 400.000 in Nederland levende moslims bij elkaar gekomen om te beraadslagen over de te volgen strategie ten aanzien van de Rushdie-affaire. Elke vorm van geweld tegen Rusdhie, vertalers, uitgevers of boekhandels wordt door hen uitdrukkelijk afgewezen. Ze willen echter wel de regering duidelijk maken dat het boek voor moslims beledigend is. Bovendien willen ze onderzoeken wat de mogelijkheden zijn om het boek te verbieden.

Een reeds gevestigde belangenorganisatie als het Nederlands Centrum Buitenlanders (NCB) mengt zich ook in de politieke controverse over het al dan niet verbieden van de roman. Zijn woordvoerder en directeur, Mohammed Rabbae, probeert begrijpelijk te maken waarom *De Duivelsverzen* voor moslims kwetsend is. Hij somt op wat in het boek aanstootgevend is en weinig respect toont voor de islam: de aartsengel Gabriël die nadat hij van zijn geloof is afgevallen opzettelijk varkensvlees eet, Abraham die een bastaard wordt genoemd, Mohammed die met het duivelse woord Mahoen wordt aangeduid, een bordeel waarin twaalf prostituees de namen dragen van de vrouwen van Mohammed, etc. Verder vreest Rabbae dat de oproep van Khomeiny om Rushdie te vermoorden de vooroordelen over moslims versterkt. Net als de Nederlandse moslimgemeenschap distantieert hij zich van deze oproep. Hij is evenwel van mening dat moslims in Nederland alle mogelijke juridische middelen kunnen gebruiken om *De Duivelsverzen* te bestrijden.[28]

Vrijdag 3 maart demonstreren ongeveer vijfduizend moslims bij de Britse ambassade aan de Lange Voorhout in Den Haag tegen *De Duivelsverzen*. Deze demonstratie is georganiseerd door de Stichting Moslimvereniging Den Haag. Achteraf blijkt deze stichting bij de meeste moslimleiders onbekend te zijn en speciaal voor de demonstratie deze naam te hebben aangenomen. Tijdens de demonstratie scanderen sommigen 'Dood aan Rushdie'. Een delegatie van de moslims wordt in de Britse ambassade ontvangen, waar ze een petitie overhandigt met het verzoek het boek te verbieden. Op het Ministerie van Justitie wordt ook een delegatie ontvangen die vraagt het boek te verbieden.

In Rotterdam vindt op zaterdag 4 maart ook een demonstratie tegen *De Duivelsverzen* plaats. Het Pakistaans Islamitisch Centrum dat de demonstratie heeft georganiseerd, laat vooraf weten dat de demonstratie enkel gericht is op het verbod van de roman en niet op de dood van Rushdie. Tijdens de demonstratie worden echter spreekkoren aangeheven en spandoeken meegevoerd die tot uitdrukking brengen dat enkelen wel de dood van Rushdie nastreven. Tijdens de demonstratie wordt ook nog een pop verbrand die Rushdie moet voorstellen.

Diverse moslimorganisaties distantiëren zich uitdrukkelijk van de demonstraties in Den Haag en Rotterdam, omdat er opgeroepen wordt Rushdie te doden. Zo laat het Komité Marokkaanse Arbeiders Nederland (KMAN) weten dat ze het doodvonnis van Khomeiny over Rushdie veroordeelt. En naar aanleiding van de demonstraties laat Van Bommel namens het ILC weten dat de oproep tot moord op Rushdie met klem wordt verworpen.

De demonstraties roepen bij politici ook heel wat reacties op. Politici van het CDA, D66, PvdA en de VVD laten weten dat het ontoelaatbaar is om tijdens een demonstratie op te roepen tot moord. Ze willen Korthals Altes en de minister van binnenlandse zaken Van Dijk in de Tweede Kamer vragen stellen over deze kwestie. In hun ogen kunnen de leuzen die tijdens de demonstraties zijn meegevoerd en gescandeerd niet door de beugel. Volgens het Nederlandse strafrecht is immers niet alleen het plegen van delicten strafbaar, maar ook het uitlokken ervan.

Juridisch gezien is het voor het Openbaar Ministerie geen probleem degenen die spandoeken dragen met de tekst 'Dood aan Rushdie' te vervolgen. De vraag is alleen of het verstandig is om dit te doen. Heeft vervolging niet een averechts effect? Op 7 maart stellen parlementariërs hierover vragen aan de verantwoordelijke minister. Tijdens dat debat maakt minister Van Dijk bekend vertegenwoordigers van alle minderheidsgroeperingen in Nederland uit te nodigen voor een gesprek. Hij wil als coördinerend minister voor het minderhedenbeleid met hen praten over de wettelijke grenzen die binnen de Nederlandse rechtsorde kunnen worden gesteld ten aanzien van de vrijheid van meningsuiting. Minister Korthals Altes laat tijdens het debat weten dat hij overleg met vertegenwoordigers van de minderheden prefereert boven strafrechtelijk optreden. Van zo'n overleg verwacht hij het voorkomen van escalatie en herhaling van het strafbare gedrag. Maar uiteindelijk moet het Openbaar Ministerie beslissen of tegen sommige demonstranten wordt overgegaan tot strafvervolging.

Een belangenorganisatie als het Humanistisch Verbond laat bij monde van haar voorzitter en woordvoerder Jan Glastra van Loon weten dat het beter is te praten met moslims die tijdens demonstraties oproepen Rushdie te vermoorden dan ze door het Openbaar Ministerie strafrechtelijk te laten vervolgen. Hij stelt zichzelf beschikbaar voor zo'n gesprek om "daarmee een stap te doen die kan leiden tot een bereidheid om elkaar te verstaan".[29]

Net als in andere landen worden in Nederland niet alleen demonstraties gehouden, maar ook boekhandelaren en uitgevers bedreigd. Om niet te provoceren en uit angst voor brandbommen, verkopen veel boekhandels De Duivelsverzen onder de toonbank. Omdat boekhandelaren met de dood bedreigd worden, besluit de directie van De Bijenkorf De Duivelsverzen niet meer te verkopen. Een woordvoerder van De Bijenkorf, mr. A. Tailleur, licht het besluit als volgt toe: "De verantwoordelijkheid die wij hebben voor het winkelend publiek en de verkopers in onze warenhuizen heeft de doorslag gegeven".[30]

In Nederland hebben de politieke geschillen vooral betrekking op een tweetal kwesties. Ten eerste het al dan niet verbieden van De Duivelsverzen. Ten tweede de vraag of degenen die tijdens de demonstratie oproepen om Rushdie te vermoorden juridisch moeten worden vervolgd. Bij beide kwesties laten belangenorganisaties van zich horen. Hun vertegenwoordigers voeren daarover gesprekken met politici. Ze geven weliswaar te kennen tegen de fatwa te zijn, maar wensen wel een onderzoek naar de juridische mogelijkheden om de verdere verspreiding van De Duivelsverzen tegen te gaan. Bovendien distantiëren de belangenorganisaties zich van degenen die tijdens de demonstraties hebben opgeroepen om Rushdie te doden.

Hoewel de belangenorganisaties van de moslims voor een verbod van De Duivelsverzen zijn en de politici tegen, lost deze kwestie zich vanzelf op omdat al gauw blijkt dat de juridische mogelijkheden daartoe nihil zijn. En wat betreft de discussie over de juridische stappen tegen de demonstranten kan niet echt van een controverse worden gesproken, omdat politici de voorkeur geven aan een gesprek met woordvoerders van de belangenorganisaties van moslims. De belangenorganisaties stemmen daarmee in, waardoor ook deze strijd succesvol gepacificeerd is.

Publiek gekrakeel

In tegenstelling tot de politieke geschillen is de publieke controverse waaraan intellectuelen deelnemen wel heftig. Hierbij zijn vooral wetenschappers en columnisten betrokken. De politieke geschillen zijn voor hen de opmaat om zeer uiteenlopende kwesties aan de orde te stellen: de achtergronden van de Rushdie-affaire, begrip voor de woede van moslims, religie als symbool voor de culturele identiteit, de grenzen van de multiculturele samenleving, het internationale terrorisme, de bedreiging van westerse waarden, het verschil tussen intellectuelen en klerken en de wijze waarop het debat gevoerd wordt.

Michel Stein, journalist en correspondent voor het Midden-Oosten, schrijft enkele dagen voordat Khomeiny de fatwa tegen Rushdie uitspreekt een artikel over de tiende verjaardag van de 'Islamitische Republiek Iran'.[31] Daarin maakt hij de balans op van de Islamitische Revolutie die zich begin februari 1979 in Iran heeft voltrokken. Stein concludeert dat de Revolutie op sterven na dood is. Het enthousiasme voor de Revolutie is verdwenen. In de eerste plaats vanwege de honderdduizenden die door de oorlog met Irak het leven hebben verloren en de tienduizenden die zijn gedood omdat hun opvattingen niet strookten met die van de geestelijke leiders. In de tweede plaats als gevolg van de economische recessie, de grote werkloosheid en de daarmee samenhangende armoede. In de derde plaats is het niet gelukt de Islamitische Revolutie te exporteren. De door Iran ondersteunde Hezbollah-beweging in Libanon heeft begin 1989 een gevoelige nederlaag geleden ten opzichte van haar shi'itische concurrent Amal. Al met al heeft de Revolutie na tien jaar niet kunnen waarmaken wat ze aan het Iraanse volk heeft beloofd. Dit leidt tot steeds grotere onrust bij de bevolking.

Op grond van zijn analyse van de situatie in Iran kan Stein enkele weken na het uitspreken van de fatwa beweren dat *De Duivelsverzen* Khomeiny in politiek opzicht zeer gelegen komt.

"Khomeinys levenswerk was in gevaar. (…) Het medicijn werd ten slotte gevonden. Een 'Godsgeschenk' bood zich aan: de affaire Salman Rushdie. Vier dagen nadat de Islamitische Republiek haar tiende verjaardag met zulke onrevolutionaire taal had gevierd, besloot de imam de Islamitische Revolutie nieuw leven in te blazen. Hij sprak het doodvonnis uit over de schrijver Salman Rushdie alsmede zijn uitgevers – en wijzigde daarmee op slag de machtsverhoudingen in en de relaties van Iran."[32]

Volgens Stein kan Khomeiny *De Duivelsverzen* voor zijn politieke doeleinden instrumentaliseren, omdat Rushdie een moslim-achtergrond heeft.[33] Zonder uitdrukkelijk om begrip te vragen, weet Stein met zijn achtergrondartikel over Iran toch een beetje begrip te wekken voor de fatwa en de reacties daarop. Daarentegen vragen de oriëntalisten wel met zoveel woorden om begrip.[34]

De Amsterdamse oriëntalist L.C. Biegel vraagt om meer begrip voor de geschiedenis en cultuur van de islam teneinde de doorsnee burger te behoeden voor de fatale overtuiging dat het fundamentalisme maatgevend is voor de hele islam. Hierdoor worden vooroordelen, haat en discriminatie aangewakkerd.

"Wat ik probeer duidelijk te maken is, dat de vijandige reacties van Islam-fundamentalisten op Rushdie's boek geen vrijbrief mogen zijn voor het uiten van anti-Islamitische vooroordelen en sentimenten, die helaas – vanwege het ontstellende gebrek aan kennis over de geschiedenis en de cultuur van de Islam – nog zo ruimschoots aanwezig zijn in onze westerse wereld van vandaag."[35]

Biegel benadrukt dus dat niet alle moslims fundamentalisten zijn. Voor hem zijn de mensenrechten en de vrijheid van meningsuiting en drukpers onaantastbare waarden en is de fatwa verwerpelijk.

De islamoloog Pieter Sjoerd van Koningsveld, universitair hoofddocent aan de Rijksuniversiteit Leiden, wil meer begrip kweken voor de islamitische gemeenschap in Nederland.[36] Hij stelt de vraag waarom de gevoelens van moslims gekwetst zijn. Alvorens deze te beantwoorden, wil hij een wijdverspreid misverstand over de islam uit de weg ruimen, namelijk dat het geloof voor moslims minder belangrijk is dan de wet. Voor moslims geldt juist dat het geloof de stam is en de wet de tak. Volgens Koningsveld trekken veel islamologen uit de grote mate van consensus die er bij moslims over het geloof bestaat en de vele discussies over de wet de verkeerde conclusie: dat wettelijke voorschriften het belangrijkste zijn. Hij ziet zijn opvatting over de verhouding tussen geloof en wet bevestigd door de Rushdie-affaire. Moslims nemen niet aanstoot aan *De Duivelsverzen* omdat de spot gedreven wordt met de wet, maar met het geloof. De hevige reacties van moslims kan men echter niet afdoende verklaren door te wijzen op passages uit de roman die voor moslims beledigend zijn. Het is ook van belang acht te slaan op de positie die moslims in veel westerse landen innemen. Verder is de ruimte die voor het belijden van hun geloof in veel landen wordt gegeven, uiterst gering. Koningsveld legt uit dat het geloof voor veel moslims het symbool is van hun culturele identiteit. Tegen de achtergrond van het alledaagse racisme waarmee moslims te maken hebben, worden de beledigingen van hun godsdienst dan ook snel ervaren als een bedreiging van hun bestaansrecht in Nederland.

R. Peters, als arabist verbonden aan de Universiteit van Amsterdam, probeert de woede van moslims te verhelderen. Volgens hem gaat het bij de Rushdie-affaire niet alleen om gekwetste religieuze gevoelens. Er is meer aan de hand. Het zijn namelijk niet alleen moslims die aanstoot aan iets nemen wanneer hun religieuze gevoelens gekwetst worden. Religie is sowieso verbonden met diep gewortelde gevoelens. De commotie rond de film *The Last Temptation of Christ*, waarin Jezus de liefde bedrijft met Maria Magdalena, maakt duidelijk dat de emoties ook bij christenen hoog kunnen oplopen. Voor een beter begrip van de Rushdie-affaire moet men vooral bedenken dat de islam een derdewereldgodsdienst is. Moslims voelen zich in een underdog-positie ten opzichte van het rijke Westen. Ondanks de grote olierijkdommen kampen veel islamitische landen met economische problemen en is er vaak sprake van een schrijnende sociale ongelijkheid. Peters legt uit dat moslims de christelijke vijandschap ten opzichte van de islam in het verlengde zien van historische verschijnselen als de kruistochten en het kolonialisme. In de ogen van moslims probeert het christendom de islam nog steeds te ondermijnen en te overheersen.

> "Binnen dit kader wordt nu ook de publicatie in het Westen van de Satanic Verses geplaatst: deze wordt gezien als een bewuste poging om de Islam te kwetsen en belachelijk te maken, en daardoor te verzwakken."[37]

In de meeste islamitische landen verdedigt men zich hiertegen door het boek te verbieden. Hoewel dit betreurenswaardig is, kan volgens Peters elke soevereine staat, mits de wetgeving dit toestaat, daartoe overgaan. Iran gaat met de fatwa echter verder. Met de oproep Rushdie te doden trekt Khomeiny zich niets aan van de islamitische wetgeving. Volgens de procedures die gelden voor het veroordelen van iemand die van zijn geloof is afgevallen, heeft Khomeiny Rushdie niet juist berecht. Zo krijgt een geloofsafvallige pas de doodstraf wanneer door getuigen bewezen is dat hij schuldig is en hem de gelegenheid wordt geboden weer moslim te worden.

De oriëntalist Biegel, de islamoloog Koningsveld en de arabist Peters zijn allen experts op het gebied van de islam en het Midden-Oosten. Zij verwerpen allen de fatwa en vragen elk om begrip voor de gebeurtenissen rondom de Rushdie-affaire. Verschillen treden pas naar voren wanneer men let op de wijze waarop ze om begrip vragen. Biegel vraagt om begrip voor het verschil tussen de islam en het fundamentalisme. Worden ze met elkaar vereenzelvigd, dan wakkert men de vreemdelingenhaat aan. Koningsveld legt het accent weer iets anders. Hij richt zich niet zozeer op degenen die vooroordelen hebben, maar op degenen die er het slachtoffer van zijn. Volgens hem reageren de moslims tijdens de affaire vaak fel omdat hun religie het symbool is van hun culturele identiteit. Volgens Peters gaat het tijdens de affaire echter niet zo zeer om de religie, maar om de underdog-positie die islamitische landen ten opzichte van het Westen en de daar wonende moslims innemen. Nagenoeg alle experts vragen om begrip voor de woede van moslims. Het vragen om begrip betekent voor hen echter nog niet dat ze de fatwa goedkeuren. Integendeel.

Onder het kopje *Begrip* keert columnist Jan Blokker zich fel tegen de wetenschappelijke experts c.q. oriëntalisten. Uit het betoog van iemand als Biegel kringelt zijns inziens de geur op van iets wat stinkt: begrip. Voor "... mohammedanen die ambassades bestormen, op de maat in woede uitbarsten, zinloze heilige oorlogen uitvechten, boeken verbranden en executiepelotons op het vliegtuig zetten"[38], kan hij geen begrip opbrengen. In plaats van de kloof tussen islam en christendom te dichten, zoals Biegel voorstelt[39], moet er een vaccin tegen religie komen.[40]

De politicoloog Bart Tromp probeert de Rushdie-affaire te verhelderen aan de hand van de ideeën van Carl Schmitt. Volgens Schmitt berust politiek op het vermogen een onderscheid te maken tussen 'vriend' en 'vijand'. Dit geldt voor de verhoudingen binnen en tussen staten. Tromp merkt op dat het moeilijk is om in het huidige statenstelsel 'vriend' en 'vijand' te onderscheiden. De 'vijanden' – Tromp spreekt ook van 'barbaren' – tonen zich immers niet in hun ware gedaante. Zo roepen de hedendaagse 'vijanden' tijdens vredesconferenties op tot ontwapening, terwijl ze in de oorlog waarin ze verwikkeld zijn, gifgas gebruiken. Volgens Tromp zorgt de fatwa ervoor dat er weer een helder onderscheid kan worden gemaakt tussen 'vriend' en 'vijand'. De Rushdie-affaire maakt bovendien duidelijk waar de grenzen van de tolerantie liggen.

"De tolerantie van onze politieke orde kan zich niet uitstrekken tot hen die haar willen ondergraven. Islamitische groeperingen die boeken willen verbieden, hebben geen recht op begrip en al helemaal niet op overijlde acties van de regering en de minister van justitie. Het kan hun niet snel genoeg diets worden gemaakt, dat zij zich met zulke eisen buiten de grenzen van het legitieme politieke debat in Nederland plaatsen."[41]

Voor de schrijver Gerrit Komrij is het optreden van 'mohammedanen' een teken dat het politieke beleid dat berust op de idee van een multiculturele samenleving, mislukt is.

"Ze stellen eisen, want er kan niets worden afgepakt. Ze roepen om bloedvergieten en scharen zich achter massamoordenaars, want ze leven in de zekerheid dat ze niet zullen worden gearresteerd, niet vervolgd, niet uitgewezen. In de schoot van onze protestcultuur voelen ze zich, met al hun lafheden en hondetrouw, verwend en sterk. Dat allemaal op onze kosten."[42]

Komrij eindigt zijn column met de opmerking dat politici niet zullen doen wat ze moeten doen: de privileges intrekken en overgaan tot uitwijzing en veroordeling. In plaats daarvan zullen ze om meer geld roepen voor multicultureel voorlichtingswerk.

Volgens H.J.A. Hofland vormt de Rushdie-affaire een nieuwe ontwikkeling in het internationale terrorisme, omdat het strijdtoneel uitgebreid wordt "van de vliegvelden en ambassades naar de boekwinkels".[43] Khomeiny heeft het Westen met de fatwa aan een lakmoesproef onderworpen die duidelijk maakt wie de westerse waarden verdedigt wanneer het erom spant. De Rushdie-affaire laat zien hoe beschaafd de beschaafde wereld is. Als lakmoesproef laat de fatwa volgens Hofland zien dat boekhandelaren zeer verschillend reageren. Zo zijn er winkels, bijvoorbeeld De Bijenkorf, die De Duivelsverzen niet verkopen uit angst voor een aanslag. Maar er zijn ook boekhandelaren die het boek niet willen hebben, omdat ze zich niet schuldig willen maken aan het kwetsen van anderen. Hofland zegt weinig begrip op te kunnen brengen voor de kwetsures van moslims. Hij vindt dat met de fatwa het argument van het kwetsen zijn kracht verloren heeft. Per slot van rekening is hij ook gekwetst door Khomeiny, die het leven van Iraniërs minacht door tijdens de oorlog met Irak kinderen naar het front te sturen. Voordat de 'gekwetstheid' weer op de agenda wordt geplaatst, moet volgens Hofland eerst de oproep tot moord worden ingetrokken.

Blokker, Tromp, Komrij en Hofland zijn geen experts op het terrein van de islam of het Midden-Oosten. Om verschillende redenen keren zij zich tegen het begrip voor de moslims waar de wetenschappelijke experts om vragen. Terwijl het gros van deze experts begrip probeert te kweken voor de kwetsures van moslims, moeten de meeste niet-experts daar niets van hebben. Onder de nietexperts nemen J.A.A. van Doorn en K.L. Poll een uitzonderlijke positie in. Terwijl Blokker, Tromp, Komrij en Hofland zich verzetten tegen de roep om meer begrip, leggen Van Doorn en Poll andere accenten.

Van Doorn uit zijn teleurstelling over het verloop van de Rushdie-affaire.[44]

Hij vraagt zich af of sommige reacties die *De Duivelsverzen* hebben opgeroepen niet al te gemakzuchtig en voorspelbaar zijn. Over die reacties formuleert Van Doorn een drietal stellingen. Ten eerste dat de verontwaardiging onder moslims begrijpelijk is, omdat het boek voor hen daadwerkelijk beledigend is. Daarvoor is het niet nodig, zoals sommigen eisen, het boek te lezen. Volgens hem kan men volstaan met de uittreksels en commentaren in de kranten. Van Doorn vraagt aandacht voor de achtergronden van de reacties op het boek. Hij vindt daarbij een bondgenoot in Van Bommel die begrip vraagt voor het feit dat de meeste moslims niet vertrouwd zijn met de moderne literatuur en Rushdie een uitlaatklep biedt voor hun eeuwenlange verachting en onderdrukking door het Westen. De tweede stelling luidt dat degenen die de moslims verwijten dat ze zich achter taboes verschuilen, hypocriet zijn. In het Westen verschuilen autochtonen zich ook achter tal van taboes. Zo heeft de controverse naar aanleiding van een toneelstuk van Fassbinder duidelijk gemaakt dat het nog steeds een taboe is om onsympathieke en rijke joden op de planken te brengen. Ten derde verdedigt hij de stelling dat het beroep op vrijheid van meningsuiting geen sterk argument is, omdat het verhinderen van een verdere verspreiding van *De Duivelsverzen* de democratische orde niet aantast. Zonder expliciet te stellen dat hij voor een verbod van de roman is, stemt Van Doorn in met Roald Dahl die het boek niet één mensenleven waard acht.

Poll verzet zich tegen het respectloos generaliseren waaraan zich velen tijdens de Rushdie-affaire schuldig maken.

"Ik houd niet van de manier waarop veel schrijvers, Salman Rushdie zelf inbegrepen, gebruik maken van de zaak-Rushdie om de godsdienst en de gelovigen, in hun algemeenheid, aan te vallen. Als één fanatieke, misdadige, verbitterde moslim zijn medemoslims oproept om een afvallige schrijver te vermoorden, is dat geen reden om alle moslims te wantrouwen. Als een paar duizend moslims in Nederland achter een spandoek aanlopen met 'Dood aan Rushdie' is daarmee niet gezegd dat alle moslims in Nederland er net zo over denken."[45]

Poll vindt vooral de column van Komrij demagogisch en verwerpelijk, omdat hij in de wij-vorm negatieve dingen zegt over 'de' mohammedanen:

"'Wij', de engelen, tegenover 'zij', de wolven. Het kan niet demagogischer."[46]

Van Doorn en Poll verzetten zich dus vooral tegen de wijze waarop andere intellectuelen zich mengen in de publieke controverse. Terwijl Van Doorn hun verwijt hypocriet te zijn, kritiseert Poll het generaliseren waaraan zij zich schuldig zouden maken.

Experts en traditionele intellectuelen

Iemand die een intellectuele rol vervult, stelt in de openbaarheid iets ter discussie. Zo iemand maakt van iets een kwestie, plaatst vraagtekens bij wat als vanzelfsprekend geldt. Deze rol kan op verschillende manieren worden ingevuld. Iemand kan bijvoorbeeld de waarheid van een uitspraak publiekelijk in twijfel trekken. Maar hij kan ook op grond van normatieve vooronderstellingen een bepaalde stand van zaken kritiseren.

Degenen die tijdens de Rushdie-affaire een intellectuele rol hebben gespeeld, kunnen in drie groepen worden opgesplitst. De eerste groep bestaat uit wetenschappelijke experts die om begrip vragen voor de woedende reacties van moslims. Hierbij gaat het vooral om oriëntalisten die zich hebben toegelegd op de islam of het Midden-Oosten. De tweede groep bestaat uit traditionele intellectuelen die zich tegen deze experts keren. Ik spreek van traditionele intellectuelen, omdat deze groep grotendeels bestaat uit personen die regelmatig voor een groot publiek schrijven en daarbij opkomen voor universele waarden. De derde groep bestaat eveneens uit traditionele intellectuelen. Ze kritiseren niet de wetenschappelijke experts, maar de andere traditionele intellectuelen. Daarbij hebben ze hun pijlen vooral gericht op de wijze waarop de Rushdie-affaire is verlopen.

Niet iedere expert die iets over de Rushdie-affaire publiceert, vervult een intellectuele rol. De journalist Stein speelt bijvoorbeeld niet zo'n rol, omdat hij niets of niemand publiekelijk kritiseert. Als journalist die zich heeft toegelegd op het Midden-Oosten is hij een expert. Stein schetst de politieke achtergronden van Iran die hebben geleid tot de fatwa, zonder daarover een oordeel uit te spreken. De andere experts die de revue zijn gepasseerd, hebben wel een intellectuele rol vervuld. Hun vraag om begrip voor de reacties van de moslims is immers een normatief appèl. De boodschap van hun interventie is dat het verspreiden van ongenuanceerde denkbeelden over de islam tot onnodige spanningen tussen bevolkingsgroepen kan leiden. Wanneer men let op de manier waarop ze begrip vragen voor de reacties van moslims, dan leggen ze andere accenten. De oriëntalist Biegel wijst erop dat de islam niet vereenzelvigd mag worden met het fundamentalisme. Slechts een minderheid van de moslims is fundamentalist. De islamoloog Van Koningsveld benadrukt dat het geloof voor moslims de belangrijkste pijler is van hun culturele identiteit. Zijns inziens reageren de moslims zo heftig op *De Duivelsverzen* omdat ze het gevoel hebben dat de spot wordt gedreven met hun geloof en in veel westerse landen weinig ruimte is om het te belijden. De arabist Peters voert de reacties van de moslims terug op het gegeven dat de islam een derdewereldgodsdienst is. Moslims voelen zich ten opzichte van de mensen in het rijke Westen als underdogs en zien de publicatie van *De Duivelsverzen* na de kruistochten en het kolonialisme als de zoveelste poging om de islam te verzwakken.

Het begrip dat experts vragen, is dus gebaseerd op uiteenlopende verklaringen van de reacties van moslims. Uit de roep om begrip spreekt een bepaalde visie op de verantwoordelijkheid van de intellectueel. De experts gaan er (impliciet) van uit dat degenen die een intellectuele rol vervullen vooroordelen moeten bestrijden, vooral als deze haat en nijd tussen bevolkingsgroepen kunnen aanwakkeren. Uit hoofde van hun expertise kritiseren ze enkele vooroordelen over de islam.

De meerderheid van de traditionele intellectuelen richt zich in felle bewoordingen tot de experts die om begrip vragen voor de reacties van moslims. Ze leggen daarbij uiteraard verschillende accenten. Blokker vindt dat de roep om begrip in de context van de Rushdie-affaire stinkt. Het is ten enenmale verwerpelijk om begrip op te brengen voor iets – religie – wat aanzet tot woede, oorlog en moord. Volgens Tromp plaatsen degenen die boeken willen verbieden en verbranden zich in Nederland buiten de grenzen van het legitieme politieke debat. Ze moeten als vijanden en barbaren benaderd worden. Terwijl Blokker het accent legt op de religie en Tromp op de politiek, stelt Komrij de multiculturele samenleving centraal. Volgens hem kenmerkt de multiculturele samenleving zich door een slappe houding ten opzichte van moslims die oproepen tot bloedvergieten en zich achter massamoordenaars scharen, terwijl ze juist hardhandig moeten worden aangepakt. Hofland zegt weinig begrip te kunnen opbrengen voor moslims die boeken willen verbieden en oproepen mensen te vermoorden en voor boekhandelaren en anderen die door de knieën gaan voor dit dreigement. De fatwa is naar zijn mening een lakmoesproef die duidelijk maakt wie de westerse waarden verdedigt wanneer het erom spant.

Aldus keren zich traditionele intellectuelen om verschillende redenen tegen het begrip waarom de experts vragen. Uiteindelijk draait het om het verdedigen van waarden die met het Westen vereenzelvigd worden, zoals mensenrechten, democratie en vrijheid van meningsuiting. Het is de verantwoordelijkheid van intellectuelen om deze waarden te verdedigen. De fatwa maakt volgens de traditionele intellectuelen duidelijk wie deze waarden daadwerkelijk verdedigt en wie niet.

Poll en Van Doorn zijn ook van mening dat het de verantwoordelijkheid van intellectuelen is om de genoemde westerse waarden te verdedigen. Maar toch onderscheiden zij zich van de andere traditionele intellectuelen. Zij richten zich niet zozeer tot de experts, maar tot de traditionele intellectuelen die zich in hun ogen op een verkeerde wijze mengen in de Rushdie-affaire. Poll verwijt ze op een respectloze manier te generaliseren. Volgens hem worden alle moslims over één kam geschoren. Let men op de inhoud van *De Duivelsverzen*, dan is het volgens Van Doorn alleszins begrijpelijk dat moslims zich beledigd voelen. In zijn ogen zijn traditionele intellectuelen hypocriet wanneer ze beweren dat moslims zich verschuilen achter taboes. Blijkens de reacties op het toneelstuk van Fassbinder over een rijke joodse zakenman, verschuilen Nederlandse intellectuelen zich ook achter taboes. In zekere zin kritiseren Poll en Van Doorn vanuit een soort metapositie de wijze waarop andere traditionele intellectuelen tijdens de affaire hun degens met de wetenschappelijke experts kruisen.

De interventies van de traditionele intellectuelen maken in elk geval duidelijk dat de grafredes van onder anderen Jacoby, Finkielkraut en Lyotard niet deugen. De traditionele intellectueel is geenszins op sterven na dood. De Rushdie-affaire vormt juist een gelegenheid om de moderne visie op de intellectueel weer in herinnering te roepen. Zo herinnert Stephan Sanders er nog even aan wat volgens Benda een intellectueel is, en waarin deze verschilt van een klerk. Een intellectueel is iemand die ongebonden is, en zelf durft te denken. Omdat hij lak heeft aan vanzelfsprekendheden, wordt hij dikwijls gezien als een nestbevuiler.[47] Daarentegen is de klerk een meeloper die trouw is aan de geldende conventies. De klerk verraadt het zelfstandig nadenken door zich te schikken naar de normen en waarden van de hem omringende cultuur. Volgens Sanders correspondeert de geest van de cultuurrelativist met die van de klerk. De cultuurrelativist is degene die om begrip vraagt in plaats van dat hij, zoals het een intellectueel betaamt, kritiek uitoefent op hetgeen niet strookt met principes als de vrijheid van meningsuiting en de rechten van de mens. Omdat de westerse cultuur deze principes hoog in haar vaandel heeft geschreven, is ze in de ogen van Sanders superieur aan de niet-westerse cultuur. Een cultuurrelativist ziet dit over het hoofd, omdat diens pacificatiestrategie

"... erop gericht is honderd bloemen te laten bloeien, maar dan wel ieder in hun eigen perkje. Geen transgressie, geen overspel: wie alleen waarde hecht aan het immanente oordeel, wie meent alleen in eigen land te mogen oordelen, de eigen cultuur te mogen bekritiseren, zal in andere culturen een graag geziene gast zijn, die mild en begripvol het leven tegemoet treedt, maar hij kan nooit een medeburger worden, hij blijft toerist. Juist omdat de cultuurrelativist zo overloopt van begrip, blijft hij op een afstand en matigt hij zich geen oordeel aan (...) 'Kritisch thuis, maar conformist in den vreemde', was het sardonische commentaar van Lévi-Strauss op dit beleefde mensentype."[48]

De Rushdie-affaire leert niet alleen dat de traditionele intellectueel nog steeds een belangwekkende positie in de samenleving inneemt, maar ook hoe publieke controversen kunnen doodbloeden. Immers, de strijd tussen de experts die om begrip vragen en de traditionele intellectuelen die daar niets van moeten hebben, leidt tot een patstelling. De oorzaak hiervan is dat al degenen die tijdens de affaire een intellectuele rol hebben gespeeld tegen de fatwa zijn. Het belangrijkste punt waarin de opponenten van mening verschillen is de vraag of men na afwijzing van de fatwa nog een poging moet doen om de woede van de moslims te begrijpen. Experts hebben de tradionele intellectuelen er niet van kunnen overtuigen dat dit zinvol is. Voor de traditonele intellectuelen is met de fatwa een grens overschreden. Wanneer de fatwa fundamentele westerse waarden bedreigt, is in hun ogen elk verzoek om begrip overbodig.

5   HET DUIVELSDII VAN IIVDDIDEN

Het is mogelijk om te begrijpen waarom moslims *De Duivelsverzen* verbranden en dit gedrag tevens af te keuren. Het gedrag van iemand begrijpen en daarover een oordeel vellen zijn namelijk twee verschillende dingen.[49] Voor de experts die tijdens de Rushdie-affaire een intellectuele rol vervullen is dit blijkbaar vanzelfsprekend. Ze verwerpen de fatwa, maar proberen als deskundigen op het terrein van de islam en het Midden-Oosten diverse aspecten van de reacties van moslims voor de leek begrijpelijk te maken. Met uitzondering van Van Doorn moet het merendeel van de traditionele intellectuelen niets hebben van het door experts getoonde begrip. Voor hen is het zaak de westerse waarden te verdedigen tegen het oprukkende fundamentalisme. Mijn analyse van *De Duivelsverzen* roept de vraag op waar Rushdie als intellectueel moet worden gepositioneerd. Deze vraag kan volgens mij alleen goed beantwoord worden, wanneer men eerst de aandacht vestigt op datgene wat experts en traditionele intellectuelen gemeen hebben. Wat delen ze met elkaar? Is er een onderscheid tussen de experts en traditionele intellectuelen enerzijds en Rushdie anderzijds? Zo ja, welk licht werpt dit onderscheid op het vraagstuk van de intellectueel?

Antagonistische medeplichtigheid

Afgezien van het geschetste verschil tussen experts enerzijds en traditionele intellectuelen anderzijds, is er een belangrijke overeenkomst. Voor beide partijen vormt de tegenstelling tussen het Westen en het Oosten het vertrekpunt van hun intellectuele interventies. Met deze interventies bevestigen of construeren ze deze tegenstelling. Traditionele intellectuelen zetten de tegenstelling tussen het Westen en het Oosten in de regel scherper aan dan experts. Columnisten als Blokker, Tromp, Komrij, Hofland en Sanders trekken een grens tussen het Westen en het Oosten, tussen de vrije wereld en die van de islam, tussen 'wij' en 'zij'. Daarbij leggen ze onderling andere accenten. Zo verzet Blokker zich tegen de islam, omdat ze mensen steeds weer aanspoort tot geweld. Voor Tromp maakt de Rushdie-affaire duidelijk wie internationaal gezien de 'vijand' is, namelijk bepaalde islamitische groeperingen. Komrij verzet zich tegen 'mohammedanen' die op 'onze' kosten eisen stellen, zich scharen achter massamoordenaars en oproepen tot bloedvergieten. Volgens Hofland vormt de fatwa een lakmoesproef die duidelijk maakt wie de westerse waarden verdedigt en wie niet. Omdat in de westerse cultuur vrijheid van meningsuiting en mensenrechten gelden, acht Sanders haar superieur aan de niet-westerse cultuur. Experts gaan ook uit van de tegenstelling tussen het Oosten en het Westen. Zo gaan oriëntalisten ervan uit wanneer ze de niet-wetende mensen in het Westen het een en ander uitleggen over de cultuur en geschiedenis van de moslims. Daarbij doen ze een beroep op hun eigen expertise op het terrein van de islam en het Midden-Oosten.

Experts en traditionele intellectuelen hebben er belang bij om de tegenstelling tussen het Westen en het Oosten te benadrukken, omdat hun intellectuele identiteit er onlosmakelijk mee verbonden is. Zo is de identiteit van de meeste experts grotendeels gebaseerd op hun wetenschappelijke kennis van de islam en het Midden-Oosten. Het ligt voor de hand dat ze bij hun wetenschappelijke studies eerder de verschillen tussen het Westen en het Oosten onderstrepen dan de overeenkomsten. Tijdens de Rushdie-affaire hebben ze op grond van hun specifieke kennis geprobeerd een wereld die voor velen vreemd is begrijpelijk te maken. Daarmee zijn de interventies van deze intellectuelen primair cognitief van aard: de waarheid omtrent de islam en het Midden-Oosten overdragen aan leken. Maar daarnaast hebben hun interventies een normatief oogmerk, namelijk het bestrijden van vooroordelen. De interventies van traditionele intellectuelen zijn primair normatief van aard. Het behoort tot hun identiteit, en Sanders herinnert daar nog eens aan, universeel geachte waarden te verdedigen en toestanden te kritiseren die daar niet mee in overeenstemming zijn. Dit verklaart niet alleen waarom traditionele intellectuelen de tegenstelling tussen het Westen en het Oosten scherper aanzetten, maar ook waarom de experts hen er niet van kunnen overtuigen de fatwa af te wijzen en tevens begrip op te brengen voor de woede van sommige moslims. Bij hen ligt het primaat bij bepaalde waarden. Waarden als 'mensenrechten' en 'vrijheid van meningsuiting' slaan ze hoger aan dan de waarde 'geen vooroordelen verspreiden'. Hun eigen speelruimte is afhankelijk van de eerste twee waarden.

In navolging van Pierre Bourdieu spreekt Dick Pels bij zo'n onderhuidse overeenkomst tussen experts en traditionele intellectuelen van een antagonistische medeplichtigheid oftewel een 'consensus-in-de-dissensus'.[50] Terwijl de opponenten tijdens de controverse hun onderlinge verschillen benadrukken, zwijgen ze over het feit dat ze gemeenschappelijk de tegenstelling tussen het Oosten en Westen in stand houden. Zowel experts als traditionele intellectuelen hebben er, zoals gezegd, belang bij een verschil te construeren tussen het Oosten en het Westen. Experts kunnen op grond van hun wetenschappelijke kennis het Oosten aan de leken in het Westen uitleggen en om begrip vragen. De traditionele intellectuelen hebben ook belang bij het trekken van een scherpe grens tussen het Oosten en het Westen. Ze kunnen zich daardoor opwerpen als de ware hoeders van de door het fundamentalisme bedreigde westerse waarden.

De antagonistische medeplichtigheid van experts en traditionele intellectuelen impliceert dat ze voortdurend in de weer moeten zijn met het zuiveren van hybriden. Willen ze hun gemeenschappelijke uitgangspunt – de tegenstelling tussen het Oosten en het Westen – overeind houden, dan zullen ze voortdurend op zoek moeten gaan naar verschillen. Dit houdt in dat feitelijke mixtures van elementen uit het Oosten en het Westen dikwijls over het hoofd worden gezien. Het is immers de primaire taak van experts om de 'essentiële' verschillen tussen de Oriënt en de Occident boven water te halen. En van traditionele intellectuelen wordt verwacht dat ze het oosterse kaf van het westerse koren scheiden.

Door hun zuiveringsacties staan experts en traditionele intellectuelen in feite diametraal tegenover Rushdie. Ze scheiden werelden die in *De Duivelsverzen* voortdurend op een subtiele wijze met elkaar verbonden worden. Rushdie toont in zijn roman mengsels van elementen uit bijvoorbeeld India en Groot-Brittannië die noch tot het Oosten, noch tot het Westen kunnen worden teruggebracht. Opmerkelijk is dat de hybriden die in *De Duivelsverzen* worden beschreven, tijdens de affaire voortdurend worden gezuiverd. Terwijl de beschrijving van de grote verscheidenheid aan hybriden in het werk van Rushdie een centrale plaats inneemt, zijn de traditionele intellectuelen die voor hem in het krijt treden bezig met de zuivering ervan. Daardoor zijn ze blind voor de vele hybriden die Rushdie in *De Duivelsverzen* beschrijft. De interventies van de experts kenmerken zich eveneens door zuiveringsacties. Nadat ze de westerse cultuur zorgvuldig onderscheiden hebben van de islamitische cultuur, vragen ze om begrip voor de laatste. Daarmee hypostaseren degenen die tijdens de Rushdie-affaire elkaars opponenten zijn het onderscheid tussen het Westen en het Oosten zozeer, dat ze geen oog meer hebben voor het weefsel dat beide werelden met elkaar verbindt.

Rushdie kritiseert zowel in zijn literaire als essayistische werk enkele manieren waarop hybriden gezuiverd worden. In *De Duivelsverzen* zijn zowel het racisme waarmee Saladin Chamcha wordt geconfronteerd als de vervolging van Baäl het resultaat van een zuiveringspolitiek. Rushdie schetst aan de hand van de lotgevallen van Saladin Chamcha hoe de vreemdelingenpolitie en Britse burgers met woord en daad een onderscheid maken tussen eerste- en tweederangsburgers. En als laatste profeet weet Mahoen een zuiver onderscheid te maken tussen degenen die wel en degenen die niet conform het ware geloof denken en handelen. Baäl wordt van het leven beroofd omdat hij niet tegemoet komt aan de religieuze opvattingen van Mahoen.

De ironie wil dat de fundamentalisten die achter de fatwa staan *en* degenen die opkomen voor Rushdie bezig zijn met het zuiveren van hybriden. Zowel de fundamentalisten als de Nederlandse intellectuelen maken zich schuldig aan zuiveringsacties. In zoverre vormen ze elkaars spiegelbeeld. Waar de fundamentalisten de godsdienst willen vrijwaren van westerse invloeden, daar willen Nederlandse intellectuelen westerse waarden beschermen ten opzichte van het fundamentalisme. Fundamentalisten en intellectuelen maken gebruik van een gehypostaseerd onderscheid tussen het Westen en het Oosten. Rushdie schetst daarentegen de warrige culturele, economische en politieke kluwens die het gevolg zijn van migratie en globalisering. In zijn literaire werk presenteert hij aan de hand van zijn personages netwerken waarin werelden met elkaar verbonden worden die zowel fundamentalisten als intellectuelen strikt van elkaar scheiden. Rushdie legt in zijn literair werk gordiaanse knopen die ze voortdurend door-hakken. De personages van zijn romans zijn bastaards. Ze zijn vleesgeworden mixtures van diverse culturen, economische stelsels en politieke praktijken die aan den lijve de daarmee verbonden problemen ervaren, zoals racisme en segre-gatie. Dit zijn problemen die zowel in het Oosten als in het Westen, in Bombay en in Londen, door de geschetste zuiveringsacties aan het oog onttrokken wor-den.

Literatuur en politiek

Rushdie geeft zich in *De Duivelsverzen* rekenschap van de proliferatie van hy-briden. Het merendeel van degenen die tijdens de affaire een intellectuele rol vervullen doen dit niet. Ze kúnnen dat ook niet, omdat ze in hun vocabulaire het Westen en Oosten zoveel mogelijk gezuiverd hebben van allerlei soorten hybriden. De vermeende tegenstelling tussen de hemisferen is het resultaat van zuiveringsacties en vormt het vertrekpunt van de publieke interventies van ex-perts en traditionele intellectuelen. Uit deze interventies spreekt een moderne kijk op intellectuelen. Zowel de experts als de traditionele intellectuelen verde-digen universele waarden. Traditionele intellectuelen denken daarbij in de eer-ste plaats aan waarden als mensenrechten en democratie. Uit hoofde van hun wetenschappelijke achtergrond is voor experts waarheid de belangrijkste waar-de. Ze willen een 'waar' verhaal vertellen over de islam of het Midden-Oosten, opdat de mensen in het Westen gevrijwaard blijven van vooroordelen.

Juist omdat Rushdie in zijn literair werk allerlei hybriden toont, ondermijnt hij de hypostasering van de tegenstelling tussen het Oosten en het Westen. Dis-tantieert hij zich daarmee van het modernisme van experts en traditionele intel-lectuelen? Is Rushdie met zijn aandacht voor hybriden een protagonist van het postmodernisme of het postkolonialisme?

Een belangrijke pijler van het modernisme is de tegenstelling tussen kunst en leven, tussen literatuur en politiek. Rushdie breekt met het modernisme omdat hij een stringent onderscheid tussen literatuur en politiek afwijst. In zijn essay *Buiten de walvis* legt hij uit waarom (vgl. Rushdie 1991b: 78-91). De titel van dit essay is ontleend aan George Orwells essay *In de walvis* (Inside the Whale) uit 1940. Een modern intellectueel als Orwell vergelijkt de schrijver met Jonas in de buik van de walvis. Volgens hem moeten schrijvers zich onttrekken aan het leugenachtige en valse politieke strijdgewoel. Wanneer schrijvers zich politiek engageren, dan leidt dit volgens Orwell tot de ondergang van de literatuur. De taal van de politicus contamineert die van de literatuur. Daarentegen is Rushdie van mening dat een schrijver "juist door zich in de politieke arena te begeven strijd met de verdraaiers kan leveren".[51] Een proces als globalisering impliceert dat een schrijver zich onmogelijk als een Jonas in de buik van een walvis kan verschuilen. "De waarheid is dat die walvis niet bestaat. We leven in een wereld zonder schuilplaatsen; daar hebben de raketten wel voor gezorgd. We kunnen nog zo graag terug willen naar de moederschoot, we kunnen onze geboorte toch niet ongedaan maken. (...) Dus in plaats van Jonas' moederschoot, adviseer ik de aloude traditie om over de hele wereld zoveel mogelijk stennis te maken, een zo luid mogelijke jammerklacht aan te heffen. Laat waar Orwell quiëtisme wenste, tumult heersen; in plaats van de walvis een protesterende weeklacht".[52]

Rushdie kritiseert dus het strikte onderscheid dat modernen maken tussen literatuur en politiek. De consequentie die hij daaruit als schrijver trekt, is dat hij, zoals hij het zelf zegt, 'politieke fictie' schrijft. Dit houdt in dat hij met behulp van groteske verhalen een nieuwe en betere voorstelling van de werkelijkheid probeert te geven.[53] Zijn in De Duivelsverzen vertolkte opvatting over de taak van de intellectueel sluit hierbij aan:

"Het onnoembare te noemen, bedriegers aan te wijzen, partij te kiezen, discussies op gang te brengen, de wereld richting te geven en te beletten dat zij in slaap valt" (DV: 95).

Zoals ik heb laten zien, nemen hybriden in zijn voorstelling van de werkelijkheid een belangrijke plaats in. Betekent dit dat Rushdie tot de zogenaamde postkolonialen kan worden gerekend? Houdt hij er een postmoderne visie op intellectuelen op na?

In de hedendaagse literatuurtheorie zijn zogenaamde postkolonialen en postmodernen in twee opzichten dezelfde mening toegedaan als Rushdie.[54] Ten eerste laten ze ook het strikte onderscheid tussen literatuur en politiek varen. Postkolonialen wijzen er juist op dat een groot deel van de literatuur de koloniale verhoudingen weerspiegelt. En de postmodernen hebben het opblazen van het onderscheid tussen genres, tussen feit en fictie, tussen cultuur met een grote en een kleine c hoog in hun vaandel geschreven, waardoor er in hun ogen nauwelijks een verschil is tussen literatuur en politiek. Ten tweede geven postkolonialen en postmodernen zich ook rekenschap van het hybride karakter van de wereld.[55] Ze beroepen zich dan uitdrukkelijk op Rushdie om hun ideeën over de vermenging van culturen kracht bij te zetten. Postkolonialen wijzen erop dat na het einde van het kolonialisme de toename van culturele hybriden zich alleen maar heeft voortgezet. Volgens postmodernen schept het einde van het dichotome verlichtingsdenken (cultuur versus natuur, verstand versus gevoel, literatuur versus politiek) ruimte voor meer pluralisme in het denken. Met de zwanenzang van het modernisme is eindelijk de deur opengezet voor hybriden die door het verlichtingsdenken over het hoofd worden gezien.

Met het oog op de negatieve kanten van de zuivering van hybriden zijn postkolonialen en postmodernen van mening dat men de proliferatie van hybriden de vrije loop moet laten. Het kolonialisme en het Verlichtingsdenken vormen in hun ogen voorbeelden van zuiveringen die repressief zijn.[56] Het is naar mijn mening echter naïef om uit de terechte kritiek op allerlei zuiveringsacties de conclusie te trekken dat de proliferatie van hybriden bij voorbaat 'goed' is. Deze kan zowel in goede als in slechte banen worden geleid. Bovendien zijn er diverse soorten en maten van hybriden.[57] Ik vind dat postkolonialen en postmodernen Rushdie ten onrechte opvoeren als hun beschermheilige. Hij is namelijk van mening dat de proliferatie van hybriden alleen op grond van mensenrechten en democratische principes in vreedzame en rechtvaardige banen kan worden geleid. De wereldwijde toename en verspreiding van hybriden vraagt derhalve om nieuwe verkeersregels. Het gaat hierbij uiteraard om universeel geldige regels. Op grond hiervan kan men het vermoeden uitspreken dat Rushdies politieke activiteiten onverenigbaar zijn met het postmoderne en postkoloniale gedachtegoed.

Rushdies politieke engagement vindt niet alleen zijn neerslag in zijn literaire werk. Hij maakt actief deel uit van Charter 88.[58] Onder dit vaandel scharen zich intellectuelen die zich keren tegen een aantal vrijheidsbeperkingen in Groot-Brittannië. Ze willen de in hun ogen archaïsche wetgeving wijzigen. Groot-Brittannië kent bijvoorbeeld geen grondwet, waardoor de Britten niet dezelfde bescherming van hun vrijheid genieten als burgers in andere democratische landen.[59] Charter 88 doet allerlei voorstellen om hieraan een einde te maken. Zo wordt een pleidooi gehouden voor "een universele wet waarin de vrijheid tot vergadering en vereniging, vrijwaring van discriminatie, vrijwaring van opsluiting zonder proces, vrijheid van meningsuiting, het recht om voor een jury terecht te staan en het recht op een persoonlijke levenssfeer, wordt gegarandeerd".[60]

In het kader van zijn engagement voor Charter 88 pleit Rushdie voor universele regels die de bescherming van de vrijheid van alle burgers garandeert. Dit maakt van hem nog niet iemand die een moderne visie op intellectuelen omarmt. Rushdie staat te ver af van de traditionele intellectuelen om voor een modern intellectueel door te kunnen gaan. Het moralisme van de modernen, die het laten bij het vellen van een normatief oordeel, is Rushdie vreemd. Volgens hem moet een intellectueel zich ook rekenschap geven van bijzondere gebeurtenissen en ontwikkelingen die hem ertoe aanzetten universeel geachte waarden opnieuw te overdenken. Daarom schetst hij in zijn romans allerlei lokale gebeurtenissen en ontwikkelingen die dergelijke overpeinzingen ten goede kunnen komen. Rushdie is het juist te doen om allerlei subtiele dwarsverbindingen tussen het universele en het particuliere, het globale en het lokale. De manier waarop hij die verbindingen in zijn werk aanbrengt, maakt van hem een modern, noch een postmodern intellectueel. Hij legt zich niet vast op universele waarden en ook niet op lokale bijzonderheden.

Niet of/of, maar en/en

Voor mijn analyse van de Rushdie-affaire heb ik niet alleen gekeken naar wat intellectuelen beweren, maar ook *De Duivelsverzen* geanalyseerd. Hierdoor kon ik een nieuw licht werpen op de affaire. Zou ik hebben volstaan met een analyse van de interventies van intellectuelen, dan had ik enkel de tegengestelde ideeën van de oriëntalisten en de columnisten op een rijtje gezet. Door mijn analyse van *De Duivelsverzen* met de ideeën van de opponenten te confronteren, kon ik juist de aandacht vestigen op een opmerkelijke overeenkomst tussen hen. Waar Rushdie aandacht vraagt voor de proliferatie van hybriden, daar zijn de oriëntalisten en columnisten bezig met ze te zuiveren.

Hiermee heb ik een antwoord gegeven op een vraag die in dit onderzoek een centrale plaats inneemt: wat *doen* intellectuelen? Kort gezegd hebben Nederlandse intellectuelen tijdens de Rushdie-affaire hybriden gezuiverd. Opmerkelijk is dat zowel het vertrekpunt als het resultaat van hun zuiveringsacties hetzelfde is, namelijk een scherpe tegenstelling tussen het Oosten en het Westen. De constructie van deze tegenstelling ziet er bij de oriëntalisten echter anders uit dan bij de columnisten. Terwijl oriëntalisten zich als wetenschappelijke experts doorgaans neutraal opstellen ten opzichte van de tegenstelling tussen het Oosten en het Westen, brengen columnisten daartussen een hiërarchie aan. Columnisten zijn meestal traditionele intellectuelen bij wie het Westen prevaleert.

Intellectuelen zijn niet alleen bezig met het zuiveren van hybriden. Ze creë-ren ook hybriden of brengen ze aan het licht. Het oeuvre van Rushdie is, zo blijkt uit mijn analyse van *De Duivelsverzen*, daarvan een goed voorbeeld. In zijn romans en verhalen schotelt hij de lezer intrigerende hybriden voor. Dit stelt Rushdie in staat om op een uiterst pregnante wijze onder de aandacht te brengen wat door allerlei zuiveringsacties aan het oog onttrokken wordt.

Het is een misverstand om nu te denken dat Rushdie zuiveringsacties *a prio-ri* verwerpelijk acht. Of een zuiveringsactie verwerpelijk is hangt volgens hem af van haar gevolgen en de manier waarop ze plaatsvindt. Welke manier van zuive-ren deugt dan niet? En welke gevolgen dient men te vermijden? Volgens Rush-die is elke manier van zuiveren die gepaard gaat met uitsluiting en deprivatie of daarin resulteert verwerpelijk. Hierdoor wordt immers de vrijheid van het indi-vidu beknot, en die is, zolang ze niet ten koste gaat van de vrijheid van anderen, heilig. Het artikel *The Clash of Civilizations?* van Samuel Huntington is een voorbeeld van een foute manier van zuiveren.[61] Daarin worden de verschillen tussen culturen zodanig verabsoluteerd, met name die tussen de christelijke en islamtische cultuur, dat de overeenkomsten daartussen over het hoofd worden gezien. Bovendien maakt Huntington nauwelijks gewag van de verschillen bin-nen deze culturen. Het verabsoluteren van de verschillen tussen culturen kan mensen ertoe aanzetten degenen die tot een andere cultuur worden gerekend uit te sluiten. In zijn brief aan de zesmiljardste levende mens merkt Rushdie over analyses à la Huntington het volgende op: "Er zijn mensen die beweren dat de grote oorlogen van de nieuwe eeuw weer godsdienstoorlogen zullen zijn, jihads, kruistochten, net als in de Middeleeuwen. Ik geloof dat niet, tenminste niet zoals zij het bedoelen. Neem bijvoorbeeld de moslim wereld, af lie i ui ge zegd de *islamitische* wereld, om de term te gebruiken die gesmeed is om de hui-dige 'politieke arm' van de islam aan te duiden. Wat het eerste en het sterkste opvalt, dat zijn de tegenstelling tussen de grootmachten van de islam – tussen Afghanistan en Iran, Iran en Irak, Irak en Saoedi-Arabië, Saoedie-Arabië en Syrië, Syrië en Egypte. Er is heel weinig te bespeuren van een gemeenschappe-lijk streven. (…) De echte godsdienstoorlogen zijn de oorlogen die godsdien-sten ontketenen tegen gewone burgers binnen hun 'invloedssfeer'. Het zijn oorlogen van de vromen tegen voornamelijk weerloze burgers – Amerikaanse fundamentalisten tegen abortusartsen, Iraanse mullah's tegen de joodse min-derheid in hun land, hindoe-fundamentalisten in Bombay tegen de steeds ang-stiger moslims in die stad".[62] Nog afgezien van de empirische onvolkomenhe-den van het artikel van Huntington, is vooral het culturalisme dat eruit spreekt verwerpelijk. Onder *culturalisme* versta ik het beschrijven en analyseren van complexe maatschappelijke vraagstukken in termen van verschillen tussen culturen. Diverse oriëntalisten en columnisten die de revue passeerden, maken zich daaraan schuldig. Aangezien de laatste jaren steeds meer intellectuelen bevangen zijn geraakt door het culturalisme, sta ik er in het kort bij stil.

De culturalist verklaart allerlei maatschappelijke vraagstukken aan de hand van de vermeende scheidslijnen tussen culturen. Andere verklaringen blijven buiten zijn blikveld. Zo wordt het vraagstuk van de integratie van allochtonen door tal van Nederlandse intellectuelen primair gezien als een culturele kwestie. Allochtonen zouden hun integratie in de samenleving zelf in de weg staan, omdat ze krampachtig vasthouden aan de eigen cultuur. Om daadwerkelijk te kunnen intergreren, zouden ze zich moeten aanpassen aan de Nederlandse cultuur. Het is echter de vraag of het verschil in cultuur de oorzaak is voor de sociale segregatie van sommige allochtonen. De verschillen tussen allochtonen en autochotonen zijn immers niet alleen cultureel, maar ook sociaal-economisch van aard. Door maatschappelijke vraagstukken vrijwel uitsluitend in termen van culturele diversiteit onder de aandacht te brengen en klasseverschillen systematisch onbesproken te laten, worden ze eerder versterkt dan opgelost. Het probleem van de kleurrijke onderklasse in Nederland is niet zozeer een culturele kwestie als wel een sociaal-economische kwestie.

De door Rushdie vertolkte ideeën over de identiteit van een individu staan diametraal tegenover die van de culturalist. De culturalist hangt de identiteit van een individu op aan een homogene cultuur. Daarentegen benadrukt Rushdie het heterogene karakter van een cultuur. De culturalist miskent dat een individu verscheidene identiteiten heeft. Een individu heeft bijvoorbeeld naast zijn culturele ook nog een politieke en sociaal-economische identiteit. De politieke identeit van een individu berust op de rechten die het als lid van een politieke gemeenschap heeft. *Displaced persons* ontberen in zekere zin een politieke identiteit, omdat ze rechteloos zijn. Vandaar dat Hannah Arendt zoveel werk maakt van het recht een recht te hebben. De sociaal-economische identiteit berust op de status die iemand ontleent aan zijn beroep, inkomen en vermogen. De *persoonlijke* identiteit wordt gevormd door een hybride van onder andere culturele, politieke en sociaal-economische rollen en commitments.

De culturalist vertolkt een *irreflexieve visie op identiteit*, omdat hij vrijwel alles in culturele termen interpreteert. Hij staat niet of nauwelijks stil bij het gegeven dat een individu niet alleen een culturele identiteit heeft, maar ook een sociaal-economische identiteit, een politieke identiteit, enzovoort. Een *reflexie-*

ve visie op identiteit gaat ervan uit dat een individu verschillende identiteiten incorporeert en zich daartoe bewust kan verhouden.[63] Een individu is tot op zekere hoogte in staat uit de diverse identiteiten die hij met zich meetorst zelf een persoonlijke identiteit te construeren. Rushdie vertolkt zo'n reflexieve visie op identiteit. De personages uit *De Duivelsverzen* zijn gespleten individuen die op verschillende manieren omgaan met de vaak onverenigbare brokstukken waaruit hun persoonlijke identiteit is samengesteld. In het tijdperk van de globalisering impliceert een reflexieve visie op identiteit het kosmopolitische besef dat de brokstukken niet uit één precies lokaliseerbare plaats komen, maar uit alle hoeken en gaten van de wereld.

Het zijn dus kosmopolieten die een reflexieve visie op identiteit hebben.[64] Hierbij gaat het meestal om mensen met een open en tolerante houding ten opzichte van de uiteenlopende levensvormen waarmee ze geconfronteerd worden. In tegenstelling tot veel culturalisten prevaleert bij hen niet bij voorbaat de een of andere cultuur. Dit neemt niet weg dat ze vasthouden aan universele waarden als mensenrechten en democratie. Degenen die dit kosmopolitisme incorporeren behoren grotendeels tot een kleine elite die het zich veroorloven kan over de wereld te reizen.[65] Het reëel existerend wereldburgerschap laat daarom nog op zich wachten.

Mensenrechten en democratie vormen voor Rushdie de maatstaf om te beoordelen of het zuiveren van hybriden goed of fout is. Hij is niet bereid, zoals postmodernen, deze universele principes op te geven.[66] Maar hij is ook niet bereid, zoals modernen, ze star te hanteren. Wie oog heeft voor contexten, zal beseffen dat universele principes af en toe moeten worden bijgesteld. Soms moeten nieuwe principes in het leven worden geroepen om de veiligheid en vrijheid van mensen te garanderen. Dit laatste bepleit Rushdie bijvoorbeeld in het kader van Charta 88.

Rushdie is een intellectueel die zich in zijn werk rekenschap probeert te geven van universele principes (zoals mensenrechten) *en* lokale bijzonderheden (onder andere die van Bombay en Londen). Voor hem vormen een universalistische en particularistische kijk op de wereld niet elkaar uitsluitende alternatieven. Hij keert zich tegen het denken in termen van of/of en opteert voor een denken in termen van en/en. Zijns inziens is het zaak om zowel de bril van de universalist als die van de contextualist op te zetten. De gesitueerde kennis van de contextualist zal altijd geconfronteerd moeten worden met universeel geachte principes, en andersom. De Rushdie-affaire laat duidelijk zien dat het noodzakelijk is om én vast te houden aan universeel geldende principes én oog te hebben voor specifieke contexten. Universele principes zijn bijvoorbeeld nodig voor de bescherming van de persoonlijke integriteit van het individu, ook al staan die principes dikwijls op gespannen voet met de belangen van mensen die in een bepaalde context leven. Maar om ook die mensen ervan te overtuigen dat ieders persoonlijke integriteit beschermt dient te worden, zal men tevens oog moeten hebben voor de specifieke contexten waarin ze leven.[67] Dat deze contexten geen eilanden zijn, maar op een subtiele wijze onder en boven water met elkaar verbonden zijn en waren, laat de Rushdie-affaire ook zien en wordt in de gewraakte roman aan de hand van de lotgevallen van diverse personages duidelijk gemaakt. Zo blijkt tijdens de Rushdie-affaire dat op het als eiland beschouwde Iran intellectuelen wonen die meer gemeen hebben met intellectuelen uit Europa en de Verenigde Staten dan met tal van Iraniërs. Ik doel hier op degenen die publiekelijk het regime in Teheran kritiseren en hun solidariteit betuigen met Rushdie.[68]

VI TUSSEN AGNOSTICISME EN
MORALISME

De intellectueel is de intellectueel nog steeds een zorg. Zo leidde nog niet zo
lang geleden een vraag van Chris Keulemans en Henk van Renssen tot een kleine controverse over de verantwoordelijkheid van de intellectueel.[1] Zij vroegen
zich af welke positie Nederlandse schrijvers ten opzichte van de oorlog in Kosovo innamen. Deze vraag werd door Nelleke Noordervliet opgevat als een ongewenste oproep tot engagement. Zij rekende deze oorlog niet tot het domein
van haar verantwoordelijkheid. Onder de veelzeggende titel 'De muis die brult'
vergeleek zij de positie van Nederlandse intellectuelen met die van collega's in
Duitsland, Engeland en Frankrijk.[2] In haar ogen zou het grotesk zijn om hen na
te doen. De scribenten in Nederland zijn kleine muizen en geen leeuwen, zoals
de buitenlandse intellectuelen. H.J.A. Hofland vroeg zich af wat zij dan wel
moesten doen.[3] Hij herinnerde er nog eens aan wat intellectuelen zijn: politici
op eigen gezag "die zich ongevraagd, met zekere regelmaat, zo redelijk mogelijk
in de media met de publieke zaak bemoeien". Naar deze maatstaven gemeten
heeft het merendeel van hen het de laatste tien jaar laten afweten, aldus Hofland.

De zelfkritiek van intellectuelen, zo leert deze kleine controverse, draait nog
steeds om een drietal met elkaar samenhangende kwesties. In hoeverre is de positie die de intellectueel in de samenleving inneemt veranderd? Welke identiteit
wordt de intellectueel toegeschreven? En wat is diens verantwoordelijkheid?

In dit boek zijn deze kwesties opnieuw onder de aandacht gebracht. Daarvoor heb ik drie publieke controversen geanalyseerd. Nu bieden zich twee
wegen aan om de resultaten van mijn analyse te bespreken. Ten eerste een
agnostische weg die erop pocht een realistisch beeld van de werkelijkheid te
geven. Ten tweede een moralistische weg waarbij de werkelijkheid wordt bekeken aan de hand van vaststaande normatieve maatstaven. In dit hoofdstuk zal

ik beargumenteren waarom het doodlopende wegen zijn. Dit doe ik in drie stappen. Eerst presenteer ik een pragmatische weg die me tussen de Scylla van het agnosticisme en de Charybdis van het moralisme moet leiden. Vervolgens zet ik op grond van het pragmatisme dat ik voorsta de belangrijkste bevindingen van dit boek op een rijtje. Tot slot bespreek ik wat de intellectueel als bewogen beweger in beweging brengt.

I REALISTISCH IDEALISME

De bevindingen van dit onderzoek kunnen, zoals gezegd, op een agnostische en een moralistische manier worden geëvalueerd. Hoe zien beide wegen er precies uit? Waarom deugen ze niet? En wat is het alternatief?

Aprioristen

Filosofen en wetenschappers maken deel uit van de wereld die zij objectiveren. Toch drijven sommigen van hen een wig tussen henzelf en het object van onderzoek. Terwijl ze tot op zekere hoogte deel uitmaken van dezelfde wereld, construeren ze toch twee werelden: de wereld van de filosofie en wetenschap enerzijds en die van de onderzochte mensen en dingen anderzijds. Ook agnosten en moralisten gaan uit van een kloof tussen onderzoekers en onderzochten, tussen subject en object.[4] Dit doen ze elk op hun eigen wijze.

Het agnosticisme leert dat de onderzoeker zijn normatieve vooronderstellingen even moet vergeten en zich behoort te beperken tot het nauwgezet beschrijven van het object van onderzoek. Bij de agnost vormt dit object het ankerpunt. Als de intellectueel zijn onderzoeksobject vormt, stelt hij zichzelf als een onbaatzuchtige buitenstaander op die er een waarheidsgetrouw beeld van probeert te schetsen. De agnost zet zijn eigen denkbeelden zoveel mogelijk tussen haakjes. Elk subjectief oordeel over het onderzoeksobject wordt opgeschort. Zo wil een agnostisch wetenschapshistoricus 'presentisme' of 'finalisme' vermijden, dat wil zeggen voorkomen dat de heersende denkbeelden in een wetenschappelijke discipline (impliciet) als norm worden gehanteerd bij het beschrijven van haar geschiedenis. Wie de huidige stand van zaken in een wetenschapsgebied tot norm verheft, presenteert alle gebeurtenissen uit het verleden als *voor*geschiedenis van al het goeds dat nog komen gaat. Dit levert een vertekend beeld van de geschiedenis op, hetgeen de agnost juist wil vermijden. De objectieve wereld leert men des te beter kennen naarmate men erin slaagt de subjectieve vooronderstellingen zoveel mogelijk terug te dringen.⁵ Bij de moralist vormt het subject het ankerpunt van zijn onderzoek. De moralist beoordeelt intellectuelen vrijwel uitsluitend op grond van de normatieve maatstaven die hij als subject erop nahoudt. Bovendien gaat hij ervan uit dat er een duidelijke streep valt te trekken tussen goed en kwaad. Hij suggereert zelf aan de juiste kant van de getrokken streep te staan. Zo creëert de moralist een kloof tussen hem en de personen en gebeurtenissen die hij beoordeelt. Het meest kenmerkend voor de moralist is dat hij iets of iemand enkel en alleen beoordeelt vanuit het oogpunt van goed en kwaad.

Agnosten en moralisten zijn in feite 'aprioristen'. De agnost weet bij voorbaat hoe hij zich ten opzichte van het onderzoeksobject dient op te stellen, namelijk uiterst gedistantieerd. En de moralist weet van tevoren wat goed en kwaad is. Tegenover het gedistantieerde objectivisme van de agnost staat het betrokken subjectivisme van de moralist.

Het subject-object model

Het agnosticisme en het moralisme berusten op het zogenaamde subject-object model. Zowel de agnost als de moralist maakt een onderscheid tussen een kennend subject en een te kennen object. De agnost stelt zich tot doel de onafhankelijk van hem bestaande objectieve werkelijkheid te leren kennen door de ideeën (c.q. vooroordelen) die hij als subject heeft, zoveel mogelijk aan de kant te zetten. Voor de moralist bestaat het object uit personen en gebeurtenissen die beoordeeld moeten worden aan de hand van normen en waarden die hij als subject onafhankelijk van die personen en gebeurtenissen koestert.⁶

Wanneer de agnost consequent is, dan is hij een naïef realist die denkt dat de wereld in principe onbevangen tegemoet kan worden getreden. Om de onafhankelijk van hem bestaande wereld daadwerkelijk te leren kennen, zal hij zich moeten bevrijden van al zijn vooroordelen. En wanneer de moralist consequent is, dan is hij een soort solipsist die denkt autonoom te kunnen uitmaken wat goed en kwaad is. Voor zijn oordeel over de onafhankelijk van hem bestaande wereld is uiteindelijk zijn geweten de laatste morele instantie.

Het verschil tussen agnosten en moralisten correspondeert met de tegenstelling tussen realisme en idealisme. Door van de objectpool een ankerpunt te maken vervalt de agnost tot een naïef realisme. De agnost is een naïef realist, omdat hij een irreële kijk op idealen heeft. Hij gaat voorbij aan het feit dat idealen iets kunnen bewegen. Blind voor het effect dat met het geschikt appelleren aan idealen kan worden gesorteerd, laat de agnost zich dikwijls verleiden tot een zelfgenoegzaam *cynisme*. Wie reëel is, zegt de cynische agnost, beseft dat achter de hooggestemde idealen van mensen hun eigenbelang schuilgaat. Op zijn beurt vraagt de moralist zich af of achter de visie van de agnost niet ook het eigenbelang schuilgaat. Dient het realisme waar de agnost prat op gaat niet de legitimatie van zijn onwil en onvermogen om de status-quo te veranderen? Door van de subjectpool het ankerpunt van alle morele overwegingen te maken, de moraal al te zeer los te koppelen van de werkelijkheid, treft de moralist het verwijt van idealisme. De moralist staart zich vaak blind op zijn idealen en heeft nauwelijks oog voor de realiteit. Dit kan leiden tot een gevaarlijk soort *utopisme*. Gevaarlijk, wanneer de werkelijkheid koste wat het kost wordt gemodelleerd naar een door de moraal ingegeven blauwdruk.

Het cynisme van de agnost en het utopisme van de moralist zijn dus deels terug te voeren op het door hen gehanteerde subject-object model. De kritiek op dit model is daarom een belangrijke stap in de richting van een benadering van intellectuelen die zich niet laat misleiden door cynisme en utopisme.

De werkelijkheid bestaat niet, zoals de agnost en moralist veronderstellen, geheel onafhankelijk van het kennende en oordelende subject. Dit wordt duidelijk wanneer men zich rekenschap geeft van de *constitutieve* rol die taal speelt bij het waarnemen ervan. Het kennen en beoordelen van de werkelijkheid is niet een kwestie van een tweeplaatsige relatie tussen een subject en een object.[7] Hierbij gaat het om een drieplaatsige relatie tussen (1) een subject dat met behulp van (2) een min of meer op zichzelf staande taal (3) een object waarneemt en beoordeelt. De taal die een subject met andere subjecten deelt, is bepalend voor de wijze waarop een object wordt waargenomen.[8] Zo werd de horizon van columnisten en oriëntalisten tijdens de Rushdie-affaire bepaald door een vocabulaire dat stoelt op de tegenstelling tussen het Oosten en het Westen. Vanwege dit vocabulaire vielen de in *De Duivelsverzen* beschreven hybriden niet binnen hun horizon.

Het zou een misvatting zijn nu te denken dat degenen die uitgaan van het subject-object model zich helemaal geen rekenschap geven van het belang van taal. Integendeel, filosofen als Descartes, Berkeley en Kant hebben wel degelijk nagedacht over taal. Hoe uiteenlopend hun ideeën daarover ook zijn, in één opzicht stemmen zij overeen: taal is slechts een medium om de objectieve werkelijkheid in het bewustzijn te *re*presenteren. Binnen het subject-object model is taal niets anders dan een onproblematisch doorgeefluik. Sinds de zogenaamde *linguistic turn* in de filosofie is men hierover anders gaan denken. Taal is geen onproblematisch middel waarmee een subject zich een toegang tot de werkelijkheid verschaft, maar een op zichzelf staand instrument om de wereld te ontsluiten. Net als de hamer een instrument is om een nagel in de muur te slaan, vormen woorden en zinnen middelen om uitdrukking te geven aan een bepaalde kijk op de wereld of mensen tot iets te bewegen.[9] Iemand mist bepaalde inzichten wanneer hij zich de taal die daarvoor nodig is niet heeft eigen gemaakt. Sommige woorden of zinnen voldoen niet om een bepaalde stand van zaken in de werkelijkheid adequaat te beschrijven of uitdrukking te geven aan bijzondere gevoelens. In dat geval zal iemand zijn taalgebruik moeten wijzigen, zich nieuwe woorden en zinnen moeten eigen maken. Wanneer iemand de nagel niet met behulp van de hamer in de muur krijgt, haalt hij de boor.

Een taal leren, betekent zich een wereldbeeld eigen maken. De grens van de taal is echter ook de grens van het wereldbeeld. Tijdens bijvoorbeeld de BMD bleken de beperkingen in de wijze waarop de stuurgroep en de regering kernenergie in beeld brachten inherent te zijn aan hun vocabulaire. Het vocabulaire van de stuurgroep en de regering bood geen ruimte om het zwaarwegende verschil tussen risico's en gevaren in het vizier te krijgen. De blinde vlek van een vocabulaire achterhalen is een van de belangrijkste activiteiten van intellectuelen. Daarbij gaan ze ervan uit dat elk taalspel mogelijkheden en beperkingen kent om de werkelijkheid te ontsluiten. Taal is tegelijkertijd verhullend en onthullend, een gevangenis en een bevrijdingsmiddel. Door een nieuwe taal te leren, zich een nieuw vocabulaire eigen te maken, opent men een nieuw venster op de wereld.

Pragmatisme

Het alledaagse leven loopt via vaste patronen. De meeste handelingen zijn een kwestie van routine, verricht men op de automatische piloot. Alleen als de vaste patronen niet meer werken, zich problemen voordoen, zet men de automatische piloot af. In dat geval wordt men gedwongen voor de gerezen problemen een oplossing te vinden. Voor de pragmatist vormen dit soort alledaagse problemen het belangrijkste vertrekpunt voor onderzoek. Een pragmatist gaat pas op onderzoek als de zaken niet lopen zoals ze geacht worden te lopen, de routine van alledag plotseling onderbroken wordt.

In tegenstelling tot de agnost en moralist weet de pragmatist de problemen die inherent zijn aan het subject-object model te omzeilen. Voor de pragmatist is taal geen doorgeefluik, maar een plooibaar instrument dat wordt ingezet in allerlei praktijken. Wanneer die praktijken niet meer vlekkeloos verlopen, de routinehandelingen niet meer voldoen, dan kan dit leiden tot een wijziging van het taalgebruik. Dit houdt in dat wordt gezocht naar woorden en zinnen die passen bij de veranderde praktijk, die het mogelijk maken een adequaat beeld van de werkelijkheid te vormen of de handelingen van personen beter te coördineren. Toch houdt men dikwijls lang vast aan een vocabulaire, terwijl dat niet meer past bij de veranderde praktijk. Hoewel bijvoorbeeld de politieke praktijk in de kennismaatschappij niet meer adequaat beschreven kan worden in termen van links en rechts, houdt men zich nog steeds vast aan dit begrippenpaar. Daarom acht de pragmatist het tot de taak van de intellectueel om nieuwe vocabulaires te ontwikkelen.

Anders dan de agnost gaat de pragmatist ervan uit dat het streven naar idealen in de werkelijkheid effect kan sorteren. Het relatieve succes van de anti-kernenergiebeweging illustreert dat nog niet gerealiseerde idealen (het sluiten van alle kerncentrales en duurzaamheid) een eigen realiteit bezitten.[10] Voor intellectuelen die zich hebben ingezet voor de anti-kernenergiebeweging vormden deze idealen een belangrijke beweegreden. Zonder het belang van idealen te miskennen, beseft de pragmatist beter dan de moralist dat aan het realiseren ervan grenzen worden gesteld. De pragmatist beschouwt de werkelijkheid niet alleen vanuit het normatieve perspectief van wat moet, maar ook vanuit het meer realistiche perspectief van wat kan.

Ervan uitgaand dat idealen soms hun uitwerking niet missen, staat de pragmatist voor een realistisch idealisme.[11] Het realistisch idealisme stoelt op de gedachte dat *leerprocessen*, het verwerven van nieuwe inzichten en competenties, onvermijdelijk zijn.[12] Het is ondenkbaar dat mensen niets (af)leren. De meeste leerprocessen vloeien voort uit alledaagse problemen, omdat men dan gedwongen wordt om bestaande situaties en handelingspatronen opnieuw te bekijken en naar alternatieven te zoeken. Een goed voorbeeld van een dergelijk leerproces is de ontwikkeling van de mensenrechten.[13]

Door leerprocessen centraal te stellen vermijdt de pragmatist cynisme en utopisme. Waar de utopist zich blind staart op zijn idealen en de werkelijkheid uit het oog verliest, daar confronteert de pragmatist voortdurend wat hij wil met wat kan. De pragmatist gaat ervan uit dat nagenoeg elk leerproces berust op een dergelijke confrontatie. Terwijl de cynicus met een sardonische lach de vinger legt op maatschappelijke verschijnselen die steeds weer terugkeren, wijst de pragmatist erop dat het verwerven van nieuwe inzichten en competenties vloekt met deze gedachte van de eeuwige wederkeer. Niets blijft bij het oude, want door middel van leerprocessen komt het nieuwe in de wereld.

2 DE GLOKALISERING VAN DE INTELLECTUEEL

Een pragmatist is geïnteresseerd in de handelingen van intellectuelen. Hij gaat na op welke wijze intellectuelen interveniëren in publieke controversen. Tevens vraagt hij zich af wat men van zo'n onderzoek kan leren. Daarbij acht de pragmatist een drietal vraagstukken relevant. Ten eerste het vraagstuk van de intellectueel zelf. Wat leert de analyse van de drie besproken publieke controversen over diens identiteit, verantwoordelijkheid en veranderde positie? Kan op grond van die analyse een uitspraak worden gedaan over de vraag of de rechter en de tolk nog als rolmodellen van de intellectueel volstaan? Ten tweede het vraagstuk van de relatie tussen ideeën en contexten. Kan een idee los van de een of andere context worden behandeld? Of is een idee onlosmakelijk met een bepaalde context verbonden? Ten derde het vraagstuk van de democratie. Dit vraagstuk is relevant omdat de democratie voor intellectuelen steeds weer een onderwerp van discussie vormt. Wat kan van de geanalyseerde controversen worden geleerd over de democratie?

Rechter én tolk

Modernen en postmodernen hebben elk een eigen visie op de identiteit, de verantwoordelijkheid en de veranderde positie van de intellectueel. Dit verschil in visie is grotendeels terug te voeren op de door hen gehanteerde rolmodellen van de intellectueel: de rechter en de tolk.

Voor een adequate beschrijving van de identiteit die intellectuelen zichzelf en elkaar toeschrijven, schiet zowel het rolmodel van de modernen als dat van de postmodernen tekort. De identiteit van de intellectueel gaat noch helemaal op in de rol van de rechter, noch in die van de tolk. Het merendeel van degenen die tijdens de drie controversen intervenieerden, ontleende zijn identiteit aan zijn wetenschappelijke expertise (over kernenergie, armoede of de Oriënt). Bij hun interventies waren ze daarom voor een deel tolk. Ze vertolkten de wetenswaardigheden uit hun vakgebied voor een groot publiek. Maar tevens velden ze een oordeel, fungeerden ze niet alleen als doorgeefluik. De een veroordeelde kernenergie, de ander de armoede en weer een ander de fatwa. Deze rechtersrol trof men vooral aan bij intellectuelen die hun identiteit niet primair aan hun wetenschappelijke expertise ontleenden. Denk maar aan bisschop Muskens en de traditionele intellectuelen die het voor Rushdie opnamen. Muskens beperkte zich echter niet alleen tot een moreel oordeel, maar zag zichzelf ook als vertolker van de noden van armen. De traditionele intellectuelen gingen echter niet veel verder dan een moreel appèl op grond van hun opvattingen over mensenrechten en democratie.

De gelaagdheid van de verantwoordelijkheid van de intellectueel krijgt men niet goed in de vingers, indien men zich fixeert op de door modernen en postmodernen gehanteerde rolmodellen van de intellectueel. Dit wordt vooral duidelijk wanneer men een onderscheid maakt tussen de algemene en de bijzondere verantwoordelijkheid van de intellectueel. De *algemene verantwoordelijkheid* betreft de verantwoordelijkheid die de intellectueel met iedere andere burger deelt. Iedere burger kan aangesproken worden op het naleven en verdedigen van normen waarvan aangenomen wordt dat iedereen ze onderschrijft. Neem de norm dat een publieke controverse op een faire wijze behoort te verlopen. Welnu, in alle drie de controversen wezen intellectuelen erop dat dit niet het geval was. Tijdens de BMD deugde de ontkoppeling tussen menings- en besluitvorming niet, tijdens het armoededebat werd de denigrerende manier waarop politici de vertegenwoordigers van de kerken bejegenden aan de kaak gesteld, en tijdens de Rushdie-affaire maakten sommigen zich druk over het vermeend racistisch taalgebruik van enkele intellectuelen. Andere normen die tijdens de drie controversen een belangrijk referentiepunt vormden en door de meeste burgers onderschreven worden, zijn duurzaamheid, de garantie van een minimale sociale zekerheid en een tolerante houding ten opzichte van mensen die een andere levensvorm hebben. Ook al geven burgers op verschillende manieren invulling aan deze normen, zij achten het tot hun verantwoordelijkheid deze normen na te leven en te verdedigen. Juist omdat de normen door bijna iedereen onderschreven worden en verschillende invullingen toelaten, kan de intellectueel ze 'opladen' door ze in een specifieke context vruchtbaar in te zetten.

Wanneer algemene normen gecontextualiseerd worden, komt de *bijzondere verantwoordelijkheid* van de intellectueel om de hoek kijken. De bijzondere verantwoordelijkheid heeft betrekking op iets wat de intellectueel *niet* met alle burgers deelt, namelijk zijn specifieke kennis. Bij veel publieke controversen worden experts op hun specialistische kennis aangesproken. Het behoort tot hun verantwoordelijkheid dat deze kennis waarheidsgetrouw is, te meer daar ze in een controverse vaak veel gewicht in de schaal legt. Neem de BMD. Gedurende deze controverse beweerden alle contrahenten voor een normatief ideaal als duurzaamheid te zijn. De voor- en tegenstanders van kernenergie wilden de risico's die verbonden zijn met deze technologie terugdringen. Maar toch streden ze met elkaar, omdat de kennis die ze als expert mobiliseerden nogal verschilde. Voor zover ze deze kennis vertaalden voor een groot publiek, voldeden ze aan het rolmodel van de tolk. Maar ze kropen tevens in de huid van de rechter en velden een oordeel over kernenergie. Daarvoor koppelden ze hun specifieke kennis aan een algemene norm als duurzaamheid. Een dergelijke koppeling vond ook plaats bij de interventies van de experts die tijdens het armoededebat en de Rushdie-affaire voor het voetlicht traden. Gedurende deze controversen koppelden experts hun specialistiche kennis over armoede en de oriënt aan algemeen aanvaarde normen als een rechtvaardige verdeling van schaarse goederen en de vrijheid van meningsuiting. Toch waren er nog enkele intellectuelen waar één van de klassieke rolmodellen de overhand had. Zo kropen traditionele intellectuelen tijdens de Rushdie-affaire zelden in de huid van de tolk. Ze traden eerder op als rechters. Hun contrahenten, de oriëntalisten, traden in de eerste plaats op als tolk. Ze beschouwden het vertolken van hun specialistische kennis over de Oriënt als hun belangrijkste taak. Desalniettemin vormden ze een hybride van de tolk en de rechter. Ze verwierpen namelijk de fatwa en vroegen tegelijkertijd om begrip voor de woede van moslims. Het was voor hen een kwestie van en/en.

Diverse modernen zijn van mening dat de traditionele intellectueel (à la Benda) op sterven na dood is. Het hoger onderwijs en de nieuwe massamedia zouden ertoe hebben geleid dat er voor hem geen plaats meer is. De geanalyseerde controversen laten echter zien dat de traditionele intellectueel geenszins terminaal is. Zo wierp Muskens zich op als een kleine Zola. Hij klaagde de Nederlandse regering aan omdat ze te weinig aan de armoede zou doen. Er zijn ook verschillende postmodernen die menen dat de traditionele intellectueel verdwenen is. De traditionele intellectueel zou plaats hebben gemaakt voor de specifieke intellectueel. Maar de drie controversen maken duidelijk dat de positie van de intellectueel niet zodanig veranderd is, dat niemand meer de klassieke rol van rechter op zich neemt. Tijdens bijvoorbeeld de Rushdie-affaire liet de traditionele intellectueel duidelijk van zich horen. Overigens houdt de zogenaamde specifieke intellectueel veelal vast aan universeel geachte waarden. Zo mobliseerden de experts die tijdens de BMD de revue passeerden niet alleen hun specifieke kennis over kernenergie, maar appelleerden ze tevens aan democratische waarden.

De geanalyseerde controversen laten dus zien dat noch het moderne, noch het postmoderne rolmodel van de intellectueel dominant is. Degenen die een intellectuele rol vervulden, vormden meestal een hybride van de tolk en de rechter. Dit gold vooral voor de experts die niet alleen hun specialistische kennis vertaalden voor een groot publiek, maar mede op grond daarvan ook morele oordelen velden. Desalniettemin waren er ook nog intellectuelen die het gewaad van de rechter aantrokken. Ik denk dan vooral aan de columnisten die tijdens de Rushdie-affaire westerse waarden verdedigden tegen het fundamentalistische gevaar uit het Oosten. Maar zij vormden een uitzondering op de regel dat de hedendaagse intellectueel een mixture van de rechter en de tolk is.

Ideeën en contexten

Postmodernen beschouwen de interventies van intellectuelen als kennispraktijken die vastgeklonken zijn aan een bepaalde context. In hun ogen is kennis altijd gesitueerde kennis.[14] Volgens modernen brengen intellectuelen tijdens publieke interventies universele waarden als het Ware, het Goede en het Schone in het spel. Zoals een rechter een casus ziet in het licht van vaststaande wetten, zo spiegelen intellectuelen contexten aan deze waarden. Voor het verhelderen van de identiteit, de verantwoordelijkheid en de veranderde positie van de intellectueel zijn de moderne en postmoderne benadering echter te statisch. Met noties als gesitueerde kennis en universele waarden kan onvoldoende recht worden gedaan aan de dynamische wijze waarop intellectuelen ageren.

Modernen en postmodernen parasiteren op een onvruchtbare tegenstelling tussen universalisme en contextualisme. Door het gebruik van zelfstandige en bijvoeglijke naamwoorden zoveel mogelijk te vermijden, en wat vaker werkwoordsvormen te gebruiken kan men meer recht doen aan de dynamiek van publieke controversen en de factor tijd.[15] In plaats van over 'gesitueerde kennis' en 'universele waarden' te spreken, kan men het beter over het situeren en universaliseren van kennis en waarden hebben. Het *universaliseren* van kennis en waarden is een proces waarbij wordt geprobeerd zoveel mogelijk mensen te winnen voor een bepaald gedachtegoed. De ontwikkeling van het internationale recht biedt tal van voorbeelden van het universaliseren van rechtsnormen die aanvankelijk alleen binnen een bepaald gebied golden. Het *situeren* van kennis en waarden is een proces waarbij wordt geprobeerd om een bepaald gedachtegoed in een specifieke context te gebruiken. In de praktijk betekent dit uiteraard dat dit gedachtegoed getransformeerd wordt. Aan de hand van het armoededebat heb ik bijvoorbeeld laten zien hoe wetenschappelijke kennis door mensen die in diverse contexten werkzaam waren op zeer uiteenlopende manieren werd gerecepieerd. Het situeren van kennis betekent in dit geval dat derden wetenschappelijke bevindingen over armoede naar hun hand zetten.

Publieke controversen laten zien dat intellectuelen universaliseren *en* situeren, decontextualiseren *en* contextualiseren, abstraheren *en* concretiseren.[16] Intellectuelen zijn voortdurend bezig met het abstraheren van contexten en het concretiseren van ideeën. Het abstraheren van een context houdt in dat ze bewust voorbij gaan aan de rijkdom aan verschijnselen waardoor een bepaalde situatie zich kenmerkt, en ze slechts een deel van die verschijnselen karakteriseren aan de hand van hun ideeën (over bijvoorbeeld rechtvaardigheid of macht). Juist omdat deze ideeën niet aan alle verschijnselen van deze situatie betekenis verlenen, kunnen ze ook in andere contexten worden ingezet. Intellectuelen concretiseren ideeën wanneer ze abstracte ideeën vlees en bloed geven door ze te adstrueren met allerlei voorbeelden. Op het moment dat ideeën geconfronteerd worden met bepaalde praktijken, kan blijken dat ze té abstract zijn en ze moeten worden verworpen. Maar naarmate ze voor meer contexten aangewend (kunnen) worden, zijn ze de facto universeler. Geen enkel idee is in absolute zin universeel. Toen bijvoorbeeld intellectuelen tijdens de BMD over de gevaren van kernenergie voor toekomstige generaties spraken, abstraheerden ze van de context waarin ze zelf leefden. Daarmee situeerden ze hun ideeën over duurzaamheid in een context die er nog niet is. In feite creëerden ze een context voor hun ideeën. Een context is blijkbaar niet iets wat vastligt, maar iets wat telkens opnieuw wordt ge(re)produceerd. Tijdens de BMD verplaatsten intellectuelen ook allerlei natuurwetenschappelijke ideeën over de gevaren van kernenergie die in de Verenigde Staten ontwikkeld waren naar de Nederlandse context. Zo berekenden ze op grond van Amerikaanse rekenmodellen wat in Nederland de kans op een kernramp zou zijn.

Intellectuelen maken voortdurend gebruik van het spanningsveld tussen ideeën en contexten. Ik spreek van een spanningsveld, omdat de wijze waarop intellectuelen universaliseren en situeren duidelijk maakt dat de kennis en waarden die ze daarbij mobiliseren niet voor eens en altijd gebonden hoeven te zijn aan een specifieke context. Er is niet een een-op-een-relatie tussen ideeën en contexten. Ideeën kunnen nooit genaturaliseerd worden, ze zijn nooit geheel en al versmolten met de contexten waarin zij worden ingezet.[17] Met de mensen verhuizen meestal ook hun ideeën. Hierdoor komt niet alleen het nieuwe in de wereld, maar rijzen er ook allerlei problemen. De migranten uit *De Duivelsver-*

zen die van Bombay naar Londen verhuisden, en die in hun rugzak niet alleen hun tandenborstel hadden gestopt, maar ook hun ideeën, merkten dat deze ideeën in Groot-Brittannië niet altijd op een vruchtbare bodem vielen. Hun werd te verstaan gegeven dat ze zich moesten aanpassen aan de ideeënwereld van de Britten. Een idee is dus nooit voor eens en altijd vastgeklonken aan een context, kan eruit losgeweekt worden en in een andere context worden geplaatst. Maar een idee zonder context is vrijwel nietszeggend.

Het schaalniveau waarop intellectuelen gebruik maken van het spanningsveld tussen ideeën en contexten heeft zich enigszins gewijzigd door wat ik de *glokalisering van de intellectueel* noem.[18] Dit is het proces waarbij tegelijkertijd globalisering en lokalisering van de intellectueel plaatsvindt. Aan dit proces zit een sociale en inhoudelijke kant. De *sociale kant* heeft betrekking op de transnationale en lokale netwerken die intellectuelen in het leven roepen en waarvan ze deel uitmaken. Het aantal en de reikwijdte van de transnationale netwerken van intellectuelen, alsmede de intensiteit waarmee er gebruik van wordt gemaakt, nemen in de kennismaatschappij toe. Maar ook op lokaal niveau creëren intellectuelen steeds vaker netwerken om allerlei problemen aan te kaarten. Zo bestond de kracht van de AKB uit de vele plaatselijke actiegroepen. Bijna elke grote en middelgrote gemeente in Nederland kende wel een zogenaamde 'Stroomgroep'. Daarnaast opereerde de AKB ook op het internationale vlak; daar hield men nauw contact met de tegenstanders van kernenergie in andere landen. Tekenend daarvoor waren de in veel talen vertaalde affiches en stickers met het opschrift 'Atoomenergie? Nee bedankt'. Ter bescherming van Rushdie hebben intellectuelen eveneens transnationale en lokale (c.q. nationale) netwerken gesmeed. In Nederland werd het Rushdie Defence Committee Nederland in het leven geroepen, dat nauwe contacten onderhoudt met soortgelijke comités elders in de wereld. Transnationale en lokale netwerken vormen voor intellectuelen de sociale infrastructuur die het voor hen mogelijk maakt ideeën te universaliseren en te situeren.

Hier zit de link met de *inhoudelijke kant* van de glokalisering van de intellectueel. De thema's die intellectuelen tijdens publieke controversen aan de orde stellen, hebben in toenemende mate zowel een mondiaal als een lokaal karakter. Zo is blasfemie een thema dat tijdens de Rushdie-affaire in nagenoeg alle landen is aangekaart, maar wel steeds anders.[19] Vanwege het vermeend blasfemisch karakter werd *De Duivelsverzen* in veel landen verboden. Hoewel het in Nederland niet zover kwam, liet de regering toch onderzoeken of moslims op grond van het wetboek van straf Rushdie van 'smalende godslastering' konden betichten. Dit leidde uiteraard tot felle reacties van enkele intellectuelen. Ook in landen waar de islam de belangrijkste godsdienst is, waren verschillende geluiden te horen. Niet iedereen onderschreef er de fatwa. In bijvoorbeeld Algerije, Iran en Marokko keerden zich tal van intellectuelen tegen de fatwa en wezen zij erop dat dit decreet niet te rijmen valt met de islam.[20] Het bestaan van transnationale en lokale netwerken van intellectuelen schept de mogelijk om ideeën makkelijk van context naar context te verplaatsen en, zo nodig, een vuist te maken tegen regimes die niet veel waarde hechten aan mensenrechten en democratie.

Democratie

Intellectuelen maken zich op gezette tijden druk over de democratie.[21] Beter gezegd: ze stellen dikwijls het democratische tekort van iets aan de kaak. Dit geldt niet alleen voor dissidenten uit landen waar geen sprake is van een democratie en mensenrechten stelselmatig geschonden worden. Ook in democratieën maken intellectuelen zich kwaad wanneer democratische principes aan de laars worden gelapt. Zo winden veel intellectuelen zich op over het democratisch tekort van de Europese Unie. Tevens baart hen het reeds eerder ter sprake gebrachte democratische tekort van de *governance without government* zorgen. In de hoofdkantoren van grote banken, multinationale ondernemingen en organisaties als het IMF, de Wereldbank en de WTO worden door elites besluiten genomen die de kwaliteit van leven van veel mensen sterk beïnvloeden, maar die deze mensen niet democratisch kunnen controleren.

Aangezien de democratie onder intellectuelen een steeds terugkerend thema is, is het interessant om de vraag te stellen wat de geanalyseerde publieke controversen daarover leren. Mijns inziens zijn dat twee dingen. Ten eerste leert de BMD dat het goed kan zijn om rondom ingrijpende politieke beslissingen een groots opgezet maatschappelijk debat te organiseren, mits de uitkomst van zo'n debat consequenties heeft voor de besluitvorming. Ten tweede is de politieke cultuur in Nederland fnuikend voor een levendige democratie. Ik zal beide punten in het kort toelichten.

Voor een democratie is een goed functionerende openbaarheid, het speelveld waar burgers delibereren over zaken die van algemeen belang zijn, een noodzakelijke voorwaarde. Maar een democratie behelst nog meer dan de mogelijkheid tot *deliberatie*. De kern van de democratie is zelfbestuur. Dit wil zeggen dat burgers de adressanten zijn van de wetten waaraan ze zich als adressaten onderwerpen. Wetten geven uitdrukking aan de wil en soevereiniteit van het volk.

Om te voorkomen dat de macht van de meerderheid ten koste gaat van minderheden zijn er mensenrechten. Zij beschermen de persoonlijke integriteit van het individu tegen de overmacht van de staat. Voor democratisch zelfbestuur is de *aggregatie* van de wil van het volk onontbeerlijk. Tijdens de BMD was de deliberatie ontkoppeld van de aggregatie. Daarom was deze controverse geenszins een aanwinst voor de democratie, zoals De Brauw meende. Integendeel, men kan de vraag stellen of hierbij wel sprake was van een volwaardige democratische publieke controverse. Het volk mocht immers wel massaal delibereren, maar haar wil niet aggregeren. Een besluitvormingsproces waarbij bij voorbaat vaststaat dat de politiek de uitkomsten van een debat naast zich neer kan leggen, is in democratisch opzicht halfbakken. Wanneer de BMD geen ontkoppeling had gekend tussen deliberatie en aggregatie, dan zou ze wel een verrijking zijn geweest voor de democratie. Zeker indien het om technologische projecten gaat waaraan grote gevaren verbonden zijn, is het zinvol een breed opgezet publiek debat te organiseren. De uitkomsten van dat debat moeten evenwel consequenties hebben voor het te nemen politieke besluit. Een referendum dat vooraf wordt gegaan door een goed georganiseerd publiek debat, zou de democratie daadwerkelijk ten goede komen.

Tijdens de drie controversen vond er een *pacificatie* van de politieke strijd plaats. De controversen hadden één ding gemeen: het vuur van het conflict werd al snel gedoofd. Neem eerst de controverse over kernenergie. In de loop van de jaren zeventig liep de strijd over kernenergie zo hoog op, dat er een politieke impasse ontstond. Voor- en tegenstanders van kernenergie stonden onverzoenlijk tegenover elkaar, en de regering durfde maar geen besluit te nemen over de bouw van nieuwe kerncentrales. Door middel van de BMD doorbrak men de ontstane impasse en pacificeerde men tegelijkertijd de hoog opgelopen strijd. De pacificatie begon met het verplaatsen van het strijdtoneel. In plaats van buiten te demonstreren, ging men binnen discussiëren.[22] Door de BMD kreeg de buitenparlementaire meningsvorming een quasi-parlementair karakter.[23] Het radicale deel van de AKB had de pacificatiestrategieën van de regering in de gaten en wilde zich niet laten 'inkapselen' door de BMD. Derhalve boycotte het de BMD en bleef het demonstreren. Maar na de laatste demonstratie in Dodewaard verruilde het merendeel van de AKB inderdaad het weiland voor de vergaderzaal. Eenmaal in de vergaderzaal moest de AKB de richtlijnen volgen van een door de stuurgroep straf georganiseerde discussie. Die richtlijnen lieten weinig dissonanten toe. Zo reduceerde de stuurgroep de verscheidene visies van de deelnemers aan de BMD tot vier scenario's, terwijl de AKB er nog meer had ontwikkeld. Tijdens het armoededebat verliep de pacificatie anders. De pacificatie vond plaats op het moment dat premier Kok van zijn tegenvoeter Muskens een bondgenoot wist te maken in de 'gemeenschappelijke' strijd tegen armoede. Toen Muskens zijn rol van criticaster van de regering daadwerkelijk inruilde voor die van bondgenoot van de politiek, namen sommigen uit zijn achterban hem dit niet in dank af. Ze waren van mening dat door de kiene strategie van Kok de kritische angel uit de kerkelijke organisaties was gehaald. Tijdens de Rushdie-affaire zag de pacificatie er weer anders uit. In dit geval was het een deel van de intellectuelen dat in feite een einde maakte aan de controverse. Op een gegeven moment weigerden ze verder in debat te gaan met oriëntalisten die om begrip voor de woedende moslims vroegen. Eerst moesten de westerse waarden worden erkend, pas dan viel er eventueel verder te discussiëren.

De pacificatie van de strijd, zoals die tijdens de drie controversen plaatsvond, is volgens mij kenmerkend voor de *politieke cultuur* in Nederland. Hiervan getuigen ook andere controversen. Zo wordt de publieke strijd over het koloniaal verleden van Nederland steeds gepacificeerd, of vindt die wat betreft sommige aspecten ervan nog niet eens plaats.[24] Een door politici veel beproefde pacificatiestrategie is heikele kwesties over te dragen aan door de overheid gesubsidieerde instituten, wetenschappelijke raden en ethische commissies. Hun pacificatiestrategie vloeit voort uit de vigerende opvatting dat het bevorderen van consensus tussen burgers de basis vormt voor sociale cohesie. Volgens Georg Simmel is dit een ernstige misvatting.[25] Zijns inziens is de sociale cohesie juist gebaat bij het bevorderen van de publieke strijd tussen burgers. In een democratie vormt een geciviliseerde strijd over zaken die van algemeen belang zijn het cement van de samenleving. Wanneer burgers in het openbaar strijden over problemen die hen aangaan, vermijdt men extremisme en houdt men ze bij de politieke les, aldus de pragmatist John Dewey.[26] In Nederland wordt echter de politieke strijd over zaken die van algemeen belang zijn dikwijls al in de kiem gesmoord.

3   CONTEXTUEEL UNIVERSALISME

In plaats van in algemene bewoordingen te beschrijven wat intellectuelen zijn, heb ik ervoor gekozen om te analyseren wat ze doen.[27] Ik wilde weten hoe intellectuelen in publieke controversen interveniëren. Bij de weergave van de onderzoeksresultaten, heb ik eerst het accent op de verschillen tussen de controversen gelegd. Nu wil ik abstraheren van deze verschillen en nagaan wat de overeenkomsten zijn. Waarin stemmen de activiteiten van intellectuelen overeen? Door welke normatieve maatstaven hebben ze zich laten leiden? Hoe kunnen en moeten intellectuelen zich volgens mij verhouden tot de grote vraagstukken die in deze controversen worden aangeroerd?

Het uitbaten van spanningsvelden

De pragmatist gaat ervan uit dat intellectuelen een daad stellen. Op het moment dat ze in de openbaarheid over allerlei problemen delibereren, brengen ze iets teweeg. Maar wat doen ze dan precies? Wanneer men zich bij het beantwoorden van deze vraag laat leiden door exemplarische situaties als de rechtbank en de grens tussen levensvormen, krijgt men slechts een zeer algemeen antwoord op deze vraag. Door publieke controversen te analyseren heb ik geprobeerd hierop een specifieker antwoord te geven. Zo bleken de activiteiten van intellectuelen tijdens de BMD te bestaan uit het genereren en reduceren van complexiteit, gedurende het armoededebat uit het relateren van feiten aan waarden en tijdens de Rushdie-affaire uit het zuiveren van hybriden.

Het is niet zo dat dit de enige drie activiteiten van intellectuelen zijn. Zo heb ik onder andere laten zien dat ze elkaar ter verantwoording roepen of zich bemoeien met de opzet van een publieke controverse. Ook is het niet zo dat de drie activiteiten exclusief zijn voor de geanalyseerde controversen. Integendeel. Zo werden tijdens de Rushdie-affaire ook feiten (over de islam) gekoppeld aan waarden (mensenrechten). En het armoededebat maakte duidelijk dat het reduceren van complexiteit niet voorbehouden was aan de BMD. Intellectuelen waren gedurende dit debat druk doende de zes typen armen die door een wetenschapper onderscheiden werden, te reduceren tot een tweetal: degenen die wel en degenen niet tot de calculerende burgers behoorden. De complexe werkelijkheid van de armoede werd op die manier een stuk eenvoudiger voorgesteld.[10] Het zuiveren van hybriden beperkte zich niet tot de Rushdie-affaire. Tijdens de BMD werden ook hybriden gezuiverd. Dit wordt duidelijk wanneer men zich voor ogen houdt dat een kerncentrale een hybride is van mensen en dingen. Een kerncentrale wordt immers gevormd door een netwerk waarvan ingenieurs, koelsystemen, managers, reactorvaten, bewakingsdiensten, elektriciteitskabels en onderhoudsmonteurs deel uitmaken. Gedurende de BMD hadden de woordvoerders van de KEMA baat bij een zuiveringsactie. Door mensen van dingen te scheiden, zich vooral toe te leggen op de risico's die inherent zijn aan de artefacten, konden ze de discussie deels naar hun hand zetten. De discussie hoefde dan niet meer over de sociale infrastructuur van kernenergie te gaan. De tegenstanders wilden het daarover juist wel hebben. Ze wezen op de gevaren die het gevolg zijn van het feit dat kerncentrales hybriden van dingen *en* mensen zijn. Eén zo'n gevaar was het ontstaan van een totalitaire atoomstaat. Kernenergie vergt immers niet alleen het beheersen van de natuur, maar ook het met straffe hand coördineren van de handelingen van mensen. Juist vanwege de gevaren die inherent zijn aan deze technologie, zou een type samenleving in het leven moeten worden geroepen waarin de gang en wandel van burgers streng wordt gecontroleerd. Het natuurwetenschappelijk verhaal over de risico's van kernenergie waartoe de woordvoerders van de KEMA zich voornamelijk beperkten, moest in de ogen van de tegenstanders worden aangevuld met een sociologisch verhaal.[29]

Goed beschouwd baten intellectuelen tijdens publieke controversen spanningsvelden uit. Ik heb steeds aan één zo'n spanningsveld extra aandacht geschonken. Tijdens de BMD was dat het spanningsveld tussen eenvoud en complexiteit, tijdens het armoededebat dat tussen feiten en waarden, en tijdens de Rushdie-affaire dat tussen de proliferatie en zuivering van hybriden. Bij het uitbaten van die spanningsvelden kropen intellectuelen doorgaans noch eenzijdig in de huid van de rechter, noch in die van de tolk. Zo vertolkten de aan de AKB gelieerde intellectuelen niet alleen de complexiteit van het kernenergievraagstuk, maar kritiseerden ze tevens degenen die de complexiteit van het vraagstuk van de kernenergie reduceerden.

Vrijheid en solidariteit

Het uitbaten van spanningsvelden vindt niet in een machtsvrije ruimte plaats. Bij de poging anderen van hun visie op de werkelijkheid te overtuigen, stuiten intellectuelen immers op weerstand. De definitiemacht van intellectuelen hangt af van het vermogen hun visie op een vraagstuk tegen de weerstand van anderen in met succes onder de aandacht te brengen. In de door mij geanalyseerde controversen ging het om hun visie op drie cruciale vraagstukken.

Ten eerste het *milieuvraagstuk*. De centrale vraag luidt hierbij: hoe valt duurzaamheid te realiseren? Nagenoeg iedereen *zegt* het ideaal van een duurzame ontwikkeling van de samenleving te onderschrijven. Maar wat met woorden wordt beleden lapt men in de praktijk vaak aan de laars. Vanwege tegengestelde belangen geeft men een eigen invulling aan duurzaamheid. Zo ook tijdens de BMD. De voor- en tegenstanders van kernenergie zeiden voor duurzaamheid te zijn. Bovendien waren ze van mening dat de risico's en gevaren van een technologie als kernenergie zoveel mogelijk moesten worden teruggedrongen. Aangezien de elektriciteitsproducenten een economisch belang hadden bij de exploitatie van kernenergie, kwamen ze tot een andere inschatting van de risico's en gevaren van kernenergie dan de AKB.

Ten tweede het *verdelingsvraagstuk*. In dit geval is de centrale vraag: wat is een rechtvaardige verdeling van schaarse goederen? Tijdens het armoededebat onderschreven de contrahenten hetzelfde ideaal, namelijk rechtvaardigheid. Ze waren het erover eens dat rechtvaardigheid in de Nederlandse context inhoudt dat iedereen een bepaalde bestaanszekerheid geniet. Deze consensus bood juist de mogelijkheid om met elkaar de degens te kruisen. Intellectuelen die in de bres sprongen voor de uitkeringsgerechtigden, wezen erop dat hun bestaanszekerheid niet meer gegarandeerd was. Uit oogpunt van rechtvaardigheid zouden de uitkeringen moeten worden verhoogd. Ze definieerden armoede als een structureel probleem, dat wil zeggen een keihard verdelingsvraagstuk. Politici wensten daarentegen niet te spreken over een structureel probleem. Daarmee zouden ze hun eigen politiek falen erkennen, hetgeen niet in hun belang was. Armoede was in hun ogen primair het gevolg van het individuele tekort van uitkeringsgerechtigden. Door 'empowerment' en 'maatwerk' helpt men de armen, en niet door het verhogen van de uitkering.

Ten derde het *vraagstuk van de pluraliteit*. Hierbij luidt de centrale vraag: hoe kan het handelen van mensen met zeer uiteenlopende levensvormen op een democratische wijze worden gecoördineerd, en tegelijkertijd ervoor worden gezorgd dat de persoonlijke integriteit van het individu wordt beschermd? Aangezien de verschillende manieren waarop mensen hun leven inrichten niet altijd verenigbaar zijn en soms tot conflicten leidt, is dit een urgent probleem.[30] Het vraagstuk van de pluraliteit kwam vooral tijdens de Rushdie-affaire om de hoek kijken. De columnisten wilden een dam opwerpen tegen het oprukkend fundamentalisme. Ze zagen de collectieve identiteit van het Westen, stoelend op mensenrechten en democratie, in gevaar. Sommige columnisten vonden het gepraat over de multiculturele samenleving daarom maar niets. Hoezeer de oriëntalisten ook hun best deden om meer begrip te kweken voor de woede van de moslims, bij hen stuitten ze op dovemansoren. Hierdoor kwam men er niet toe het vraagstuk van de pluraliteit serieus aan de orde te stellen. Zo ging men voorbij aan een vraag die Rushdie met zijn romans en essays opwerpt: hoe behoort men om te gaan met de proliferatie van hybriden die zijn gevormd uit elementen van diverse levensvormen? In plaats daarvan zuiverde men de hybriden, waardoor de tegenstelling tussen het Oosten en het Westen onnodig werd aangescherpt.

De drie vraagstukken beroeren mijns inziens de voorstellingen die intellectuelen over vrijheid en solidariteit koesteren. Ik maak dit eerst duidelijk aan de hand van het vraagstuk van de pluraliteit. De Rushdie-affaire liet zien dat verschillen tussen levensvormen tot grote conflicten kunnen leiden. Omdat *De Duivelsverzen* vooral gelezen werd als een kritiek op een specifieke levensvorm, namelijk de islam, werd Rushdie van zijn vrijheid beroofd. Voor hem werd bijna de hele wereld tot een gevangenis, omdat hij zich nog maar op een paar plekken veilig kan voelen. Bovendien was de vrijheid van meningsuiting in het geding, omdat het boek in tal van landen verboden werd. Het gaat bij de Rushdie-affaire voornamelijk om de *negatieve vrijheid*: het *vrij* zijn *van* de inmenging van derden met het persoonlijk leven van een individu.[31] Voor de negatieve vrijheid is het van belang dat de persoonlijke integriteit wordt beschermd, het individu bijvoorbeeld gevrijwaard blijft van marteling. Tijdens de Rushdie-affaire stond de persoonlijke integriteit van Rushdie op het spel, omdat hij door het staatshoofd van Iran met de dood werd bedreigd. In de meeste landen staan burgerrechten (o.a. vrijwaring van marteling en inmenging in de persoonlijke sfeer, vrijheid van geloof en meningsuiting) garant voor de negatieve vrijheid.

Het armoededebat maakt duidelijk dat dit vrijheidsbegrip niet alle aspecten van de vrijheid van een individu dekt. Toen de vertegenwoordigers van de Raad van Kerken om een structurele verbetering van de situatie van armen vroegen, hielden ze in principe een pleidooi voor meer *positieve vrijheid*: het *vrij* zijn *om* actief gestalte te geven aan het eigen leven en als volwaardig burger deel te nemen aan het maatschappelijke leven. In diverse landen staan sociale rechten (o.a. recht op sociale zekerheid, recht op onderwijs en recht op medische verzorging) garant voor de positieve vrijheid. Arme mensen beschikken echter in onvoldoende mate over de hulpbronnen om in allerlei maatschappelijke sferen volwaardig te kunnen participeren. Bovendien bezitten ze vaak niet de competenties die daarvoor eveneens nodig zijn. Tijdens het armoededebat wezen de woordvoerders van de Raad van Kerken vooral op de onrechtvaardige verdeling van hulpbronnen, terwijl hun tegenvoeters de aandacht primair op de competenties van de armen vestigden. Hierdoor zocht de een de oorzaak van armoede eenzijdig bij de structuur van de samenleving en de ander eerder bij de armen.

Beiden hanteerden een vocabulaire dat weinig ruimte bood om tegelijkertijd over hulpbronnen en competenties te spreken.[32] Het milieuvraagstuk betreft zowel de negatieve als de positieve vrijheid. Dit liet de controverse over kernenergie zien. Tijdens de BMD werd er herhaaldelijk op gewezen dat kernenergie een totalitaire atoomstaat met zich meebrengt. De komst van een atoomstaat zou betekenen dat de negatieve vrijheid van mensen wordt ingeperkt. Verder maakt de ramp in Tsjernobyl duidelijk dat bij het milieuvraagstuk ook de positieve vrijheid in het geding is. Door de radioactieve straling werd mensen die in de directe omgeving van Tsjernobyl wonen de mogelijkheid ontnomen om een menswaardig bestaan te leiden. Velen van hen zagen zich gedwongen in een gebied te blijven wonen dat sterk radioactief besmet is, omdat ze te arm zijn om elders een nieuw leven te beginnen.

Intellectuelen die zich tijdens de geanalyseerde controversen met voornoemde drie vraagstukken bemoeiden, streden in feite voor meer vrijheid. Ze verklaarden zich solidair met degenen wier vrijheid in het geding was. Tijdens de Rushdie-affaire betuigden velen hun solidariteit met Rushdie en andere schrijvers waarvan de vrijheid bedreigd is. Ik wees er reeds op dat hun solidariteitsacties zowel op een lokaal niveau als op een transnationaal niveau plaatsvonden. Zo zetten de aan het Rushdie Defence Commitee gelieerde intellectuelen zich zowel binnen als buiten Nederland in voor Rushdie. Muskens en andere vertegenwoordigers van de kerken verklaarden zich solidair met de armen in Nederland. Armen ontbreekt het aan voldoende hulpbronnen om in alle vrijheid en met een geheven hoofd door het leven te gaan, aldus de woordvoerders van de kerken. En de intellectuelen die namens de AKB hun stem verhieven, streden zelfs voor de vrijheid van degenen die nog op de wereld moe(s)ten komen. Daarmee verklaarden ze zich solidair met toekomstige generaties.

Hieruit kan de conclusie worden getrokken dat het gros van degenen die binnen de drie controversen een intellectuele rol vervulden één ding gemeen hadden: solidariteit met mensen waarvan de vrijheid op de een of andere manier beperkt is of dreigt te worden. Hun solidariteit kan mijns inziens vertaald worden in termen van wederzijds respect. Impliciet of expliciet waren de meesten die zich mengden in de publieke strijd over kernenergie, armoede en Rushdie van mening dat mensen elkaar dienen te respecteren, en wel in twee opzichten.[33] Ten eerste dienen mensen elkaar te respecteren als unieke individuen die hun eigen leven willen leiden. Dit houdt onder meer in dat ze ervoor zorgen dat hun persoonlijke integriteit wordt beschermd en ze kunnen genieten van de vrijheid van meningsuiting. Ten tweede behoren mensen elkaar te respecteren als volwaardig lid van een politieke gemeenschap. Dit houdt niet alleen in dat ieder lid van een politieke gemeenschap gelijk is voor de wet, maar ook dat hij de mogelijkheid krijgt om te participeren in diverse maatschappelijke sferen. Avishai Margalit wijst erop dat een beschaafde samenleving zich kenmerkt door instituties die garant staan voor wederzijds respect.[34] Dat houdt volgens hem in dat deze instituties ervoor zorgen dat mensen niet onnodig vernederd worden. Voor sommige mensen is het vernederend wanneer instituties hen paternalistisch bejegenen. Paternalisme tart het zelfrespect van mensen, en dient daarom bestreden te worden. Sommige mensen voelen zich echter niet vernederd door instituties, maar onrechtvaardig behandeld. Ze vinden dat bepaalde instituties mede verantwoordelijk zijn voor de oneerlijke verdeling van de koek. Ondanks de slechte omstandigheden waarin ze verkeren, slagen ze er toch in hun zelfrespect te bewaren. Sterker nog, met zelfrespect strijden ze tegen de onrechtvaardigheid die hen ten deel is gevallen. Hierbij gaat het zowel om de positieve als de negatieve vrijheid. Ze strijden niet alleen voor wat meer geld om daadwerkelijk te kunnen participeren in de samenleving, maar ook tegen bijvoorbeeld uitkeringsinstanties die hun leven te zeer disciplineren en negeren dat ze hun eigen leven willen leiden. Instituties moeten daarom niet alleen voorkomen dat mensen onnodig vernederd worden. In een beschaafde samenleving dienen ze ook te voorkomen dat mensen in onvoldoende mate vrij zijn.[35] Instituties kunnen alleen garant staan voor wederzijds respect wanneer ze geen afbreuk doen aan de negatieve en positieve vrijheid. Gezien de eerder beschreven globalisering zouden tegenwoordig transnationale instituties in het leven moeten worden geroepen die ervoor zorgen dat er een einde komt aan de verschillende vormen van vernedering en onvrijheid. En dit is wat de nieuwe kosmopolieten beogen.

Nieuwe kosmopolieten

De pragmatist is geïnteresseerd in de handelingen van mensen en relateert deze aan concrete vraagstukken. Daarom stelde ik eerst de vraag wat intellectuelen doen. Het antwoord op deze vraag was kort gezegd: het uitbaten van spanningsvelden. Vervolgens heb ik gewezen op drie vraagstukken die in de geanalyseerde controversen in het geding waren, en voor intellectuelen de aanleiding vormden om diverse spanningsvelden uit te baten. Tot slot stel ik me de vraag hoe intellectuelen zich tot deze vraagstukken *kunnen* en *moeten* verhouden.

Intellectuelen kunnen zich op drie manieren verhouden tot het milieuvraag-

stuk, het verdelingsvraagstuk en het vraagstuk van de pluraliteit.[36] De eerste
houding is die van het *modern universalisme*. Voor een intellectueel die zich
daaraan committeert, vormen universeel geachte morele maatstaven het vertrekpunt om een oordeel te vellen over diverse aspecten van de drie vraagstukken.
Terwijl hij de morele maatstaven constant houdt, is al hetgeen hij eraan meet
variabel. Van zo'n intellectueel wordt gezegd dat hij principieel is. Op grond
van zijn boven alle contexten verheven morele maatstaven denkt hij over de
meest uiteenlopende onderwerpen te kunnen oordelen. Maar omdat universeel
geachte morele maatstaven het *vertrekpunt* vormen van zijn interventies, kan
hij zich onvoldoende rekenschap geven van maatschappelijke veranderingen.
Hij heeft nauwelijks belangstelling voor de wijze waarop ideeën, contexten en
de relatie tussen beide zich wijzigen. De ideeën waar het hem om te doen is,
universeel geachte maatstaven, zijn reeds bij voorbaat boven elke context verheven. De veranderingen van een context hebben alleen zijn belangstelling voor
zover ze een benadering of afwijking van zijn normatieve idealen betekenen.
Wanneer zich in een bepaalde context een situatie voordoet die niet strookt met
zijn maatstaven, dan is het zijn veantwoordelijkheid dat te kritiseren. De intellectueel die zich committeert aan het modern universalisme is zo gefixeerd op
zijn morele maatstaven, dat hij nauwelijks oog heeft voor degenen die er waarden op na houden waarvan ze ook denken dat ze universeel geldig zijn. Hij
neemt zich vrijwel nooit de moeite om zich in de ideeënwereld van de ander te
verplaatsen, laat staan dat hij op grond daavan zijn eigen ideeën zou wijzigen.
Het vocabulaire waarmee hij zijn normatieve maatstaven tot uitdrukking
brengt is daarvoor te star. Dikwijls hanteert hij een vocabulaire uit lang vervlogen dagen dat niet meer past bij de huidige tijd. Veel problemen kunnen echter
alleen met een nieuw vocabulaire adequaat beschreven worden. Zo vereist een
proces als globalisering dat nieuwe normatieve maatstaven worden ontwikkeld.
De oude maatstaven zijn vaak niet toereikend voor een concept als 'global justice', omdat ze nog te zeer zijn toegesneden op de nationale staat.[37]

De tweede houding die intellectuelen kunnen innemen ten opzichte van het
milieuvraagstuk, het verdelingsvraagstuk en het vraagstuk van de pluraliteit is
het *postmodern contextualisme*. Voor een intellectueel die zich daaraan commiteert, vormt het verschil tussen contexten c.q. levensvormen het vertrekpunt
van zijn publieke interventies. De drie vraagstukken moeten daarom steeds in
de context worden geplaatst. De morele maatstaven op grond waarvan oordelen worden geveld, zijn in zijn ogen altijd context-specifieke. Volgens het postmodern contextualisme kan met universeel geachte maatstaven geen recht wor-

den gedaan aan de bijzonderheid van een levensvorm. Elke levensvorm genereert immers zijn eigen morele maatstaven. Het enige wat een intellectueel volgens het postmodern contextualisme kan doen, is het bijzondere karakter van een levensvorm begrijpen en zo goed mogelijk aan derden uitleggen. In de ogen van een intellectueel die op het kompas van het postmodern contextualisme vaart, getuigt het van totalitair denken om een levensvorm te beoordelen aan de hand van universeel geachte maatstaven. Op zijn beurt wordt het postmodern contextualisme verweten, dat het zich schuldig maakt aan relativisme. Getuigt het niet van cynisme om het oordeel over bijvoorbeeld clitoridectomie over te laten aan degenen die deel uitmaken van een cultuur waarin dit een praktijk is en die door vrijwel niemand ter discussie wordt gesteld? Zit het venijn niet in het feit dat binnen deze cultuur *vrijwel* niemand tegen clitoridectomie is? Want hoe dient men om te gaan met de kleine minderheid die wel tegen deze praktijk is? Het postmodern contextualisme ontslaat zich met het beleden relativisme van de mogelijkheid kritiek uit te oefenen op praktijken die inherent zijn aan andere culturen. De reden is dat de intellectueel die het postmodern contextualisme in zijn vaandel heeft geschreven de verschillen *tussen* levensvormen tot het *vertrekpunt* van zijn publieke interventies verheft. Hij is dikwijls zo gefixeerd op deze verschillen, dat hij nauwelijks oog heeft voor de verschillen *binnen* levensvormen. Kennelijk verplaatst hij zich niet goed genoeg in mensen die er een andere levensvorm op nahouden, want dan zou hij niet alleen de verschillen tussen levensvormen op het spoor komen, maar ook de overeenkomsten. In een steeds kleiner wordende wereld is de zoektocht naar verschillen *en* overeenkomsten tussen levensvormen van groot belang. Het is een noodzakelijke voorwaarde om het milieuvraagstuk, het verdelingsvraagstuk en het vraagstuk van de pluraliteit het hoofd te kunnen bieden. Deze vraagstukken kunnen alleen worden aangepakt wanneer op grond van de overeenkomsten tussen levensvormen universeel geldige standaards en regels worden geformuleerd die het wereldwijde verkeer tussen mensen regelen. Zo is het aantal internationale rechtsregels de laatste jaren niet voor niets sterk toegenomen.

Het *contextueel universalisme* is de derde manier waarop intellectuelen zich tot de drie besproken vraagstukken kunnen verhouden.[38] Een intellectueel die zich daaraan commiteert beschouwt universele maatstaven of het verschil tussen levensvormen nooit als het vertrekpunt van zijn engagement. Volgens hem zijn universele waarden of denkbeelden over het verschil tussen levensvormen het *eindpunt* van een leerproces, dat voortvloeit uit een onderzoek naar een concreet probleem. Zo kunnen concrete problemen die verbonden zijn met het milieuvraagstuk, het verdelingsvraagstuk of het vraagstuk van de pluraliteit de aanleiding vormen voor een zoektocht naar nieuwe maatstaven die het verkeer tussen mensen regelen en die iedereen onderschrijft. Universele maatstaven vormen het product van een zoektocht naar een modus vivendi van partijen met tegengestelde belangen. Het vinden van een modus vivendi gaat dikwijls gepaard met tragische conflicten. Het is daarom een misvatting te denken dat het contextueel unversalisme een synthese is van het modern universalisme en het postmodern contextualisme. Integendeel, een intellectueel die op het kompas van het contextueel universalisme vaart gaat ervan uit dat een dergelijke synthese onmogelijk is. Met het begrip 'contextueel universalisme' wil ik juist de aandacht vestigen op het feit dat men het spanningsveld tussen ideeën en contexten niet kan oplossen via een synthese. Dit spanningsveld is er verantwoordelijk voor dat intellectuelen voortdurend in de weer zijn met het abstraheren van contexten en het concretiseren van ideeën.

Volgens het contextueel universalisme is het dus nog steeds zinvol om universele maatstaven te formuleren, maar dient men wel rekenschap te geven van de verschillen tussen en binnen contexten. Kennis over deze verschillen kan leiden tot een wijziging of bijstelling van deze maatstaven. Omgekeerd kunnen universele maatstaven, bijvoorbeeld mensenrechten, behulpzaam zijn bij het kritiseren van situaties waarin mensen gedepriveerd zijn of het slachtoffer zijn van martelingen.

Intellectuelen die het contextueel universalisme incorporeren noem ik de nieuwe kosmopolieten.[39] Daartoe reken ik onder andere Arjun Appadurai, Kwame Anthony Appiah, Sakiko Fukuda-Parr, Ulf Hannerz, Pieter Hilhorst, Chris Keulemans, Toni Morrison, Aryeh Neier, Martha Nussbaum, Anil Ramdas, Salman Rushdie en Amartya Sen. In filosofisch opzicht zijn de nieuwe kosmopolieten pragmatisten. Zo vormt een concreet probleem de aanleiding voor hun engagement. Meestal gaat het om een probleem dat het milieuvraagstuk, het verdelingsvraagstuk of het vraagstuk van de pluraliteit op de een of andere manier beroert. Hun kritiek op de samenleving wordt gevoed door de eerder geformuleerde ideeën over wederzijds respect.[40] De nieuwe kosmopoliet distantieert zich uitdrukkelijk van het modern universalisme van de oude kosmopoliet. De nieuwe kosmopoliet denkt niet alleen in termen van of/of, maar ook in termen van en/en. Zo laat hij, in tegenstelling tot de oude kosmopoliet, het links-rechtsschema achter zich. De nieuwe kosmopoliet heeft tegelijkertijd oog voor wat *is* en wat *kan*. Daarvoor paart hij werkelijkheidszin aan mogelijkheidszin.[41] Hij is iemand die in staat is zich voor te stellen dat het ook anders kan. Daarom is hij, net als Rushdie, geïnteresseerd in de vraag hoe het nieuwe in de wereld komt.

Volgens de nieuwe kosmopoliet ontbeert het de oude kosmopoliet aan werkelijkheidszin. Intellectuelen die het modern universalisme aanhangen, zingen ideeën te zeer los van de contexten waarbinnen ze een plaats zouden moeten krijgen. Maar bij intellectuelen die op geleide van het postmodern contextualisme in publieke controversen interveniëren gaan ideeën te zeer op in de contexten. In de ogen van de nieuwe kosmopoliet bezit het postmodern contextualisme te weinig mogelijkheidszin. Ideeën gaan niet geheel op in de een of andere context. In het reëel existerende kapitalisme wordt immers dag in dag uit getoetst of ideeën ook in andere contexten kunnen worden gebruikt. Daarvoor worden allerlei netwerken van mensen en dingen ingezet. De nieuwe kosmopoliet gaat niet, zoals de oude kosmopoliet met zijn modern universalisme, bij voorbaat ervan uit dat bepaalde ideeën universeel zijn, maar probeert juist via deze netwerken te toetsen of, en in hoeverre ze universaliseerbaar zijn. De werkelijkheids- en mogelijkheidszin van de nieuwe kosmopoliet houdt in dat hij wat is plaatst in de context van wat kan. Dit behoedt hem net zo goed voor een wereldvreemd idealisme als voor een geborneerd realisme.

Intellectuelen die zich commiteren aan het modern universalisme of het postmodern contextualisme gaan in hun denken uiteindelijk stuk. De een omdat hij als idealist alleen maar *voor* ideeën denkt te kunnen leven, de ander omdat hij als cynicus meent dat het intellectuelen alleen maar te doen is om *van* ideeën te leven. De nieuwe kosmopoliet heeft van tal van publieke controversen geleerd dat het een het ander niet uitsluit. Hij beoefent, om met Menno ter Braak te spreken, een 'stukdenken zonder zelf stuk te gaan'. *Wat* stuk moet worden gedacht, zijn de oude vocabulaires waarmee de in dit boek ter sprake gebrachte kwesties niet meer adequaat beschreven kunnen worden. Voor het 'stukdenken' zelf moet de nieuwe kosmopoliet werkelijkheidszin verbinden met mogelijkheidszin. De nieuwe kosmopoliet lijkt op een vliegende vis die af en toe ideeën uit de lucht pikt en vervolgens in de een of andere context duikt om aan den lijve te ervaren hoever hij ermee komt.

NOTEN

VOORWOORD

1. In het geval van de intellectueel heb ik het omwille van de leesbaarheid over 'hij', 'hem' of 'zijn'. Ik wilde moeizame formuleringen als 'hij of zij', 'hem of haar' en 'zijn of haar' zoveel mogelijk vermijden. Het spreekt vanzelf dat deze aanduidingen in de meeste gevallen zowel op mannen als vrouwen slaan. Daar waar in dit boek 'hij', 'hem' of 'zijn' staat, kan dus meestal ook 'zij' of 'haar' worden gelezen.

I   INLEIDING

1. Voor de reconstructie van deze affaire heb ik gebruik gemaakt van: Bering 1978: 32-67; Bredin: 1986; Winock 1997: 11-153.
2. Binnen enkele uren werden 300.000 exemplaren van deze krant verkocht. Bovendien werden veel exemplaren van onder de toonbank verspreid. Vgl. Bering 1978: 36.
3. Dit manifest ondertekenden onder andere Léon Blum, M. Duclaux, Anatole France, Fernand Gregh, Lucien Herr en Marcel Proust.
4. Vgl. Bering 1978: 45-59.
5. Benda (1975: 131-132) zegt het zo: "Je veux parler de cette classe d'hommes que j'appellerai les *clercs*, en désignant sous ce nom tous ceux dont l'activité, par essence, ne poursuit pas de fins pratiques, mais qui, demandant leur joie à l'exercice de l'art ou de la science ou de la spéculation métaphysique, bref à la possesion d'un bien non temporel, disent en quelque manière: 'Mon royaume n'est pas de ce monde'".
6. Of Benda's idee van de verantwoordelijkheid van de intellectueel juist is, is een veel bediscussieerde kwestie. Eén van de verwijten is dat zijn idee van de verantwoordelijkheid van de intellectueel te ver gaat. Veel intellectuelen zouden zijn vermoord, wanneer ze zich strikt hadden gehouden aan de morele principes van Benda. Zo stelde H. Stuart Hughes (1974: 417): "... had they followed to the letter the advice of Benda offered, few European intellectuals would have survived the two decades subsequent to the publication of the book".
7. Vgl. Gellner 1990; Shils 1990 en Jennings 1997.
8. Vgl. Maclean, Montefiore en Winch 1990; Wald 1992.

9. Deze *cérémonie des adieux* is een steeds terugkerende trope. Aan de vooravond van de Eerste Wereldoorlog meende bijvoorbeeld Édouard Berth dat de dagen van intellectuelen geteld waren, omdat ze te afkerig van de oorlog en de staking zouden zijn. Vgl. Vegesack 1989: 39.

10. Vgl. Finkielkraut 1987.

11. Vgl. Lévy 1987.

12. Of deze verklaring deugt, wil ik hier niet ter discussie stellen. Ik heb haar alleen ter sprake gebracht om de kwestie van de veranderde positie van de intellectueel te illustreren.

13. Vgl. Weber 1972: 10-11.

14. Michael Walzer is een goed voorbeeld van iemand die een tussenpositie inneemt. Vgl. Walzer 1989 en 1994.

15. Zie bijvoorbeeld Beljame 1948; Bauman 1987; Coser 1997: 11-49.

16. Vgl. Böhme, Van den Daele en Krohn 1977.

17. Zie voor de relatie tussen intellectuelen en het door hen gebruikte cultuurbegrip: Bauman 1990.

18. Het begrip 'cultuur' werd in Frankrijk aangeduid met *civilisation*, in Duitsland met *Bildung* en in Engeland met *refinement*.

19. De Man 1931: 90.

20. Zie voor dit dilemma het nog steeds leesbare *Les mains sales* van Jean-Paul Sartre.

21. Vgl. Robbins 1993.

22. Vgl. Brunkhorst 1990: 293-323.

23. Vgl. Van Doorn 1994: 11.

24. Zie voor het vraagstuk van 'foute' intellectuelen: Pels en Swierstra 1991.

25. Vgl. Hofland 1995: 68.

26. Voor uitgeverij De Bezige Bij was het onbehagen van Hofland de aanleiding om in december 1994 een heuse discussieavond te organiseren over het literaire engagement. Eén van de stellingen waarover gedebatteerd werd, luidde: "In de literatuur manifesteert zich een afkeer van engagement, een onverschilligheid jegens de politiek-filosofische grondslagen van de westers samenleving". Vgl. Doorman 1995.

27. Vgl. Said 1995: 40.

28. Zie voor een uitvoerige kritiek op de rol van intellectuelen tijdens de Golfoorlog: Norris 1992.

29. Vgl. Lepenies 1992: 63.

30. Vgl. Lemaire 1990.

31. Het is van belang erop te wijzen dat patriotisme iets anders is dan nationalisme. Een patriot verdedigt een specifiek beschavingspeil dat de politieke gemeenschap waartoe hij behoort, verworven heeft. Dit beschavingspeil vindt zijn neerslag in burgerrechten en een tolerante houding ten opzichte van derden. Dit laatste punt ontbreekt bij nationalisten. Nationalisten zijn gefixeerd op de cultuur die de leden van een etnische gemeenschap met elkaar delen (etnos). Patriotten richten zich daarentegen op burgerrechten die mensen in staat stellen volwaardig deel te nemen aan de politieke gemeenschap (demos) waartoe zij behoren. Vgl. Viroli 1995.

32. Vgl. Nussbaum 1996.

33. Vgl. Postman 1986.

34. Vgl. Debray 1981.

35. Vgl. Bourdieu 1998: 37-40.

36. Vgl. Ross 1989 en Carey 1992.

37. Vgl. König 1969: 169-179; Coser 1997: 296-305.

38. Vgl. Lyotard 1979.

39. Deze definitie van macht is gebaseerd op die van Max Weber (1972: 28).

40. Vgl. Foucault 1979: 123-127.

41. Zie voor het agnosticisme: Jennings en Kemp-Welch 1997, part IV.

42. Vgl. Bauman 1987: 5; Bauman 1990: 478-481.

43. De postmoderne antropoloog Clifford Geertz (1973) spreekt van *thick description*.

44. Vgl. Bauman 1987: 4.

45. Vgl. Wright 1997. Zie voor het gedicht 'Black Intellectuals' van Michael Finley: http://www.soulstice.net/past_issues/1997.09/vs/black_intellectuals.html.

46. Vgl. Lyotard 1984.

47. Zo houdt Rorty (1997) een pleidooi voor een verlicht patriotisme, dat zeker niet verward mag worden met nationalisme.

48. Alan Sokal en Jean Bricmont (1998: 180-198) presenteren een modernistische kritiek op het realtivisme van postmodernen.

49. Hetzelfde verwijt treft Frits Bolkestein. In juni 1995 en eind 1997 viel hij publiekelijk Nederlandse intellectuelen aan die in de jaren zeventig met het communisme sympathiseerden. Opmerkelijk is dat hij in zijn boek *Onverwerkt verleden* (1998) niet de beweegredenen onderzoekt van degenen die, zoals Gijs Schreuders (voormalig CPN-kamerlid en hoofdredacteur van *De Waarheid*), in de Nederlandse context marxistische ideeën oppikten. Hij heeft enkel intellectuelen ondervraagd die in de context van Oost-Europa onder het juk van het communisme leefden, zoals Heiner Müller, György Konrád en Stefan Olszowski.

50 Postmodernen zijn zelden of nooit helder over wat nu precies de context is. Zij zijn meestal vaag over het bereik van de context. Wie of wat moet allemaal tot de context worden gerekend? Ik ga ervan uit dat nooit bij voorbaat vaststaat wat de context is. In feite is elke context mede de uitkomst van het handelen van diverse actoren. Zo leggen intellectuelen met hun interventies deels zelf vast wat de context van de door hen naar voren gebrachte ideeën is.

51. Vgl. Dobbelaar en Jansen 1999; Schirrmacher 1999.

52. Ik hanteer in dit boek het begrip 'vocabulaire'. Andere begrippen waarmee tot uitdrukking wordt gebracht dat taal niet een transparant medium is waarmee men in direct contact komt met de werkelijkheid, zijn onder andere 'vertoog', 'betekenissysteem', 'paradigma' en 'referentiekader'. Vgl. Schuyt 1986: 50; De Wilde 1992: 226-234.

53. Lolle Nauta (1986: 6-7) merkt hierover het volgende op: "Een filosoof, die een nieuwe start wil maken, beoogt nieuwe inzichten. Hij komt met nieuwe argumenten; hij zet redeneringen op, die men niet eerder heeft gezien. Zijn materiaal is de taal. Ook al wil hij zich niet op het verleden beroepen, hij heeft niet veel meer in zijn gereedschapskist dan de dingen die vroeger gezegd en geschreven zijn. Voor wat hij aan origineels tot uitdrukking wil brengen, is hij op die gereedschapskist aangewezen. Wanneer hij nieuwe betekenissen wil invoeren, zal hij ze moeten hechten aan de oude termen. En als hij nieuwe termen wil introduceren, dan zal hij ze moeten verduidelijken aan de hand van de bestaande. (…) Tegelijk

echter recipieert hij daarmee ook een aantal beperkingen en dat is om verschillende redenen het geval. Zijn vernieuwingsdrang kan hij nu eenmaal niet op alles tegelijk richten. Geen stadsvernieuwer, die alles in één keer onder de sloophamer legt, merkt de vernieuwer Descartes al op. Maar bovendien zullen allerlei elementen uit de kulturele traditie, waarbinnen een vernieuwer actief is, voor de betreffende een spankracht bezitten, die ze voor ons, idem zo veel eeuwen of decennia later, inmiddels verloren hebben".

54. Vgl. De Vries 1999: 11.

55. Vgl. Nauta 1984: 193.

56. Hier schudt de filosoof de hand van de socioloog. De filosofische reconstructie van de positieve en negatieve heuristiek van vocabulaires komt de overwegend sociologische analyse van de handelingen van intellectuelen ten goede. Zie voor een boeiende *liaison* tussen filosofie en sociologie: Collins 1998.

57. Vgl. Cesarani (1998) over Arthur Koestler en Ball (1980) over Luther, Müntzer, Marx, Bakoenin, Hegel en Von Baader.

58. Vgl. Vegesack 1986 en Oudvorst 1991.

59. Vgl. Stark 1984 en Winock 1997.

60. Een uitzondering die deze regel bevestigt is het boek dat Dick Pels (1993) over Jacques de Kadt schreef.

61. Gerard de Vries (1992: 223) heeft mijns inziens zeer treffend verwoord wanneer een beschouwing over 'foute' intellectuelen wél interessant is: "De constatering dat een schrijver in het verleden 'fout' was moet aan twee voorwaarden voldoen wil zij interessant zijn. In de eerste plaats moet er een relatie kunnen worden gelegd tussen de politieke stellingname van de besproken intellectueel en de inhoud van zijn werk. En in de tweede plaats moet de inhoud van dat werk nog steeds onze interesse kunnen wekken".

62. Bij het achterhalen van de exemplarische situatie van de moderne en postmoderne intellectueel heb ik me laten inspireren door Michel Foucault (1975), Zygmunt Bauman (1987) en Pieter Pekelharing (1988).

63. Foucault (1975: 311) zegt het zo: "Les juges de normalité y sont présents partout. Nous sommes dans la société du professeur-juge, du médecin-juge, de l'éducateur-juge, du 'travailleur social'-juge; tous font régner l'universalité du normatif; et chacun au point où il se trouve y soumet le corps, les gestes, les comportements, les conduites, les aptitudes, les performances".

64. Vgl. Pekelharing 1988: 195.

65. Bij hedendaagse filosofen die in de kantiaanse traditie staan, is de rechtbank ook een belangrijke exemplarische situatie. Zo laat Paul Ricoeur (1995: 15) heel mooi zien dat het gerechtshof bij Rawls een uiterst belangrijke metafoor is.

66. Vgl. Russell-tribunaal 1978/1979; http://www2.prestel.co.uk/littleton/br_brpf.htm.

67. Wittgenstein gebruikt het beeld van een oude stad om de overeenkomsten tussen taal en levensvorm te verhelderen: "Unsere Sprache kann man ansehen als eine alte Stadt: Ein Gewinkel von Gäßchen und Plätzen, alten und neuen Häusern, und Häusern mit Zubauten aus verschiedenen Zeiten; und dies umgeben von einer Menge neuer Vororte mit geraden und regelmäßigen Straßen und mit einförmigen Häusern. (…) Und eine Sprache vorstellen heißt, sich eine Lebensform vorstellen". Wittgenstein 1984b: § 18 en §19.

68. Hierbij laten zij zich vooral inspireren door postmoderne antropologen als Webster

(1982), Tedlock (1987) en Maranhão (1989).

69. Vgl. Rorty 1989: 192.

70. Zie voor een uitvoerige kritiek op het cynisme: Sloterdijk 1983.

71. Vgl. Rorty 1989.

72. Vgl. Bubner 1989 en Seel 1991.

73. Vgl. Gabriëls 1996: 65-66.

74. Volgens René Boomkens (1998: 36-44) vormen *sterke verhalen* een goed alternatief voor al te gestileerde beelden van levensvormen. Hij geeft daarvoor twee redenen: "Allereerst lijkt het type verhalen dat in staat is om te ontsnappen aan het circulaire spel van moderne constructie en postmoderne deconstructie in veel opzichten op wat in het dagelijkse spraakgebruik een 'sterk verhaal' wordt genoemd. Zulke verhalen ontlenen hun effect aan een bepaalde selectie en ordening van feiten en een grote aandacht voor veelzeggende details. Het gaat daarbij voor alles om overtuigingskracht. Selectie, ordening en het benadrukken van veelzeggende details staan alle in het teken van een plot die het belang van bepaalde cruciale ervaringen aannemelijk moet maken ( ) De tweede reden om het 'sterke verhaal' naar voren te schuiven als mogelijkheid een beter begrip van de crisis van het modernisme te verwerven, bestaat in het feit dat het deel uitmaakt van een belangrijke maar vaak over het hoofd geziene 'onderstroom' in de moderne filosofie. (…) Die onderstroom keerde zich niet zozeer frontaal tegen de hoofdstroom, tegen de 'Grote Verhalen' van Verlichting, Revolutie, Modernisering of Emancipatie, maar begeleidde ze met een zekere distantie, scepsis, of met scherpe detailkritiek. Deze onderstroom had en heeft nog steeds twee opvallende kenmerken: ze bedient zich bij voorkeur van het genre van het essay en bevindt zich in vele gevallen in een extra- of interdisciplinaire positie. (…) De goede essayist articuleert bepaalde cruciale ervaringen zodanig dat hij een meer dan contingent effect sorteert; hij dient kortom voortdurend een gapende kloof tussen subjectieve oordeelsvorming over schijnbaar willekeurige details en een belangrijk inzicht in meer algemene verbanden te dichten".

75. Vgl. Niedhardt 1994; Peters 1994 en Gerhards 1994.

76. Volgens Bernhard Peters (1994: 50) hebben normatieve c.q. ideale voorstellingen van de openbaarheid een heuristische waarde: zij kunnen als een folie op de werkelijkheid worden gelegd, zodat snel duidelijk is wat moet worden bekritiseerd.

77. Vgl. Sunstein 1993.

78. Vgl. Bourdieu 1998.

79. Het idee om de sociologie van de intellectuelen te verrijken door publieke controversen te analyseren, ontleen ik aan het moderne wetenschapsonderzoek. Vgl. Collins 1992 en Latour 1987.

80. Iemand is nooit vierentwintig uur per dag een intellectueel. Om te onderstrepen dat iemand verschillende rollen vervult, gebruik ik af en toe de uitdrukking 'intellectuele rol'. Ik volg in deze Sjaak Koenis (1992).

81. Vgl. Berlin 1981: 170-195.

82. Zie voor een interessant sociologisch perspectief op het nihilisme: Johan Goudsblom 1987.

83. Toergenjew 1995: 30.

II   DE KENNISMAATSCHAPPIJ

1. Lepenies 1985: 85-90.

2. Volgens de anti-Dreyfusards was de teloorgang van de Oude Sorbonne te wijten aan de groeiende populariteit van de sociologie. Het anti-individualisme en de natuurwetenschappelijke methode van de sociologie beschouwden zij als een groot gevaar voor de Franse geest. Zo zou de sociologie van Durkheim zelfs een Duitse geest ademen. De anti-sociologen wezen erop dat Durkheim niet alleen germanofiel was, maar ook de zoon van een rabbi. Durkheim verdedigde zich tegen het verwijt dat hij debet zou zijn aan de germanisering van de Sorbonne door te onderstrepen dat de sociologie een door en door Frans vak was. Tijdens de Eerste Wereldoorlog keerde hij zich ook openlijk tegen Duitsland. Sterker nog, hij wees erop dat het de taak van de socioloog was het morele verraad van de Duitsers te verklaren en een praktische therapie te bedenken. Maar hoezeer Durkheim zich voor zijn vaderland ook inzette, hij kon er zijn critici niet het zwijgen mee opleggen. Zo werd hij in 1916 in het antisemitische *Libre Parole* ervan beschuldigd een spion van het Duitse ministerie van Defensie te zijn. Uiteindelijk verstomde de kritiek tegen de sociologie in het algemeen en richtte men de pijlen op Durkheim en zijn volgelingen. Vgl. Lepenies 1985: 86-87; Winock 1997: 41, 42, 103.

3. Dit neemt niet weg dat andere sociologen reeds een protosociologie van de intellectuelen hadden ontwikkeld. Zo kunnen de studies van Max Weber over religie en politiek worden gelezen als een sociologie van de intellectuelen. Vgl. Sadri 1992.

4. Een vergelijking tussen beiden is interessant omdat zij hun ideeën over intellectuelen baseren op respectievelijk een kennissociologie en een cultuursociologie. Het is niet mogelijk en ook niet mijn bedoeling om een compleet beeld te schetsen van de klassieke sociologie van de intellectuelen. Mij gaat het, zoals gezegd, enkel om de positieve en negatieve heuristiek van de klassieke sociologie van de intellectuelen. Welke elementen van de klassieke sociologie van de intellectuelen leiden tot een beter begrip van intellectuelen? En welke elementen staan dat in de weg?

5. Mannheim 1964: 659.

6. Mannheim is niet altijd consequent in het gebruik van het onderscheid tussen de *Seinsgebundenheit* en *Seinsverbundenheit* van het denken. Vgl. Mannheim 1984: 47, 60 en 156; Mannheim 1985: 229-244.

7. Marx 1980: 34.

8. Mannheim 1985: 36-37.

9. Mannheim 1984: 146; Mannheim 1985: 134-143.

10. Mannheim 1940: 59.

11. Geiger 1949: V.

12. Geiger 1949: 2-4.

13. Idem: 18.

14. Vgl. Ringer 1969.

15. Geiger 1949: 12.

16. Idem: 43.

17. Idem: 46-47.

18. Idem: 71.

19. Idem: 88.

20. Vgl. Procee 1991; Koenis 1997.

21. Min of meer in de geest van Mannheim spreekt Rawls (1993: 150-154) over een *overlapping consensus* die daarvoor moet worden gecreëerd. Rawls onderscheidt zich echter van Mannheim doordat hij de *overlapping consensus* niet ziet als het product van een elite, de intelligentsia, maar van alle burgers. Het elitisme van Mannheim maakt bij Rawls plaats voor een democratische aanpak van problemen. Rawls acht daarom *the public use of reason* van groot belang.

22. Vgl. Archibugi en Held 1995; The Commission on Global Governance 1995.

23. Vgl. Gabriëls 1995.

24. A.F. van Oudvorst (1991) komt ook niet los van deze dichotomie.

25. Lepsius 1990: 272-273.

26. Zo stelt Geiger het volgende: "Die Intellektuellen haben ungeachtet Beruf und Erwerb eine spezifische Geisteshaltung und Attitüde gemein, nämlich den Sinn für zweckfreie Geistestätigkeit". Geciteerd naar Lepsius 1990: 275.

27. Van Houten 1973: 241-249.

28. Het eliteonderzoek uit de jaren zestig was met name geïnspireerd door *The Power Elite* (1956) van C. Wright Mills. Vgl. Bazelon 1967, Bottomore 1964 en Thoenes 1971.

29. Berle (1959) spreekt over *Power without property*.

30. Vgl. Bourdieu 1993; Gouldner 1975.

31. Zie voor de recente discussie over reflexiviteit: Pels 1997 en De Wilde 1998.

32. Gouldner 1979: 54.

33. Vgl. Gabriëls en Engbersen 1999.

34. Gouldner 1979: 21-27.

35. Idem: 28.

36. Theorieën over de nieuwe klasse hadden in eerste instantie betrekking op communistische regimes. In tweede instantie werden ze ook van toepassing geacht op kapitalistische regimes. Vgl. Djilas 1957; Konrád en Szelényi 1978 en Bruce-Briggs 1979.

37. Gouldner 1979: 18-27.

38. Idem: 83-85.

39. Bourdieu 1993: 366.

40. Vgl. Bourdieu 1984.

41. Bourdieu 1994: 402.

42. Bourdieu 1989: 120-141.

43. Bourdieu 1991b: 51.

44. Zie voor tal van voorbeelden: Köbben en Tromp 1999.

45. Tegen deze achtergrond is het ook begrijpelijk dat Bourdieus politieke interventies deels gericht zijn op het verdedigen van de autonomie van het veld waarin hij zelf werkzaam is. Zo schreef hij in 1985 als lid van het Collège de France mee aan een voorstel voor het toekomstig onderwijsstelsel. Daarin staan concrete aanbevelingen voor het behoud van de autonomie van de universiteit. Verder richtte Bourdieu in 1989 het tijdschrift *Liber. Revue européenne des livres* op dat onregelmatig als bijlage van vijf grote Europese kranten (*El Pais*, *Frankfurter Allgemeine Zeitung*, *L'indice*, *Le Monde* en *Times Literary Supplement*) is verschenen. Daarin schreven intellectuelen uit diverse landen over filosofie, kunst, literatuur en wetenschap. Bourdieu was ook één van de initiatiefnemers van het in 1993 in Straatsburg

in het leven geroepen parlement van schrijvers. Dit moest een institutioneel kader bieden voor een *internationale van intellectuelen* die opkomt voor de belangen van schrijvers. Vgl. Bourdieu 1992b; *Die Zeit*, 12-11-1993.

46. Bourdieu 1991b: 22-22.

47. Bourdieu 1991b: 42-45; Bourdieu 1994: 403-405.

48. Zie voor de discussie over betrokkenheid en distantie: Nauta en De Vries 1992.

49. Bourdieu 1984: 277-286.

50. Bourdieu 1989: 173.

51. Zie voor de recente discussie over klassentheorieën: Benschop 1992; Esping-Andersen 1993; Scott 1996 en Wright e.a. 1989.

52. Bourdieu 1984: 171-354.

53. Bourdieu 1989b: 30-51.

54. René Boomkens (1994) laat aan de hand van tal van voorbeelden uit de popmuziek zien dat de beste kritiek op de massacultuur door haarzelf wordt gegenereerd. In de popmuziek bestaat kritiek deels uit innovatie: het maken van muziek die tot op zekere hoogte ongehoord is. Denk maar aan de manier waarop punk in de zomer van 1976 een einde maakte aan de gezapige pop uit de eraan voorafgaande jaren. Popmusici verhouden zich kritisch ten opzichte van hun collega's door het produceren van een nieuwe *sound*.

55. Deze kritiek is onder andere door Geiger (1949: 64-65) geuit.

56. Foucault 1975: 137-171.

57. Geiger 1949: 140-141.

58. Tussen hen bestaan uiteraard grote verschillen. Zo is het verhaal dat Bourdieu over intellectuelen presenteert veel specifieker dan dat van de anderen.

59. Zij corresponderen met de drie elementen die Kees Schuyt (1986: 56-67) voor een sociologische analyse onderscheidt: (1) concrete handelingen, (2) betekenissystemen en (3) groepssamenstellingen en onderlinge groepsverhoudingen. Met het oog op het onderwerp van mijn onderzoek heb ik gekozen voor een andere terminologie.

60. Vgl. Luhmann 1997: 1088-1096.

61. Vgl. Touraine 1969 en Bell 1973.

62. Vgl. Van Spiegel e.a. 1983.

63. Vgl. Beck 1986.

64. Vgl. Castells 1996.

65. De eenzijdigheden die ongetwijfeld aan dit begrip kleven, tracht ik te vermijden door verspreid aspecten die met de andere karakteriseringen worden aangeduid ook een plaats te geven in dit boek.

66. Vgl. Stehr 1994.

67. Uiteraard kunnen diverse soorten kennis worden onderscheiden. In navolging van Bengt-Åke Lundvall en Björn Johnson onderscheidt Danny Jacobs (1999: 46) de volgende vier soorten: "*know what*: inhoudelijke, 'gecodificeerde', dit is uitgeschreven of geëxpliciteerde kennis met een groot 'objectieve feiten'-gehalte; *know why*: begrip van belangrijke principes, regels, ideeën; *know how*: kennis over hoe dingen werken, voor een groot deel gebaseerd op ervaring en vaardigheid; *know who*: kennis over mensen en relaties: wat je hebt aan wie". Gezien deze soorten kennis is het niet verwonderlijk dat de *captains of industry* tegenwoordig zweren bij kennismanagement.

68. Tussen 1986 en 1997 steeg de productie in de quartaire sector met 10%. Vgl. SCP 1999: 141.

69. Het begrip is bekend geworden door Alain Touraine (1969) en Daniel Bell (1973). Zie ook: Kloosterman en Elfring 1991.

70. Vgl. Stehr 1994: 38/39.

71. Vgl. Beck 1999: 45.

72. Vgl. Aronowitz en DiFazio 1994; Rifkin 1995.

73. Vgl. Klamer, Van der Laan en Prij 1997: 14.

74. Klamer, Van der Laan en Prij 1997: 15.

75. Vgl. Beck 1999: 47.

76. SCP 1996: 92.

77. Klamer, Van der Laan en Prij 1997: 16.

78. Reich (1992: 178) zegt hierover het volgende: "Symbolic analysts solve, identify, and broker problems by manipulating symbols. They simplify reality into abstract images that can be rearranged, juggled, experimented with, communicated to other specialists, and then, eventually, transformed back into reality".

79. Vgl. Schuyt 1992: 71-74.

80. Dit hoeft nog niet te betekenen dat het patroon van de onbetaalde zorgarbeid ook veranderd is.

81. Vgl. Burgers en Engbersen 1999.

82. Vgl. Rath en Kloosterman 1998.

83. Zo heeft de overheid het *Nationaal Programma Kennisinfrastructuur 21e eeuw* in het leven geroepen om ervoor te zorgen dat Nederland in vergelijking met andere OESO-landen niet achterop raakt. Vgl. Ministerie van Onderwijs, Cultuur en Wetenschappen 1997: 6-10.

84. In Nederland zijn investeringen in nieuwe kennis en technologieën de laatste jaren al sterk toegenomen. Zo geeft het bedrijfsleven steeds meer uit aan onderzoek en ontwikkeling (Research & Development). Dit komt zijn omzet meestal ten goede. Investeren in onderzoek en ontwikkeling leidt tot nieuwe producten die op hun beurt voor hogere omzetten kunnen zorgen. Vgl. CBS 1998.

85. Ik kan binnen het bestek van dit boek niet ingaan op de discussie over de vraag wanneer de globalisering begon. Waar Marx en Wallerstein de globalisering rond 1500 laten beginnen, neemt ze bij Giddens rond 1800 een aanvang en bij Tomlinson rond 1960. Vgl. Nederveen Pieterse 1998: 89-93.

86. Beck 1997: 30 en Held e.a. 1999: 16.

87. North 1990, hoofdstuk 4.

88. Zürn 1998: 91.

89. Vgl. Strange 1988.

90. Beisheim e.a. 1998: 97-100.

91. Beisheim e.a. 1998: 51-52.

92. Zürn 1998: 85.

93. Het is goed erop te wijzen dat uitdrukkingen als 'globaal' en 'lokaal' relatief zijn. In het kader van de Nederlandse samenleving is bijvoorbeeld de gemeentepolitiek lokaal. Maar in de context van de wereldpolitiek is de Nederlandse politiek lokaal van aard. Ulf

Hannerz (1996: 102) wijst erop dat wat in de jaren veertig nog 'kosmopolitisch' werd genoemd, tegenwoordig een moderate vorm van lokalisme is.

94. Vgl. Robertson 1992: 173-174. Zie ook: HTTP://www.zeit/tag/aktuell/199906.davos.html.

95. In de *Oxford Dictionary of New Words* wordt erop gewezen dat het begrip 'glokalisering' gevormd is naar het voorbeeld van het Japanse *dochakuka* dat oorspronkelijk duidt op een principe uit de landbouw: pas nieuwe agrarische technieken aan de lokale omstandigheden aan. Later is dit begrip in het sociale leven van Japan gebruikt om daarmee de globale lokalisering aan te duiden, dat wil zeggen de aanpassing van een globale handelwijze aan lokale omstandigheden. Vgl. Robertson 1998: 198.

96. Beck 1997: 86.

97. Een wereldwijd opererend concern als McDonald's houdt zeer uitdrukkelijk rekening met de lokale verscheidenheid. Zo wijst Benjamin Barber (1995: 155) erop "how McDonald's 'adapts' to foreign climes with wine in France and local beef in Russia even as it imposes a way of life that makes domestic wines and local beef irrelevant. McWorld cannot then do without Jihad: it needs cultural parochialism to feed its endless appetites. Yet neither can Jihad do without McWorld: for where would culture be without the commercial producers who market it and the information and communication systems that make it known?"

98. Nederveen Pieterse 1998: 104-107.

99. OESO 1995.

100. Houtkoop 1996: 6.

101. Zie voor de ongelijkheid in de kennismaatschappij Stehr 1994: 185-200.

102. Vgl. Wilterdink 1998.

103. Vgl. Wackernagel en Rees 1996: 85.

104. Op grond van deze ontwikkeling spreekt György Konrád (1984: 194-195) zelfs over transnationale intellectuelen: "Eigentlich bilden sich in unseren Tagen dauerhafte Beziehungen zwischen Menschen aus unterschiedlichen Ländern heraus, die mehr Gemeinsamkeiten miteinander haben als mit den meisten der eigenen Länder und Kulturen, denn die Intellektuellen fühlten sich schon infolge der wechselseitigen Kenntnis ihrer Werke zueinander hingezogen, noch bevor sie sich persönlich kennengelernt hatten. (…) Intellektuelle, die ihre Kenntnis der Kultur der eigenen Nation durch die Kenntnis der Kultur anderer Völker ergänzen, können wir als transnational bezeichnen. Sie sind seßhaft und nomadisch, sie empfinden die ganze Welt als ihnen gehörig. Sie registrieren die Ereignisse in den verschiedenen Gegenden der Erde. Sie besitzen ein inniges Verhältnis zu mehreren Ländern, in denen sie schon gelebt haben, sie haben auf der ganzen Welt gute Bekannte, sie statten ihren Kollegen in Übersee eine Stippvisite ab, um etwas zu besprechen, sie fliegen ebenso selbstverständlich in der Weltgeschichte umher, wie sie vor zweihundert Jahren in die Nachbarstadt hinüberritten, um mit den Freunden Gedanken auszutauschen".

105. De filosofie is symptomatisch voor deze ontwikkeling. Tot voor kort vormde de nationale staat bij zo uiteenlopende auteurs als Dworkin, Rawls en Walzer de exemplarische situatie voor het vraagstuk van distributieve rechtvaardigheid. Tegenwoordig verschijnen steeds meer boeken waarin de blauwe planeet de exemplarische situatie vormt voor theorieën over distributieve rechtvaardigheid. Zie onder andere: The Commission on Global

Governance 1995; Aiken en Lafollette 1996; Braun en Jung 1997; Chwaszcza en Kersting 1998; Dower 1998; Pogge 1998.

106. Vgl. Stehr 1994: 226-230.

107. Ministerie van Onderwijs, Cultuur en Wetenschappen 1997.

108. Dit geldt met name voor de farmaceutische- en voedingsmiddelenindustrie. Innovaties op dit terrein berusten voor een deel op kennis die in laboratoria en andere onderzoeksinstellingen in de welvarende landen is gegenereerd. Op het moment dat deze kennis bijvoorbeeld leidt tot een nieuw geneesmiddel dat in commercieel opzicht vruchten kan afwerpen, wordt ze onmiddellijk gepatenteerd. Daardoor krijgt deze kennis een formeel karakter, omdat de betreffende farmaceutische onderneming *de jure* de kennis die tot het nieuw geneesmiddel leidde als intellectueel eigendom (*intellectual property*) mag beschouwen. Toch heeft in tal van gevallen niet de kennis die voortspruit uit de laboratoria en onderzoeksinstellingen van welvarende landen geleid tot innovaties in de farmaceutische en voedingsmiddelenindustrie, maar de kennis van volkeren uit ontwikkelingslanden. Meestal hebben deze volkeren er geen profijt van. Ieder jaar wordt wereldwijd voor rond 130 miljard dollar aan farmaceutische producten verkocht. Van die omzet berust ongeveer 30 miljard dollar op kennis over genees- en voedingsmiddelen uit ontwikkelingslanden. Deze landen verdienen zelf zo'n 550 miljoen dollar met de export van farmaceutische producten. Dit is minder dan 2% van de mondiale omzet. Hauchler e.a 1995: 464.

109. Pels 1986: 208-210.

110. Vgl. Köbben en Tromp 1999.

111. Zie voor het vraagstuk van de demarcatiearbeid: De Wilde 1992: 169-175.

112. Het adagium *Freiheit von Forschung und Lehre* is nietszeggend wanneer de overheid via gerichte subsidies bepaalde takken van wetenschap bevordert en het bedrijfsleven hele afdelingen op de universiteit financiert. Zo betaalde de multinationale onderneming Hoechst de afdeling moleculaire biologie van Harvard 70 miljoen dollar in ruil voor het recht alle ontdekkingen die er gedaan worden in commercieel opzicht te mogen exploiteren. Vgl. Schrader-Frechette 1989/90: 75.

113. Niet alle woordvoerders vervullen een intellectuele rol. Zo zijn wetenschappers tot op zekere hoogte woordvoerders van de mensen en dingen die zij onderzoeken, maar daarmee nog geen intellectuelen. Zie voor een uiterst interessante beschouwing over diverse aspecten van het woordvoerderschap: Evelien Tonkens 1999.

114. Vgl. Pels 1999: 106-110.

115. Lange tijd was het gebruikelijk om intellectuelen als zijnde links of rechts te kwalificeren. Sartre en Mulisch waren links, en Aron en Hermans rechts. Bovendien maakte men een onderscheid tussen degenen die een positieve dan wel een negatieve houding hadden tegenover de elitestatus van intellectuelen. Zo dichtte Saint-Simon intellectuelen een positieve rol toe bij het banen van de weg die naar een betere samenleving moest leiden. Daarentegen verachte Schelsky intellectuelen omdat ze met hun eeuwige gelamenteer de doorsnee burger onnodig verontrusten en geen zinvolle bijdrage leveren aan de samenleving. Het onderscheid tussen linkse en rechtse intellectuelen en tussen degenen die een negatieve en positieve houding hebben ten opzichte van de elitestatus van intellectuelen, levert het volgende aan Michael Harrington (1979: 127) en Helmut Dubiel (1985: 108) ontleende schema op:

	Links	Rechts
Positieve houding ten opzichte van de elitestatus van intellectuelen	Claude-Henri de Saint-Simon Karl Marx Thorstein Veblen Vladimir Iljitsj Lenin C. Wright Mills Andre Gorz, etc.	Vilfredo Pareto Gaetano Mosca Oswald Spengler A. Moeller v.d. Bruck D.P. Moynihan Daniel Bell, etc.
Negatieve houding ten opzichte van de elitestatus van intellectuelen	Michail Bakoenin Waclaw Machajski Max Shachtman Milovan Djilas Györgi Konrád en Iván Szeléni Barbara en John Ehrenreich, etc.	Edmund Burke Joseph Schumpeter James Burnham Raymond Aron Irving Kristol Helmut Schelsky, etc.

Met een dergelijk schema kan zeker geen recht worden gedaan aan de positie die intellectuelen in de eenentwintigste eeuw in de samenleving innemen. De huidige intellectueel zou van thema tot thema anders ingedeeld worden.

116. Vgl. Laponce 1981 en Lukes 1997.

117. Vgl. Beck 1993 en Giddens 1994.

118. Vgl. Esping-Anderson 1993: 228-229. Ralf Dahrendorf (1988: 161) spreekt van een *underclass* en doelt daarmee op dezelfde categorie mensen: "The crucial fact about the underclass and the persistently unemployed is that they have no stake in society. In a very serious sense, society does not need them. Many in the majority class wish that they would simply go away; and if they did their absence would barely be noticed. Those who are in this position know it".

119. Zie voor de Nederlandse onderklasse: Snel en Engbersen 1999 en Engbersen, Van der Leun, Staring en Kehla 1999.

120. In plaats van te zoeken naar nieuwe politieke coördinaten, reproduceren politici en politicologen voortdurend het links-rechtsschema. Neem het door politicologen uitgevoerde kiezersonderzoek. Voor het Nationaal Kiezersonderzoek (1998) wordt kiezers steevast gevraagd zichzelf op de links-rechtsschaal te plaatsen. Daarmee bevestigen politicologen een simpel beeld van het politieke landschap dat geenszins recht doet aan haar complexiteit. Ulrich Beck (1993: 231) merkt hierover het volgende op: "Die empirische Politikwissenschaft bestätigt die Relevanz und Signifikanz des Rechts-Links-Schemas in der Wahrnehmung der Bevölkerung. Aber vielleicht geht es den befragten wie den sozialwissenschaftlichen Befragern: Sie haben keine Alternativen. In ihrer Ratlosigkeit behelfen sie sich mit den Begriffskrücken der Vergangenheit, deren Unangemessenheit und Antiquiertheit sie selbst schon deutlich spüren".

121. De strijd voor het behoud van de culturele identiteit van de Ogoni was tevens een vorm van milieuactivisme. Hun levensvorm werd namelijk bedreigd door een enorme milieuramp waarvoor zowel de machthebbers in Nigeria als oliemaatschappij Shell verantwoordelijk waren. Vgl. Bernecker 1997: 7-18.

122. In Nederland is de opkomst van Paars symptomatisch voor het betekenisverlies van het links-rechtsschema. De partijen die deelnemen aan de Paarse coalitie hebben hun oude profiel verloren. (Of ze inmiddels een nieuw profiel hebben gekregen is nog het onderwerp van een discussie.) De PvdA is geen sociaal-democratische partij meer, omdat ze het neoliberalisme heeft omarmd. Mede onder haar verantwoordelijkheid is de sociale ongelijkheid zodanig toegenomen, dat de vrijheid van sommige mensen sterk ingeperkt is. Deze burgers hebben namelijk minder middelen om volwaardig deel te nemen aan de samenleving. De VVD is geen liberale partij meer, omdat ze de vrijheid van mensen ten opzichte van de staat niet meer hoog in haar vaandel heeft staan. Mede onder haar verantwoordelijkheid zijn sommige mensen steeds meer het object van normalisering en surveillance geworden. Dit geldt met name voor degenen die tot de onderklasse behoren. De populistische wijze waarop de VVD christelijke normen en waarden onderschrijft, maakt van haar eerder een neoconservatieve dan een liberale partij. D66 vormt tenslotte het cement tussen het neoliberalisme van de PvdA en het neoconservatisme van de VVD.

123. Vgl. Bovens c.a. 1995.

124. Hierin volg ik Ido de Haan en Jan Willem Duyvendak 1995: 78.

125. Vgl. Beck 1998a; Rawls 1999: 48-51

126. Vgl. Walzer 1992.

127. Een voorbeeld van zo'n transnationaal netwerk is People's Global Action. Intellectuelen die deel uitmaken van dit in 1997 opgericht netwerk ageren tegen allerlei vormen van onderdrukking. De bedoeling is om de lokaal gevoerde strijd tegen onder andere armoede en racisme te versterken door internationale samenwerking. Zie: http://www.dsl.nl/~lokabaal/91direct.htm.

128. Daarentegen zijn er in Nederland nog tal van intellectuelen die erg pochen op de nationale identiteit. Vgl. Koch en Scheffer 1996; Scheffer 1996.

129. Het hier gemaakte onderscheid tussen drie vormen van regeren ontleen ik aan Rosenau en Czempiel (1992) en Zürn (1998).

130. Internet heeft zelfs tot een nieuwe vorm van burgerlijke ongehoorzaamheid geleid: *hacktivisme*. Zo brak de Britse hacker JF in 1998 in 300 websites in, en liet er teksten en plaatjes tegen kernenergie achter. In datzelfde jaar manifesteerde zich voor het eerst de groep Electronic Disturbance Theater (EDT). Twee leden van deze cyber-guerrillagroep hebben software ontwikkeld waarmee men de websites van anderen kan bezetten. Daarmee beproefden zij de eerste virtuele *sit-ins*. Vgl. Wray 1999 en http://www.thng.net.rdom/ecd/ecd.html.

131. Zie voor de globalisering van de lokale strijd die de Zapatistas voeren: http://www.dds.nl/~noticias/prensa/zapata/zapneth6.htm.

132. Wereldwijde netwerken die zich inzetten voor het milieu en waarvoor diverse intellectuelen zich engageren zijn onder andere: Global Urban Observatory (www.urbanobservatory.org), UNEPNet (www.unep.net), Global Forest Watch (www.wri.org/gfw), Association for Progressive Communications (www.apc.org).

III DE BREDE MAATSCHAPPELIJKE DISCUSSIE

1. Tien jaar na Tsjernobyl maakten de media melding van 100.000 tot 150.000 doden en

een sterk toegnomen aantal gevallen van kanker. De schade van de kernramp zou voor Wit-Rusland 235 miljard dollar bedragen. Dit bedrag is twintig keer zo groot als de jaarlijkse begroting van het land. Hoewel deze cijfers arbitrair zijn, geven ze een indicatie van de grootte van de ramp. De hier gepresenteerde gegevens over Tsjernobyl ontleen ik aan: Park 1989; Brüggemeier 1998; Van Ginneken 1999.

2. In Oostenrijk organiseerde de overheid tussen oktober 1976 en maart 1977 ook een openbare discussie over kernenergie. Deze discussie was echter niet zo groots van opzet. Er werden negen discussiebijeenkomsten georganiseerd. De verslagen van deze discussies vormden de basis voor vier symposia die in mei en juni 1977 werden gehouden. De publieke controverse over kernenergie werd afgesloten met een referendum over het in gebruik nemen van een nieuwe kerncentrale in Zwentendorf. Tot groot ongenoegen van de regering stemde een kleine meerderheid tegen het in gebruik nemen van de centrale. Daarmee was kernenergie in Oostenrijk voorlopig van de baan. Vgl. Nowothny 1979; Kersten 1984: 15.

3. Voor de hierna volgende reconstructie van de ontwikkeling van de milieubeweging en de AKB heb ik gebruik gemaakt van: Abma 1981; Aalders 1987; Cramer 1989; Van der Heijden 1992; Van der Loo, Snel en Van Steenbergen; Van Noort 1988; Tellegen 1983.

4. Als gevolg van een reorganisatie van diverse departementen valt het milieu sinds 1982 onder het Ministerie van Volkshuisvesting, Ruimtelijke Ordening en Milieubeheer.

5. Vgl. Cramer 1989: 73-75.

6. *Het Financieele Dagblad*, 9-4-1977.

7. Van Noort 1988: 106.

8. Kersten 1984: 6.

9. Aalders 1987: 42.

10. *Trouw*, 9-1-1981.

11. Stuurgroep Maatschappelijke Discussie Energiebeleid 1982: 1.

12. Vgl. Hontelez 1983: 5.

13. Geciteerd naar Aalders 1987: 51.

14. Vgl. Hontelez 1983: 4.

15. *Provinciaalse Zeeuwse Courant*, 16-11-1981.

16. *NRC Handelsblad*, 23-9-1981.

17. Schöne 1983: 66.

18. *De Waarheid*, 18-2-1983.

19. *Nieuwe Apeldoornse Courant*, 23-12-1981.

20. Hontelez 1983: 61.

21. In 1981 verklaart lijsttrekker Hans Wiegel tijdens de Tweede-Kamerverkiezingen nog dat voor hem de BMD niet nodig is. Vgl. *Haagse Post,* 23-5-1981.

22. SMDE 1982b: 223.

23. De eerder ter sprake gebrachte Planologische Kernbeslissing (PKB) biedt de geregeerden de mogelijkheid om ook buiten de verkiezingstijd invloed uit te oefenen op de politieke besluitvorming.

24. Gilhuis 1983: 22-23.

25. *Het Parool*, 31-1-1983.

26. Sible Schöne (1983: 72) van de Stroomgroep Nijmegen zegt daarover: "Als de regering in plaats van deze BMD een referendum over de mogelijkheid van drie kern- of kolen-

centrales had gehouden, dan had de zaak heel anders gelegen. Dan hadden we er waarschijnlijk wel keihard tegenaan gemoeten".

27. Zie voor deze en andere vormen van uitsluiting: Foucault 1971.

28. Vgl. Brenninkmeijer 1983, Rimmelzwaan en Noort 1986.

29. De hier ontvouwde ideeën over democratie ontleen ik grotendeels aan: Dahl 1989.

30. Vgl. Gabriëls 1996.

31. Om de mogelijkheden te beproeven die de moderne informatie- en communicatietechnologie in deze biedt, heeft IBM het Institute for Electronic Government in het leven geroepen. Zie: http://www.ieg.ibm.com/.

32. Vgl. Rupp en Hecker 1997; http://wissensnavigator.europop.net/microsoft/virtualitaet/cyberwelten/artikel_4.html.

33. Zie voor de relatie tussen organisaties en democratie: Bovens 1992.

34. Dit schema is in gewijzigde vorm overgenomen van Zürn 1998: 351.

35. World Commision on Environment and Development 1987: 46.

36. Vgl. Cramer 1991: 5-8; Reijnders 1993: 9.

37. Zo wijst Lucas Reijnders (1993: 10) erop dat de milieupolitiek van geen enkel land past bij een duurzame ontwikkeling. De prijzen van natuurlijke hulpbronnen zouden dan veel hoger moeten zijn. In die prijzen zijn bijvoorbeeld niet de kosten van de vervanging van de verbruikte natuurlijke hulpbronnen en de aangerichte schade aan het milieu verrekend. Zou men dit wel doen, dan zou bijvoorbeeld kerosine zeker tien keer duurder moeten zijn.

38. Abma e.a. 1981: 147.

39. Abma e.a. 1981: 145-146.

40. SMDE 1982a.: 140-141.

41. SMDE 1982b: 258-59.

42. SMDE 1982b: 18.

43. SMDE 1982a: 111-112.

44. SMDE 1982b: 170

45. SMDE 1982a: 140.

46. SMDE 1982a: 261.

47. SMDE 1982a: 114.

48. SMDE 1982b: 172.

49. SMDE 1982b: 106.

50. SMDE 1982b: 320.

51. SMDE 1982b: 107.

52. SMDE 1982b: 105.

53. SMDE 1982a: 143.

54. SMDE 1982b: 225.

55. *NRC Handelsblad*, 10-7-1981.

56. SMDE 1984: 208, 222.

57. Risicoanalyses zijn er om te bepalen wat de kans is dat zich een kernramp voordoet en wat de omvang van de schade is. Het maken van dit soort analyses is erg moeilijk. Een andere moeilijkheid is de toedeling van aansprakelijkheden. Op wie kan de eventueel opgelopen schade worden verhaald? Op de problemen die inherent zijn aan risicoanalyses en de

kwestie van de aansprakelijkheid kan ik hier niet ingaan. Vgl. Beck 1988: 103-112; Bonß 1995: 294-307; Perrow 1999: 306-315.

58. Ik zou zelfs de stelling willen verdedigen dat de overheid zich tot op de dag van vandaag geen rekenschap geeft van dit onderscheid. Daarom kan de analyse van een reeds enige tijd geleden gevoerde publieke controverse als de BMD het inzicht vergroten in problemen die hier en nu spelen.

59. Vgl. Luhmann 1986, 1990 en 1991.

60. Vgl. Bonß 1995:49-54.

61. Vgl. Ewald 1986.

62. Dit is voor mij een reden om niet, zoals Beck, van een risicomaatschappij te spreken. Nadat zijn boek *Die Risikogesellschaft* in 1986 verscheen, gaf Beck herhaalde malen toe dat hij het in zijn ogen relevante onderscheid tussen risico en gevaar over het hoofd had gezien. Vgl. Beck 1993: 278.

63. Vgl. Beck 1986: 48-58.

64. Dit schema ontleen ik aan Ulrich Beck. Hier en daar heb ik de terminologie aangepast. Vgl. Beck 1988: 121-122.

65. De gedachte dat sociale bewegingen voor intellectuelen een inhoudelijk en organisatorisch kader vormen, ontleen ik aan: Cramer, Eyerman en Jamison 1988.

66. Deze definitie is gedistilleerd uit allerlei omschrijvingen van sociale bewegingen. Vgl. Eyerman en Jamison 1991: 2-4; Duyvendak e.a. 1992: 14; Neidhardt 1994: 32 en Kriesi e.a. 1995: xvii-xxii.

67. Vgl. Van Noort 1988: 149-150.

68. Vgl. Kriesi e.a. 1995: 151.

69. Vanwege het feit dat binnen sociale bewegingen cognitieve voorstellingen over de werkelijkheid worden voortgebracht spreken Ron Eyerman en Andrew Jamison over 'social movements as cognitive praxis'. Mijns inziens worden binnen sociale bewegingen ook normatieve voorstellingen gegenereerd. Eyerman en Jamison maken geen onderscheid tussen cognitieve en normatieve voorstellingen. Hoewel het kennen en keuren van kernenergie niet van elkaar kunnen worden gescheiden, is het wel zinvol ze van elkaar te onderscheiden. In het volgende hoofdstuk sta ik uitvoerig stil bij het hiermee verbonden vraagstuk van de relatie tussen feiten en waarden. Vgl. Eyerman en Jamison 1991: 55-65.

70. Hans Harbers (1986: 81-88) heeft een interessante beschouwing geschreven over dit soort afhankelijkheden.

71. Voor de weergave van deze affaire heb ik dankbaar gebruik gemaakt van het belangwekkende boek dat André Köbben en Henk Tromp (1999) schreven over de verschillende manieren waarop de wetenschappelijke vrijheid tegenwoordig wordt bedreigd.

72. De positie die intellectuelen tijdens de BMD innemen is echter niet alleen terug te voeren op het gegeven dat zij in inhoudelijk en organisatorisch opzicht verbonden en gebonden zijn aan de AKB of de atoomindustrie. Hun positie wordt ook bepaald door de politieke ruimte die deze instellingen wordt geboden om hun doelen te vervolgen. Succes en falen van intellectuelen is daarmee mede afhankelijk van het politieke klimaat. De politieke omstandigheden waaronder zij en de organisaties namens wie zij spreken moeten opereren, zijn door de tijd heen nogal veranderd. Zo was het politieke klimaat voor de AKB in de jaren zeventig aanmerkelijk beter dan in het erop volgende decennium.

73. Zie voor de discussie over het verschil tussen oude en nieuwe sociale bewegingen onder andere: Van der Loo, Snel en Van Steenbergen 1984: 12-14; Eyerman en Jamison 1991: 150-154; Duyvendak e.a. 1992: 16-19.

74. In de literatuur spreekt men over de 'educated middle-class'. Vgl. Levy 1987.

75. Geciteerd naar Bering 1978: 225.

76. Voor de weergave van de ideeën van Lenin heb ik gebruik gemaakt van secundaire literatuur. Met name Kolakowski 1984 en Gouldner 1985.

77. Vgl. Pels 1993: 67-75.

78. Vgl. Kriesi 1989.

79. Vgl. De Vries 1999: 113-120.

80. Vgl. Gouldner 1985: 141-189, Pels 1986: 72-84.

81. Zij zijn behept met wat Tsjalling Swierstra (1998) de 'sofocratische rede' noemt.

82. *NRC Handelsblad*, 10-7-1981.

83. Ludie Olthof, *Natuur en Milieu*, nr. 10, 1985.

84. Zo laat Dick Pels zien dat de constructies die intellectuelen van proletariers maken (ook?) hun eigenbelang dienen. Vgl. Pels 1986.

85. SMDE 1984: 222.

86. Janzen en Ponds 1983: 11.

IV HET ARMOEDEDEBAT

1. Zie: SCP 1999.

2. Vgl. Oude Engbering 1997.

3. Voor de nu volgende reconstructie van het armoededebat tot 1989 ben ik schatplichtig aan Engbersen en Jansen (1991) en Van Loo (1992).

4. Geciteerd naar Engbersen en Jansen 1991: 105.

5. *Vrij Nederland*, 5-4-1989.

6. In feite had De Graaf dit al enkele dagen daarvoor in een interview met Trouw (27-1-1989) toegegeven.

7. *De Volkskrant*, 3-2-1989.

8. *Trouw*, 7-2-1989.

9. *Trouw*, 16-2-1989.

10. De Lange 1989: 19-20.

11. De Bie e.a. 1991: 7.

12. *Trouw*, 27-1-1989.

13. Latour (1987: 42) zegt het zo: "...a fact is what is collectively stabilised from the midst of controversies when the activity of later papers does not consist only of criticism or deformation but also confirmation. The strength of the original statement does not lie in itself, but is derived from any of the papers that incorporate it. In principle, any of the papers could reject it".

14. *Trouw*, 16-2-1989.

15. Zo presenteren de CDA-politici de lezers van *Trouw* (16-2-1989) de volgende 'feiten': "Het blijkt dat van de uitkeringsgerechtigden 49 procent lid is van verenigingen, tegen 59 procent bij de werkenden. Voor het lidmaatschap van politieke partijen zijn die percentages

resp. 6 en 9; voor het deelnemen aan vrijwilligerswerk resp. 41 en 52; voor het bezoek aan clubs of sociëteiten 26 en 25; voor het bezoek aan schouwburgen 36 en 40. De algemene tendens is: de werkenden scoren beter, maar ook voor de uitkeringsgerechtigden is veel mogelijk".

16. *Trouw*, 16-2-1989.
17. *Leeuwarder Courant*, 18-2-1989.
18. *Trouw*, 21-2-1989.
19. *Trouw*, 4-3-1989.
20. *Trouw*, 2-3-1989.
21. *Trouw*, 2-3-1989.
22. *Trouw*, 18-2-1989.
23. *Trouw*, 21-2-1989.
24. *HN Magazine*, 6-4-1989.
25. *De Volkskrant*, 9-6-1989.
26. Kroft e.a. 1989; Engbersen 1990.
27. Een andere risicogroep wordt gevormd door degenen die reeds een arbeidzaam leven achter de rug hebben en moeten rondkomen van een pover pensioen. Door steeds maar de aandacht te vestigen op de relatie tussen armoede en werkloosheid, loopt men het gevaar dat deze risicogroep aan het gezicht onttrokken wordt. Dat geldt ook voor nog een andere risicogroep: degenen die op grond van een ziekte nooit meer kunnen werken.
28. Vgl. Bourdieu 1989: 213-245.
29. WRR 1990: 41.
30. Van Doorn en Albeda 1991: 25-27.
31. *NRC Handelsblad*, 15-2-1990.
32. *NRC Handelsblad*, 14-2-1990.
33. Vgl. Lipsky 1989.
34. GSD Rotterdam 1984.
35. Vgl. Oude Engberink 1992.
36. Sociale Vernieuwing Rotterdam 1990: 27.
37. Ontwikkelingsraad voor de Regio Rotterdam 1991: 16-17.
38. Of achter de zoektocht naar waarheid een machtsstreven schuilgaat, doet hier niet ter zake. Het gaat mij hier om de waarheidsclaims van wetenschappers.
39. GGD Rotterdam 1984.
40. Geruggesteund door de 'waarheid' van de wetenschappelijke typologie namen de journalisten Kees Caljé, Michèle de Waard en Alfred van Cleef in het Zaterdags Bijvoegsel van *NRC Handelsblad* (18 september 1993) de vrijheid om een geheel eigen invulling aan de typologie te geven. Zij schetsten aan de hand van de typologie het leven van zes fictieve personen. Een van die fictieve personen is conformist Cees Koeman. Guus Vleugel wond zich daarover op in zijn column in *HP/De Tijd* (1 oktober 1993). Hij schrijft dat de lezer "blijft tobben over Cees Koeman die zijn slaapkamer niet kan behangen, tot hij opeens onder aan de pagina in minuscule lettertjes leest: 'De geportretteerde personen zijn fictief. Ze zijn gebaseerd op de zes archetypen langdurig werklozen zoals gedefinieerd door Godfried Engbersen in *Publieke bijstandsgeheimen*'. Dus Cees Koeman bestaat helemaal niet! Terwijl we al een beetje van hem waren gaan houden…"

41. Zie bijvoorbeeld de besprekingen van *Publieke bijstandsgheimen* van Van Hunnik (1990) en De Witte en Steijn (1990).
42. Vgl. Gowricharn 1992; De Lange 1993.
43. Vgl. Van Steenbergen 1983.
44. Van Steenbergen 1992.
45. Janssen 1992: 35.
46. Oude Engberink 1993.
47. *Het Parool*, 12-5-990.
48. Schuyt 1991: 63-70.
49. Schuyt 1986: 50-51; Schuyt 1988.
50. Vgl. Handler en Hasenfeld 1991.
51. Van Brakel 1998: 204.
52. Engbersen, Vrooman en Snel 1996, 1997 en 1998.
53. De Bie e.a. 1996: 7.
54 *De Telegraaf*, 14-10-1996.
55. Geciteerd naar: *Een Twee Een*, 15-10-1996.
56. *NRC Handelsblad*, 3-10-1996.
57. *De Telegraaf*, 4-10-1996.
58. *Trouw*, 4-10-1996.
59. *De Volkskrant*, 8-10-96.
60. Idem.
61. *NRC Handelsblad*, 5 11 1996.
62. *Trouw*, 8-11-96.
63. *De Groene Amsterdammer*, 9-10-1996.
64. Geciteerd naar: *De Volkskrant*, 10-10-1996.
65. *NRC Handelsblad*, 10-10-1996.
66. *NRC Handelsblad* 4-10-1996.
67. *De Volkskrant*, 4-10-96.
68. *Algemeen Dagblad*, 4-10-1996.
69. *NRC Handelsblad*, 15-10-1996.
70. *Limburgs Dagblad*, 10-10-1996.
71. *Het Financieele Dagblad*, 5-10-1996.
72. *Het Parool*, 8-10-1996.
73. Zie voor allerlei aspecten van het binnenperspectief van armen: Gabriëls en Snel 1997.
74. Vgl. Engbersen, Vrooman en Snel 1996: 6.
75. Vrooman 1996: 33.
76. Idem.
77. Vgl. De Beer 1996.
78. Enkele voorbeelden: 'Nederland kent nog armoede en honger' (*Reformatorisch Dagblad*, 23-10-1996), 'Minima lijden soms honger' (*De Telegraaf*, 23-10-1996), 'Honger in veel gezinnen' (*Algemeen Dagblad*, 23-10-1996), 'Honger komt in Nederland voor' (*Nederlands Dagblad*, 23-10-1965) en 'Honger in Nederland' (*De Volkskrant*, 24-10-1996).
79. *Leeuwarder Courant*, 23-10-1996.

80. *NRC Handelsblad*, 23-10-1996.
81. *Leeuwarder Courant*, 22-10-1996.
82. *De Volkskrant*, 31-10-1996.
83. De Beer 1996.
84. *Algemeen Dagblad*, 26-10-1996.
85. *Intermediair*, 1-11-1996.
86. Het is volgens Van Rossum niet de verantwoordelijkheid van de bewindslieden, wanneer men niet weet welke rechten men heeft en zich schaamt er gebruik van te maken: "Met schaamte heb ik geen medelijden, onkunde wijt ik aan de hulpverleners. In het land met de hoogste dichtheid aan sociale ambtenaren, welzijnswerkers, kerkelijke instanties, wetswinkels en straathoekwerkers die elke asielzoeker rechtens bijstaan, zouden armoedzaaiers toch op hun rechten moeten worden gewezen?" Uit: *Elsevier*, 1-11-96.
87. *Trouw*, 30-10, 1996.
88. *Trouw*, 30-10-1996.
89. *De Gelderlander*, 29-10-96.
90. *Trouw*, 15-10-1996.
91. *Leeuwarder Courant*, 29-10-1996.
92. *De Volkskrant*, 31-10-1998.
93. Wilterdink 1998: 28-30.
94. Vgl. Pels en De Vries 1990: 7.
95. Vgl. Duintjer 1974 en De Boer 1974. Recentelijk is dit standaardbeeld nog door Huisman (1996:50-51) verdedigd.
96. Vgl. Weber 1968: 149.
97. Vgl. Pels en De Vries 1990: 8; De Vries 1990: 47.
98. "Der Sinn der Welt muß außerhalb ihrer liegen. In der Welt ist alles, wie es ist, und geschieht alles, wie es geschieht; es gibt *in* ihr keinen Wert – und wenn es ihn gäbe, so hätte er keinen Wert. Wenn es einen Wert gibt, der Wert hat, so muss er außerhalb alles Geschehens und So-Seins liegen. Denn alles Geschehen und So-Sein ist zufällig." Wittgenstein 1984a: 6.41.
99. "Wir fühlen, daß, selbst wenn alle *möglichen* wissenschaftlichen Fragen beantwortet sind, unsere Lebensprobleme noch gar nicht berührt sind." Wittgenstein 1984a: 6.52.
100. De Vries 1990: 48-53.
101. Idem. 33 33.
102. Vgl. Searle 1969: 175-198.
103. Vgl. Pels 1990.
104. Vgl. Hagendijk 1996.
105. Latour doet dat alleen in programmatische zin: "Wat wetenschapsonderzoekers hebben laten zien over objectiviteit (...) moet voor de moraliteit nog gedaan worden". Vgl. Latour 1995: 35.
106. Dit betekent dat ik ervan uitga dat feiten *en* waarden sociale constructies zijn.
107. Natuurlijk zou het in politiek opzicht suïcidaal zijn geweest, wanneer de politici hadden beweerd dat een rechtvaardige verdeling van schaarse goederen niet belangrijk is. Daarom waren zij blij toen ze het uit Amerika geïmporteerde begrip 'workfare' konden mobiliseren. Van dit begrip gaat de suggestie uit dat het de negatieve kanten van het begrip

'workfare' (rechten zonder plichten) achter zich laat en de positieve kanten ervan verrijkt met het arbeidsethos (plichtsbesef).

108. Vgl. Kobben 1983.

109. Vgl. Mol en Van Lieshout 1985.

V   DE RUSHDIE-AFFAIRE

1. Geciteerd naar Appignanesi en Maitland 1989: 71.

2. Zie voor een kritische beschouwing over de constructie van deze tegenstelling: Said 1978.

3. Voor mijn analyse van *De Duivelsverzen* maak ik gebruik van de vertaling van Marijke Emeis. Bij citaten gebruik ik de afkorting DV.

4. De catastrofale pelgrimstocht van Aisja berust op een waar verhaal. In 1983 beweerde in Karachi een jonge sjiitische vrouw dat ze van de imam visioenen ontving. Zij wist een groep mensen zover te krijgen haar te volgen voor een pelgrimstocht naar de heilige stad Kerbala. Het water zou wijken... De meesten van hen verdronken. Vgl. Al Azm 1993: 14-15.

5. Vgl. Priskil 1990: 21-33.

6. Vgl. Van Buren 1982: 4.

7. Saladin groeit overigens op in een huis met tal van groteske beelden: "Groteske koppen van beschilderd terracotta keken vanaf de muren dreigend op hem neer: een gehoornde demon; een gemeen kijkende Arabier met een valk op zijn schouder; een kale man die in paniek zijn ogen omhoogdraaide en zijn tong uitstak terwijl op zijn wenkbrauw een enorme zwarte vlieg neerstreek. Omdat hij onder het oog van deze beelden die hij al zijn hele leven kende, en ook haatte omdat hij er portretten in was gaan zijn van Changez [zijn vader, R.G.], niet kon slapen, verhuisde hij ten slotte naar een andere neutrale kamer" [DV: 475].

8. Montaigne 1967: 87.

9. Vgl. Harpham 1982 en Simons 1990.

10. Priskil 1990: 27.

11. Rushdie 1989b: 125.

12. Vgl. Van den Broek en Bormans 1989; Haleber 1989; Gerritse 1989; Priskil 1990; Webster 1990; Schnabel 1991, Al-Azm 1993 en Emeis 1996.

13. Appignanesi en Maitland 1989: 41.

14. Rushdie 1991b: 162.

15. "En terwijl hij zo met zijn rug naar de zonsopgang stond, leek het wel of Rosa Diamond een zwakke maar onmiskenbaar gouden gloed om het hoofd van Djibriel Farisjta ontwaarde" (DV: 129).

16. Voor mijn visie op de proliferatie van hybriden heb ik me vooral laten inspireren door Latour 1994.

17. Rushdie 1991b: 218

18. Als essayist en intellectueel probeert Rushdie wel een antwoord te geven op deze vragen. Zo strijdt hij in de jaren tachtig tegen de politiek van Margaret Thatcher. Als iemand die Charter 88 ondertekende, behoort hij tot degenen die van mening zijn dat mensenrechten een meer verplichtend karakter moeten hebben. Vgl. Rushdie 1991a: 163-165.

19. *NRC Handelsblad*, 18-2-1989.

20. *Trouw*, 20-2-1989.

21. Idem.

22. *AVRO's Radiojournaal*, Radio 2, 13.03 u., 19-2-1989.

23. *De Volkskrant*, 22-2-1989.

24. *NRC Handelsblad*, 18-2-1989.

25. *De Volkskrant*, 21-2-1989.

26. *Trouw*, 4-3-1989.

27. *NRC Handelsblad*, 13-3-1989.

28. *De Groene Amsterdammer*, 22-2-1989.

29. *De Volkskrant*, 8-3-1989.

30. *NRC Handelsblad*, 24-2-1989.

31. *NRC Handelsblad*, 11-2-1989.

32. *NRC Handelsblad*, 31-3-1989.

33. *NRC Handelsblad*, 24-2-1989.

34. Ik reken voor het gemak islamologen en arabisten ook tot de oriëntalisten.

35. *De Volkskrant*, 21-2-1989.

36. *De Volkskrant*, 25-2-1989.

37. *De Volkskrant*, 18-2-1989.

38. *De Volkskrant*, 18-2-1989.

39. *NRC Handelsblad*, 17-2-1989.

40. *De Volkskrant*, 11-3-1989.

41. *Het Parool*, 22-2-1989.

42. Idem.

43. *NRC Handelsblad*, 1-3-1989.

44. *NRC Handelsblad*, 23-2-1989.

45. *NRC Handelsblad*, 17-3-1989.

46. Idem.

47. Sanders 1989: 30

48. *De Groene Amsterdammer*, 29-3-1989.

49. Dit neemt niet weg dat het begrijpen van iets en het beoordelen ervan nauw met elkaar samenhangen, en dikwijls in elkaars verlengde liggen. Zie daarvoor de opmerkingen die ik in het hoofdstuk over het armoededebat heb gemaakt over de relatie tussen feiten en waarden.

50. Vgl. Pels 1986: 211.

51. Rushdie 1991b: 88.

52. Rushdie 1991b: 89.

53. Vgl. Rushdie 1998.

54. Vgl. Spivak 1988; Flax 1990; Cottle 1991; Danielsen en Engle 1995; Van der Veer 1995 en Loomba 1998.

55. Loomba 1998: 173-183.

56. Vgl. Bhaba 1994 en Bachmann-Medich 1996.

57. Het gaat hier om de *aard* van de relaties tussen de elementen die tezamen een hybride vormen. De melanges en mixtures zien er steeds weer anders uit. Net als bij de relatie tussen

feiten en waarden is het zinvol om bij hybriden diverse modaliteiten te onderscheiden. Shohat 1993: 110.

58. Vgl. Andrews 1991: 207-264.

59. Rushdie schrijft hierover: "Charter 88 is an attempt to renew the debate about the kind of country we want to live in, precisely because our 'absolute sovereigns' seem no longer capable of giving expression to such concerns; precisely because it is becoming difficult to believe in the inviolability of our rights, or even in their existence, until we see them enshrined in a written constitution. (...) The simple truth is that about every other democratic society possesses, and cherishes, a written constitution; that the British insisted that all their former colonies should, at the moment of independence, acquire such a document; and that increasing numbers of British citizens no longer have faith in the untrammelled powers of this, or any other over-mighty, British government". Vgl. Rushdie 1991a: 165.

60. *De Waarheid*, 25-4-1989.

61. Vgl. Huntington 1993.

62. *Trouw*, 9-10-1999.

63. Zie voor een briljante studie over het zich-tot-zichzelf-verhouden (sich-zu-sich-verhalten): Tugendhat 1981.

64. Vgl. Waldron 1995.

65. Vgl. Pels 1989.

66. Om die reden is Rushdie fel gekant tegen het postmodern relativisme: "Is ongelovigheid niets anders dan de eerste stap op het hellende vlak dat voert naar de hersendood van een cultureel relativisme, dat zo veel onverdraaglijke zaken – besnijdenis van vrouwen, om maar iets te noemen – op grond van culturele eigenheid meent te kunnen excuseren? Nee, dat is het níet, maar de gronden om dat te staven zijn niet zo simpel en helder. Alleen dogmatische ideologieën zijn scherp omlijnd. Vrijheid, en dit is het woord dat ik gebruik voor het seculiere morele standpunt, is, onvermijdelijk, rafeliger. Ja, vrijheid is het domein waarin tegenspraak kan heersen, het is een nimmer eindigend debat. Het is niet het antwoord op, het is het gesprek over ethische vragen. En het is veel meer dan louter relativisme, want het is niet alleen maar een nooit eindigende praatsessie, het is ook een plaats waar keuzes worden gemaakt, waarden worden vastgesteld en verdedigd". In: *Trouw*, 9-10-1999.

67. Zie voor de normatieve rechtvaardiging van dit standpunt het laatste hoofdstuk van dit boek.

68. Vgl. Braziller 1994.

VI TUSSEN AGNOSTICISME EN MORALISME

1. *De Volkskrant*, 16-4-1999.

2. *De Volkskrant*, 19-4-1999.

3. *NRC Handelsblad*, 23-4-1999.

4. Net als het in hoofdstuk I geschetste verschil tussen de moderne en postmoderne benadering van intellectuelen, is dat tussen agnosten en moralisten ideaaltypisch van aard.

5. Dehue 1990:24-33.

6. Voor de nu volgende kritiek op het subject-object model beroep ik me vooral op Ernst Tugendhat 1979: 72-104; 1981: 50-136.

7. De vier typen definities van armoede die ik in hoofdstuk IV besproken heb, zijn ook gebaseerd op het subject-object model.

8. Het is onjuist te denken dat het waarnemen van de werkelijkheid enkel afhankelijk is van het vocabulaire dat men hanteert. Degenen die zo denken maken zich schuldig aan linguïstisch idealisme. Veranderingen in de werkelijkheid kunnen er juist toe leiden dat men zijn vocabulaire wijzigt. Ingesleten taaluitingen die een tijdlang constitutief zijn geweest voor de wijze waarop de leden van een taalgemeenschap de werkelijkheid waarnemen, kunnen ineens van het toneel verdwijnen. Robert Brandom (1994: 225) maakt dit duidelijk aan de hand van de lakmoesproef: "So it may happen that one uses the term 'acid' in such a way that a substance's tasting sour is a sufficient condition for applying it, and that it will turn litmus paper red is a necessary consequence of applying it. Finding a substance that both tastes sour and turns litmus paper blue shows that such a concept is inadequate. Conceptual contents can accordingly be criticized, groomed, and developed empirically (…)". Zie hierover ook: McDowell 1996.

9. Dit voorbeeld ontleen ik aan Gerard de Vries 1999: 73.

10. Tsjalling Swierstra (1998) besteedt op een meer systematische wijze dan ik aandacht aan de 'realiteit van niet gerealiseerde normen'.

11. Swierstra (1998: 228-231) spreekt, minder seculier, van een *geloof*waardig idealisme.

12. Mijn visie op leerprocessen is gebaseerd op die van Max Miller (1986).

13. Vgl. Lauren 1998.

14. Baukje Prins (1997: 85-109) geeft een kritische reconstructie van Haraways notie van gesitueerde kennis.

15. De pragmatist wil recht doen aan de tijdsfactor omdat in zijn filosofie leer*processen* een centrale plaats innemen.

16. Zie Dieter Claessens (1993) voor een interessante genealogie van het abstraheren en concretiseren.

17. Dit is voor Hilary Putnam (1987) een reden om te stellen: *Reason can't be naturalized.*

18. Vgl. Robertson 1998.

19. Vgl. Levy 1993: 551-567.

20. Zo zegt ayatollah Djalal Gandjeih uit Iran over Rushdie: "He is a man whom every true Muslim should endeavor to help and whose rights those same true Muslims should endeavor to secure and defend. (…) It would be a grave error to confuse the inadmissible attitudes they [the Iranian political leaders] exhibit with any kind of fidelity whatsoever to any kind of true religious principles or any other kind of cultural considerations". In: Braziller 1994: 156.

21. Vgl. Nauta 1992

22. Steenbrink en Talstra (1984: 27) omschrijven de pacificatie van het kernenergieconflict als volgt: "Het strijdtoneel heeft zich verplaatst van het open veld – de weilanden rond Dodewaard – naar de beslotenheid van de door de stuurgroep afgehuurde vergaderzalen. Het grillige verloop en de onzekere uitkomst van de fysieke botsing der tegenstellingen hebben plaatsgemaakt voor de strak geplande opeenvolging van discussiebijeenkomsten en de gestandaardiseerde antwoordcategorieën van enquêteformulieren. De inzet van het conflict is niet langer gelegen in concrete eisen, waarmee grote groepen mensen gemobiliseerd kunnen worden en die men desnoods met fysieke macht probeert door te zetten. In de plaats

daarvan zijn complexe en abstracte scenario's getreden. Niet langer geldt de wet van de fysieke kracht en de macht van het getal, maar de overtuigingskracht van rationele argumentaties en het vermogen om deskundigheid te mobiliseren. Met de BMD is het kernenergieconflict tenminste tijdelijk gepacificeerd".

23. Gevers 1983: 27.

24. Rudy Kousbroek (1992: 295) geeft een interessante kritiek op de wijze waarop in Nederland door agnostische wetenschappers en moralistische politici elke publieke strijd over Nederlands-Indië gepacificeerd wordt. De wetenschapper doet dit door de vlag van de neutraliteit te hijsen en de politicus door te stellen dat men oude wonden niet open wil halen. Kousbroek: "Het is die bekende context van 'het eigen nest bevuilen', 'wat heeft het voor zin al die oude wonden open te halen', 'je mag dat niet met de huidige maatstaven beoordelen', etc. Dat zijn in feite transformaties van de argumenten die altijd en overal tegen ongewenste kritiek worden gehanteerd. (…) Je proeft het ook in de toon van populaire commentaren, in hoe er gekraaid wordt door sommige columnisten en ingezonden-stukkenschrijvers, op de manier van: daar heb je ze weer, de eigen-nest-bevuilers, die weer zo nodig schuldvragen moeten stellen. Daar zitten de Indonesiërs helemaal niet op te wachten! Die hebben dat allemaal al lang achter zich gelaten! Een Indië-debat? Hahaha, waarom geen debat over de tachtigjarige oorlog! Ik bedoel natuurlijk niet dat het bestaan van zo'n klimaat uitsluitend onze Indië-historici is aan te rekenen, maar er is wel een soort, hoe zullen we het noemen, medeplichtigheid? non-interventie? Alleen al doordat ze tegenover dit soort dingen 'neutraliteit' in acht nemen". Zie in deze ook Nauta 1996.

25. Vgl. Simmel 1992. Zie ook; Dubiel 1997, Koenis 1997 en Van Gunsteren 1998.

26. Dewey 1997: 206-210.

27. Dit betekent natuurlijk niet dat ik de vraag naar wat intellectuelen *zijn* irrelevant vind. Integendeel. Wat ik beweer is dat deze vraag het beste beantwoord kan worden door te analyseren hoe intellectuelen zichzelf en anderen een identiteit aanmeten. En dat is een activiteit met wisselende uitkomsten.

28. Ido de Haan (1993: 211) benadrukt terecht de instrumentele betekenis die deliberatie heeft voor de reductie van de complexiteit in het beheer van de staat. Deliberatie leidt evenwel ook tot het genereren van complexiteit. En dat is misschien niet goed voor het effectief beheren van de staat, maar wel van belang voor de democratie .

29. Het aantal sociologische verhalen over de risico's en gevaren van kernenergie neemt pas vanaf het begin van de jaren tachtig toe. Voorheen waren analyses van de risico's en gevaren van kernenergie een zaak van natuurwetenschappers, en niet van sociologen.

30. Vgl. Engbersen en Gabriëls 1995.

31. Vgl. Berlin 1974: 48.

32. Iemand die met zijn vocabulaire wel ruimte biedt voor onderzoek naar hulpbronnen *en* competenties is Amartya Sen (1992). Vgl. Kreide 1997; Gabriëls 1999

33. Vgl. Wingert 1993: 179-208.

34. Vgl. Margalit 1996.

35. Vgl. Sen 1999.

36. Het onderscheid tussen deze drie houdingen ontleen ik aan Beck 1997: 141-149. Ik geef er een eigenwillige invulling aan.

37. Vgl. Zürn 1998; Beck 1999.

38. Voor mijn ideeën over het contextueel universalisme heb ik me vooral laten inspireren door het werk van Martha Nussbaum (1993) en Amartya Sen (1993).

39. Vgl. Appiah 1996; Nussbaum 1996 en Putnam 1996.

40. Wat dat betreft is Montaigne een belangrijk voorloper van de nieuwe kosmopolieten. Vgl. Gabriëls 1993.

41. Robert Musil (1981: 16) zegt over dit onderscheid het volgende: "Wenn es aber Wirklichkeitssinn gibt, und niemand wird bezweifeln, daß er seine Daseinsberechtigung hat, dann muß es auch etwas geben, das man Möglichkeitssinn nennen kann. (…) So ließe sich der Möglichkeitssinn geradezu als die Fähigkeit definieren, alles, was ebensogut sein könnte, zu denken und das, was ist, nicht wichtiger zu nehmen als das, was nicht ist. Man sieht, daß die Folgen solcher schöpferischen Anlage bemerkenswert sein können, und bedauerlicherweise lassen sie nicht selten das, was die Menschen bewundern, falsch erscheinen und das, was sie verbieten, als erlaubt oder wohl auch beides als gleichgültig. Solche Möglichkeitsmenschen leben, wie man sagt, in einem feineren Gespinst, in einem Gespinst von Dunst, Einbildung, Träumerei und Konjunktiven; Kindern, die diesen Hang haben, treibt man ihn nachdrücklich aus und nennt solche Menschen vor ihnen Phantasten, Träumer, Schwächlinge und Besserwisser oder Krittler".

LITERATUUR

Aalders, R. (1987) *De BMD in het Nederlandse Energiebeleid,* Doctoraalscriptie voor de vakgroep NPS, Nijmegen.

Abma, E., e.a. (1981) *Kernenergie als maatschappelijke splijtstof. Een analyse van een protestbeweging,* in: Ester en Leeuw 1981.

Aiken, W.; Lafollette, H. (eds.) (1996) *World Hunger and Morality,* Londen: Prentice-Hall.

Al-Azm, S.J. (1993) *Unbehagen in der Moderne. Aufklärung im Islam,* Frankfurt am Main: Fischer.

Albeda, W., e.a. (1998) *De rijke kant van Nederland. Armoede staat zelden op zichzelf,* Amsterdam: Van Gennep.

Andrews, G. (ed.) (1991) *Citizenship,* Londen: Lawrence & Wishart.

Andriesse, C.D.; Heertje, A. (red.) (1982) *Kernenergie in beweging,* Amsterdam: De Echte Kern.

Appiah, M. C. (1996) *Cosmopolitan Patriots,* in: Cohen 1996.

Appignanesi, L.; Maitland, S. (1989) *Het internationale Rushdie-dossier,* Amsterdam: Van Gennep.

Archibugi, D.; Held, D. (Hg.) (1995) *Cosmopolitan Democracy,* Cambridge/Mass.: Polity Press.

Arnim, G. von, e.a. (Hrsg.) (1998) *Jahrbuch Menschenrechte 1999,* Frankfurt am Main: Suhrkamp.

Aronowitz, S.; DiFazio, W. (1994) *The Jobless Future. Sci-Tech and the Dogma of Work,* Minneapolis/Londen: University of Minneapolis Press.

Bachmann-Medick, D. (1996) *Multikultur oder kulturelle Differenzen? Neue Konzepte von Weltliteratur und Übersetzung in postkolonialer Perspektive,* in: idem (Hrsg.), *Kultur als Text,* Frankfurt am Main: Fischer.

Ball, H. (1980[1919]) *Zur Kritik der deutschen Intelligenz,* Frankfurt am Main: Suhrkamp.

Barber, B.R. (1996) *Jihad vs. McWorld. How Globalism and Tribalism are Reshaping the World,* New York: Ballantine Books.

Bauman, Z. (1987) *Legislators and Interpreters. On modernity, Post-modernity and Intellectuals,* Oxford: Polity Press.

Bauman, Z. (1990) *Gesetzgeber und Interpreten. Kultur als Ideologie von Intellektuellen,* in: Haferkamp 1990.

Baynes, K.; Bohman, J.; McCarthy, Th. (eds.) (1987) *Philosophy. End or Tranformation*, Cambridge/Massachusetts: Harvard University Press.

Bazelon, D. (1967) *Power in America. The Politics of the New Class*, New York: New American Library.

Beck, U. (1986) *Risikogesellschaft. Auf dem Weg in eine andere Moderne*, Frankfurt am Main: Suhrkamp.

Beck, U. (1988) *Gegengifte. Die organisierte Unverantwortlichkeit*, Frankfurt am Main: Suhrkamp.

Beck, U. (1993) *Die Erfindung des Politischen. Zu einer Theorie reflexiver Modernisierung*, Frankfurt am Main: Suhrkamp.

Beck, U. (1997) *Was ist Globalisierung?*, Frankfurt am Main: Suhrkamp.

Beck, U. (1998a) (Hrsg.), *Politik der Globalisierung*, Frankfurt am Main: Suhrkamp.

Beck, U. (1998b) (Hrsg.), *Perspektiven der Weltgesellschaft*, Frankfurt am Main: Suhrkamp.

Beck, U. (1999) *Schöne neue Arbeitswelt. Vision: Weltbürgergesellschaft*, Frankfurt am Main/ New York: Campus Verlag.

Beer, P. de (1996) *Het onderste kwart. Werk en werkloosheid aan de onderkant van de arbeidsmarkt*, Den Haag: VUGA.

Beer, P. de (1997) *Langdurig zonder werk*, in: Schuyt 1997.

Beisheim, M.; Dreher, S.; Walter, G.; Zangl, B.; Zürn, M. (1998) *Im Zeitalter der Globalisierung? Thesen und Daten zur gesellschaftlichen und politischen Denationalisierung*, Baden-Baden: Nomos.

Beljame, A. (1948) *Men of Letters and the English Public in the Eighteenth Century*, London: Routledge & Kegan Paul.

Bell, D. (1973) *The Coming of Post-Industrial Society. A Venture in Social Forecasting*, New York: Basic Books.

Benda, J. (1975[1927]) *La trahison des clercs*, Parijs: Grasset.

Benschop, A. (1992) *Klassen. Ontwerp van een transformationele klassenanalyse*, Amsterdam: Het Spinhuis.

Berg, E.; Fuchs, M. (Hg.) (1993) *Kultur, soziale Praxis, Text*, Frankfurt am Main: Suhrkamp.

Bering, D. (1978) *Die Intellektuellen. Geschichte eines Schimpfwortes*, Stuttgart: Klett-Cotta.

Berle, A. (1959) *Power Without Property*, New York: Brace & World.

Berlin, I. (1974) *Four Essays on Liberty*, Oxford: Oxford University Press.

Berlin, I. (1981 [1948]) *Russische denkers*, Amsterdam: De Arbeiderspers.

Bernecker, W. L. (1997) *Port Harcourt, 10. November 1995. Aufbruch und Elend in der Dritten Welt*, München: DTV.

Bhabha, H.K. (1994) *The Location of Culture*, Londen/New York: Routledge.

Bie, P. de, e.a. (1991) *Armoede opgelost…? Vergeet het maar! Kerkelijke campagne tegen verarming in Nederland*, Leidschendam: Landelijke Werkgroep De arme kant van Nederland.

Bie, P. de, e.a. (1996) *Armoede in Nederland. Feiten, verhalen en ervaringen rond armoede in Nederland*, Leidschendam: Werkgroepen AKN/EVA.

Boenink, M. (1991) *Schipperen met traditie. Over 'De duivelsverzen' van Salman Rushdie*, in: *Krisis*, nr. 43.

Boer, Th. de (1974) *Werkelijkheid, waarden, wetenschap*, in: De Boer en Köbben 1974.

Boer, Th. de; Köbben, A.J.F. (red.) (1974) *Waarden en wetenschap. Polemische opstellen over de plaats van het waardeoordeel in de sociale wetenschappen*, Bilthoven: Ambo.

Böhme, G.; Daele, W. van den; Krohn, W. (1977) *Experimentelle Philosophie*, Frankfurt am Main: Suhrkamp.

Bok, P. de, e.a. (1983) *Achter de coulissen van de praatschow. Geschiedenis en bedoelingen van de BMD*, Amsterdam: SOMSO/Macula.

Bolkestein, F. (1998) *Onverwerkt verleden*, Amsterdam: Prometheus.

Bonß, W. (1995) *Vom Risiko. Unsicherheit und Ungewißheit in der Moderne*, Hamburg: Hamburger Edition.

Boomkens, R. (1994) *Kritische massa. Over massa, moderne ervaring en popcultuur*, Amsterdam: Van Gennep.

Boomkens, R. (1998) *Een drempelwereld. Moderne ervaring en stedelijke openbaarheid*, Rotterdam: Nai Uitgevers.

Borgh, Ch. van; Marrée, J. (1990) *Borssele, de plaats Nergens*, Amsterdam.

Bottomore, T.B. (1964) *Elites and Society*, Harmondsworth: Penguin Books.

Bourdieu, P. (1984[1979]) *Die feinen Unterschiede. Kritik der gesellschaftlichen Urteilskraft*, Frankfurt am Main: Suhrkamp.

Bourdieu, P. (1989a) *Opstellen over smaak, habitus en het veldbegrip*, Amsterdam: Van Gennep.

Bourdieu, P. (1989b) *Über die Verantwortung der Intellektuellen*, Berlijn: Wagenbach.

Bourdieu, P. (1991a) *Die Intellektuellen und die Macht*, Hamburg: VSA.

Bourdieu, P. (1991b) *Der Korporativismus des Universellen. Die Rolle des Intellektuellen in der modernen Welt*, in: Bourdieu 1991a.

Bourdieu, P. (1992a) *Die verborgenen Mechanismen der Macht*, Hamburg: VSA.

Bourdieu, P. (1992b) *Vorschläge des Collège de France für das Bildungswesen der Zukunft*, in: Bourdieu 1992a.

Bourdieu, P. (1993) *Narzistische Reflexivität und wissenschaftliche Reflexivität*, in: Berg en Fuchs 1993

Bourdieu, P.(1994[1992]) *De regels van de kunst. Wording en structuur van het literaire veld*, Amsterdam: Van Gennep.

Bourdieu, P. (1998) *Über das Fernsehen*, Frankfurt am Main: Suhrkamp.

Bovens, M. (1992) *De republiek der rechtspersonen: over burgerschap en bedrijven*, in: Simonis, Hemerick en Lehning 1992.

Bovens, M., e.a. (1991) *Heftige affaires. Absolute overtuigingen in de rechtsstaat*, Amsterdam/Antwerpen: Veen.

Bovens, M., e.a. (1995) *De verplaatsing van de politiek. Een agenda voor democratische vernieuwing*, Amsterdam: Wiardi Beckmanstichting.

Bovens, M.; Schuyt, K.; Witteveen, W. (red.) (1989) *Verantwoordelijkheid: retoriek en realiteit. Verantwoording in publiek recht, politiek en maatschappij*, Zwolle: Tjeenk Willink.

Braak, M. ter (1978) *Politicus zonder partij*, in: Verzameld Werk, dl. 4., Amsterdam: Van Oorschot.

Brakel, J. van (1999) *De wetenschappen. Filosofische kanttekeningen*, Leuven/Assen: Universitaire Pers/Van Gorcum.

Brand, A.M.; Goor, H. van; Poiësz, B.C. (1981) *Protestacties van middenstanders tegen beleidsmaatregelen van de locale overheid*, in: *Acta Politica*, nr. 2

Brandom, R.B. (1994)) *Making it Explicit. Reasoning, Representing, Discursive Commitment*, Cambridge, Mass.: Harvard University Press.

Braun, H.; Jung, D. (Hrsg.) (1997) *Globale Gerechtigkeit? Feministische Debatte zur Krise des Sozialstaats*, Hamburg: Konkret Literatur Verlag.

Braziller, G. (1994) *For Rushdie. Essays by Arab and Muslim Writers in Defense of Free Speech*, New York: Braziller.

Bredin, J.-D. (1986) *The Affair. The Case of Alfred Dreyfus*, New York: Braziller.

Brenninkmeijer, A.F.M. (1983) *Kernenergie, rechtsstaat en democratie*, Zwolle: Tjeenk Willink.

Brenninkmeijer, A.F.M.(1993) *De rechterlijke macht in de steigers*, in: *Beleid & Maatschappij*, nr. 2.

Brinkman, G. (1987) *De terugval van de AKB*, Doctoraalscriptie politicologie KUN.

Broek, D. van den; Bormans, P. (1989) *De duivelsverzen als moderne metafmorfosen*, in: *Bzlletin*, nr. 169.

Bruce-Briggs, B. (ed.) (1979) *The New Class?*, New Brunswick: Transaction Books.

Brüggemeier, F.-J. (1998) *Tschernobyl, 26. April 1986. Die ökologische Herausforderung*, München: DTV.

Brunkhorst, H. (1987) *Der Intellektuelle im Land der Mandarine*, Frankfurt am Main: Suhrkamp.

Brunkhorst, H. (1990) *Der entzauberte Intellektuelle*, Hamburg: Junius Verlag.

Bubner, R. (1989) *Ästhetische Erfahrung*, Frankfurt am Main: Suhrkamp.

Buren, M. van (1982) *De boekenpoeper. Het groteske in de literatuur*, Assen: Van Gorcum.

Burgers, J.; Engbersen, G. (red.) (1999) *Illegale vreemdelingen in Rotterdam*, Amsterdam: Boom.

Carey, J. (1992) *The Intellectuals and the Masses. Pride and Prejudice among the Literary Intelligentsia, 1880-1939*, Londen/Boston: Faber&Faber.

Castells, M. (1996) *The Rise of the Network Society*, Malden: Oxford: Blackwell Publisher.

CBS (1998) *Kennis en economie 1998. Onderzoek en innovatie in Nederland*, Voorburg/Heerlen: CBS.

Cesarani, D. (1998) *Arthur Koestler. The homeless Mind*, New York: William Heinemann.

Chervel, Th. (Hrsg.) (1992) *'Redefreiheit ist das Leben'. Briefe an Salman Rushdie*, München: Piper.

Chwaszcza, Chr.; Kersting, W. (Hrsg.) (1996) *Politische Philosophie der internationalen Beziehungen*, Frankfurt am Main: Suhrkamp.

Claessens, D. (1993 [1980]) *Das Konkrete und das Abstrakte. Soziologische Skizzen zur Anthropologie*, Frankfurt am Main: Suhrkamp.

Cohen, J. (ed.) (1996) *For Love of Country. Debating the Limits of Patriotism*, Boston: Beacon Press.

Collins, H.M. (1992[1985]) *Changing Order. Replication and Induction in Scientific Practice*, Londen: Sage.

Collins, R. (1998) *The Sociology of Philosophies. A Global Theory of Intellectual Change*, Harvard: Harvard University Press.

Coser, L. (1970[1965]) *Men of Ideas. A Sociologists's View*, New York: Simon & Schuster.

Cottle, S. (1991) *Reporting the Rushdie Affair. A Case Study in the Orchestration of Public Opinion*, in: *Race & Class*, 32, 4.

Coutrois, St., e.a. (1997) *Le livre noir du communisme. Crimes, terreur, répression*, Parijs: Edition Robert Laffont.

Cramer, J. (1989) *De groene golf. Geschiedenis en toekomst van de milieubeweging*, Utrecht: Jan van Arkel.

Cramer, J. (1991) *De illusie voorbij. Op weg naar een brede aanpak van de milieuproblemen*, Utrecht: Jan van Arkel.

Cramer, J.; Eyerman, R.; Jamison, A. (1988) *Intellectuelen en de milieubeweging*, in: *Kennis & Methode*, nr. 4.

Crocker, T.; Linden, T. (eds.) (1998) *Ethics of Consumption. The Good Life, Justice, and Global Stewardship*, Lanham: Rowman & Littlefield.

Czempiel, E.-O. (1998) *Zwischen Ideal und Realität: die Menschenrechten*, in: Von Arnim 1998.

Dahl, R.A. (1989) *Democracy and its Critics*, New Haven: Yale University Press.

Dahrendorf, R. (1988) *The Modern Social Conflict*, Berkeley: University of California Press.

Dahrendorf, R. (1998) *Anmerkungen zur Globalisierung*, in: Beck 1998b.

Danielsen, D.; Engle, K. (eds.) (1995) *After Identitiy*, Londen: Routledge.

Debray, R. (1981) *Teachers, Writers, Celebrities*, Londen: Verso.

Dehue, T. (1989) *De regels van het vak. Nederlandse psychologen en hun methodologie 1900-1985*, Amsterdam: Van Gennep.

Deppe, R.; Dubiel, H.; Rödel, U. (Hrsg.) (1991) *Demokratischer Umbruch in Osteuropa*, Frankfurt am Main: Suhrkamp.

Dewey, J. (1997[1927]) *The Public and its Problems*, Athene: Swallow Press/Ohio University Press.

Dieleman, H., e.a. (1991) *Kiezen voor preventie is winnen. Naar een preventief milieubeleid van bedrijf en overheid*, Den Haag: Sdu.

Dis, A. van, e.a. (1996) *Het woordenboek van De Duivelsverzen*, Amsterdam/Antwerpen: Contact.

Djilas, M. (1957) *The New Class. An Analysis of the Communist System*, Londen: Thames and Hudson.

Dobbelaar, T.; Jansen, Y. (1999) *Franse filosofen over de oorlog op de Balkan*, in: *Krisis*, nr. 75.

Doctor, H.J.; Stokman, C.T.M. (1989) *Diffusie van nieuwe technologieën in het industriële midden- en kleinbedrijf*, in: Zegveld en Van Dijk 1989.

Doorman, M. (1995) *Hoflands honger. Over literatuur en engagement*. in: *Krisis*, nr. 61.

Doorn, J.A.A. (1994) *De intellectueel als ideoloog*, Leuven/Amersfoort: Acco.

Doorn, J.A.A.; Albeda, W. (1991) *Het primaat van het arbeidsbestel. Over de verhouding tussen werkgelegenheid en sociale zekerheid*, Den Haag: Stichting Mens en Onderneming.

Dower, N. (1998) *World Ethics. The New Agenda*, Edinburgh: Edinburgh University Press.

Dubiel, H. (1985) *Was ist Neokonservatismus?*, Frankfurt am Main: Suhrkamp.

Dubiel, H. (1997) *Unversöhnlichkeit und Demokratie*, in: Heitmeyer 1997.

Duintjer, O.D. (1974) *Moderne wetenschap en waardevrijheid*, in: De Boer en Köbben 1974.

Duyvendak, J.W., e.a. (red.) (1992) *Tussen verbeelding en macht. 25 jaar nieuwe sociale bewegingen in Nederland*, Amsterdam: Sua.

Emeis, M. (1996) *De heerschappij van het ongeloof*, in: Van Dis e.a. 1996.

Engbersen, G. (1990) *Publieke bijstandsgeheimen. Het ontstaan van een onderklasse in Nederland*, Leiden/Antwerpen: Stenfert Kroese.

Engbersen, G. (1998) *De taal van armoede*, in: Engbersen, Vrooman en Snel 1998.

Engbersen, G.; Gabriëls, R. (1995) *Voorbij segregatie en assimilatie*, in: idem, *Sferen van integratie. Naar een gedifferentieerd allochtonenbeleid*, Amsterdam: Boom.

Engbersen, G.; Leun, J. van der; Staring, R.; Kehla, J. (1999) *Inbedding en uitsluiting van illegale vreemdelingen*, Amsterdam: Boom.

Engbersen, G., Veen, R. van der (1987) *Moderne armoede. Overleven op het sociaal minimum*, Leiden?Antwerpen: Stenfert Kroese.

Engbersen, G.; Vrooman, J.C.; Snel, E. (1996) *Arm Nederland. Het eerste jaarrapport armoede en sociale uitsluiting*, Den Haag: VUGA.

Engbersen, G.; Vrooman, J.C.; Snel, E. (1997) *De kwetsbaren. Tweede jaarrapport armoede en sociale uitsluiting*, Amsterdam: Amsterdam University Press.

Engbersen, G.; Vrooman, J.C.; Snel, E. (1998) *Effecten van armoede. Derde jaarrapport armoede en sociale uitsluiting*, Amsterdam: Amsterdam University Press.

Engbersen, R.; Jansen, Th. (1991) *Armoede in de maatschappelijke verbeelding. Een retorische studie*, Leiden/Antwerpen: Stenfert Kroese.

Esping-Andersen, G. (ed.) (1993) *Changing Classes. Stratification and Mobility in Post-Industrial Societies*, Londen: Sage.

Ester, P.; Leeuw, F.L. (red.) (1981) *Energie als maatschappelijk probleem*, Assen: Van Gorcum.

Ewald, F. (1986) *L'État providence*, Parijs: Grasset.

Eyerman, R., Jamison, A. (1991) *Social Movements. A Cognitive Approach*, Oxford: Polity Press.

Finkielkraut, A. (1987) *La défaite de la pensée*, Parijs: Gallimard.

Flax, J., (1990) *Thinking Fragments. Psychoanalysis, Feminism and Post-modernism in the Contemporary West*, New York: Routledge.

Foucault, M. (1971) *L'ordre du discours*, Parijs: Gallimard.

Foucault, M. (1975) *Surveiller et punir. Naissance de la prison*, Parijs: Gallimard.

Foucault, M. (1979) *Waarheid en macht. Gesprek met Alessandro Fontana en Pasquale Pasquino*, in: *Raster*, nr. 10.

Gabriëls, R. (1993) *Een leven met boeken. Over Montaigne*, in: *Krisis*, nr. 50.

Gabriëls, R. (1995) *De onttovering van de intellectueel*, in: *Beleid & Maatschappij*, 5, nr. 1.

Gabriëls, R. (1996) *Expertocratie en democratie*, in: *Civis Mundi*, nr. 1.

Gabriëls, R. (1999) *Ressourcen und Kompetenzen. Zur politischen Partizipation in den Niederlanden*, in: Karpf, Kiesel en Wittmeier 1999.

Gabriëls, R.; Snel, E. (1997) *Werkloos in een florerende economie*, in: *Psychologie & Maatschappij*, nr. 80.

Gabriëls, R., Engbersen, R. (1999) *Towards New Forms of Social Integration*, in: Horn 1999.

Geertz, C. (1973) *Thick Description. Toward an Interpretive Theory of Culture*, in: idem, *The Interpretation of Cultures*, New York: Basic Books.

Geiger, Th. (1949) *Aufgaben und Stellung der Intelligenz in der Gesellschaft*, Stuttgart: Ferdinand Enke Verlag.

Gellner, E. (1990) *La trahison de la trahison des clercs*, in: I. Maclean, A. Montefiore, P. Winch 1990.

Geraedts, F.; De Jong, L. (red.) (1988) *Ergo Cogito I.*, Groningen: Historische Uitgeverij.

Gerhards, J. (1994) *Politische Öffentlichkeit. Ein system- und akteurstheoretischer Bestimmungsversuch*, in: *Kölner Zeitschrift für Soziologie und Sozialpsychologie*, Sonderheft 34, Opladen: Westdeutscher Verlag.

Gerritse, V. (1991) *De duivelsverzen en de ontluistering van Europa*, Houten: Het Wereldvenster.

Gevers, J.K.M. (1983) *De structuur van maatschappelijke discussies. Sociologische kanttekeningen bij de energiediscussie*, in: *Civis Mundi*.

Giddens, A. (1994) *Beyond Left and Right. The Future of Radical Politics*, Stanford: Stanford University Press.

Gilhuis, P.C. (1983) *Maatschappelijke discussie over energiebeleid als staatsrechtelijk vraagstuk*, in: *Civis Mundi*.

Ginneken, J. van (1999) *Brein-Bevingen. Snelle omslagen in opinie en communicatie*, Amsterdam: Boom.

Gorra, M. (1997) *After Empire. Scott, Naipaul, Rushdie*, Chicago/Londen: The University of Chicago Press.

Goudsblom, J. (1987 [1960]) *Nihilisme en cultuur. Europese ideeëngeschiedenis in een sociologisch perspectief*, Amsterdam: Meulenhoff.

Gouldner, A. (1975) *De naderende crisis van de westerse sociologie*, Den Haag: Ruward.

Gouldner, A. (1976) *The Dialectic of Ideology and Technology. The Origins, Grammar and Future of Ideology*, Londen: MacMillan Press.

Gouldner, A. (1979) *The Future of Intellectuals and the Rise of the New Class*, New York: The Seabury Press.

Gouldner, A. (1985) *Against Fragmentation. The Origins of Marxism and the Sociology of Intellectuals*, Oxford/New York: Oxford University Press.

Gowricharn, R. (1992) *Tegen beter weten in. Een essay over de economie en sociologie van de 'onderklasse'*, Leuven/Apeldoorn: Garant.

Groen, M. (1988) *Naar een duurzaam Nederland*, Den Haag: Sdu.

Gunsteren, H. van (1998) *A Theory of Citizenship. Organizing Plurality in Contemporary Democracies*, Boulder: Westview Press.

Haan, I. de (1993) *Zelfbestuur en staatsbeheer. Het politieke debat over burgerschap en rechtsstaat in de twintigste eeuw*, Amsterdam: Amsterdam University Press.

Haan, I. de; Duyvendak, J.W. (1995) *De topografie van de politiek. Een overzicht van de recente Nederlandse literatuur over de stand van de democratie*, in: *Krisis*, nr. 61.

Haentjens, R.C.P. (1983) *De bedreiging der samenleving door aantasting van het natuurlijk milieu en het strafrecht als middel tot afweer*, in: *Gedenkboek honderd jaar Wetboek van Strafrecht*, Arnhem: Gouda Quint

Haferkamp, H. (Hrsg.) (1990) *Sozialstruktur und Kultur*, Frankfurt am Main: Suhrkamp.

Hafkamp, W.A.; Reuten, G.A. (red.) (1981) *Rekenen op kernenergie. Een bijdrage tot de 'Brede Maatschappelijke Discussie'*, Leiden/Antwerpen: Stenfert Kroese.

Hagendijk, R. (1996) *Wetenschap, constructivisme en cultuur*, Amsterdam: Luna Negra.

Haleber, R. (red.) (1989) *Rushdie-effecten*, Amsterdam: Sua.

Handler, J.F. (1978) *Social Movements and the Legal System*, New York: Academic Press.

Handler, J.F.; Hasenfeld, Y. (1991) *The Moral Construction of Poverty. Welfare Reform in America*, Londen: Sage.

Hannerz, U. (1992) *Cultural Complexity. Studies in the Social Organization of Meaning*, New York: Columbia University Press.

Hannerz, U. (1996) *Cosmopolitans and Locals in World Culture*, in: idem, *Transnational Connections*, Londen/New York: Routledge.

Harbers, H. (1986) *Sociale wetenschappen en hun speelruimte*, Groningen: Wolters-Noordhoff.

Harpham, G.G. (1982) *On the Grotesque. Strategies of Contradiction in Art and Literature*, Princeton: Princeton University Press.

Harrington, M. (1979) *The New Class and the Left*, in: Bruce-Briggs 1979.

Hauchler, I., e.a. (1995) *Globale Trends*, Frankfurt am Main: Fischer Verlag.

Havel, V. (1998) *Moral in Zeiten der Globalisierung*, Hamburg: Rowohlt.

Heijden, H.-A. van der (1992) *Van kleinschalig utopisme naar postgiro-activisme? De milieubeweging 1970-1990*, in: Duyvendak e.a. 1992.

Heitmeyer, W. (Hrsg.) (1997) *Was hält die Gesellschaft zusammen?*, Frankfurt am Main: Suhrkamp.

Held, D.; McGrew, A., e.a. (1998) *Global Transformations. Politics, Economics and Culture*, Standford: Standford University Press.

Hofland, H.J.A. (1995) *De elite verongelukt*, Amsterdam: De Bezige Bij.

Hontelez, J. (1983) *De brede maatschappelijke diskussie*, in: *Socialistisch Perspectief*, nr. 16.

Horn, L. (ed.) (1999) *From Social Exclusion to Social Integration*, Helsinki: ICSW.

Houten, B.C. van (1973) *Tussen aanpassing en kritiek. De derde methodenstrijd in de Duitse sociologie*, Deventer: Van Loghum Slaterus.

Houtkoop, W. (1996) *Functioneel alfabetisme*, in: *Index. Feiten en cijfers over onze samenleving*, nr. 9.

Hove, N. van den (1996) *Investeringen in kennis en technologie toegenomen*, in: *Index. Feiten en cijfers over onze samenleving*, nr.9.

Hughes, H. Stuart (1974) *Consiousness and Society. The Reorientation of European Social Thought 1890-1930*, St. Albans: Paladin.

Huisman, P. (1996) *Kennis gewogen. Analyse van sociaal-wetenschappelijk denken: kritiek en aanwijzingen*, Assen: Van Gorcum.

Hunnik, M. van (1990) *Bespreking van 'Publieke bijstandsgeheimen'*, in: *Focaal*, nr. 14.

Huntington, S. (1993) *The Clash of Civilizations?*, in: *Foreign Affairs*.

Jacobs, D. (1999) *Het Kennisoffensief. Slim concurreren in de kenniseconomie*, Deventer/Alphen aan den Rijn: Samsom.

Jacoby, R. (1987) *The Last Intellectuals. American Culture in the Age of Academe*, New York: Basic Books.

Jamison, A., Eyerman, R.; Cramer, J. (1992) *The Making of the New Environmental Consciousness. A Comparative Study of the Environmental Movements in Sweden, Denmark and the Netherlands*, Edinburgh: Edinburgh University Press.

Janssen, R. (1992) *Arbeid, tijd en geld ontschaarsen. Een nieuwe kijk op armoede en burgerschap*, Utrecht: Commissie Oriënteringsdagen.

Janzen, A; Ponds, L. (1981) *De Brede Maatschappelijke Diskussie over het energiebeleid. Een ideologies conflict versmalt tot burgelijke prietpraat*, in: *Revoluon*.

Jennings, J.; Kemp-Welch, A. (ed.) (1997) *Intellectuals in Politics. From the Dreyfus Affair to Salman Rushdie*, Londen/New York: Routledge.

Jennings, J. (1997) *Of Treason, Blindness and Silence. Dilemmas of the Intellectual in Modern France*, in: J. Jennings en A. Kemp-Welch 1997.

Karpf, E.; Kiesel, D.; Wittmeier, M. (Hrsg.) (1999) *Partizipation und politische Bildung in Europa*, Frankfurt am Main: Haag und Herchen.

Kersten, W. (1984) *De Lengte van de Brede Maatschappelijke Diskussie*, Tilburg: KUB.

Keulemans, Th.; Idenburg, J.; Pen, J. (1953) *De intellectueel in de samenleving*, Assen: Van Gorcum.

Kiesel, D.; Messerschmidt, A. (1997) *Pädagogische Grenzüberschreitungen*, Frankfurt am Main: Haag und Herchen.

Klamer, A.; Laan, L. van der; Prij, J. (1999) *De illusie van volledige werkgelegenheid*, Assen: Van Gorcum.

Kloosterman, R.C.; Elfring, T. (1991) *Werken in Nederland*, Schoonhoven: Academic Service.

Kloosterman, R.C.; Elfring, T. (1983) *De zaakwaarnemer*, Deventer: Van Loghum Slaterus.

Köbben, A.J.F.; Tromp, H. (1999) *De onwelkome boodschap of hoe de vrijheid van wetenschap bedreigd wordt*, Amsterdam: Mets.

Koch, K.; Scheffer, P. (red.) (1996) *Het nut van Nederland. Opstellen over soevereiniteit en identiteit*, Amsterdam: Bert Bakker.

Koenis, S. (1993) *De intellectuele rol*, in: Nauta en De Vries 1992.

Koenis, S. (1997) *Het verlangen naar gemeenschap. Over moraal en politiek in Nederland*, Amsterdam: Van Gennep.

Kolakowski, L. (1984) *Geschiedenis van het Marxisme, 2*, Utrecht/Antwerpen: Het Spectrum.

König, R. (1969[1965]) *Sociologische verkenningen*, Utrecht/Antwerpen: Het Spectrum.

Konrád, G.; Szelényi, I. (1978) *Die Intelligenz auf dem Weg zur Klassenmacht*, Frankfurt am Main: Suhrkamp.

Konrád, G. (1984) *Antipolitik. Mitteleuropäische Meditationen*, Frankfurt am Main: Suhrkamp.

Koppe, F. (Hrsg.) (1991) *Perspektiven der Kunstphilosophie*, Frankfurt am Main.: Suhrkamp.

Kousbroek, R. (1992) *Het Oostindisch kampsyndroom*, Amsterdam: Meulenhoff.

Kreide, R. (1997) *Staatsbürgerschaft und Erwachsenenbildung*, in: Kiesel en Messerschmidt 1997.

Kriesi, H. (1989) *New Social Movements and the New Class in the Netherlands*, in: *American Journal of Sociology*.

Kriesi, H., e. a. (1994) *New Social Movements in Western Europe. A Comparative Analysis*, Minneapolis: Minneapolis Press.

Kroft, H.; Engbersen, G.; Schuyt, K.; Waarden, F. (1989) *Een tijd zonder werk. Een onderzoek naar de levenswereld van langdurig werklozen*, Leiden/Antwerpen: Stenfert Kroese.

Kunneman, H. (1998) *Postmoderne moraliteit*, Amsterdam: Boom.

Kuypers, P.; Mak, G. (1988) *Over moraal en moralisme*, in: idem, *Aangeschoten wild. Over macht, moraal en politiek*, Amsterdam: De Balie.

Kymlicka, W. (ed.) (1996) *The Rights of Minority Cultures*, Oxford: Oxford University Press.

Lange, H.M. de (1989) *De verantwoordelijke maatschappij en de Oecumenische Beweging: 65 jaar consistentie en continuïteit*, in: Schumacher 1989.

Lange, P.J. de (1993) *In de wetenschap van bestaansonzekerheid. Een pluralistische kijk op theorie en praktijk*, Delft: Eburon.

Laponce, J.A. (1981) *Left and right. The Topography of Political Perceptions*, Toronto: University of Toronto Press.

Latour, B. (1987) *Science in Action. How to Follow Scientist, and Engeneers Through Society*. Milton Keynes: Open University Press.

Latour, B. (1994) *Wij zijn nooit modern geweest. Pleidooi voor een symmetrische antropologie*, Amsterdam: Van Gennep.

Latour, B. (1995) *De antropologisering van het wereldbeeld – een persoonlijk verslag*, in: *Krisis*, nr. 58.

Latour, B. (1996) *ARAMIS or The Love of Technology*, Cambridge, Mass.: Harvard University Press.

Lauren, P.G. (1998) *The Evolution of International Human Rights*, Philadelphia: University of Pennsylvania Press.

Lemaire, T. (1990) *Twijfel aan Europa. Zijn de intellectuelen de vijanden van de Europese cultuur?*, Baarn: Ambo.

Lepenies, W. (1985) *Die drei Kulturen. Soziologie zwischen Literatur und Wissenschaft*, München/Wenen: Karl Hanser Verlag.

Lepenies, W. (1992) *Aufstieg und Fall der Intellektuellen in Europa*, Frankfurt am Main/New York: Campus Verlag.

Lepsius, M.R. (1990) *Interessen, Ideen und Institutionen*, Opladen: Westdeutscher Verlag.

Lévy, B.-H. (1987) *Eloge des intellectuels*, Parijs: Grasset.

Lipsky, M. (1980) *Street-Level Bureaucracy. Dilemma's of the Individual in Public Services*, New York: Russell Sage Foundation.

Loo, H. van der; Snel, E.; Steenbergen, B. van (1985) *Een wenkend perspectief? Nieuwe sociale bewegingen en culturele veranderingen*, Amersfoort: De Horstink.

Loo, L.F. van (1992) *Arm in Nederland 1815-1990*, Amsterdam: Boom.

Loomba, A., (1998) *Colonialism/Postcolonialism*, Londen/New York: Routledge.

Luhmann, N. (1986) *Ökologische Kommunikation*, Opladen: Westdeutscher Verlag.

Luhmann, N. (1990) *Risiko und Gefahr*, in: idem, *Soziologische Aufklärung 5. Konstruktivistische Perspektiven*, Opladen: Westdeutscher Verlag.

Luhmann, N. (1991) *Soziologie des Risikos*, Berlijn/New York: De Gruyter.

Luhmann, N. (1997) *Die Gesellschaft der Gesellschaft. Bd.1 und 2*. Frankfurt am Main: Suhrkamp.

Lukes, St. (1997) *Wat is links?*, in: *Krisis*, nr. 67.

Lyotard, J.-F. (1979) *La Condition Postmoderne. Rapport sur le savoir*, Parijs: Les Éditions de Minuit.

Lyotard, J.-F. (1984) *Tombeau de l'intellectuel et autres papiers*, Parijs: Editions Galiliée.

Maclean, I.; Montefiore, A.; Winch, P. (1990) *The Political Responsibility of Intellectuals*, Cambridge: Cambridge University Press.

Man, H. de (1931) *Opbouwend socialisme*, Arnhem: Van Loghum Slaterus.

Mannheim, K. (1940) *Man and Society in the Age of Reconstruction. Studies in Modern Social Structure*, Londen: Routledge and Kegan Paul.

Mannheim, K. (1985[1929]) *Ideologie und Utopie*, Frankfurt am Main: Vittorio Kloostermann.

Mannheim, K. (1964) *Wissenssoziologie. Auswahl aus dem Werk*, Neuwied: Luchterhand.

Mannheim, K. (1984) *Konservatismus. Ein Beitrag zur Soziologie des Wissens*, Frankfurt am Main: Suhrkamp.

Maranhão, T. (ed.) (1989) *The Interpretation of Dialogue*, Chicago: University of Chicago Press.

Margalit, A. (1998) *The Decent Society*, Cambridge, Mass.: Harvard University Press.

Marx, K.; Engels, F. (1980) *Die Deutsche Ideologie*, in: Marx-Engels Werke, Bd. 3, Berlijn: Dietz Verlag.

McDowell, J. (1996 [1994]) *Mind and World*. Cambridge, Mass.: Harvard University Press.

Meyer, T. (1994) *Die Transformation des Politischen*, Frankfurt am Main: Suhrkamp.

Miller, M. (1986) *Kollektive Lernprozesse. Studien zur Grundlegung einer soziologischen Lerntheorie*, Frankfurt am Main: Suhrkamp.

Mills, C.W. (1956) *The Power Elite*, New York/Oxford: Oxford University Press.

Ministerie van Onderwijs, Cultuur en Wetenschappen (1997) *Kennis maken met de toekomst. Analyse en aanbevelingen naar aanleiding van het kennisdebat 1996-1997*, Den Haag: Sdu

Mol, A.; Lieshout, P. van (1985) *Strijd en pacifikatie in de wetenschap*, in: *Krisis*, nr. 18.

Montaigne (1967) *Oeuvres Complètes*, Parijs: Éditons du Seuil.

Münch, R. (1998) *Globale Dynamik, lokale Lebenswelten. Der schwierige Weg in die Weltgesellschaft*, Frankfurt am Main: Suhrkamp.

Musil, R. (1981) *Der Mann ohne Eigenschaften*, in: Gesammelte Werke I, Reinbek bei Hamburg: Rowohlt.

Nationaal Kiezersonderzoek (1998) *Dutch Parliamentary Election Study*, Enschede: Steinmetz Archive Swidoc/SKON.

Nauta, L.W. (1981) *Filosofie als nachtmerrie. Over traditie en vernieuwing in de geschiedenis van de filosofie*, in: *Krisis*, nr. 24.

Nauta, L.W. (1984) *Exemplarische bronnen van het westers autonomie-begrip*, in: *Kennis & Methode*, nr. 3.

Nauta, L.W. (1987) *Achter de zeewering*, in: Idem, *De factor van de kleine c. Essays over culturele armoede en politieke cultuur*, Amsterdam: Van Gennep.

Nauta, L.W. (1992) *Intellectuelen met en zonder democratie*, in: Nauta en Vries 1992.

Nauta, L.W. (1996) *Immer noch taub auf demselben Ohr*, in: *Sirene. Zeitschrift für Literatur*, Heft 17.

Nauta, L.W.; Vries, G. de, (red.) (1992) *De rol van de intellectueel. Een discussie over distantie en betrokkenheid*, Amsterdam: Van Gennep.

Nederveen Pieterse, J. (1998) *Der Melange-Effekt*, in: Beck 1998b.

Neidhardt, F. (1994) *Öffentlichkeit, öffentliche Meinung, soziale Bewegungen*, in: *Kölner Zeitschrift für Soziologie und Sozialpsychologie*, Sonderheft 34, Opladen: Westdeutscher Verlag.

Nelkin, P; Pollack, M. (1981) *The Atom Besieged*, Cambridge: MIT Press.

Noort, W. van (1988) *Bevlogen bewegingen. Een vergelijking van de anti-kernenergie-, kraak- en milieubeweging*, Amsterdam: Sua.

Norris, C. (1992) *Uncritical Theory. Postmodernism, Intellectuals and the Gulf War*, Londen: Lawrence and Wishart.

North, Douglass C. (1990) *Institutions, Institutional Change and Economic Performance*, Cambridge: Cambridge University Press.

Nowothny, H. (1979) *Kernenergie. Gefahr oder Notwendigkeit*, Frankfurt am Main: Suhrkamp.

Nowothny, H. (1999) *Es ist so. Es könnte auch anders sein. Über das veränderte Verhältnis von Wissenschaft und Gesellschaft*, Frankfurt am Main: Suhrkamp.

Nussbaum, M. (1993) *Non-Relative Virtues. An Aristotelian Approach,* in: Nussbaum en Sen 1993.

Nussbaum, M. (1995) *Patriotism and Cosmopolitanism*, in: Cohen 1996.

Nussbaum, M.; Sen, A. (eds.) (1993) *The Quality of Life*, Oxford: Clarendon Press.

OESO (1995) *Literacy, Economy and Society*, Parijs: OESO.

Olthof, L. (1985) *Protest bij inspraak kerncentrales*, in: *n+m*, nr. 10.

Ontwikkelingsraad voor de Regio Rotterdam (1991) *Werkdocument Stroomversnelling op de Arbeidsmarkt*, Rotterdam.

Oude Engberink (1997) *Veelvormige armoede. Leven in de marge*, in: Schuyt 1997.

Oudvorst, A.F. van (1991) *De verbeelding van de intellectuelen. Literatuur en maatschappij van Dostojewski tot Ter Braak*, Amsterdam: Wereldbibliotheek.

Park, C. (1989) *Chernobyl. The long Shadow*. Londen: Routledge.

Pekelharing, P. (1988) *Van rechter naar tolk*, in: Geraedts en De Jong 1988.

Pekelharing, P. (1991) *Over de Rushdie-affaire, migranten en de onverdragelijke lichtheid van het moderne bestaan*, in: *Krisis*, nr. 43.

Pels, D. (1986) *De proletariër als vreemdeling*, in: *Kennis & Methode*, nr. 3.

Pels, D. (1987) *Macht of eigendom? Een kwestie van intellectuele rivaliteit*, Amsterdam: Van Gennep.

Pels, D. (1989) *Privileged Nomads. On the Stangeness of Intellectuals and the Intellectuality of Strangers*, in: *Theory, Culture & Society*, nr. 1.

Pels, D. (1990) *De 'natuurlijke saamhorigheid' van feiten en waarden*, in: *Kennis & Methode*, nr. 1.

Pels, D. (1993) *Het democratisch verschil. Jacques de Kadt en de nieuwe elite*, Amsterdam: Van Gennep.

Pels, D. (1997) *Reflexiviteit: één schepje er bovenop!*, in: *Krisis*, nr. 68.

Pels, D. (1998) *Performatief? Een Sinterklaas-visie op de sociale werkelijkheid*, in: *Amsterdams Sociologisch Tijdschrift*, nr. 1.

Pels, D.; Swierstra, T. (1991) *Foute intellectuelen. Een inleiding*, in: *Krisis*, nr. 4.

Pels, D.; Vries, G. de (1990) *Feiten en waarden. De constructie van een onderscheid*, in: *Kennis & Methode*, nr. 1.

Peper, B. (1998) *Sociale problemen en de moderne samenleving. Een cultuursociologische beschouwing*, Amsterdam: Het Spinhuis.

Perrow, C. (1999[1984]) *Normal Accidents. Living with High-Risk Technologies*, Princeton: Princeton University Press.

Peters, B. (1993) *Die Integration moderner Gesellschaften*, Frankfurt am Main: Suhrkamp.

Peters, B. (1994) *Der Sinn von Öffentlichkeit*, in: *Kölner Zeitschrift für Soziologie und Sozialpsychologie*, Sonderheft 34, Opladen: Westdeutscher Verlag.

Pickering, A. (ed.) (1991) *Science as Practice and Culture*, Chicago: The University of Chicago Press.

Pogge, T. (1998) *A Global Resources Dividend*, in: Crocker en Linden 1998.

Postman, N. (1986) *Wij amuseren ons kapot. De geestdodende werking van de beeldbuis,* met een woord vooraf van Gerrit Komrij, Houten: Het Wereldvenster.

Prins, B. (1997) *The Standpoint in Question. Situated Knowledges and the Dutch Minorities Discourse*, Utrecht: Universiteit Utrecht.

Priskil, P. (1990) *Salman Rushdie. Portrait eines Dichters*, Freiburg: Ahriman-Verlag.

Procee, H. (1991) *Over de grenzen van culturen. Voorbij universalisme en relativisme*, Amsterdam/Meppel: Boom.

Putnam, H. (1987) *Why Reason Can't Be Naturalized*, in: Baynes, Bohman, McCarthy 1987.

Putnam, H. (1996) *Must we Choose Between Patriotism and Universal Reason?*, in: Cohen 1996.

Rath, J.; Kloosterman, R. (red.) (1998) *Rijp en groen. Het zelfstandig ondernemerschap van immigranten in Nederland*, Amsterdam: Het Spinhuis.

Rawls, J. (1993) *Political Liberalism,* New York: Columbia University Press.

Rawls, J. (1999) *The Law of Peoples*, Cambridge, Mass.: Harvard University Press.

Reich, R.R. (1992) *The Work of Nations*, New York: Vintage Books.

Reijnders, L. (1993) *Het milieu, de politiek en de drie verkiezingen*, Amsterdam: Van Gennep.

Ricoeur, P. (1995) *Le Juste*, Parijs: Minuit.

Rifkin, J. (1995) *The End of Work. The Decline of the Global Labour Force and the Dawn of the Post-Market Era,* New York: Putnam.

Rimmelzwaan, M.W.A.; Noort, W.J. van (1986) *Juridische acties tegen de kerncentrale Borssele*, Leiden: E&M, Rijksuniversiteit Leiden.

Rimmelzwaan, M.W.A.; Noort, W.J. van (1987) *Juridische acties tegen kernenergie*, Leiden: E&M, Rijksuniversiteit Leiden.

Ringer, F. K. (1969) *The Decline of the German Mandarins. The German Academic Community 1890-1933,* Cambridge, Mass.: Harvard University Press.

Robbins, B. (ed.) (1989) *Intellectuals. Aesthetics, Politics and Academics,* Minneapolis: University of Minnesota Press.

Robbins, B. (ed.) (1993) *Secular Vocations. Intellectuals, Professionalism, Culture*, London/New York: Verso.

Robertson, R. (1992) *Globalization. Social Theory and Global Culture,* Londen: Sage.

Robertson, R. (1998) *Glokalisierung. Homogenität und Heterogenität in Raum und Zeit*, in: Beck 1998b.

Rorty, R. (1989) *Contingency, Irony and Solidarity*, Cambridge: Cambridge University Press.

Rorty, R. (1997) *Achieving our Country*, Cambridge, Mass.: Harvard University Press.

Rosenau, J.N.; Czempiel, E.O. (eds.) (1992) *Governance without Government. Order and Change in World Politics*, Cambridge: Cambridge University Press.

Ross, A. (1990) *No Respect. Intellectuals & Popular Culture*, New York/Londen: Routledge.

Rötzer, F. (1999) *Megamaschine Wissen. Vision: Überleben im Netz*, Frankfurt am Main/ New York: Campus Verlag.

Rupp, H.K.; Hecker, W. (1997) *Auf dem Weg zur Telekratie? Perspektiven der Mediengesellschaft*, Karlsruhe: UVK Medien.

Rushdie, S. (1989a[1988]) *De Duivelsverzen*, Utrecht/Antwerpen: Veen.

Rushdie, S. (1989b[1981]) *Middernachtskinderen*, Utrecht/Antwerpen: Veen.

Rushdie, S. (1990) *Is er dan niets meer heilig? Over religie en literatuur*, Utrecht/Antwerpen: Veen.

Rushdie, S. (1991a) *Imaginary Homelands. Essays and Criticism 1981-1991*, Londen/New York: Viking.

Rushdie, S. (1991b) *Vaderland in de verbeelding*, Utrecht/Antwerpen: Veen.

Rushdie, S. (1998) *Introduction*, in: Rushdie, S.; West, E. (eds.) *The Vintage Book of the Indian Writing 1947-1997*, Londen: Vintage.

Russell-Tribunal (1978/79) *Drittes Internationales Russell-Tribunal zur Situation der Menschen in der Bundesrepublik Deutschland*. Berlijn: Rotbuch-Verlag.

Sadri, A. (1992) *Max Weber's Sociology of Intellectuals*, New York/Oxford: Oxford University Press.

Said, E.W. (1978) *Orientalism*, New York: Vintage.

Said, E.W. (1995[1994]) *Manifestaties van de intellectueel*, Amsterdam/Antwerpen: Atlas.

Sanders, S. (1989) *Gemengde ervaring, gemengde gevoelens. De Rushdie-affaire; een besluit tot inmenging*, Amsterdam: De Balie.

Sartre, J.-P. (1948) *Les mains sales*. Parijs, Gallimard.

Sartre, J.-P. (1972) *Playdoyer pour les intellectuels*, Parijs: Idées.

Sassen, S. (1999) *Globalisering. Over mobiliteit van geld mensen en informatie*, Amsterdam: Van Gennep.

Scheffer, P. (1996) *De soevereiniteit en identiteit van Nederland*, in: *Krisis*.

Schelsky, H. (1975) *Die Arbeit tun die anderen. Klassenkampf und Priesterherrschaft der Intellektuellen*, Opladen: Westdeutscher Verlag.

Schirrmacher, F. (Hrsg.) (1999) *Der westliche Kreuzzug. 41 Positionen zum Kosovo-Krieg*, Stuttgart: Deutsche Verlags-Anstalt.

Schnabel, P. (1991) *De Rushdie-affaire of de strijd tussen relativisme en absolutisme*, in: Bovens 1991.

Schöne, S. (1983) *Weg met de BMD en de technokraten. Een standpunt uit de anti-kernenergiebeweging*, in: De Bok e.a. 1983.

Schrader-Frechette, K. (1989/90) *Helping Science Serve Society. Natural Science, Nuclear Energy and the Role of Traditional University Disciplines*, in: U&H, Tijdschrift voor wetenschappelijk onderwijs.

Schumacher, G. (red.) (1989) *Nu zullen we het beleven. Het CDA en de Raad van Kerken in gesprek over de verantwoordelijke samenleving en het armoedevraagstuk*, Voorburg: Protestantse Stichting tot Bevordering van het Bibliotheekwezen en de Lectuurvoorlichting.

Schuyt, C.J.M. (1986) *Filosofie van de sociale wetenschappen*, Den Haag: Martinus Nijhoff.

Schuyt, C.J.M. (1988) *De betekenis van betekenissystemen*, in: *Kennis & Methode*, nr. 2.

Schuyt, C.J.M. (1991) *Op zoek naar het hart van de verzoringsstaat*, Leiden/Antwerpen: Stenfert Kroese.

Schuyt, C.J.M. (1992) *De zittende klasse*, Amsterdam: Balans.

Schuyt, C.J.M. (1997) (red.) *Het sociaal tekort. Veertien problemen in Nederland*, Amsterdam: De Balie.

Scott, J. (1996) *Stratification & Power. Structures of Class, Status and Command*, Cambridge: Polity Press.

SCP (1996) *Sociaal en cultureel rapport 1996*, Rijswijk: Sociaal en Cultureel Planbureau.

SCP (1999) *Sociale en culturele verkenningen 1999*, Den Haag: Sociaal en Cultureel Planbureau.

Searle, J. (1969) *Speech Acts*, Cambridge: Cambridge University Press.

Seel, M. (1991) *Kunst, Wahrheit, Welterschließung,* in: Koppe 1991.

Sen, A. (1992) *Inequality reexamined*, Oxford: Oxford University Press.

Sen, A. (1993) *Positional Objectivity*, in: *Philosophy and Public Affairs*, nr. 22 .

Sen, A. (1999) *Development as Freedom*, Oxford: Oxford University Press.

Shils, E. (1990) *Intellectuals and Responsibility*, in: I. Maclean, A. Montefiore, P. Winch 1990.

Shohat, E. (1993) *Notes on the 'Post-colonial'*, in: *Social Text* , nr. 31/32.

Simmel, G. (1992[1908]) *Der Streit*, in: idem, *Soziologie. Untersuchungen über die Formen der Vergesellschaftung*. Gesamtausgabe Band 11, Frankfurt am Main: Suhrkamp.

Simonis, J.B.D.; Hemerick, A. C., Lehning, P.B. (red.) (1992) *Beschouwingen over hedendaags burgerschap*, Amsterdam: Boom.

Simons, A., (1990) *Het groteske van de taal*, Amsterdam: Sua

Sloterdijk, P. (1983) *Kritik der zynischen Vernunft*, Frankfurt am Main: Suhrkamp.

Smith, A.; Webster, F. (ed.) (1996) *The Postmodern University? Contested Visions of Higher Education in Society*, Londen: Sage.

Snel, E.; Steenbergen, B. van (red.) (1985) *Sociale bewegingen en cultuur*, Amersfoort: De Horstink.

Snel, E.; Engbersen, G. (1999) *Openheid en geslotenheid van de Nederlandse verzorgingsstaat. Over oude en nieuwe vormen van sociale ongelijkheid*, in: Trommel en Van der Veen 1999.

Sokal, A.; Bricmont, J. (1998) *Intellecutal Impostures. Postmodern Philosophers' Abuse of Science*, Londen: Profile Books.

Spiegel, E. van, e.a. (1983) *De informatiemaatschappij*, Maastricht/Brussel: Natuur en Techniek.

Spivak, G. Ch., (1987) *Post-Structuralism, Marginality, Post-Coloniality, and Value*, in: *Sociocriticism*, nr. 2.

Stark, M. (Hrsg.) (1984) *Deutsche Intellektuelle 1910-1933. Aufrufe, Pamphlete, Betrachtungen*, Heidelberg: Verlag Lambert Schneider.

Steenbergen, B. van (1983) *De post-materialistische maatschappij*, Amersfoort: De Horstink.

Steenbergen, B. van (1992) *De arbeidsmaatschappij: nieuw begin, of begin van het einde*, in: *Beleid & Maatschappij*, nr. 3

Steenbrink, A.; Talstra, E. (1984) *De pacificatie van het kernenergieconflict*, in: *Intermediair*, nr. 18.

Stehr, N. (1994) *Zur Theorie von Wissensgesellschaften. Arbeit, Eigentum und Wissen*, Frankfurt am Main: Suhrkamp.

Stokkom, B. van (1997) *Emotionele democratie. Over morele vooruitgang*, Amsterdam: Van Gennep.

Strange, S. (1998) *States and Markets. An Introduction to International Political Economy*, Londen: Pinter.

Stuurgroep Maatschappelijke Discussie Energiebeleid (1982a) *Samenvatting van beargumenteerde meningen verkregen tijdens de informatiefase*, Leiden: Stenfert Kroese.

Stuurgroep Maatschappelijke Discussie Energiebeleid (1982b) *Analytische verslagen van hoorzittingen gehouden in het kader van de informatiefase*, Leiden: Stenfert Kroese.

Stuurgroep Maatschappelijke Discussie Energiebeleid (1983) *Het Tussenrapport*, Leiden: Stenfert Kroese.

Stuurgroep Maatschappelijke Discussie Energiebeleid (1984) *Het Eindrapport van de Brede Maatschappelijke Discussie*, Leiden: Stenfert Kroese.

Sunstein, C.R. (1993) *Democracy and the Problem of Free Speech*, New York: The Free Press.

Swierstra, T. (1998) *De sofocratische verleiding. Het ondemocratische karakter van een aantal moderne rationaliteitsconcepties*, Kampen: Kok Agora.

Tedlock, D. (1988) *Questions Concerning Dialogical Anthropology*, in: *Journal of Anthropological Research*, nr. 43.

Tellegen, E. (1983) *Milieubeweging*, Utrecht: Het Spectrum.

The Commission on Global Governance (1995) *Our Global Neighbourhood*, Oxford: Oxford University Press.

Thoenes, P. (1971[1962]) *De elite in de verzorgingsstaat. Sociologische proeve van een terugkeer naar domineesland*, Leiden: Stenfert Kroese.

Tissen, R.J.; Haan, N. den; Jongedijk, S. (1998) *Op Weg naar Nederland Kennisland*, Amstelveen/Breukelen: KPMG en Universiteit Nijenrode.

Toergenjew, I.S. (1995 [1862]) *Vaders en zonen*, Amsterdam: Rainbow Pocketboeken.

Tonkens, E. (1999) *Het zelfontplooiingsregime. De actualiteit van Dennendal en de jaren zestig*, Amsterdam: Bert Bakker.

Touraine, A. (1969) *La société post-industrielle*, Parijs: Denoël.

Trommel, W.; Veen, R. van der (red.) (1999) *De Herverdeelde Samenleving. Ontwikkeling en herziening van de Nederlandse verzorgingsstaat*, Amsterdam: Amsterdam University Press.

Tugendhat, E. (1979) *Vorlesungen zur Einführung in die sprachanalytische Philosophie*, Frankfurt am Main: Suhrkamp.

Tugendhat, E. (1981) *Selbstbewußtsein und Selbstbestimmung. Sprachanalytische Interpretationen*, Frankfurt am Main: Suhrkamp.

Tugendhat, E. (1992) *Philosophische Aufsätze*, Frankfurt am Main: Suhrkamp.

Tugendhat, E. (1993) *Vorlesungen über Ethik*, Frankfurt am Main: Suhrkamp.

Turkenburg, W. (1984) *De BMD over het energiebeleid*, in: *Wetenschap & Samenleving*.

Veer, P. van der (1995) *Modern oriëntalisme. Essays over de westerse beschavingsdrang*, Amsterdam: Meulenhoff.

Vegesack, Th. (1989) *De intellectuelen. Een geschiedenis van het literaire engagement*, Amsterdam: Meulenhoff.

Viroli, M. (1995) *For Love of Country. An Essay on Patriotism and Nationalism*, Oxford: Clarendon Press.

Vries, G. de (1990) *Feitelijk expansionisme, een restrictionistische visie. Praktische wetenschappen en waardevrijheid*, in: *Kennis & Methode*, nr. 1.

Vries, G. de (1992) *Hoe te schrijven over 'foute' intellectuelen*, in: *Kennis & Methode*, nr. 2.

Vries, G. de (1999) *Zeppelins. Over filosofie technologie en cultuur*, Amsterdam: Van Gennep.

Vrooman, J. C. (1996) *Armoede geteld*, in: Engbersen, Vrooman en Snel 1996.

Wackernagel, M.; Rees, W., e.a. (1996) *Our Ecological Footprint. Reducing Human Impact on the Earth*, Gabriola Island/Philadelphia: New Society Pub.

Wagisghauser, A. (Hg.) (1992) *Rushdies Satanische Verse. Islamische Stellungnahmen zu den Provokationen Salman Rushdies sowie zum Mordaufruf Radikaler Iranischer Schiiten*, Frankfurt am Main: Verlag des Islam.

Wald, A.M. (1994) *The responsibility of intellectuals. Selected essays on marxist traditions in cultural commitment*, New Jersey: Humanities Press.

Waldron, J. (1995) *Minority Cultures and the Cosmopolitan Alternative*, in: Kymlicka 1996.

Walzer, M. (1989) *The Company of Critics. Social Criticism and Political Commitment in the Twentieth Century*, Londen: Peter Halban.

Walzer, M. (1992) *The New Tribalism*, in: Dissent. (1994) *Thick and Thin. Moral Argument at Home and Abroad*, Notre Dame: University of Notre Dame Press.

Weber, M. (1968[1922]) *Gesammelte Aufsätze zur Wissenschaftslehre*, Tübingen: J.C.B. Mohr.

Weber, M. (1972[1921]) *Wirtschaft und Gesellschaft. Grundriss der verstehenden Soziologie*, Tübingen: J.C.B. Mohr.

Webster, R. (1989) *A Brief History of Blasphemy*, Southwold: The Orwell Press.

Webster, St. (1982) *Dialogue and Fiction in Ethnography*, in: *Dialectical Anthropology*.

Weyers, H. (1997) *Rechts en links: een duurzame tegenstelling*, in: *Krisis*, nr. 67.

Wilde, R. de (1992) *Discipline en legende. De identiteit van de sociologie in Duitsland en de Verenigde Staten 1870 -1930*, Amsterdam: Van Gennep.

Wilde, R. de (1998) *Reflexiviteit als ideologie*, in: *Krisis*, nr. 71.

Wilterdink, N. (1998) *De steeds rijkere kant van Nederland*, in: Albeda e.a. 1998.

Wingert, L. (1993) *Gemeinsinn und Moral*, Frankfurt am Main: Suhrkamp.

Winock, M. (1975) *Le siècle des intellectuels*, Parijs: Éditions du Seuil.

Witte, M. de; Steijn, B. (1990) *Duurzame werkloosheid*, in: *Amsterdams Sociologisch Tijdschrift*, nr. 1.

Wittgenstein, L. (1984a[1918]) *Tractatus logico-philosophicus*, Frankfurt am Main:Suhrkamp.

Wittgenstein, L. (1984b[1952]) *Philosophische Untersuchungen*, Frankfurt am Main: Suhrkamp.

Woolgar, St. (ed.) (1998) *Knowledge and Reflexivity. New Frontiers in the Sociology of Knowledge*, Londen: Sage.

World Commission on Environment and Development (1987) *Our Common Future*, Oxford: Oxford University Press.

Wray, S. (1999) *Das virtuelle Sit-in: Ziviler Ungehorsam im World Wide Web*, in: Rötzer 1999.

Wright, E.O. e.a. (1989) *The Debate on Classes*, Londen: Verso.

Wright, G.H. von (1992) *Normen, Werte und Handlungen*, Frankfurt am Main: Suhrkamp.

Wright, W.D. (1997) *Black Intellectuals, Black Cognition, and a Black Aesthetic*, Westport: Praeger Publishers.

WRR (1990) *Een werkend perspectief. Arbeidsparticipatie in de jaren '90*, Den Haag: Sdu.

Zegveld, W.C.L.; Dijk, J.W.A. van (1989) *Technologie en economie. 'Licht op een Black Box?'*, Assen/Maastricht: Van Gorcum.

Zijlstra, G.J. (1981) *Het kernenergiebeleid en de structuur van de kernenergiesector*, in: Ester en Leeuw 1981.

Zürn, M. (1998) *Regieren jenseits des Nationalstaates*, Frankfurt am Main: Suhrkamp.

REGISTER

Standaardbeeld van wetenschap 174-177, 272
Status 15, 21, 126, 225, 263, 264
Sterke verhalen 257
Stijl 10, 21, 34, 35, 38, 186, 192, 193
Subject-object model 230-232, 275, 276
Synchroon perspectief 60, 64
Telecratie 102
Tolerantie 210
Tragiek 187, 251
Tribalisme 83
Tsjernobyl 87, 88, 111, 112, 115, 116, 118, 119, 247, 265, 266
Uitsluiting 39, 162, 164, 168, 175, 183, 267
Universaliseren 237-239
Universalisme 10, 28, 30, 56, 237, 249, 251, 252
Universiteit 10, 20, 21, 45, 67, 188, 208, 259, 263
Utopisme 145, 231, 233
Utopist 46-48
Verdelingsvraagstuk 41, 171, 245, 249-251
Verplaatsing van de politiek 83
Verraad 18, 19, 23, 123, 215, 258, 297
Verspreiding van de politiek 83, 84
Verzorgingsstaat 115, 137, 148, 151, 182
Vocabulaire 19, 32-35, 52, 53, 61, 62, 67, 81, 105, 106, 108, 112, 116, 129, 131, 132, 141, 150-153, 155, 159, 161, 182, 220, 231-233, 247, 249, 252, 255, 256, 276, 277, 296
Voorhoede 123, 125, 155, 159, 180
Voorindustriële samenleving 69, 114, 115, 117
Vooroordelen 195, 204, 208, 209, 214, 218, 220, 230
Vraagstuk van de pluraliteit 245, 246, 249-251
Vrijheid 13, 39, 41, 59, 97, 119, 125, 137, 186, 203, 205, 208, 212, 215, 217, 218, 222-224, 226, 236, 244, 246, 247, 265, 268, 270, 275
Vrouwenbeweging 121
Waardevrijheid 53, 175
Waarheid 18, 25, 28, 48, 57, 62, 64, 67, 155, 213, 218, 220, 221, 270
Wederzijds respect 247, 248, 251
Werkelijkheidszin 251, 252
Werkloosheid 70, 143, 144, 148, 150, 151, 158, 170, 180, 207, 270

Woordvoerders 81, 82, 99, 117, 119, 123, 128, 130, 131, 135, 141, 182, 183, 204, 206, 243, 244, 246, 247, 263
Zelfrespect 137, 194, 198, 248
Zuiveren van hybriden 5, 216, 218, 219, 224, 226, 243

Personen

Aal, Erik 11
Aantjes, K. 203
Aardenne, Gijs van 91, 92, 96
Abma, Ruud 12
Aelmans, Arjan 13
Agt, A.A.M. van 91, 92, 138
Albeda, Wil 152, 155, 156
Amelink, Herman 166
Amerongen, Martin van 203
Andriesse, Kees 119
Appadurai, Arjun 251
Appiah, Kwame Anthony 251
Arendt, Hannah 225
Aron, Raymond 263, 264
Bakker, Ineke 164, 165, 172, 173, 180, 183
Bakoenin, Michail 124, 264
Barber, Benjamin 262
Bauman, Zygmunt 29, 296
Beck, Ulrich 264, 268, 277
Beer, Paul de 309
Bell, Daniel 20, 261, 264
Belmonte, Jaap Colaço 147
Benda, Julien 16, 18, 19, 21, 23, 25, 132, 215, 236, 253
Berkeley, George 231
Berth, Édouard 254
Beus, Jos de 12
Biegel, L.C. 207-210, 213
Blokker, Jan 210, 211, 214, 217
Blum, Léon 253
Bolkestein, Frits 165, 166, 170, 255
Bommel, Abdulwahid van 203, 205, 212
Boomkens, René 11, 12, 257, 260
Bourdieu, Pierre 26, 53, 54, 56-61, 63, 64, 66, 67, 77, 129, 218, 259, 260
Brandom, Robert 276
Brauw, M.L. de 92, 96, 98, 100, 241
Breedveld, Willem 146, 171

301